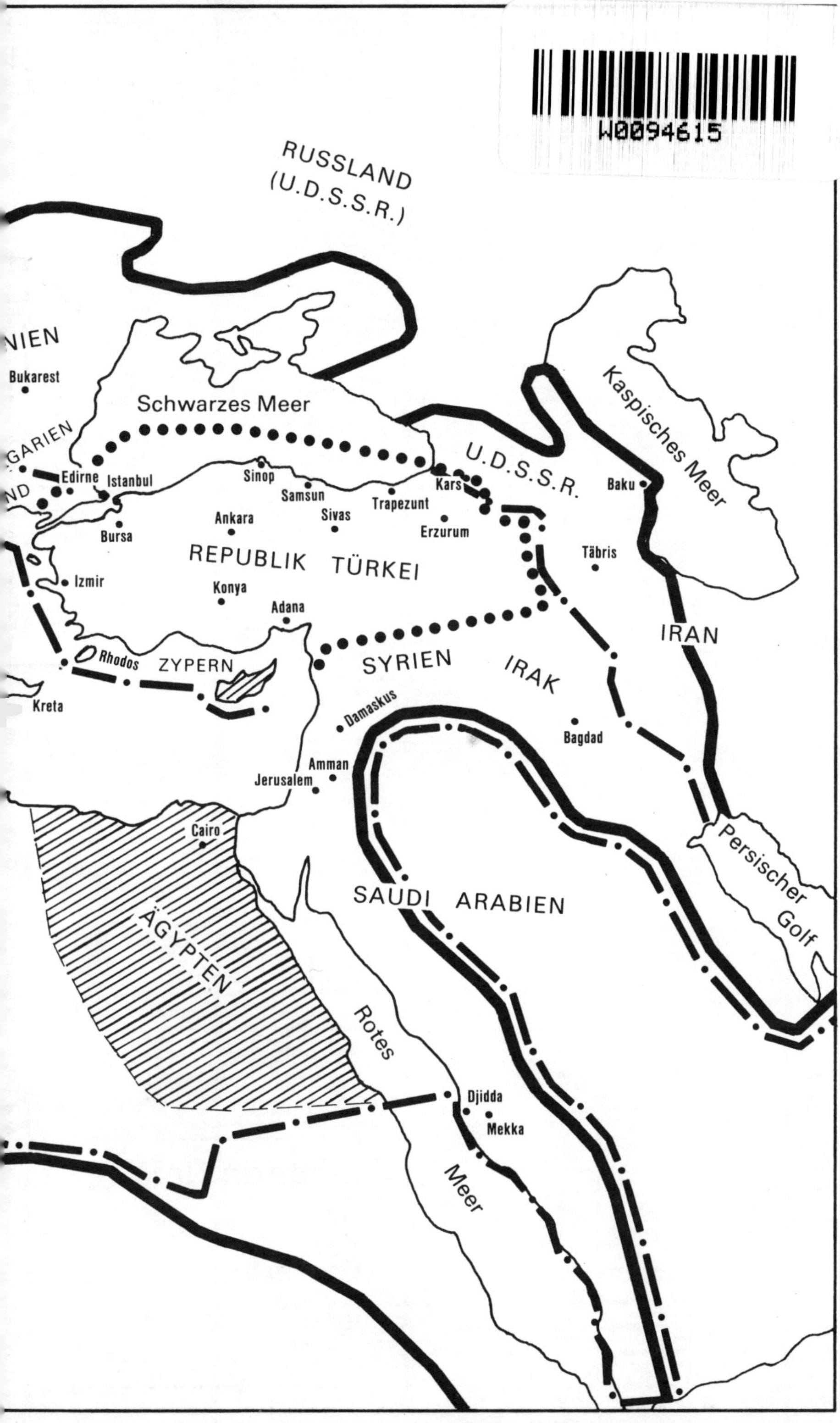

RUSSLAND
(U.D.S.S.R.)

NIEN

Bukarest

Schwarzes Meer

GARIEN

ND

Edirne Istanbul

Sinop

U.D.S.S.R.

Kaspisches Meer

Baku

Samsun

Ankara

Sivas

Trapezunt

Kars

Bursa

REPUBLIK TÜRKEI

Erzurum

Täbris

Izmir

Konya

Adana

IRAN

Rhodos ZYPERN

SYRIEN

IRAK

Kreta

Damaskus

Bagdad

Amman

Jerusalem

Persischer Golf

Cairo

ÄGYPTEN

SAUDI ARABIEN

Rotes

Djidda

Mekka

Meer

Muammer Tuksavul
Eine bittere Freundschaft

Muammer Tuksavul

Eine bittere Freundschaft

Erinnerungen eines türkischen
Jahrhundertzeugen

Mit einem Vorwort von
Peter Scholl-Latour

Econ Verlag
Düsseldorf · Wien

1. Auflage 1985
Copyright © 1985 by Econ Verlag GmbH, Düsseldorf und Wien.
Alle Rechte der Verbreitung, auch durch Film, Funk und Fernsehen,
fotomechanische Wiedergabe, Tonträger jeder Art, auszugsweisen
Nachdruck oder Einspeicherung und Rückgewinnung in Daten-
verarbeitungsanlagen aller Art, sind vorbehalten.
Lektorat: Dr. Nina Börnsen
Gesetzt aus der Trump der Fa. Berthold
Satz: Dörlemann-Satz, Lemförde
Papier: Papierfabrik Schleipen GmbH, Bad Dürkheim
Druck und Bindearbeiten: Ebner Ulm
Printed in Germany
ISBN 3 430 19198 X

Widmung

In Verehrung und tiefer Dankbarkeit widme ich dieses Buch dem Andenken meines verstorbenen Lehrers und Gönners, Herrn Professor Dr. Lothar Wöhler, der während meiner Studienjahre von 1925 bis 1929 Leiter der Chemischen Abteilung und Rektor der Technischen Hochschule Darmstadt war.

Inhalt

II. Teil
Im kaiserlichen Deutschland und nach dessen Zusammenbruch

III. Teil
Wieder in der Heimat

IV. Teil
Erkenntnisse – Gedanken

Vorwort
Von Peter Scholl-Latour

Eineinhalb Millionen Türken leben in der Bundesrepublik. Keine Woche vergeht, ohne daß diese massive Ausländerpräsenz heftig diskutiert wird. Die Ministerien und auch die Kirchen sind ständig mit dem Problem beschäftigt, wie diese kompakte islamische Minderheit integriert werden kann. Die Kenntnisse über die Türkei und über die Türken sind bei uns dennoch außerordentlich gering. Vermutlich hat man sich zur Zeit Wilhelms II., als das Osmanische Reich ein ferner, aber verläßlicher Verbündeter war, intensiver über Kultur und Geschichte der Türkei informiert als heute. Muammer Tuksavul hat am eigenen Leib die deutsch-türkische Problematik erlebt. Er ist der engagierte Anwalt einer Völkerfreundschaft, die durch oberflächliche Kampagnen und unerträgliche Vorurteile in den letzten Jahren belastet wurde. In seiner Person spannt er noch den Bogen zum Osmanischen Weltreich, das vom Bosporus bis zum Jemen reichte, von der Schwelle Ägyptens bis zum Persischen Golf. Darüber hinaus war der Osmanische Sultan in seiner Eigenschaft als Kalif Statthalter Allahs auf Erden und »Befehlshaber der Gläubigen« in der gesamten islamischen »Umma«.

Wer heute die Moscheen der türkischen Gastarbeiter in der Bundesrepublik aufsucht, wird neben der Gebetsnische, die nach Mekka gewandt ist, sehr häufig eine Darstellung alter türkischer Machtentfaltung entdecken. Auf diesen Landkarten erstreckt sich das Imperium des Sultans bis an die Tore von Wien und an die Grenzen Marokkos.

11

Gewiß, so versichern die Hodschas, die das Gebet in diesen Kultstätten leiten, gebe sich kein Türke der Illusion hin, den alten Hegemonialanspruch wiederbeleben zu können. Aber für die Kinder, die dort den Koran erlernen, sei es doch wichtig zu wissen, daß die Türkei ihrer Ahnen andere Ausmaße besaß als die Enge des anatolischen Kernlandes, in die sie im Gefolge des Ersten Weltkrieges zurückgedrängt wurde.

Muammer Tuksavul ist Zeuge seiner Zeit. Er hat sich nach dem Sturz des Sultanats als junger Mann der Kemalistischen Revolution verschrieben. Er ist sich in seinem Buch stets bewußt, daß die Türken ursprünglich Nomaden waren, daß ihre fernste Heimat in Zentralasien liegt, daß in Chinesisch-Sinkiang, in Sowjetisch-Kasachstan und -Usbekistan Völker leben, die sprachlich und ethnisch eng verwandt sind. Der »Panturanismus«, die Vorstellung, alle Turkvölker zwischen der Wüste Gobi und Thrazien müßten irgendwie zusammengehören, ist nicht erloschen, seit General Enver Pascha in Russisch-Turkestan den vorrückenden Bolschewiki erlag.

Bessere Kenntnis über die Türkei und die Türken tut den Deutschen not. Bestrebungen sind im Gang, einen möglichst hohen Prozentsatz dieser Gastarbeiter, die sich durch Fleiß und Zuverlässigkeit einen guten Namen gemacht haben, wieder nach Anatolien zurückzuschicken. Aber so viele türkische Familien sind inzwischen in der Bundesrepublik fest etabliert, daß die Deutschen in Zukunft mit dieser sich vermehrenden Minderheit leben müssen. Der Idealzustand wäre erreicht, wenn sich die Zuwanderer aus Vorderasien voll assimilierten, wenn sie und ihre Kinder wahlberechtigte und wesensgleiche deutsche Bürger würden.

Die Realität sieht jedoch anders aus. Gerade in der Fremde besinnen sich viele Türken auf ihre ethnische, vor allem auf ihre religiöse Eigenart. Angesichts einer weit verbreiteten, durch nichts gerechtfertigten Geringschätzung finden sie zurück zur frommen islamischen Überlieferung, die ihnen ein Gefühl der Überlegenheit vermittelt. Die

12

wahre Toleranz der Deutschen gegenüber der türkischen Minorität muß sich in der Akzeptanz der Unterschiede kundtun. Nur auf dieser Grundlage kann Harmonie gedeihen und jene fast hundertjährige Freundschaft erhalten bleiben, für die Muammer Tuksavul so überzeugend wirbt.

Hamburg, im Mai 1985

Einführung

An einem frühen Morgen im Winter 1917 während des Ersten Weltkrieges wurde ich, von der Türkei über Berlin kommend, in Mannheim am Zug von einem älteren Mann in Pförtneruniform abgeholt. Er sollte mich zum türkischen Honorarkonsul begleiten. Wir verließen den Bahnhof, überquerten eine Allee zu Fuß und bogen nach links in eine Straße ein. Und da geschah es schon: Ein Rudel Schulbuben entdeckte mich mit dem Fes, den ich trug. Sie liefen, einander anstoßend, lachend und mit den Fingern auf mich zeigend, auf uns zu. Ich hörte laute Worte und Schreie, die ich nicht verstand. Es war aber doch deutlich, daß sie mir galten: »Kümmeltürke ..., Kümmeltürke ...!«

Es war das erstemal, daß ich in Deutschland diesen den Türken zugedachten »Ehrennamen« hörte. Heute sind Zurufe wie »Kanake!«, »Türkenschwein!« keine Seltenheit mehr.

Damals, 1917, lebten im Kaiserreich Deutschland Botschafts- und Konsulatsangestellte, Studenten und vor allem Offiziere, türkische Soldaten und Arbeitssoldaten in den Rüstungsbetrieben, zusammengenommen 5000 bis 6000 Türken. Und heute?

Zur Zeit sollen etwa anderthalb Millionen Türken in der viel kleineren und engeren Bundesrepublik leben. Männer, Frauen, Kinder. Türken in der Bundesrepublik Deutschland sind heute für die Deutschen ein ernstes Problem geworden, und für viele Türken ist das Leben in der Fremde ein Schicksal, ein Drama.

15

Von meinen eigenen Erlebnissen, meinem eigenen Leben ausgehend, schreibe ich dieses Buch. Ich will versuchen, dem Leser Erkenntnisse zu vermitteln über den türkischen Menschen, sein Wesen, seine Geschichte, um zum Verständnis und zur Verständigung zwischen den Türken und den Deutschen beizutragen.

In kurzen Kapiteln erzählte ich zunächst meine Erlebnisse aus meiner frühen Kindheit und Schulzeit im alten Osmanischen Reich, dann im deutschen Kaiserreich als Schüler, später als Student in der Weimarer Republik. In weiteren Abschnitten behandele ich kurz die von Mustafa Kemal Atatürk neu geschaffene moderne türkische Republik. Auf diese Weise kann sich der Leser eine Meinung bilden über die Türken und die Türkei.

Wenn man vom habsburgischen Österreich absieht, sind die Beziehungen der Türkei zu Deutschland (Preußen) relativ jung. Die Beziehungen beider Völker, der Türken und der Deutschen, haben in den letzten anderthalb Jahrhunderten an Intensität zugenommen. Bis heute gilt der Deutsche für den Türken als einziger Freund im Ausland. Wie steht es jedoch mit den Empfindungen der Deutschen gegenüber den Türken? Hier spielen neben dem deutschen Charakter und seiner Neigung, sich beeinflussen zu lassen, auch tiefgreifende alte Vorurteile eine gewichtige negative Rolle. Das vorliegende Buch soll einen bescheidenen Beitrag dazu leisten, Hindernisse dieser Art zu überwinden.

Ich bin weder Wissenschaftler noch Schriftsteller; dennoch habe ich gewagt, dieses Buch zu schreiben, weil mir sehr viel daran liegt, daß die Freundschaft der Türken mit den Deutschen erhalten bleibt und gefestigt wird. Wir Türken brauchen die Freundschaft der Deutschen, weil wir uns für die freie Welt und Europa entschieden haben. Können die Deutschen auf die Freundschaft der Türken verzichten? Es ist Sache der Deutschen, darüber zu bestimmen.

Falls es mir gelingt, den Leser durch die Lektüre der folgenden Geschichten, Erzählungen und Feststellungen etwas nachdenklich zu stimmen, wäre mein Ziel erreicht.

Mein Deutsch und mein Stil werden nicht anders sein,

als ich sie immer im Gespräch und in der Unterhaltung mit Freunden zwanglos zu gebrauchen pflege.

Für die Mängel und Fehler rechne ich mit der Nachsicht meiner freundlichen Leser.

Istanbul, im Januar 1984

P.S. *Kümmeltürke*

Dieser Spitzname hat folgenden Ursprung: Noch bis zum Balkankrieg 1912/13, als die Türken bis zum Adriatischen Meer im Balkan saßen, kamen türkische Händler in ihren bunten Trachten und mit dem Fes auf dem Haupt nach Deutschland, um auf der Kirmes, auf den Kirchweihen und Jahrmärkten Süßigkeiten wie den türkischen Honig, allerlei Zuckerbackwaren und Gewürze zu verkaufen. Da Kümmel das meistgebrauchte Gewürz in den deutschen Haushalten war, nannten die Deutschen die Türken »Kümmeltürke«. Der Ruf »Laka, laka, zug, zug, zug!« ist die verballhornte Form des Rufes: »Lecker, lecker, zuckersüß.« Die Ausschmückung der Verkaufsstände für Bonbons und Süßigkeiten auf den Jahrmärkten mit glitzernden Halbmonden, Sternen sowie das Tragen von dem Fes ähnlichen Kopfbedeckungen der Verkäufer sind Überbleibsel aus jener Zeit.

I. Teil
Als der Sultan noch herrschte

Mekka

Meine ältesten Erinnerungen an meine Kindheit stammen aus Mekka. Sie sind aus der Zeit, in der mein Vater aus dienstlichen Gründen als Oberrichter (damals noch türkische Provinz Hicaz, heute Königreich Saudi-Arabien) mit seiner Familie in Arabien lebte.

Mehmed Djemaleddin, mein Vater, und meine Mutter, Zachida Merzuka, müßten mit meiner älteren Schwester Memduha, meinem älteren Bruder Hulussi, dem jüngeren Hamid und mir etwa 1902 nach Mekka gereist sein. Sie könnten sich dort bereits seit zwei Jahren aufgehalten haben. Wie und auf welchem Wege diese Reise der Familie von Istanbul nach Mekka stattfand, darüber habe ich keinerlei Kenntnisse. Meine anderen älteren Brüder sollen in Istanbul in unserem Haus zurückgeblieben sein.

Einige Räume des düsteren steinernen Hauses, in dem wir wohnten, und ein dunkler, langer, tunnelartiger Gang, aus dem man plötzlich zu einem blendendhellen, freien, riesigen Platz gelangte, zeichnen sich in meinem Gedächtnis heute ab. Ich müßte da schon vier Jahre alt gewesen sein.

Wie ich später erfuhr, handelte es sich um den großen viereckigen Hof, der für die Moslems (Anhänger des Islam) heiligste Pilgerstätte ist. In seiner Mitte befindet sich die Kaaba. Ebenso erfuhr ich später, daß unser Haus* unmittel-

---

* Dieses Haus stand dem Oberrichter von Arabien als Amtswohnung zur Verfügung.

21

bar neben dem Gerichtsgebäude lag, in dem mein Vater amtierte. Man konnte von beiden Gebäuden direkt in den Hof der Kaaba (Haremi Scherif) gelangen.

Ein würdiger, sympathischer Mann namens Mehmed Aga aus Harput (heute Elazig in der Osttürkei) war Hamids und mein *Lala**. Ich mochte unseren Lala sehr.

Sehr gut kann ich mich erinnern, wie Mehmed Aga, Hamid und mich einmal zum Haremi Scherif (heiliger Hof) führte, in dessen Mitte wir mit ihm ein paarmal um den würfelförmigen, mit schweren schwarzen, goldbestickten Tüchern behängten riesigen Bau gingen. Dabei hob mich der Lala einmal hoch und ließ mich mit den Händen den heiligen schwarzen Stein, welcher an einer erhöhten Stelle der Wand der Kaaba eingemauert war, berühren.

Der heilige Hof der Kaaba ist sehr groß. Von den mit kleinen Kuppeln bedeckten, mit Bögen überspannten und von Säulen getragenen Arkaden der inneren Seite des Hofes führen viele schmale Wege auf die Kaaba in der Mitte zu. Diese Wege sind mit Steinplatten belegt. Ich kann mich sehr gut daran erinnern, daß diese Platten so heiß waren, daß beim Gehen meine Füße schrecklich brannten, obwohl ich Medes (Sandaletten) mit dicken Sohlen an den Füßen trug. Auf Mekka brannte eine glutheiße Sonne herab.

Überhaupt war Mekka immer sehr heiß. Vielleicht wurden wir Kinder deswegen wenig aus dem Haus geführt. Bei solchen seltenen Ausgängen zog uns unsere Mutter Kleidung in der Art der vornehmen erwachsenen Araber an, die Tracht der heutigen Scheichs, deren Fotos man in den Zeitungen oder im Fernsehen sieht: auf dem Kopf ein dünnes breites helles Tuch aus Seide *(Kefija)*, welches mit einem um den Schädel gelegten Ring festgehalten wurde *(Aghal)*. Auf dem Körper trugen wir einen breiten, bis zum Boden reichenden Burnus *(Maschlah* oder *Abaya* genannt) aus hellem dünnem Stoff. Ich kann mich an nicht viel mehr

---

* Als Gegenstück zu »Dadi«, Kinderfräulein für Mädchen bei den alten Türken, bedeutete »Lala« Aufseher, Erzieher für Buben.

vom Mekka jener Tage erinnern, außer daß wir einige Male mit der Mutter im Pferdewagen irgendwohin gefahren sind und daß meine Mutter mich auch einmal bei einer Ausfahrt in einer geschlossenen Sänfte mitnahm. Vier Männer, je zwei vorn und zwei hinten, trugen dieses eigentümliche Vehikel. Die rhythmisch auf- und abwiegende Fahrt darin machte mir Spaß.

Taif

Im Gegensatz zu solchen einzelnen zusammenhanglosen und verschwommenen Szenen in Mekka erinnere ich mich dagegen genauer an die Zeit in Taif. Hier erhalten meine Beobachtungen deutlichere Konturen, meine Erlebnisse werden reichhaltiger. Taif war damals der Erholungsort, wo die reichen Araber und die höheren Funktionäre des türkischen Staates im Hedschas die heißen Sommermonate verbrachten. Der Ort liegt auf einem Plateau und ist daher relativ kühl. Hier gibt es auch Vegetation, man sieht Grün, im Gegensatz zu Mekka, wo so gut wie nichts wächst.

Das Gebäude, in dem wir in Taif wohnten, glich eher einer Burg als einem Haus. Der viereckige Bau aus Stein mit mehreren Stockwerken umschloß einen offenen Innenhof. Die Mauern trugen außen Zinnen und Schießscharten. An einer Ecke überragte ein dicker Turm das ganze Gebäude. In der Mitte des Innenhofes gab es ein rundes großes Bassin aus Marmor. Aus einem ebenfalls marmornen Trog floß klares Wasser in das Becken. Alle Fenster der Wohnräume schauten zu diesem Innenhof, während die Außenwände des Baues fast keine Fenster hatten.

Das ganze Leben im Haus spielte sich in diesem Hof ab. Hier war es meistens schattig und kühl, und man war unbeobachtet, geschützt und geborgen.

Ein großer mit Säulen versehener, zum Hof hin offener langer Saal, zu dem einige Stufen führten, war der Aufenthaltsraum der Familie. Mein Vater empfing auch seine

Gäste hier. In diesem Fall verzog sich meine Mutter mit den Kindern und anderen weiblichen Personen in die Haremsräume, wohin Fremde keinen Zutritt hatten.

Neben einheimischen Arabern gehörten vor allem Türken zum Personal. Im Haus wurde türkisch gesprochen. Wir Kinder hielten uns gerne im Hof (arabisch *Ka'a*) auf. Oft spielten dort meine Schwester Memduha und mein älterer Bruder Hulussi unter der Aufsicht der Halti mit uns.* Halti nannten wir die Frau, die etwas jünger aussah als meine Mutter und im Haus nach ihr die höchste Ehre genoß. Sie betreute uns, die beiden kleinen Kinder, beim Schlafengehen oder Aufstehen, Baden, Kleiden, Essen usw. Ich hatte Halti sehr lieb und hing an ihr. Sie war für uns wie eine zweite Mutter. Erst nachdem ich erwachsen war, hörte ich, daß sie eine Tscherkessin war, und erfuhr auch, wie Halti zu uns gekommen war:

Als mein Vater, mit unserer Mutter noch jung verheiratet, sich dienstlich in Damaskus** aufhielt, hatten meine Eltern einen reichen syrischen Kaufmann als Nachbarn. Die junge Frau dieses Syrers freundete sich mit meiner Mutter an. Eines Tages machte der syrische Kaufmann Pleite und erhängte sich.

Alles, was er besaß, wurde dann restlos mit Haus und Hof verkauft. Die Halti wurde auf die Straße gesetzt. Da sie keine Verwandten und sonst niemanden hatte,*** nahm meine Mutter sie zu sich, und seitdem blieb sie bei uns. Halti lebte ihr ganzes Leben lang bis kurz vor ihrem Tode bei uns. Sie war ein Mitglied unserer Familie geworden.

Halti war eine schöne Frau, stolz, empfindlich, leicht verletzlich, aber treu und anhänglich. Seit unserer Geburt betreute sie Hamid und mich mit mütterlicher Hingabe. Sie sprach nur arabisch.

---

* Halti ist arabisch, es heißt »meine Tante«.
** Damals gehörte Damaskus wie Arabien zum türkischen Reich, heute ist es Hauptstadt der syrischen Republik.
*** Die Tscherkessinen wurden noch im Kindesalter von ihren Eltern verkauft, oder sie wurden geraubt, um als Sklavinnen verkauft zu werden.

Ein Erlebnis in Taif stärkte meine innere Bindung zu Halti besonders: Memduha, meine Schwester, lehrte mich, wie man aus Zeitungspapier Schiffchen machen konnte. Damit spielte sie mit uns am Bassin im Hof. Wir setzten die Schiffchen auf das ins Becken fließende Wasser im steinernen Trog und sahen zu, wie sie, mit dem Wasser wackelnd und hüpfend, zur Mündung des Troges schwammen, dann am Ende in das Bassin hinunterstürzten. Dabei fielen sie entweder meistens um, füllten sich mit Wasser und sanken. Manche landeten aber auch heil unten und schwammen lustig weiter. Da klatschten wir in die Hände und schrien vor Freude.

Eines Morgens nach dem Frühstück entdeckte ich irgendwo im Zimmer einen schönen großen Brief. Das herrliche dicke und glänzende Papier des Briefes verleitete mich dazu, daraus ein Schiffchen zu machen. Mit dem schönen Schiffchen rannte ich, ohne jemandem etwas zu sagen, sofort zum Trog des Bassins. Ich sah, daß im Trog kein Wasser floß. An manchen Tagen stellte man nämlich das Wasser ab und öffnete den vom Garten aus bedienten Schieber am Boden des Bassins, um es auslaufen zu lassen. Damit wurde unser Garten bewässert. Nach der Entleerung wurde das Bassin von der Dienerschaft gereinigt. Nach dieser Arbeit ließ man wieder das frische Wasser einlaufen.

Was sollte ich nun machen? Ich sah, daß die Oberfläche des Wassers im Bassin von Minute zu Minute tiefer sank und sich vom Rande des Bassins immer weiter nach unten entfernte. Da ich das schöne Schiffchen unbedingt ausprobieren wollte, legte ich mich kurz entschlossen mit dem Bauch auf den steinernen Boden des Hofes und streckte meinen Arm – in der Hand das Schiffchen –, nach unten zur Wasseroberfläche, um es vorsichtig daraufzusetzen. Beim Versuch, mich noch mehr dem Wasser zu nähern, verlor ich den Halt und plumpste kopfüber mit dem Papierschiffchen in das Bassin. Ich gurgelte ein paarmal, dann weiß ich nicht mehr, was um mich passierte. Als ich wieder zu mir kam, fühlte ich mich sehr übel. Ich lag triefend naß auf dem Schoß meiner Mutter, mit dem Gesicht nach unten, und kotzte eine Menge Wasser und heulte erbärmlich vor Schreck. Ich sah dann Halti ganz verstört, halb weinend und halb lächelnd, neben meiner Mutter knien. Halti hatte ich zu verdanken, daß ich damals nicht ertrank. Sie wollte in ihrem Zimmer gerade beten. Vom Zimmerfenster aus sah sie mich im Hof am Bassin spielen. Als sie dann während des Betens das Plumpsen im Wasser hörte, unterbrach sie das Gebet sofort und rannte zum Fenster. Sie sah mein aufgeblasenes Hemd und meine roten Pantoffeln auf dem Wasser schwimmen und schrie verzweifelt um Hilfe. Daraufhin eilten die Diener herbei und zogen mich aus dem Wasser. Ich war gerettet. Mir und Hamid war fortan verboten, ohne Begleitung von Erwachsenen zum Bassin zu gehen.

Das Wasserrad

Nach der Episode am Becken im Hof fand ich einen Ersatz für vergnüglichen Zeitvertreib an dem großen Wasserrad am offenen Brunnen in unserem Garten. Oft drängte ich, daß man Hamid und mich dorthin bringen sollte. An einem Ende des Gartens, wohin ein schmaler, ansteigender Weg führte, trieb ein Kamel mit verbundenen Augen, sich im Kreis um den Riesenbrunnen bewegend, das laut quietschende große, hölzerne Wasserrad an. An dem Rad liefen Ketten, auf denen Kübel aus Leder befestigt waren, die das Wasser von der Tiefe herauf schöpften. Es war köstlich anzusehen, wie die Kübel der Reihe nach von der Tiefe des Brunnens mit überlaufendem Wasser hinaufkamen und dann durch die Drehung des Rades steil nach unten kippten. Dabei ergoß sich das Wasser laut plätschernd in mehreren kurzen, rauschenden Kaskaden in den steinernen Kanal, von hier floß es dann je nach Bedarf entweder in das Bassin im Hof oder direkt in den Garten zur Bewässerung der Pflanzen. Im Schatten einiger Palmen und Granatapfelbäume auf einem erhöhten Platz hockte im Türkensitz ein alter Araber. Jedesmal, wenn das Kamel an ihm vorbeiging, stieß er das Tier mit einem dünnen Rohrstock in das Hinterteil, indem er laut einige arabische Worte von sich gab. An seinen mit einem bunten verschlissenen Tuch umwikkelten Kopf, sein hageres faltiges dunkelbraunes Gesicht mit schütterem grauem Bart, seine kleinen schwarzen Augen, die aussahen wie zwei ausgespuckte Olivenkerne, erinnere ich mich heute noch genau.

Ich liebte diesen schattigen Ort. Das Wasserrad, dessen eigentümlich jämmerliches, unaufhörliches Gequietsche sich mit dem Plätschern des von den Ledertrögen herabfallenden Wassers mischte: Da war viel Neues zu sehen, viel zu beobachten für mich. Der aufdringlich scharfe Geruch des Kamelmistes war so anhaftend, daß Halti, wenn ich nach Hause zurückgebracht wurde, auf Anordnung meiner Mutter immer von oben bis unten meine Wäsche und das lange Hemd wechseln mußte. Auch dieser Kamelgeruch ist bis heute deutlich in meiner Nase haftengeblieben.

Der Turm

Der burgartige Turmbau unseres Hauses erregte stets meine Neugierde. An einem späten Nachmittag sah ich, wie mein älterer Bruder Hulussi mit unserem Lala Mehmed Aga und einem anderen jüngeren Mann ein schweres langes Ding zum Turm hinauftrug.

Eine solche Gelegenheit konnte ich nicht ungenutzt lassen und bat Hulussi, mich mitzunehmen. Ihm gelang es dann auch, die Erlaubnis meiner Mutter einzuholen. Nach einer Weile kam unser Lala vom Turm herunter und holte mich die lange düstere Treppe hinauf zur freien, alle Bauten überragenden Plattform des Turmes. Der Blick zwischen den Schießscharten ringsherum war großartig. Man konnte von allen Seiten bis zum weiten Horizont viele kahle Berge sehen. Die Häuser der Ortschaft Taif lagen fast alle zwischen Gärten. Unser Garten rings um unser Haus grenzte an die der Nachbarn. Ich konnte von der luftigen Höhe unseres Turmes über die meisten Häuser von Taif hinwegschauen. Es war Spätnachmittag, und die knallrote Riesenscheibe der Sonne ging gerade hinter einer felsigen Bergkette unter.

Hulussi sagte mir, daß dieser Tag ein Festtag sei, Jahrestag der Thronbesteigung unseres Sultans in Istanbul.* Alle Häuser würden deswegen mit Fahnen geschmückt und nach dem Sonnenuntergang mit vielen kleinen Lampions illuminiert wie unser eigenes Haus auch. Als Zeichen der Freude würde man außerdem auch Salut schießen: die türkische Garnison mit Kanonen, das Volk mit Pistolen und Gewehren. Hulussi wollte daher zu Ehren des großen Sultans zum ersten Male mit seinem neuerworbenen Gewehr vom Turm aus schießen. Ich sollte artig und brav an der Mauer sitzen und zuschauen.

»Hast du auch Angst, wenn es knallt?« fragte mich Hulussi, und ich antwortete, ohne zu zögern: »Nein!«

Das Gewehr, das man mit Mühe zum Turm hinaufgeschafft hatte, war ein Riesending, fast so lang wie unser Lala, mit einem faustdicken Lauf, der mit feinen Ornamenten und eingelegten goldenen Inschriften verziert war. Eine achtunggebietende Feuerwaffe, welche nur von Burgen und Befestigungen aus zu gebrauchen war und nicht zum Tragen. Ein altes Festungsgewehr also.

Als die Sonne unterging, sah man hier und dort die Lampions aufleuchten, und schon hörte man die ersten Kanonenschüsse donnern. Inzwischen hatten Hulussi und Lala das Gewehr geladen. Sie füllten Pulver, Papierknäuel und Stoffreste in den Lauf und stopften und preßten sie mehrfach mit einer langen Stange. Der schwere, lange Lauf wurde dann auf die schmale Maueröffnung an eine der Schießscharten gelegt. Lala hielt inzwischen von der Seite den Lauf mit beiden Händen fest, während Hulussi sich am unteren Ende des Gewehres bückte und seinen Finger an den Abzug setzte. Der junge Diener sprang zu mir herüber an die gegenüberliegende Mauer und hockte sich neben

* Sultan Abdul Hamid, der später 1908/09 nach der jungtürkischen Revolution vom Thron abgesetzt wurde.

28

mich. Als ich mit höchster Spannung zuschaute, was nun geschehen würde, schrie Hulussi: »Achtung! Ich drücke jetzt ab.« Im gleichen Augenblick sah ich eine große Flamme emporschießen. Ein furchtbarer Knall erschütterte meine Brust. Ich konnte für Sekunden nichts sehen und nichts hören. Vor Schreck konnte ich nicht einmal schreien oder weinen. Mein Hals brannte, ein schlechter Geruch breitete sich aus. Dann sah ich, wie der Diener mich packte und eiligst die Turmtreppen hinunterrannte. Von unten kam uns meine Mutter mit Leuten, die Fackeln trugen, im Treppenhaus entgegen, streckte aufgeregt und mit verstörtem Gesicht die Arme nach mir aus, nahm mich und preßte mich an ihre Brust. Mir fehlte nichts, aber erst jetzt im Schoße meiner Mutter konnte ich laut heulen.

Hulussi und Lala sollen oben im Turm vom Gewehr weggeschleudert worden sein. Sie hatten Brandwunden im Gesicht und an den Händen. Hulussi hatte außerdem an der rechten Schulter eine Platzwunde, so daß ihn die Militärsanitäter behandeln mußten. Beide, Hulussi und Lala, sahen im Gesicht aus wie die Schornsteinfeger. Zum Glück war nichts Schlimmeres passiert.

Ich hörte später Hausleute erzählen, der Schuß von unserem Turm habe so laut geknallt, daß man geglaubt hätte, im Haus sei eine Kanone abgefeuert worden. Auf jeden Fall fing das Fest der Thronbesteigung unseres Sultans für uns nicht gerade mit guten Vorzeichen an.

Heuschrecken

Eines Morgens war das ganze Hausvolk in Aufregung und machte ernste, besorgte Gesichter: Die Heuschrecken (türkisch: *Cekirge*)* seien da. Dieses Wort hörte ich zum erstenmal. Tatsächlich sah ich im Hof, auf dem Wasser des Bassins, an den Hausmauern, im Himmel – wo ich hinschaute –

---

* »Tschekirge« ausgesprochen.

flatternde, fliegende, hüpfende, an den Hauswänden zerschellende Tierchen. Die Flügel waren rosarot, der Rumpf graubraun mit großem Kopf und langen beweglichen Fühlern. Die Tiere hatten stachelige, starke, lange Hinterbeine. Der Ansturm der Insekten nahm den ganzen Tag kein Ende. Am Nachmittag wurde es ganz schlimm. Unser Hof und das Bassin waren von ihnen bedeckt. Man konnte vom Fenster aus die gegenüberliegende Wand des Hofes zeitweise kaum sehen. Schwärme von Heuschrecken flogen wie die Wolken – alle gemeinsam in einer Richtung. Man hörte ein lautes Geräusch, heulend wie bei einem stürmischen Wind, durchsetzt von Klatschen und Klappern. Unheimlich anzusehen und anzuhören ...

Die Plage dauerte einige Tage. An einem Tag ging ich mit unserem Lala in den Garten. Ich klammerte mich fest an seine Hand, mein Kopf war mit einem Tuch bedeckt, so daß ich nur aus einem Schlitz herausschauen konnte. Hunderte, Tausende von Heuschrecken waren da; fliegend oder am Boden krabbelnd, auf den Pflanzen, Bäumen, Weinstöcken. Wir zertraten sie. Wohin man schaute, wimmelte es von ihnen. Ich hörte rhythmische Rufe von vielen Frauen und Männern. »Hooo ... Ho, Hooo ... Ho.« Sie hatten lange Tücher mit beiden Enden an Bambusrohren befestigt und wedelten damit hoch und nieder auf die Pflanzen, die Bäume und die Weinstöcke, wobei sie gemeinsam immer »Hooo ... Ho, Hooo ... Ho« riefen. Die aufgeschreckten Heuschrecken flogen in Massenschwärmen auf, während sich gleichzeitig neue Schwärme wie Wolken auf die Pflanzen stürzten. Ein schreckliches Bild! In kürzester Zeit vertilgten diese Insekten alles, was grün war. Übrig blieben nur die trockenen Gerippe der Blätter und nackten Äste der Bäume. Ein wahres Unglück ... Die Menschen waren verzweifelt. Die Ernte war vernichtet. Nie wieder sah ich so etwas Unheimliches. Nachts hörte ich im Traum den sich rhythmisch wiederholenden Ruf der Leute »Hooo ... Ho, Hooo ... Ho« und sah die Heuschrecken sich zu Hunderten auf mich stürzen, kratzend und stechend. Ich schreckte laut schreiend auf und weinte.

Inmitten dieses unerfreulichen Ereignisses gab es auch etwas Komisches: Arabische Frauen fingen die Heuschrekken, rupften die großen langen Sprungbeine ab, warfen die so amputierten fingerlangen Insekten in einen Topf mit Salzwasser, dann auf irdene, mit brennendem Reisig geheizte runde Pfannen, auf denen man sonst Bohnenkaffee röstete. Im Nu waren die Heuschrecken dunkelbraun gebraten. Die herumsitzenden Kinder, Mädchen, Frauen, auch Männer, aßen dann dieses Produkt mit sichtlichem Appetit und Vergnügen. Auch ich habe davon nach langem Zögern gekostet. Ich kann mich erinnern, daß die Dinger ähnlich wie geröstete Erdnüsse schmeckten...

Die für mich erlebnisreichen Tage in Taif gingen schnell vorüber, und wir zogen mit Kamelkarawanen wieder nach Mekka um. Ich kann mich kaum an diesen Zug erinnern, da ich durch die wiegende Gangart des Kamels meistens einschlief.

Später träumte ich viel von dem geliebten Kamel am Brunnen in Taif, von dem alten Araber mit seinem zerfurchten Gesicht, von den Heuschrecken, von meinem Sturz in das Bassin. Die »Hooo... Ho«-Rufe der Frauen und Männer, das monotone Quietschen des Wasserrades, der ohrenbetäubende Knall des Festungsgewehres, alles lebte lange nach in meinem Gedächtnis. All das war nun vorüber, und ich war traurig.

Opferfest

Nach einiger Zeit in Mekka hörte ich, daß wir bald die Stadt verlassen und nach Kahira (Kairo) umziehen würden. Doch erst sollte das bevorstehende große Opferfest mit Pilgerfahrten der Moslems aus der ganzen Welt nach Mekka abgewartet werden. Man fing aber zu Hause schon mit den Reisevorbereitungen an.

Eines Morgens führte unsere Mutter mich und Hamid zum Vater wegen des Handkusses zu Ehren des großen Festes. Ich machte große Augen, als ich meinen Vater in

einer ganz ungewohnten Aufmachung traf. Er hatte nämlich keinen Turban auf, sondern war ohne Kopfbedeckung.
Anstatt seiner üblichen Kleidung trug er weiße glatte Tücher am Körper, deren Oberteil wie bei einer römischen
Toga über die Schulter geworfen war. Er war auch barfüßig,
als wenn er aus dem Bad käme. Dies war eine Vorschrift für
die heilige Pilgerzeremonie. Hamid und ich küßten zur
Gratulation erst dem Vater, dann unserer Mutter die Hand
mit Ehrfurcht und staunenden Augen. Mein Staunen war
deswegen so groß, weil ich fast nie unseren Vater, außer im
Schlafzimmer oder im Bad, bis zu diesem Augenblick un-
angezogen gesehen hatte. Dann trat auch Hulussi in gleicher Pilgertracht ins Zimmer und küßte den Eltern die
Hand, worauf wir Kleinen anschließend ihm die Hand
küßten, um ihm zum großen Fest zu gratulieren, wie es die
Sitte verlangte. Ich sah dann im Herrenhaus Lala Mehmed
Aga und andere Männer, alle als Pilger gekleidet, in weißen
einfachen Tüchern ohne Kopfbedeckung und barfüßig.
Später als Erwachsener lernte ich, daß für die dazu befähig-
ten und gesunden Moslems im Leben einmal eine Pilgerfahrt nach Mekka obligatorisch ist. Während der Pilgerzeremonie ist nicht gestattet, Rangzeichen, Schmuck oder
Orden zu tragen. Menschen aus aller Welt mit verschiedenen Sprachen und Hautfarben müssen gleich, ohne Rang
oder Klassenzeichen, in einfachen weißen Tüchern
(Togas), barfüßig und ohne Kopfbedeckung die Pilgerzeremonie vollführen. Männer und Frauen müssen vorher den
ganzen Körper gewaschen haben, also muß man ein Bad
nehmen. Die Frauen sind auch in einfache weiße Kleider
ohne jeden Schmuck gehüllt, wobei nur das Gesicht offen-
bleiben kann, wie bei den katholischen Ordensschwestern
etwa. In diesen Tagen hörte ich zum erstenmal das gemeinsame laute Aussprechen von *Tekbîr* (Preisung) »Allahu
akbar ... la ilaha illallah« (das heißt: Gott ist der Größte,
und es gibt keinen Gott außer Allah). Aus Hunderten, Tausenden von Kehlen klang dieser Bekenntnissatz wie ein
fernes Donnern, und Schaudern und Frösteln überfielen
mich.

Die etwa eine Woche dauernden Pilgertage hindurch hörte ich von den Straßen vom heiligen Hof der Kaaba her immer wieder dieselben Rufe der Tausende. Wenn ich vom Fenster hinaussah, war die Stadt von einer unüberschaubaren Menschenmasse gefüllt: ungeordnet, Schulter an Schulter aneinandergedrängt, ein wogendes Gewühl von Menschen. Es war ein überwältigendes Erlebnis, das ich nicht vergessen kann.

Während der Tage, an denen Zehntausende von Menschen aller Rassen und Länder der islamischen Welt in Mekka zusammen die heiligen Zeremonien der Pilger vollführten, mußten wir Kinder mit der Mutter und Memduha zu Hause bleiben. Warum meine Mutter und Schwester an den Pilgerzeremonien nicht teilnahmen, weiß ich nicht. Sie waren mit uns zu Hause geblieben, und ich war froh deswegen.

Am Ende der religiösen Zeremonien opferte man Huftiere, um deren Fleisch an die arme Bevölkerung zu verteilen. Damit waren die religiösen Zeremonien des Opferfestes und der Pilgerfahrt zu Ende.

Dschidda

Von meiner Mutter hörte ich, daß wir nach Ägypten *(Missir)* umziehen würden. Der Sultan in Istanbul hätte unseren Vater zum Oberrichter von Ägypten mit dem Sitz in Kahira (Kairo) ernannt. Sicherlich war meine Mutter darüber froh. Sie sagte, in Kahira sei es viel schöner und die Luft besser als in Mekka. Wir sollten nun mit einer Kamelkarawane zur Hafenstadt Dschidda am Roten Meer ziehen.

Als wir eines Tages zu einem großen freien Platz außerhalb der Stadt gebracht wurden, sah ich viele Menschen und Kamele dort versammelt. Auf der einen Seite wurden hockende Kamele mit Lasten beladen. Andere Kamele trugen große Aufbauten. Diese Aufsätze sind für den Transport von Menschen auf langen Strecken bestimmt. Man nennt sie arabisch *al schutuf*. Ich will sie etwas näher beschreiben: Die Schutuf sind aus Bambusrohr geflochtene runde große Körbe, welche mit Ausnahme der offenen vorderen Seite mit Kelims oder Filztüchern verkleidet beziehungsweise bedeckt sind. In der Mitte auf dem Höcker des Kamels aufgesetzt und festgemacht, reichen diese Körbe auf beiden Seiten des Tierrumpfes je etwa einen Meter hinaus. Der Boden des Schutufs ist auf beiden Seiten mit Matratzen und Kissen belegt. Die Höhe der gewölbten Decke im Inneren schätze ich heute auf etwa 1,30 Meter. Man konnte darin bequem sitzen oder liegen. Die freie vordere Seite des Schutufs hatte aufgerollte Vorhänge aus Ziegenhaar, welche man bei Bedarf herunterrollen konnte. Unter den Schutufs außen hingen Wasserbehälter aus Ziegenleder, Proviant oder Futtersäcke, leichte Leitern, welche zum Ein- und Aussteigen gebraucht wurden.

Auf dem Platz sah ich außerdem im großen Umkreis arabische Reiter und eine Kompanie türkischer Kavallerie, die uns auf dem Wege nach Dschidda begleiten sollte. Gutgekleidete Araber, türkische Beamte in Zivil und Offiziere in Uniform hatten sich versammelt, um meinen Vater zu verabschieden. Während mein Vater sich mit den Leuten unterhielt, wurden wir in die Schutufs auf die Kamele gesetzt. Meine Mutter saß zusammen mit Memduha auf einem, Hamid, Hulussi und ich bekamen auf einem anderen Kamel Platz. Halti und anderen Frauen wurden weitere Kamele zugewiesen. Das vorderste Tier war für meinen Vater bestimmt. Er bestieg es schließlich nach Erledigung der Abschiedszeremonie. Nachdem alle Tiere beladen waren, wurden sie nacheinander zum Aufstehen gebracht. Aus ihnen wurde eine lange Karawane gebildet. Die hinteren Tiere trugen das Gepäck der Familie in Kisten, Trögen und bunten mit Kelims und Teppichen umwickelten Ballen. Am Schluß wurden die Kamele aufgereiht, die Proviant, Futter und Wasser sowie sonstiges, auf der Reise benötigtes Material trugen.

Sehr aufregend war für mich, wie unser Kamel, auf dem wir mit Hulussi und Hamid saßen, zum Aufstehen gebracht wurde. Rechts und links vom Tier hielten zwei Araber je eine Saumschnur in der Hand und zogen abwechselnd damit den Kopf des Kamels, begleitet von arabischen Rufen (»Yalla... Yalla!«). Dabei warf das Tier grollend und gurgelnd seinen Kopf nach beiden Seiten. Plötzlich gab es einen starken Ruck, und unser Schutuf kippte steil nach vorne, so daß wir fast vornüberflogen. Kaum hatten wir uns durch Festklammern an hohen Sattelstellen in der Mitte des Schutufs vor dem Fall gesichert, da kam schon ein stärkerer und härterer Ruck von der Vorderseite her, so daß wir diesmal buchstäblich in den hinteren Teil des Schutufs geschleudert wurden! Es folgten noch ein paar kleinere Erschütterungen, und das Kamel war endlich auf den Beinen. Wir waren erschrocken und begriffen nicht, was geschah. Ein Glück, daß Hulussi bei uns war. Er hatte uns vorher gewarnt, hielt uns an den Händen fest und beruhigte Hamid und mich bei den schwierigen Bewegungen des Kamels.

Nachdem sich alles beruhigt hatte, dachte ich an meine Mutter und Memduha. Wie es ihnen wohl dabei ergangen sein mag?

Plötzlich hörte ich wildes Geschrei und sah etwa vierzig bis fünfzig arabische Reiter, die ihre dünnen langen Gewehre in der Hand herumwirbelten, unseren Karawanenzug in vollem Galopp umkreisten und dabei in die Luft oder die Erde schossen. Es war aufregend und spannend anzusehen. Nachdem auch diese Vorstellung zu Ehren meines Vaters vorüber war, setzte sich unsere Karawane in Bewegung. Erst begleiteten uns beiderseits des Karawanenzuges die arabischen sowie die türkischen Reiter gemeinsam eine ganze Weile. Dann ritten die Araber davon. Zum Schluß blieb nur die türkische Kavallerie als Eskorte zurück.

Es war später Nachmittag. Die Sonne hing knallrot vor uns am Horizont. Ich sah von der luftigen Höhe unseres Schutufs aus, wie die vorderen Kamele meines Vaters und dahinter das der Mutter und Memduhas sich behäbig und wiegend fortbewegten. Vom rückwärtigen Teil des Sattels eines jeden Kamels ging eine Schnur zum Zaumzeug am

Kopf des dahinterlaufenden, so daß die Tiere wie an einer großen Rosenkranzkette miteinander verbunden waren.

Neben jedem Kamel mit Schutuf ging ein Treiber, der das Tier sowie die Reisenden betreute und bei Steigungen, Abwärtsstrecken oder an schwierigen Wegstellen Anweisungen gab, wie man sich im Schutuf verhalten solle. Ich kann mich genau erinnern, daß ich von der Höhe des Schutufs mit Verwunderung sah, wie auf der linken Seite unseres Zuges sich die gespenstisch langen Schatten der vielen Beine der vorderen Kamele auf dem rötlichen Sandboden lautlos und watteweich bewegten. Die eigentümlich wiegende und mahlende Gangart des Kamels versetzte mich, meinen Kopf und meinen Körper bald in einen gleichgerichteten Rhythmus, der mich fast betäubte, und ich schlief ein. Noch im Schlaf hörte ich das gleichmäßige Geknister des Rohrgeflechts, das Geklapper des kupfernen Geschirrs und das Gluckern des Wassers in den länglich runden Behältern aus gegerbtem Ziegenfell, die unterhalb unseres Schutufs links und rechts des Tieres aufgehängt waren.

Wie lange diese Karawanenreise gedauert hatte, kann ich nicht sagen. Ich kann mich aber erinnern, daß wir zwei- bis dreimal gerastet haben. Unsere Karawane wurde stets von türkischer Kavallerie eskortiert und beschützt gegen mögliche Überfälle von arabischen Räubernomaden, die man *Urban* nannte. Gerade um die Pilgerzeit kamen solche Raubzüge öfter vor.

Auch unser Lala Mehmed Aga war aus diesem Grunde bewaffnet und ritt auf einem schönen Schimmelhengst. Er sah imposant aus, unser stolzer Lala. Er trug gegen die sengende Sonne ein weißes Kefija auf dem Kopf, worauf er noch seinen Fes gesetzt hatte. Ein Gewehr hielt er mit der rechten Hand und stützte es auf seinen rechten Oberschenkel. Von beiden Schultern hingen kreuzweise mit Munition vollbestückte Patronengürtel herab. Mehmed Aga war immer wieder zu sehen. Er ritt mal vor, mal nach, von Schutuf zu Schutuf wechselte er Grüße aus und betreute unablässig während der Reise die Familie in Liebe, Treue und Ergebenheit.

Memduha, Hamid und ich wurden, um für Abwechslung zu sorgen, öfters von Kamel zu Kamel getragen. Ein junger Sudanneger namens Faradj, der sonst immer am Kamel meines Vaters mitging, besorgte diese Besuche dank seiner enormen Größe von über zwei Metern. Er langte mit seinen langen Armen in den Schutuf, hob uns heraus, brachte uns zum Kamel des Vaters oder der Mutter und setzte uns mühelos in unserem eigenen Schutuf wieder ab. Faradj gehörte seit einiger Zeit zum Hauspersonal. Von ihm werde ich später mehr berichten.

Ich stellte fest, daß die Karawanenreise meiner Mutter nicht bekam. Sie wurde »seekrank« davon und litt sehr darunter. Auch meinem Vater bekam dieses wiegende Schaukeln auf dem Kamel nicht besonders.

Bei einem der Besuche beim Vater habe ich aber etwas Erinnerungswürdiges erlebt! Ich saß auf der linken Matratze im Schutuf meines Vaters. Es muß nachmittags gewesen sein. Meinem Vater war es übel, aber er wollte eine Zigarette rauchen. Er steckte sie an, zog einige Male daran, warf sie aber dann lustlos nach vorne weg, wonach er sich rückwärts im Schutuf auf ein Kissen legte und die Augen schloß. Nach einer kurzen Weile roch es nach verbrannter Wolle. Der Geruch wurde intensiver. Als ich herumschaute, entdeckte ich zu meiner Überraschung, daß sich eine kleine Rauchfahne oben am Schädel unseres Kamels zwischen den beiden Ohren heraufschlängelte. Ich beobachtete, wie die langen Borstenhaare am Kamm des Schädels des Tieres knisternd brannten. Das Tier fing an, unruhig zu werden, mit dem Kopf zu schütteln. Der Brand weitete sich schnell aus. Ich war unentschlossen, sollte ich Vater wecken oder den Kameltreiber, der mit Faradj zusammen das Tier begleitete, rufen. Da sprang plötzlich das Kamel mit einem scharfen Ruck auf die Seite und fing an, wie von der Tarantel gestochen davonzurasen. Mein Vater erschrak und wachte auf. Die beiden Männer konnten das Tier schließlich auch mit Hilfe hinzueilender anderer Leute halten, warfen Tücher über seinen Kopf und gossen Wasser darauf. Die ganze Karawane kam in Unordnung.

37

Aufregung und Geschrei erhoben sich. Schließlich rannte ein alter Kameltreiber herbei, beruhigte durch Liebkosungen das verzweifelte Tier, behandelte die Brandwunde mit einer schwarzen, dicken Salbe und verband sie sorgfältig, während er fortwährend liebevoll mit dem Tier sprach, als ob es seine Tochter oder Mutter wäre. Nach einer Weile war es soweit, daß die Karawane sich wieder in Reih und Glied aufstellen und den Marsch fortsetzen konnte. Mein Vater war über den Unfall und die Verwundung des Kamels untröstlich.

Man spricht bei uns allgemein davon, daß Kamele Disteln gerne fressen. Auf der Reise von Mekka nach Dschidda habe ich damals die Bestätigung gefunden. Als wir ein felsiges enges Tal passierten, geschah es. Hier war der schmale steinige Weg an beiden Seiten mit mannshohen Disteln und Aloen bewachsen. Als die Kamele diese scharfstacheligen Pflanzen erblickten, waren sie nicht mehr zu bändigen. Die Treiber waren machtlos. Im Vorbeigehen stürzte jedes Tier sich mit unaufhaltsamer Gier auf die mannshohen Disteln, faßte sie mit seinen äußerst beweglichen ausladenden Lippen und brach davon eine große Portion ab. Mit Staunen beobachtete ich unser Kamel, wie es sich mit dem Distelzweig im Maul wieder in Gang setzte und die Pflanze – sie in der Luft nach allen Richtungen kunstvoll schwingend – zu vertilgen begann. Dabei waren seine oberen wie unteren fleischigen Lippen und seine Nase voll von Stacheln. Aus seinem Maul quoll nach allen Seiten roter blutiger Schaum, der in großen Lappen zu Boden fiel. Diese qualvolle Kost muß dem Kamel so unvorstellbar gut schmecken, daß es die Schmerzen beim Fressen ertragen kann.

Wir erreichten an einem späten Nachmittag bei Sonnenuntergang Dschidda, wo wir einige Nächte im Hause einer höheren Persönlichkeit dieser Hafenstadt am Roten Meer verbrachten. Als Zeichen der Dankbarkeit für die glückliche Beendigung der Karawanenreise opferten meine Eltern mehrere Schafe und verschenkten das Fleisch an die arme Bevölkerung der Stadt.

Nach Ägypten

Eines Morgens fuhr die ganze Familie mit Pferdedroschken zum Hafen. Zum erstenmal im Leben erblickte ich hier das Meer. Eine merklich frische und weiche Luft mit eigenartigem Geruch füllte meine Brust. Von der leichtgekräuselten Oberfläche des weiten hellen Wassers schoß die Sonne unzählige Funken in Tausende von kleinen Spiegeln. Außerhalb des Kais lag eine ganze Reihe Segelschiffe. Wir hielten schließlich an einer Barkasse, an der eine Menge Menschen – Soldaten und Offiziere, Türken wie Araber – versammelt war. Als wir ankamen, wurde mein Vater von diesen Leuten begrüßt, während meine Mutter und wir Kinder in die Barkasse geführt wurden. Nach Beendigung der Abschiedszeremonie kam auch mein Vater auf die Barkasse. Wir fuhren zu einem riesengroßen Schiff, von dem eine lange Leiter herabgelassen war. Erst meine Eltern, dann Halti und Memduha setzten mit Hilfe von Seeleuten auf die Plattform der Leiter über. Am Schluß nahmen Faradj Hamid und Lala Mehmed Aga mich auf, und beide sprangen auf die Leiter des Schiffes. Oben auf Deck wurde mein Vater vom Kapitän und anderen Offizieren höflich empfangen. Danach wurden wir durch einige Korridore geführt und in unseren Kabinen nebeneinander untergebracht. Hulussi war mit Hamid und mir zusammen neben den beiden Kabinen der Eltern.

Auf diesem Schiff sah ich zum erstenmal Menschen, die anders aussahen, als ich sie bis dahin kannte. Sie waren stark, groß, trugen weiße Seeuniformen, waren im Gesicht rot, mit blondem, oft rotem Haarwuchs, starkem Bart oder Schnurrbart. Soviel hellrote Menschen auf einmal hatte ich noch nirgendwo gesehen. Auch verstand ich ihre Sprache nicht. Es waren Engländer, denn dies war ein englisches Schiff. Es gehörte zu den Dampfern einer englischen Gesellschaft, die den Güter- und Personenverkehr zwischen England und Indien unterhielt, wie ich später erfuhr.

Überhaupt war alles auf diesem Schiff für mich neu und anders. Alles weckte meine Neugier und Aufmerksamkeit:

die Kabinen, die Betten, die Toiletten und das Waschbekken, die Möbel, der auffallende, von der Ölfarbe herrührende, eigentümliche Geruch in den Räumen. Mir gefiel es auf dem Dampfer. Meine frohe Stimmung dauerte aber nicht lange.

Als das Schiff den Anker zu heben begann, brachte mich Hulussi aufs freie Deck, damit ich der Abfahrt zuschauen konnte. Ich sah viele kleinere Segelschiffe um uns herum. Alle hatten nach irgendeiner Seite Schlagseite. Alle waren voller Menschen. Diese Segelschiffe kamen von überallher. Sie brachten von Indien, Java, Indonesien, aus Nordafrika, dem Jemen, China, Turkestan und dem Iran Pilger nach Mekka. Wie die Ameisenhaufen wimmelten diese Schiffe von Menschen. Die meisten trugen weiße lose Überwürfe, die Köpfe waren mit turbanartigen Tüchern bedeckt. Jetzt, da die Pilgerfahrt zu Ende ging, brachten große schwere Ruderboote, bis zum Rande beladen, unzählige Pilger zurück zu den sowieso schon überfüllten Schiffen.

Während ich dieses aufregende Panorama um unseren Dampfer mit Staunen betrachtete, hörte ich plötzlich lautes Geschrei und sah, wie die Leiter eines der naheliegenden Segelschiffes, auf der eine Unmenge von Menschen wie eine quirlende Bienentraube hing und nach oben drängte, sich von ihren Aufhängungen losriß. Die Masse der Leute darauf stürzte herunter ins Meer. Ich schaute hin, wie erstarrt vor Schreck und Mitleid. Auf der Oberfläche des Meeres schrien, tobten und zappelten unzählige Menschen. Vom Deck des Segelschiffes, das sich noch mehr auf die Unfallseite neigte, fielen noch weitere Menschen ins Meer! Nach einer Weile wurde es still an der Unfallstelle. Man sah nur noch tote Menschen, deren Köpfe und Glieder unter Wasser hingen, während ihre Kleider, von Luft aufgeblasen, über dem Meer trieben. Kein Mensch, kein Boot, keine Barkasse kam, um ihnen zu helfen. Auch auf unserem Dampfer kümmerte sich kein Mensch um sie. Ich war erschüttert. Als ich mich genauer umsah, entdeckte ich überall auf dem Wasser treibende Leichen – von Men-

40

schen, die wohl früher ins Wasser gefallen sein mußten. Verzweifelt fragte ich Hulussi, warum niemand sich um die Unglücklichen kümmere. Er sagte:»Erstens fehlt es an Organisation und Möglichkeiten, zu helfen. Dann ist es aber deren Schicksal. Sie wollten, ihrem Glauben folgend, die heilige Kaaba sehen, dort Gott um Vergebung bitten. Das haben sie erreicht, und nun sind sie zu Gott zurückgekehrt. Sie sind selig.«

Jahr für Jahr kommen seit 1400 Jahren Zehntausende, Hunderttausende Gläubige freiwillig, aus Gottgefälligkeit, aus Tausenden von Kilometern entfernten Orten der Welt als Pilger nach Mekka, den untragbaren, unbeschreiblichen Schwierigkeiten und Strapazen der Reise, den verschiedensten Risiken, Gefahren von Raub, Sturm, Krankheit und Seuche trotzend. Wie viele von ihnen unterwegs und in Mekka selbst unter den damaligen Verhältnissen den Tod fanden oder wie hier in Dschidda jährlich ertranken, weiß niemand. Welche ungeheuere Macht ist doch der Glaube!

Lange nach der Abfahrt fuhr unser Schiff weit draußen auf offenem Meer noch an vereinzelten, einsam dahintreibenden zerstückelten Menschenleichen vorbei. Nachts in meiner Kabine konnte ich beim Schlafen die erschütternden Bilder, welche ich an jenem Tage gesehen hatte, nicht loswerden.

Nach einer ruhigen Nacht begann unser Schiff am nächsten Mittag zu schaukeln. Das Rote Meer tobte dann mehrere Tage. Ein selten starker Sturm schüttelte unser Schiff ganz schrecklich. Meine Eltern, besonders unsere liebe Mutter, wurden schwer krank. Auch Memduha und Halti litten sehr unter dem schweren Seegang. Meine anfängliche Angst überwand ich jedoch schnell und fand den Sturm schließlich sogar amüsant. Es machte mir Spaß, wie das große Schiff seine Fahrt durch hohe Wellen fortsetzte. Langsam vorne hochgehend, dann steil und vibrierend, kopfüber runtersausend. Ich hörte, daß die meisten Passagiere erkrankt waren, ja selbst ein Großteil der Matrosen ausgefallen sei. Unser Lala Mehmed Aga sowie Faradj sollen auch seekrank geworden sein.

41

Als der Sturm endlich vorüber war, erreichten wir den Suezkanal. Für mich war es hochinteressant, wie sich dann das Schiff ganz ruhig und langsam zwischen den Sandhügeln inmitten einer Wüste bewegte. Es glitt auf dem Wasser, wie wenn es in der Luft schwebte, so ruhig kam mir die Fahrt des Schiffes hier vor nach dem tagelangen Schaukeln, Brummen, Heulen, Krachen und Ächzen im Sturm auf dem Roten Meer.

Das Schiff blieb eine Nacht in Port Said am Ausgang des Suezkanals zum Mittelmeer. Dann ging die Fahrt nach Alexandrien, der Hafenstadt von Ägypten, weiter. Auf dieser Fahrt war es bereits erheblich kühler geworden. Ich sah zum erstenmal weiße, lustig segelnde Vögel, die unser Schiff begleiteten – die ersten Möwen, die ich kennenlernte.

Alexandrien

Eines Morgens wurden wir früh geweckt. Ich merkte, daß das Schiff sich nicht mehr bewegte und die Schiffsmaschinen stillstanden. Wir hatten in der größten Hafenstadt Ägyptens (Iskenderije-Alexandrien) angelegt. Die ganze Familie versammelte sich im Salon meines Vaters. Auch hier kam eine Menge Männer in zugeknöpften zivilen Anzügen mit dem Fes auf den Häuptern sowie Offiziere und Würdenträger mit Turban, um meinen Vater zu begrüßen. Mir fiel auf, wie die Herren mit sehr höflichen Gesten meinem Vater als dem Oberrichter des Sultans in Kairo Ehre bezeugten. Auch der Kapitän und einige Offiziere des Schiffes verabschiedeten sich hier von meinem Vater.

Als wir auf Deck geführt wurden, sah ich eine imposante Stadt vor uns liegen. Der Hafen selbst war von einer großen breiten Wellenbrecheranlage geschützt. Am Kai lagen viele Schiffe, überall sah man Boote. Wir gingen die Schiffstreppe hinunter auf den Kai, wurden durch ein Spalier von Soldaten geführt und gelangten, nachdem wir ein großes Gebäude passiert hatten, auf die Straße. Hier sah ich mit Erstaunen und Überraschung, wie mein Vater zu einem schönen Coupéwagen mit herrlichen Pferden und schönem Geschirr geführt wurde. Ein türkischer Kutscher in besonderer goldbestickter Tracht sprang von seinem Sitz herunter, küßte meinem Vater höflichst die Hand und schlug die Tür des Wagens auf, während ein Mann vorne die Pferde an den Zügeln hielt. Meine Eltern mit Memduha stiegen in diesen vorderen Wagen ein, während wir Kinder mit Hulussi und Halti in einem offenen Fiaker dahinter Platz nahmen.

Auf beiden Seiten der breiten Straße waren Soldaten oder Polizisten in weißer türkischer Uniform aufgestellt. Dahinter staute sich eine dichte Menschenmasse. Kurz bevor der Wagen meines Vaters sich vor uns in Bewegung setzte, sprang Lala Mehmed Aga auf dessen Kutscherstand. Stehend begann er, aus einem großen Beutel frischgeprägte Silbermünzen in die Menge beiderseits der Straße zu werfen. Kaum sah das Volk die glänzenden Silberlinge von oben herabfallen, als es heulend die Spaliere der Soldaten und Polizisten durchbrach und sich in wilder Hast auf die Münzen stürzte. Es entstand ein Gewühl aus Menschen, die sich übereinander und aufeinander warfen, zerrten, schlugen und schrien, so daß die Pferde scheu wurden und sich aufbäumten. In dem Durcheinander konnten unsere Wagen sich nicht vorwärtsbewegen, bis einige Polizisten sich mit ihren Stöcken wahllos auf die Leute warfen und sie schlugen, um den Weg für die Fahrt freizulegen. Wir kamen schließlich langsam vorwärts. Ich sah beiderseits unseres Wagens, wie die Ordnungsleute mit ihren Knüppeln auf die Menschen hieben, und hörte hinter uns die dumpfen Schläge, wenn sie die Köpfe oder die Körper der Leute trafen... Mir taten die Menschen leid. Der Sitte und dem Zeremoniell entsprechend, wollte mein Vater durch die Geldspende Gutes tun, und dabei mußten arme Leute derart mißhandelt werden. Diese Szene verdarb mir die Freude unserer Ankunft in Ägypten gründlich. Auch meine Eltern waren sehr betrübt darüber.

Nach einer Fahrt durch lebhafte, aber breite und ordentlich gepflasterte Straßen stiegen wir vor einem großen Ge-

43

bäude aus den Wagen. Dies war das Hotel, in dem wir einige Nächte wohnten. Unsere Zimmer lagen nebeneinander in einer oberen Etage, und ich konnte von den großen Fenstern das blaue Meer, die Schiffe und die breite, mit Palmen umsäumte Straße mit schönen Häusern sehen. Alexandrien war größer und schöner als Mekka, Taif und Dschidda in Arabien. Eine ganz andere Welt... Auch die Luft war kühler und angenehmer.

Im Hotel schliefen wir zum erstenmal in hohen eisernen Betten mit Moskitonetzen. Wir Kinder wurden hier neu eingekleidet, auch Lala und Faradj bekamen neue Anzüge und Schuhe.

Kahira (Kairo)

Unsere Fahrt von Alexandrien nach Kahira mit der Eisenbahn war für mich ein großes Erlebnis. Hier sah ich zum erstenmal einen Zug mit Dampflokomotive und Waggons. Alles war für mich neu und fremd. Ich verfolgte alle Geschehnisse mit größter Aufmerksamkeit. Wiederum wurde mein Vater vor der Abfahrt des Zuges von einer Menge von Offizieren und Würdenträgern, die weiße oder schwarze Turbane, schwarze hohe zylindrische Mützen, schwarze breite Überwürfe* oder Fes trugen, am Bahnsteig begrüßt und verabschiedet. Ich hörte, wie schließlich der Bahnvorsteher ein langes »Tuuuuuuu« mit seinem Horn blies, worauf von der Lokomotive ein lauter schriller Pfiff schallte und der Zug langsam in Bewegung kam. Die am Bahnsteig versammelten Notabeln verneigten sich, grüßten in höflicher Haltung meinen Vater zum letztenmal, und wir fuhren ab.

Die meinem Vater während unserer ganzen Reise aus Arabien nach Kahira bei Ankunft und Abreise dargebote-

---

* Es handelt sich außer den islamischen um die griechisch-orthodoxen, koptisch-christlichen, maronitischen, armenischen sowie um die jüdischen religiösen Würdenträger Alexandriens.

44

nen Ehrerbietungen beeindruckten mich aufs höchste. Mir gefielen sie irgendwie sehr, und ich war stolz auf meinen Vater. Meine Achtung vor ihm wuchs immer mehr. Während der Bahnfahrt nach Kahira fuhren wir über viele eiserne Brücken. Mir sind sie besonders in Erinnerung geblieben wegen des lauten ohrenbetäubenden Radaus, der klappernden Geräusche, die der Zug jedesmal bei deren Überquerung verursachte. Wenn ich am Waggonfenster stand, um den Nil mit den vielen schweren Segelbarken oder die endlosen grünen Felder und Palmenhaine längs des Flusses oder der Kanäle anzuschauen, zog ich meinen Kopf erschreckt zurück ins sichere Innere unseres Abteils, hielt mit beiden Händen die Ohren zu und sah nur kreuz und quer die vielen dicken schwarzgestrichenen Eisenbalken und -träger der Brücke vorbeisausen.

In Kahira zogen wir in das für den Oberrichter von Ägypten offiziell zur Verfügung gestellte schöne große Haus ein. Es war ein steinerner Bau, der über dem Erdgeschoß noch zwei Stockwerke hatte, in denen sich die eigentlichen Wohn- und Aufenthaltsräume der Familie und der weiblichen Gäste befanden, während das Hochparterre für die Empfangsräume der Herren und die männliche Dienerschaft bestimmt war. Die Türken nannten diese Räume für die Herren *Selamlik*, das heißt »Begrüßungsraum«.

In einem Nebengebäude befanden sich die Stallungen für Pferde und den Wagen. Dort wohnte auch der türkische Kutscher mit den Stallburschen. Kurzum, es war ein imposantes Herrschaftshaus.

Das hatte seine Gründe. Der Oberrichter von Ägypten war damals neben dem hohen Reichskommissar der letzte vom türkischen Sultan in Istanbul direkt ernannte hohe Funktionär in Ägypten, während der ägyptische *Khedive* (Vizekönig) seit einigen Jahrzehnten so weit autonom geworden war, daß er den gesamten Verwaltungsapparat einschließlich des Heeres unabhängig vom Sultan selber beherrschte. Als letztes Zeichen der Souveränität des türkischen Reiches über Ägypten waren nur noch die oben genannten beiden Ämter in Kairo verblieben. Dementsprechend sollte der Oberrichter auch symbolisch das Reich in Kahira repräsentieren. Außer dem staatlichen Wohnhaus waren daher auch seine Bezüge ansehnlich: ein Gehalt von 120 Goldlira monatlich und zusätzlich jährlich 1000 Goldlira Sonderzulage, alles netto ohne Abzüge* (die Bezüge des Oberrichters in Arabien waren ebenfalls hoch genug, jedoch niedriger als in Ägypten).

Die Zeit in Kahira verging schnell. Im Haus war immer etwas los. Es verging fast keine Woche, ohne daß wir mehrfach zu Hause Gäste empfingen, im Harem meine Mutter, im Selamlik mein Vater.

Bei besonderen festlichen Anlässen fuhr mein Vater in seinem Coupéwagen zum Vizekönig zur Gratulationscour. An solchen Tagen trug mein Vater den Festornat: einen weißen seidenen Kaftan, dessen Brust und Kragen reichlich goldbestickt waren, sowie einen Turban mit einem handbreiten Goldband ringsum. Der eine der drei Orden, mit denen er vom Sultan ausgezeichnet worden war, hing an einem kurzen grünen seidenen Band am Hals, während die anderen beiden auf der rechten Seite der Brust befestigt waren. In seinem Festornat sah mein Vater herrlich aus.

Wenn er dann das Haus verließ und in Begleitung unseres ebenso festlich gekleideten Lala Mehmed Aga in seinen von unserem türkischen Kutscher geführten Coupéwagen einstieg, schauten wir mit unserer Mutter hinter den Jalousien am Fenster zu. Mit gestreckten Hälsen sahen wir ihm lange nach, auch wenn der Wagen bereits abgefahren und im Gewühl der Straße längst verschwunden war. Mein Vater liebte seinen Wagen. Auch an normalen Tagen fuhr er immer damit, wenn er das Haus verließ. Ich habe ihn in Kahira außerhalb des Hauses nie zu Fuß gesehen.

Ein türkischer Herr aus Istanbul gab meiner Schwester zu Hause Unterricht. Dieser höfliche, feine Mann mit ergrautem Vollbart unterrichtete auch Hamid und mich einige Male in der Woche. Wir lernten von diesem Herrn das türkische Abc und die ersten Zahlen bis hundert sowie

* Eine Goldlira entsprach etwa einem englischen Goldpfund.

etwas Rechnen. Die ersten Kenntnisse im Französischen übermittelte er uns ebenfalls in Kahira. Hulussi ging in ein englisches höheres College und arbeitete fleißig.

Ich kann mich erinnern, daß mein Vater einige Male für längere Zeit mit der Eisenbahn oder dem Nilschiff Reisen in andere Städte in Ägypten unternahm. Auch wir machten mit meiner Mutter, Memduha, Hulussi und Hamid Exkursionen in verschiedene Gegenden; zu den Pyramiden, zur Sphinx, zu den alten Ruinenstädten des Landes, Luxor und Karnak. Ich war tief beeindruckt von allem, was ich sah. Am meisten beschäftigte mich die Sphinx. Damals war diese riesenhafte, aus einem Felsblock herausgehauene sonderbare Figur nur teilweise zu sehen: Der menschliche Kopf und ein Teil des Rumpfes mit den vorderen Löwentatzen waren mehr oder weniger frei. Der Rest des großen Körpers lag noch unter Schutt und Sand. Dennoch wirkte diese uralte monumentale Kunstschöpfung ergreifend auf mich mit den wie in die Ewigkeit schauenden, sinnenden Augen in dem leicht lächelnden jungen Gesicht eines ruhenden Tiermenschen – unheimlich, rätselhaft, den Betrachter bezwingend.

Ägypten

Kahira war eine große, heiße, dicht bevölkerte Stadt mit überwiegend steinernen Häusern und ordentlichen Straßen. Eine große Zahl alter Moscheen, Grabmäler und Lehranstalten waren Zeugen der islamischen Epoche des Landes. In einem riesigen Gebäudekomplex befanden sich die jahrhundertealten Räume der theologischen Institute der Azhar Medressa (Universität).

Nachkommen der alten Ägypter, vermischt mit Arabern, bildeten die Mehrheit der Bewohner. Dazu kamen Türken, Griechen, Armenier und Juden. Der nicht mohammedanische Anteil der Bevölkerung war in Alexandrien größer als in Kahira. Außerdem lebten hier auch noch Europäer, in der Hauptsache Engländer, Italiener und Franzosen.

47

Der Khedive war osmanischer Abstammung. Die gesamte Familie des Khediven und der Hof sprachen privat Türkisch. Heute noch sprechen die lebenden Mitglieder der Dynastie von Mehmed Ali Pascha, des Begründers des ägyptischen Herrscherhauses, unter sich Türkisch. In Ägypten, das zu Beginn des 20. Jahrhunderts seit vierhundert Jahren zum osmanisch-türkischen Reich gehörte, hatte sich eine beträchtliche Zahl von Türken angesiedelt, meist ehemalige Offiziere, höhere Funktionäre und Soldaten. Als Sultan Selim I. 1517 Ägypten dem türkischen Reich einverleibte, hatten dort seit etwa 300 Jahren die Mamelucken regiert.* Dies waren verschiedene türkische Reiterstämme, die zunächst im Sold des Gegenkalifen von Bagdad nach Ägypten geschickt worden waren. Unter ihnen erlebte Ägypten eine neue politische, kulturelle und wirtschaftliche Blüte. Auch Palästina und Syrien kamen unter mameluckische Hoheit. Der osmanisch-türkische Sultan Selim I. konnte erst nach schweren Kämpfen die Macht der Mamelucken brechen, um Ägypten seinem Reich zuzuschlagen. Vorher hatte der Sultan ganz Arabien mit Mekka und Medina erobert. Dadurch ging auch das Kalifat nach Istanbul, und der türkische Sultan wurde zum Kalifen, das heißt Statthalter des Propheten Mohammed als Führer der islamischen Welt.

Nachdem ihre verschiedenen Aufstände blutig niedergeworfen waren, fügten sich die restlichen Mamelucken der Herrschaft ihrer Blutsbrüder, der Osmanen, so daß sie fortan in Ägypten als eine privilegierte türkischsprechende Kaste weiterexistierten.

Diese Familien (zusammen mit den in Ägypten ansässig gewordenen osmanischen Funktionärsnachkommen, an der Spitze neuerdings die Familie des Vizekönigs) besaßen erheblichen sozialen Einfluß im Lande. Ihnen gehörte ein

---

* Vom Mamluk, arabisch: leibeigener Sklave. Man nannte sie auch türkisch Kölemen, abgeleitet vom türkischen Kul (Leibeigene, Sklave oder Diener). Auch das Wort Kuli ist von Kul abgeleitet. Das Wort Kulak, eine in Rußland gebräuchliche Bezeichnung für leibeigene Bauern, stammt ebenfalls vom türkischen Wort Kul ab.

beträchtlicher Teil des Großgrund- und Immobilienbesitzes. Als Minderheit bildeten sie eine Art vermögender türkischer Adels- beziehungsweise Eliteschicht in Ägypten. Geld, Handel und Gewerbe lagen jedoch in den Händen der *Levantiner*, der Griechen, Armenier, Juden sowie teilweise der Kopten, so daß die große Masse der arabischsprechenden eigentlichen Bevölkerung als *Fellachen*, als arme Kleinbauern oder als Arbeiter in den Gewerbebetrieben, in den Häfen oder auf den Lastkähnen ihr schweres Leben führte.

Um den Verbindungsweg zu seiner reichen indischen Kolonie zu sichern, hatte England im 19. Jahrhundert jede Gelegenheit ausgenutzt, um dem Osmanischen Reich in dessen Niedergangszeit strategisch wichtige Gebiete abzunehmen: Mit dem gescheiterten Feldzug Napoleons nach Ägypten 1798 bis 1801 und insbesondere zu Beginn des 19. Jahrhunderts wuchs die politische und militärische Einflußnahme Englands in Ägypten und im Sudan und wurde im weiteren Lauf des Jahrhunderts weiter im Nahen Osten ausgebaut. Parallel zu dieser Entwicklung schwächte sich auch die Souveränität des türkischen Reiches über Ägypten und Sudan.

Ein türkischer Garnisonsoffizier namens Mehmed Ali aus Kawala in Westthrakien (damals türkisch), zum Generalgouverneur,»Pascha« von Ägypten emporgeklettert, erzwang mit seinem Sohn Ibrahim vom Sultan den Titel Khedive (Vizekönig) mit Sitz in Kahira. Dieser Ibrahim Pascha konnte vom Sultan durch Aufstände und Kriege gegen ihn weitere Zugeständnisse erpressen, während das Reich gegen Rußland im Kaukasus und Ostbalkan in schwere, verlustreiche Kämpfe verwickelt war. Schließlich wurde das Amt des Khediven den Nachkommen von Mehmed Ali Pascha erblich überlassen.

Nach dem verlorenen Ersten Weltkrieg auf der Seite Deutschlands gegen die Ententemächte ging das Osmanische Reich unter. Am Ende der siegreichen Befreiungskriege hat dann die neue Türkei unter Mustafa Kemal Pascha (Atatürk) erst im Lausanner Friedensvertrag 1923 endgültig auf ihre Souveränitätsrechte in Ägypten verzichtet. Ägypten wurde damit ein Königreich, natürlich ein Königreich von Englands Gnaden. Nach dem Zweiten Weltkrieg wurde dann durch einen Putsch des Generals Nagib der letzte Sproß der Dynastie Mehmed Ali Paschas, der junge König Faruk, aus dem Lande verjagt. Damit fing für Ägypten eine neue historische Epoche an. Seit über zweitausend Jahren war Ägypten von Nichtägyptern, von Fremden beherrscht worden. Ein trauriges Schicksal für ein Volk mit derart glänzender Vergangenheit.

Das Coupé

Erwähnen will ich noch die Geschichte des Coupés, das mein Vater in Ägypten benutzte. Als er in Mekka von einem Informanten in Istanbul erfuhr, daß seine Ernennung nach Ägypten bevorstehe, benachrichtigte er Muhiddin, der in Istanbul geblieben war:»Gehe zu Salih Pascha* und frage, ob er noch seinen Coupéwagen mit den Pferden hat und ihn verkaufen will. Wenn ja, kaufe ihn mit den Pferden und verschicke sie alle in Begleitung des Kutschers nach Iskenderia (Alexandrien), sobald der Ferman (Dekret des Sultans) über meine Versetzung unterschrieben ist.«
Muhiddin antwortete:»Herr Vater. Der Wagen mit den Pferden ist zu haben. Der Preis ist jedoch zu hoch. Außerdem kostet der Transport ebensoviel. Ist es nicht besser, wenn Sie in Ägypten einen neuen, sogar englischen Wagen für billigeres Geld anschaffen würden?«
Die Antwort des Vaters war bezeichnend:»Ich lasse mir nicht nachsagen, der Kadi des Sultans in Ägypten kam ohne Wagen in Kahira an und wurde dort erst Besitzer eines Wagens mit Pferden und Kutscher. Mach das, was ich dir befahl!«
Muhiddin führte den Befehl aus. Da das Geld nicht ausreichte, mußte das Sommerhaus verpfändet werden!

* Ein befreundeter Nachbar und Schachpartner meines Vaters.

Tatsächlich, als wir seinerzeit von Mekka kommend in Alexandrien aus dem Dampfer ausstiegen, stand dort »unser« Wagen aus Istanbul mit den schönen Pferden und dem türkischen Kutscher.

Um meinen Vater und damit auch den Typ und Charakter eines früheren türkischen hohen Beamten darzustellen, will ich noch folgendes erzählen: In den Jahren nach der jungtürkischen Revolution bekam mein Vater eine zusätzliche Aufgabe als Verwalter der »Waisen- und Witwenkasse«. Das war früher eine Einrichtung, in der die Erbschafts- und Vermögensanteile der Unmündigen, der Waisenkinder sowie der Witwen, die in zartem Alter und zu jung geheiratet hatten, aufbewahrt wurden, bis sie mündig wurden. Damit wollte man vermeiden, daß diese Vermögen von den Verwandten beziehungsweise von Unbefugten unrechtmäßigerweise in Besitz genommen wurden.

Sofort nach der Übernahme des Amtes als Verwalter dieser Kasse stellte mein Vater fest, daß ein großer Betrag (eine halbe Million türkischer Goldpfunde), der einmal der Stadtverwaltung in Istanbul unter der Bürgschaft des Finanzministeriums geliehen worden war, noch ausstand, obwohl der Rückzahlungstermin längst überschritten war. Er verlangte gleich und energisch die Rückzahlung des Betrages. Als das nichts nützte, mahnte er den Finanzminister in Gegenwart seines Staatssekretärs: »Sie sagen, die Staatskasse sei leer, und Sie hätten kein Geld, selbst die Gehälter der Beamten zu bezahlen. Aber ich lasse auch nicht zu, daß Sie die Gelder von Waisen und Witwen für Ihre Zwecke verwenden. Wenn Sie innerhalb von sechs Wochen das Geld nicht beischaffen, werde ich das Finanzministerium als Bürgen verklagen. Wollen Sie, daß dadurch die Regierung des Osmanischen Reiches vor Freund und Feind als Betrüger von unmündigen Waisen und Witwen bloßgestellt wird?«

Und er bekam das Geld zurück.

In gleicher Weise war mein Vater als Kadi in Mekka gegen das skrupellose Vorgehen der Mitglieder der angeblichen Nachkommen und Verwandten des Mohammed sowie der Führungsschicht der damaligen Zeit, der man den Titel *Scherif* (d. h. verehrungswürdig) gab, eingeschritten. Den Einflußreichsten von ihnen, den Scherifen Hussein, hat er gezwungen, damit aufzuhören, von den Pilgern fortwährend und ungesetzlich Geld zu erpressen. Über Scherif Achmed Ratip Pascha beklagte sich dieser Scherif Hussein (Großvater oder Großonkel des heutigen Königs Hussein von Jordanien) am Hof des Sultans, so daß man erzählte, die Versetzung meines Vaters nach Ägypten sei auf diese Beschwerde der Scherifen von Mekka zurückzuführen.

Auch in Ägypten stellte er fest, daß die Familie des Khediven riesige Stiftungsvermögen und Ländereien der früheren türkischen Sultane und der Würdenträger in Ägypten unterschlagen hatte. Besonders ein Onkel des damaligen Khediven soll in dieser Hinsicht am weitesten gegangen sein. Der Oberkadi Djemaleddin ist auch hier gegen diese hohen Herren vorgegangen. Eines Tages erhielt er von einem befreundeten Funktionär im Hof des Sultans in Istanbul einen Brief etwa folgenden Inhalts: »Die Machenschaften der dortigen Herren sind Seiner Majestät, dem Sultan, nicht unbekannt. Es gibt aber höhere Interessen des Reiches. Es wäre gut, wenn Sie auf diese Umstände Rücksicht nehmen würden und mit Ihren Maßnahmen nicht zu weit gingen.« Daraufhin soll mein Vater geantwortet haben: »Ich verstehe es wohl. Leiten Sie dann meine Bitte weiter, mich von meiner hiesigen Verantwortung zu befreien. Und zwar so bald wie möglich.«

Und so verzichtete mein Vater auf eine königliche Position. Er wurde nach Istanbul zurückversetzt.

Im Gegensatz zu seinem Vater Khodja Ishak, der ein strenger, harter Mann gewesen sein soll, war unser Vater im normalen Umgang still, zurückhaltend, liebenswürdig und betont höflich. In Sachen Pflicht und Verantwortung überraschte er jedoch durch seinen Mut und seine Aufrichtigkeit sowie durch eine nicht zu brechende Unbeugsamkeit.

Selbst in der Verfallsperiode des Reiches gab es trotz vieler Korruption in jedem Dienstbereich und in jedem Rang der riesigen Reichsverwaltung solche Charaktere. Sie wurden immer seltener. Vor allen Dingen gab es aber auch den einfachen zurückgebliebenen, jedoch unvergleichlich anständigen, opferwilligen türkischen Menschen. Wie konnte sonst dieses Reich unter Führung einer einzigen Dynastie in Europa sich 623 Jahre lang behaupten und 250 Jahre lang gegen eine ganze Welt von Feinden, allein und auf sich selbst angewiesen, auf drei Weltteilen in einem ununterbrochenen, verlustreichen Todeskampf ausharren?

Istanbul

Mit der Versetzung meines Vaters nach Istanbul erfüllte sich die Sehnsucht meiner Mutter. So weit ich mich zurückerinnern kann, hatte meine Mutter immer von Istanbul gesprochen. Immer wollte sie, daß wir wieder einmal dorthin zurückkehren. Für die meisten Türken gilt heute noch Istanbul als die Stadt, in der man leben sollte. Nicht umsonst hieß jahrhundertelang bei den osmanischen Türken Istanbul *Deri Saadet*, das heißt Ort der Glückseligkeit.

Als wir im Herbst 1907 im Hafen von Istanbul am Kai von Galata bei kaltem, stürmischem Regen den großen Dampfer der französischen Schiffahrtsgesellschaft »Paquet« verließen und mit mehreren Fiakern nach Hause fuhren, merkte ich nicht viel von der Glückseligkeit dieser Stadt. Die Straßen waren voller Löcher und Pfützen. Das Wetter war windig, kalt, naß und unfreundlich.

Die in Istanbul verbliebenen Brüder, unser ältester, Mehmed Emin, und der zweitälteste, Muhiddin, hatten uns mit unserem Lala, der von Kahira nach Istanbul vorausgeschickt worden war, vom Schiff abgeholt. Von einer Empfangszeremonie, wie ich sie von den früheren Reisen meines Vaters in Erinnerung hatte, war hier keine Rede mehr. Nur die Familie war unter sich versammelt. Allein die große Freude des Wiedersehens und der Rückkehr in die Heimat, zum Sitz des Großherrn, des Sultans, beseelte uns.

Unsere Fiakerkolonne fuhr zunächst über die dicken

hölzernen Bohlen der alten Brücke* über den Goldenen Horn. Dann führte unser Weg durch die von Menschen wimmelnden engen und winkligen Straßen bergauf. Nach langer Steigung fuhren wir wieder etwas abwärts und hielten vor unserem Haus. Hier stand vor der offenen Türe Ibisch Aga** zum Empfang bereit. Als ich mit Hamid hinter meiner Mutter, gefolgt von Halti, die drei Marmorstufen vor dem Haupteingang des Hauses hinaufstieg, sah ich, wie meine Mutter unter ihrem Schleier, den sie hochschlug, weinte und wie dicke Freudentränen über ihre Wangen flossen. Sie freute sich sehr, nach Jahren der Sehnsucht endlich nach Hause zurückzukehren.

Hier in Istanbul begann ein neuer Abschnitt meines Lebens. In den nun folgenden Jahren überstürzten sich die Ereignisse. Der Donnerkeil des Schicksals schlug urplötzlich ein, und alles sollte sich sowohl privat in der Familie als auch politisch national innerhalb weniger stürmischer Jahre dramatisch ändern.

Meine Abstammung

Mein Vater wurde in Istanbul geboren. Er war 57 Jahre alt, als er starb. Sein Vater, ein bekannter Theologe und Richter namens Khodja Ishak, hatte mehrere Bücher geschrieben.

Khodja Ishak wurde in einem Dorf in der Nähe der ostanatolischen Stadt Kharput (Elazig) geboren, wo sich ein Vorfahre namens Ismail Beg um 1620 niedergelassen hatte. Dieser war das Haupt eines Clans, der zu dem großen turkmenischen Stamm der *Kara Koyunlu* (»die von den Schwarzen Hammeln«) gehörte. Khodja Ishak bekleidete wichtige Ämter und genoß hohes Ansehen. Er war am Hof auch Lehrer der Sultanssöhne, unter anderem auch des

---

* Vor dem Ersten Weltkrieg ist diese Brücke durch eine neue ersetzt worden, die heute noch ihren Zwecken dient. Später sind noch zwei weitere Brücken über das Goldene Horn gebaut worden.
** Ibisch Aga war Gärtner und Wächter in unserem Sommerhaus Tschamlidja auf der asiatischen Seite der Stadt Istanbul.

späteren Sultans Abdul Hamid. Seinen einzigen Sohn Mehmed Djemaleddin, unseren Vater, ließ er in Istanbul, Jerusalem und Kahira (Kairo) ausbilden.

Djemaleddin schlug noch relativ jung ebenfalls die Laufbahn eines Richters (Kadi) ein. Durch einen Zufall ernannte ihn, als er sich in Damaskus* aufhielt, der Sultan Abdul Hamid zum Amt des »Hohen Verwalters der heiligen Stätte« in Jerusalem. Der Träger dieses Amtes hatte die Aufgabe, die heiligen Orte in Jerusalem zu pflegen und zu verwalten. Die meisten von ihnen waren – und sind es heute noch – gemeinsam den Angehörigen der mosaischen, der christlichen und der islamischen Religion heilig. An besonderen religiösen Feiertagen wollten die Massen der Pilger die heiligen Orte jeder Religionsgemeinschaft für sich in Anspruch nehmen. Oder sie begegneten sich in den Straßen während des Pilgergangs, und es entstanden oft blutige Kämpfe. Da jede der Großmächte ihre eigenen »Schützlinge« unter den Pilgern hatte, nutzten sie diese Krawalle dazu aus, der *Hohen Pforte* Vorwürfe zu machen und mit Interventionen zu drohen. Der Verwalter der heiligen Orte in Jerusalem hatte die Aufgabe, diesen Krawallen und den Streitigkeiten zuvorzukommen und sie zu vermeiden. Er mußte dafür sorgen, daß unter allen Konfessionen Friede herrschte. Meinem Vater gelang diese Aufgabe glänzend. Er pflegte gute Beziehungen zu den religiösen Führern der verschiedenen Glaubensrichtungen, den Kirchen, Synagogen und Klöstern. Er regelte mit Strenge und Disziplin die Besuche der heiligen Orte durch die verschiedenen frommen Pilger, so daß niemand zu klagen hatte und alles in Ruhe und Ordnung verlief.

Dieser Erfolg des jungen Mehmed Djemaleddin entging dem Sultan Abdul Hamid nicht. Von da an stieg die Bahn seiner Karriere steil in die Höhe. Nach Übernahme einiger

---

* Frühzeitig heiratete Djemaleddin in Damaskus (damals türkisch) die Tochter seines Onkels mütterlicherseits, Zachida Merzuka (= die Fromme, die mit dem täglichen Brot Gesegnete), deren Eltern von Harput (Elazig) nach Damaskus umgezogen waren.

wichtiger Aufgaben als Kadi, Lehrer und im hohen Kultur-
ausschuß des Kultusministeriums ging er als Oberrichter
Arabiens nach Mekka, anschließend als Oberrichter Ägyptens nach Kahira. Nicht umsonst bekam mein Vater nach
der Rückkehr in Istanbul öfters private Besuche von religiösen Persönlichkeiten der verschiedenen Konfessionen, die
ihn von seiner früheren Amtszeit in Jerusalem und als
Richter in Ägypten kannten.

Unser Haus

Wie die meisten alten türkischen Häuser Istanbuls war
auch unser Haus aus Holz gebaut. Es hatte außer einem
Haupttor, zu dem beiderseits jeweils drei Marmorstufen
über eine marmorne Plattform führten, seitlich eine zweite
überdachte Nebentür. Diese diente dem Personal und den
Lieferanten von Trinkwasser, Brennholz, Kohle, Gemüse,
Fleisch, Brot usw. Im Inneren des Hauses war die große
steinerne Halle zum Haupttor hin durch eine leichte Wand
aus undurchsichtigem Glas getrennt. Wenn man durchs
Haupttor hineinkam, gab es links und rechts vor dieser
Glaswand je ein Zimmer. In dem linken hielten sich unser
Lala Mehmed Aga und Faradj auf und bedienten von hier
aus unter anderem die Tür. Das Zimmer rechts diente
normalerweise als Vorzimmer zum *Selamlik*, dem Begrü-
ßungssalon oder Empfangsraum für die männlichen Gäste.
Der große Salon mit einem Gastschlafzimmer und einer
Toilette daneben erstreckte sich bis zum rückwärtigen Garten des Hauses auf der rechten Seite der *Taschlik*, das heißt
der Halle. Links von dieser Halle waren die inneren Service-
räume untergebracht, von wo ein Korridor zu dem seit-
wärts im Garten liegenden Gebäudekomplex führte. In
dessen zwei Stockwerken waren die große Küche, das
Dampfbad, die Wäscheräume, Schlafzimmer und Toiletten der Bediensteten untergebracht. Die gesamten Parter-
reräume kann man als Selamlik betrachten. Die Räume des
Hauses im ersten und zweiten Stock hießen daher *Harem*.

Diese Räume waren für die eigentlichen Familienmitglieder – Frauen und Kinder – sowie natürlich für die weiblichen Gäste bestimmt.

Die Marmorhalle im Parterre diente auch als Speisesaal. An der linken Wand der Halle war ein Drehschrank (türkisch: *Döner Dolab*) eingebaut, durch welchen Speisen, Geschirr und sonstige Dinge, die man im Speiseraum benötigte, gereicht wurden oder aber umgekehrt gebrauchtes Geschirr von der Halle zurück zu den Bediensteten, die ja alle männlich waren, wieder zurückgegeben werden konnte. Beim Essen im Familienkreis oder wenn weibliche Gäste zu Tisch geladen waren, servierten hier die Dienerinnen. Wurden männliche Gäste bewirtet, bedienten Männer, das heißt Faradj und Lala Mehmed Aga.

Von der Marmorhalle führte eine breite, flach angelegte Treppe hinauf zum ersten Stock. Die Treppe war aus Holz und hatte dicke, schwere, schön gedrechselte Geländer. Auf halber Höhe teilte sie sich in schwungvollen Kurven nach rechts und links. Diese Treppenteile endeten in einer großen oberen Halle, die von der Treppe an der Gartenseite bis zur Straßenfront des Hauses reichte. Diese Halle nannte man türkisch *Sofa*.*

Die vordere Front des Hauses sprang vom Boden dieses ersten Stockwerks an erkerartig zur Straße vor, was in verschiedenen Variationen ein typisches Merkmal der alten türkischen Bauweise ist. Der Erker wurde an der Hausfront durch schwere, S-förmig geschwungene Holzstützen gehalten.

Rechts und links dieser oberen Halle befanden sich Wohn- und Schlafzimmer, ein Salon für Damenbesuch, Gästeschlafzimmer, Toiletten und Waschräume. Die Decken waren hoch, schön geschnitzt und farbig bemalt wie die Türen auch. Diese Sofa – also die Halle – war wohnlich eingerichtet. Unsere Eltern und Mehmduha schliefen auf

---

* Die türkischen Sofas hatten entlang der Wände lange, gepolsterte, mit schönen Kissen versehene bequeme Bänke. Das Wort Sofa in der deutschen Sprache stammt daher.

dieser Etage, während alle Söhne und Halti ihre Schlafzimmer in der zweiten Etage hatten. Dieses zweite Stockwerk, in das wiederum eine breite schöne Holztreppe führte, war ähnlich angeordnet, aber einfacher gehalten als das erste. Die meisten Schlafzimmer hatten eingebaute große Wandschränke, in denen Schlafmatratzen, Kissen, Bettdecken, Bettücher usw. untergebracht waren. Diese wurden gewöhnlich abends auf den Boden zum Schlafen ausgelegt und morgens wieder weggeräumt und in den Wandschränken gestapelt. Alle Familienmitglieder schliefen jedoch auf eisernen, mehr oder weniger verzierten Betten. In zwei Gästeschlafzimmern gab es auch schöne eiserne Betten. Falls zusätzlich Betten benötigt wurden, schlug man sie eben auf dem Boden auf. Sollten die Waschräume nicht ausreichen, bediente man sich der schönen und berühmten türkischen transportablen Messingwaschbecken mit den elegant geformten bauchigen Wasserkannen, die man ins Schlafzimmer stellte. Dazu gab man an beiden Enden bestickte Frottierhandtücher und Seife.

Alle Fenster des Hauses waren hoch und breit. Auf der Straßenseite hatten sie außen Holzgitter*, welche die Sicht nur von innen nach außen freigaben, dagegen nicht von außen nach innen.

Auf den schweren Holzdielen in den Salons, Wohn- und Schlafzimmern der Gäste und der Eltern waren durchweg feine dichtgeflochtene Matten ausgelegt, über die gefärbte dünne Filztücher gespannt waren. Auf diesen Unterlagen lagen dann Teppiche. Die meisten Schlafzimmer der Söhne hatten entweder Linoleumbelag oder nackten Holzboden mit Kelims darauf.**

Zu den Waschräumen neben den Schlafzimmern gehörten auf jedem Stockwerk je ein Abteil für schnelle einfache Waschungen, wobei man den ganzen Körper mit warmem

---

* Türkisch: *Kafes*. Dieses Wort bedeutet auch Käfig.
** Beim Eintritt in jedes Haus zog man die Überschuhe beziehungsweise die Schuhe aus und streifte Pantoffel oder Hausschuhe über oder lief barfuß. In den kleinen Ortschaften und Dörfern ist dies immer noch Sitte bei uns.

58

Wasser, das in Eimern bereitstand, mit Hilfe von Handwaschschüsseln übergießen und waschen konnte.

Für das große, heiße Bad jedoch gebrauchte man den *Hamam*, das Dampfbad, im ersten Stock des Küchenhauses, das durch einen Korridor mit dem Hauptgebäude verbunden war. Dieses Nebengebäude, wo sich die Küche, die Waschküche und das Dampfbad befanden, war aus Ziegeln und Stein gebaut. Sowohl die Wände als auch die Böden des Hamams waren innen mit Marmor verkleidet. Das Wasser wurde von einem großen Ofen beheizt. Der Rauch strich durch ein klug angelegtes Kanalsystem unter dem Boden und zwischen den Wänden, so daß der ganze Innenraum des Dampfbades heiß wurde. Auf etwas erhöhten breiten Bänken an den Wänden gab es drei marmorne Waschbecken, in die aus schönen schweren bronzenen Hähnen, jeweils zweien, heißes und kaltes Wasser floß. Man setzte sich an die Seiten dieser Becken, begoß sich aus den metallenen Waschschüsseln und seifte sich ein, schwitzte und wurde nach Wunsch mit aus Roßhaar gestrickten Handschuhen gerubbelt und massiert. Unser Hamam war genauso angelegt wie die vielen großen öffentlichen türkischen Dampfbäder, jedoch viel kleiner. Die öffentlichen Hamams sind schwere, wuchtige Kuppelgebäude, die man in Istanbul und allen türkischen Städten sehen kann.* In die Kuppel sind runde kleine Hohlkugeln aus Glas eingelassen, durch die das Innere des Hamams von oben erhellt wird.

So angenehm und schön unser Haushamam war, so war doch dessen Betrieb umständlich und kostspielig. Am Anfang wurde unser Hamam jeweils einmal in der Woche, dann alle zwei, drei Wochen einmal aufgeheizt, und als die schlechten Zeiten begannen, konnte man es überhaupt nicht mehr in Betrieb setzen. Man ging dann in die öffentlichen großen Dampfbäder in der Stadt.

Das Haus hatte auch einen kleinen Garten mit einem

---

* Von Nordafrika über Syrien, Anatolien, den Balkan bis Budapest sind die alten türkischen Dampfbäder heute noch anzutreffen.

Springbrunnen und einigen Obstbäumen. Wir Kinder konnten darin spielen. Wenn man von der Gartenseite hinausschaute, sah man in der Nähe über die nächsten Häuser die mächtigen Kuppeln der Prinzenmoschee mit ihren schlanken Minaretten aufragen. Da ich mit Hamid im Zimmer auf der Gartenseite schlief, schaute ich jeden Morgen dieses eindrucksvolle, wie ein Berg ruhende, herrliche Bauwerk mit Ehrfurcht an.

Der Blick von der vorderen Seite unseres Stockwerkes ließ das Auge weit über die Dächer eines oft von grünen Gärten und Zypressenhainen umsäumten Häusermeeres in einer sanften hügeligen Landschaft hinwegschweifen, die sich langsam hinab zum blauen Marmarameer erstreckte. Dazwischen sah man die unzähligen schlanken Türme der Minarette, die hohen runden Kuppeln der Moscheen, die Lehranstalten, Karawansereien und Bibliotheken. Nichts störte den Blick in diesem Stadtbild. Natur und Architektur hatten sich in Harmonie darin umschlungen. Ich war verliebt in diesen Blick. Und ich war wie meine Mutter glücklich in diesem Haus.

Schulbeginn

Sofort nach unserer Ankunft in Istanbul wurde ich mit Hamid in eine staatliche Grundschule eingeschrieben, und zwar mit allen Zeremonien, die damals üblich waren. Am frühen Morgen des Tages wurden wir beide in die in Istanbul neu angeschafften schönen Anzüge gekleidet. Wir bekamen neue Schuhe und jeder einen neuen Fes mit blauen Quasten. Unten in der Steinhalle war ein *Mangal* (Holzkohlenbecken) aufgestellt. Mit Ausnahme unseres Vaters war das ganze Haus hier versammelt: unsere Mutter, Halti, Memduha, Hulussi, Emin und Muhiddin, unser Lala, Faradj, der Koch und die beiden Dienerinnen. Meine Mutter strahlte vor Freude. Auch alle anderen Anwesenden standen mit freudigen Gesichtern da. Als es an der Haustüre klopfte, warf meine Mutter aus einem Beutel einige Dinge auf das glimmende Feuer im Mangal, packte und hob mich hoch, schwang mich dreimal hin und her durch den aufsteigenden, stark würzig riechenden Rauch. Anschließend wurde auch Hamid auf gleiche Weise »geräuchert«. Hamid weinte und schrie bei diesem Akt. Dann heftete meine Mutter an unsere linken Schultern je ein mit blauen Perlen* verziertes, mit Inschriften versehenes kleines goldenes Amulett, wobei sie ernst mit verklärtem Gesicht betete. Wir küßten ihr auf türkische Weise** die Hand, und sie umarmte uns mit Freudentränen in den Augen. Dann küßten wir allen Anwesenden die Hände, angefangen vom ältesten Bruder Emin bis einschließlich Lala, Faradj und den Koch sowie die Dienerinnen zum Schluß. Auf diese Weise waren wir zum Lobe des Tages gesegnet und gegen den bösen Blick der Neider gewappnet. Muhiddin nahm uns an den Händen, und wir gingen zur Tür hinaus. Draußen war indessen unter der Aufsicht eines Herrn mit Turban etwa ein Dutzend Schulbuben in Reih und Glied aufgetreten, die Hamid und mich in Empfang nahmen und uns in die Schule begleiteten. Als der Zug sich in Bewegung setzte, stimmten die Buben ein frommes Lied an.

Ich hielt mit einer Hand Hamid, mit der anderen Muhiddin fest und merkte, als ich mit einem Auge zu unserem Hause zurückschielte, wie meine Mutter, Memduha und Halti zwischen den Gittern des Fensters des Vorzimmers des Selamlik lächelnd zu uns schauten und mit der Hand winkten. Unsere kleine Truppe erreichte nach etwa einer Viertelstunde Marsch durch die Straßen die Schule, wo viele Buben nach dem Spielen im Garten gerade dabei waren, in die Klassen zu gehen. Muhiddin übergab uns in der Klasse dem Religionslehrer. Als Muhiddin Anstalten machte, wegzugehen, begann Hamid gottserbärmlich zu heulen. Da er nicht zu beruhigen war, mußte Muhiddin ihn

* Blau ist die Farbe des vorislamischen Himmelsgottes *Tängri* der alten Türken. Sie gilt als Schutz gegen die bösen Geister und den bösen Blick der Neider.
** Die Hand wird erst geküßt, dann als Zeichen der Hochachtung an die Stirn geführt.

61

zurück nach Hause nehmen, und ich blieb allein mit den übrigen Buben in der Klasse.

Meine große Aufregung legte sich schnell. Denn als der Lehrer mich aufforderte, ihm einen Gebetsspruch in Arabisch nachzusprechen, den er aus einem mir vorgelegten Buch, indem er die Schrift mit einem dünnen Stock zeigte, laut und feierlich vorsagte, merkte ich sofort, daß ich das Gebet kannte. Kaum hatte der Lehrer die zwei ersten Worte »Rabbi yessir – Herr erleichtere es« ausgesprochen, trug ich ihm den vollen Satz des Gebetes auswendig vor: »Rabbi yessir, wela tuassir, Rabbi temmim bilchayr – Herr erleichtere es, erschwere es mir nicht, Herr lasse es [mich] im Guten beenden.« Es handelt sich dabei um ein bekanntes Gebet in arabischer Sprache, das man bei jedem Anfang oder Beginn einer schweren Aufgabe zu sprechen pflegt. Da staunte der Lehrer und sagte mit sichtlich anerkennender Miene: »Du kannst also das Gebet? Und sprichst es in so gutem Arabisch ... Woher hast du es?« – »Zu Hause von meiner Mutter und meinem Lala«, antwortete ich.

Zwischen uns beiden entstand dann etwa folgende Unterhaltung: »Kannst du auch andere Gebete?« – »Ja, Herr Lehrer: Bismillahil rahman elrahim« (Im Namen Gottes, des Gnädigen, des Barmherzigen).»Schön, schön ... Kannst du auch rechnen?« – »Ja, Herr Lehrer, ich kann bis hundert zählen und mit den Fingern rechnen. Auch kann ich das Alphabet schreiben.« – »Na, dann kannst du ja vielleicht bald in diesem Jahr in der zweiten Klasse weitermachen anstatt hier in der ersten!«

Nach diesem Gespräch war mit einem Schlag der Bann gebrochen. Die starke Spannung war verflogen, und ich war erleichtert. Alle Buben der Klasse grinsten mir zu. Ich fühlte mich in der Klasse nicht mehr fremd. Mein Selbstbewußtsein war wiederhergestellt.

In der Pause stürzten sich die Buben* auf mich mit tausend Fragen: wie ich heiße, wer mein Vater sei, warum

---

* Damals gab es keine gemischten Klassen. Die Mädchen gingen von Anfang an in getrennte Schulen.

Hamid geweint habe usw. Sie bewunderten meinen Matro-
senanzug und meine Schuhe, aber verulkten mich wegen
meiner blauen Fesquaste sowie wegen des goldenen Amu-
letts an der linken Schulter. Die Quasten aller Buben waren
schwarz, nur ich hatte einen Fes auf mit blauer Quaste. Das
sah ulkig aus.
Auch mein zu feiner Anzug fiel gegenüber den anderen
Buben auf. Die meisten waren sehr einfach, manche sogar
sehr ärmlich angezogen. Einige Buben hatten bäuerliche
Pumphosen an und auf ihre Fese sogar turbanartig Tücher
gewickelt. Sobald die Pause zu Ende war, noch bevor wir
wieder in die Klasse gingen, nahm ich sofort das schöne
Amulett von meiner Schulter und steckte es in die Tasche.
Als mich unser Lala nach Schulschluß abholte, war ich
sehr froh gestimmt. Ich konnte nicht schnell genug nach
Hause kommen. Ich erzählte meiner Mutter, Hulussi, Memduha, allen, wie es mir am ersten Schultag in der Klasse
ergangen war, und vor allen Dingen, was der Lehrer mir
gesagt hatte. Ich redete wie ein Wasserfall und erzählte und
erzählte ...
Am Abend, als mein Vater vom Amt zurückkam, führte
mich meine Mutter zu ihm. Auch ihm mußte ich alles
wiederholen, worauf er mich liebkoste und auf die Stirn
küßte. Das ganze Haus war glücklich, nur der arme Hamid
nicht. Er war traurig. Von meinen Erzählungen jedoch an-
gespornt, ging Hamid am nächsten Tag dann mit mir in die
Schule. Die störenden blauen Quasten an meinem und
Hamids Fes wurden noch am gleichen Nachmittag gegen
schwarze ausgetauscht. Am zweiten Tag gingen wir, Hamid und ich, auch mit unseren alltäglichen Anzügen und
Schuhen in die Schule, um nicht aufzufallen, und alles war
dann in Ordnung.
Meine erste Bekanntschaft mit der Schule hatte somit
unter guten Vorzeichen begonnen, und der gute Stern, der
sich anschickte, mich zu begleiten, sollte mich während
meiner ganzen weiteren Schulausbildung einschließlich des
Hochschulstudiums nicht verlassen. Allah hatte mein er-
stes Gebet in der ersten Primärklasse anscheinend erhört.

63

Wie der Lehrer andeutete, wurde ich nach ein paar Wochen schon in die zweite Klasse versetzt, und mein Schulleben nahm dann seinen normalen Lauf. Nie ist mir später das Lernen schwergefallen. Ich war nie übermäßig fleißig, das »Ochsen« war mir stets zuwider. Nie wurde ich Primus, meistens war ich zweiter bis dritter in der Klasse. Rutschte aber nie unter den sechsten Platz in der Klasse ab. Nicht selten habe ich auch »gebummelt«, aber in kurzer Zeit sammelte ich mich und holte schnell das Versäumte wieder auf.

Chadicavögel

Als wir noch in Arabien waren, bekam meine Mutter in Taif von der Frau eines hohen Scheichs als Geschenk ein Paar Chadicavögel, ein Männchen und ein Weibchen. Sie wurden von Arabien nach Ägypten und von da nach Istanbul mitgenommen, weil meine Mutter die niedlichen Tiere sehr liebte. Diese Vögel sehen aus wie die Dohlen, sind jedoch etwas kleiner, kohlschwarz, haben gelbe Schnäbel und gelbe Beine. Man bringt ihnen das Sprechen bei, wie man es mit den Papageien tut. Auch unsere Chadicavögel konnten sprechen. Der eine konnte nur Fragen stellen, während der andere nur Antworten geben konnte. Und wenn sie anfingen zu reden, stimmten manchmal die Antworten mit den Fragen überein. Meistens aber hatten Frage und Antwort dem Sinn nach nichts miteinander zu tun, und wer sie hörte, mußte über die komische Konversation der Tiere lachen.

Eines Tages kam ich auf die Idee, diese kohlschwarzen Chadicavögel meiner Mutter mit Seife zu waschen, um sie weiß zu machen; denn dann wären sie ja schöner. Unser Faradj gab mir den Anlaß zu dieser Überlegung. Der kohlschwarze Neger Faradj hatte nämlich Hände, deren Innenflächen sehr hell waren. Auf meine Frage hatte er einmal geantwortet: »Die Innenflächen meiner Hände sind deswegen hell, weil ich sie oft mit Seife wasche.« Also dachte ich, wenn ich die Chadicavögel mit Seife wasche, müßten sie auch weiß oder hell werden. Diese Logik hatte zwar etwas für sich, aber das praktische Ergebnis sah anders aus.

Endlich war die von mir erwünschte günstige Gelegenheit da: Meine Mutter war mit Memduha ausgegangen, um Besorgungen zu machen. Keiner der Brüder war zu Hause, der Vater sowieso im Amt, das Personal im Küchenhaus, die Marmorhalle, in der die zwei großen Käfige der Chadicavögel nebeneinander hingen, war leer. Ohne viel zu überlegen, stieg ich auf einen Stuhl, holte den einen verzweifelt im Käfig herumflatternden Vogel heraus, rannte zum Marmorwaschbecken in der Halle und wusch das unglückliche Tier fest mit Wasser und Seife. Das total eingeseifte Tier ließ ich im Waschbecken liegen und holte hastig den zweiten Vogel, den ich wie den ersten tüchtig mit der großen weißen Olivenölseife wusch und einseifte.

Als diese Operation fertig war, habe ich den dicken Seifenschaum des ersten Vogels mit viel Wasser abgewaschen. Aber o weh, o weh, ich traute meinen Augen nicht! Der Vogel verlor total sein Gefieder. In meinem panischen Schreck ergriff ich den am Boden des Waschbeckens liegenden zweiten Vogel und wusch hastig auch dessen Schaum ab. O Gott, was sah ich? Auch dieser hatte keine Federn mehr am Körper. Beide Vögel waren jetzt wohl hell, ja, sehr hell geworden. Aber leider hatten beide ausgelebt und lagen nackt, tot und regungslos mit gestreckten Hälsen da. Was nun?

Ich trocknete sie mit dem Handtuch ab, legte sie in ihre Käfige und rannte zurück zum marmornen Waschbecken. Dort sammelte ich die vielen schwarzen Federn, so gut es ging, packte sie in das Handtuch und warf das Ganze in den Müllkasten. Noch ein letzter verzweifelter suchender Blick in die Käfige. Kein Lebenszeichen von den armen Chadicavögeln meiner Mutter mehr ... Sie waren beide wirklich tot! Sie lagen da, tot wie gerupfte Wachteln. Ich rannte daraufhin die Treppen hinauf in unser Schlafzimmer und kroch unter mein Bett, dem Schicksal ergeben, den kommenden Ereignissen bange entgegensehend.

Auf einmal hörte ich die Haustür unten zufallen und kurz darauf die Stimme meiner Mutter durch das ganze Haus hallen:»Um Gottes willen, meine Vögel sind tot! Meine armen Vögel!... Muammer! Wo bist du?« Schon hörte ich an den Schritten, daß Mutter die Treppe hinaufstürzte und schnurstracks in mein Zimmer hineinkam. Unsere Mutter trat ein, hinter ihr auch Memduha.»Muammer! Komm heraus!« befahl meine Mutter.»Komm sofort heraus!« wiederholte sie. Als ich zitternd meinen Kopf unter dem eisernen Bett hervorstreckte, fragte sie:»Was hast du mit den Vögeln angestellt? Sie sind ja tot!«-»Mütterchen, ich wollte sie weiß waschen, ich wollte sie nicht töten. Wirklich nicht töten!« stotterte ich mit letzter Aufbietung meiner Kräfte und heulte los.»Was wolltest du machen? Was sagst du?«-»Waschen, sie weiß machen«, erwiderte ich, meinen Kopf hochhebend.

Aber was für ein Wunder, was für eine Überraschung! Meine Mutter fing erst an, leicht zu lächeln, dann hell zu lachen, und Memduha mit ihr. Ich schoß wie ein Blitz vom Boden und klammerte mich mit beiden Armen an meine Mutter. Sie umarmte und küßte mich tröstend. Sie wischte meine Tränen mit ihrem feinen dünnen gestickten Taschentuch vom Gesicht.

Meine Freude war unbeschreiblich. Was für Unheil erwartete ich, was für Liebe empfing ich nun? Ich war überglücklich. Ich mußte meiner Mutter, meinen Brüdern, der Memduha, unserem Lala und Faradj tagelang immer wieder diese Geschichte erzählen. Aber daß ich die beiden Chadicavögel, die ich auch sehr liebte, ungewollt getötet hatte, konnte ich mir lange nicht verzeihen.

Unsere Hausgemeinschaft

Unsere Hausgemeinschaft war die einer typischen Familie eines höheren türkischen Staatsbeamten. Alle Familienmitglieder wohnten zusammen. Es herrschte ein strenges hierarchisches Zeremoniesystem im Umgang miteinander.

Die Tradition und Sitte bestimmten die Regeln. Der Vater war die höchste Respektsperson sowie der Repräsentant der Familiengemeinschaft nach außen. Im Hause aber war die Mutter die eigentliche Herrscherin. Gäbe es eine Großmutter in der Familie, dann wäre sie, die alte Dame, die höchste interne Instanz. Falls auch der Großvater am Leben wäre, nähme er neben der Großmutter den höchsten Ehrenplatz ein. Doch die Großmutter hätte trotzdem das letzte Wort in Familienangelegenheiten.

Hamid und ich waren die *Kütschük Beyler*, das heißt die kleinen Herren. Die anderen Brüder von Emin bis Hulussi waren *Büyük Beyler*, die großen Herren. Memduha nannte man *Kütschük Khanim**, die kleine junge Dame.

Unser Vater pflegte allein in seinem Zimmer zu essen. Das war seine besondere Gewohnheit. Meine Mutter bediente ihn selbst. Etwa alle zehn bis vierzehn Tage kam er zum Eßtisch »der Kinder«. Unsere Mutter informierte in solchen Fällen die Söhne vorher, und meine Brüder kamen dann immer angezogen zu Tisch, mit Fes auf dem Haupt. Falls die Söhne einzeln oder gemeinsam den Vater in seinem Zimmer besuchen wollten, holten sie sich durch Vermittlung der Mutter die Erlaubnis dazu. Manchmal, wenn der Vater in das Wohnzimmer der Söhne kommen wollte, wurden sie rechtzeitig von der Mutter davon unterrichtet. Dann zogen die jungen Leute ihre Jacken an, setzten ihren Fes auf, machten die Fenster auf, um den Zigarettenrauch hinauszulassen, und nahmen den Vater vor der Tür ihres Wohnzimmers in Empfang. Obwohl sie erwachsen waren, rauchte keiner von ihnen vor dem Vater. Alle, auch die ältesten Söhne, selbstverständlich auch die Memduha sprachen den Vater mit Sie an, während man die Mutter duzte.

Der älteste Bruder Emin hatte gerade, als wir von Ägypten kamen, die Hochschule für Staatsverwaltung beendet und ging nach Beirut als Sekretär des Gouverneurs in den

---

* Khan heißt König, Fürst; Khanim (Khanum) Königin, Fürstin, Bek oder Bey bedeutet Fürst, Herr; Begüm Fürstin, Herrin. Die Begüm vom Aga Khan zum Beispiel hatte den türkischen Titel für Fürstinnen.

Staatsdienst. Emin heiratete bald die Tochter eines in Beirut wohnenden früheren Hofbeamten, eines gebürtigen Tscherkessen.

Muhiddin studierte Medizin. Er gab jedoch das Studium nach einiger Zeit unter dem Druck der Verhältnisse auf. Hulussi hatte das Studium der Jura angefangen.

Der »Bruder« Halil Schakir war in Wirklichkeit der Sohn von Verwandten meiner Mutter. Sie waren nach dem damals türkischen Damaskus gezogen. Als kleinen Jungen nahm mein Vater ihn zu uns nach Istanbul und ließ ihn Ingenieurwesen studieren.

Der »Bruder« Kadri war der Sohn eines mit meinem Vater befreundeten Theologen auf der Krim. Mein Vater ließ ihn auch nach Istanbul kommen, und er ging in die Offiziersakademie. Während des Ersten Weltkrieges ist er an der Palästinafront verwundet in englische Gefangenschaft geraten. Nach dem Kriege blieb er dann in Syrien.

Der »Bruder« Selim Sabit studierte ebenfalls in der Offiziersakademie. Erst als Erwachsener erfuhr ich, daß auch Selim Sabit wie Halil und Kadri nicht unser echter Bruder war. Er wurde im Kindesalter aus Kaschgar* zu meinem Vater geschickt. Selim Sabit gehörte einer alten hochstehenden uygurischen Familie an. Ich hatte den Bruder Selim sehr gerne wegen seiner ernsten vornehmen Art. Er fiel gleich zu Beginn des Ersten Weltkriegs im Winter 1914/15 während der unglücklichen türkischen Offensive im Kaukasus gegen die Russen. Auch Halil verunglückte später als Eisenbahningenieur und starb Anfang 1920 in Anatolien.

Memduha nahm zu Hause bei einem Herrn Unterricht in Literatur, Geschichte, Arabisch, Persisch und bei einer Dame in Handarbeiten und Stickerei. Sie half natürlich zu Hause fleißig unserer Mutter.

Schließlich gingen Hamid und ich in die Schule.

Im Haus arbeitete außer unserem Lala, dem Faradj und dem Koch Ali in unserem Sommerhaus jenseits des Bos-

---

* Kaschgar ist die Hauptstadt von Ostturkistan in der heutigen chinesischen Provinz Sinkiang im Westen Chinas und östlich der von Sowjetrußland besetzten zentralasiatischen Turkestanländer.

68

porus in *Kütschük Tschamlitscha* auch noch Ibisch Aga, der Albaner. Ibisch blieb immer im Sommerhaus und diente als Gärtner, Kutscher und Wächter zugleich. Unser Kutscher in Kahira ist mit dem Coupé und den Pferden in Ägypten geblieben, was ich sehr bedauerte. Eine armenische Frau aus der Provinz, der wir den Namen Dudu* gaben, mit schwarzen Pluderhosen, schwarzen Socken und schwarzem Kopftuch, etwa 45 bis 50 Jahre alt, arbeitete mit einem jungen türkischen Bauernmädchen aus einem Dorf unweit von Istanbul im Haushalt des Harems als Bedienung und putzte. Für Großwäsche, Bügeln und Großputz kamen außerdem andere Frauen. Unsere Halti gehörte zur Familie und nicht zum Personal. Sie half aber, wo sie konnte. Auf Anordnung meiner Mutter genoß sie zu Hause einen besonderen Ehrenplatz.

Ein Haus mit fünfzehn bis sechzehn Zimmern, ein Haushalt mit normalerweise vierzehn bis fünfzehn Menschen, dazu ein Sommerhaus waren bei Gott nicht einfach zu verwalten und recht teuer zu unterhalten. Es mußte täglich für viele Personen gekocht werden. Die Mahlzeiten bestanden damals aus drei bis vier Gängen. An Feiertagen oder falls Gäste zu Tisch waren, mußten vier bis fünf Gänge vorbereitet und serviert werden. Sämtliche Unterhaltskosten einschließlich der Kleidung aller Familienangehörigen und des Personals, Heizung, Wasser, Petroleum für Beleuchtung, der Fiaker des Vaters, mit dem er täglich zum Amt hin- und zurückfuhr, der jährliche Umzug hin und zurück zum Sommerhaus usw. mußten vom Gehalt des Vaters bestritten werden. Hinzu kamen noch beträchtliche Summen an Almosen und aus religiösen Gründen an Arme und Bedürftige zu verteilende Geld- und Opferbeträge, die unser Vater und unsere Mutter sehr freigebig spendeten. Wahrlich, ein teurer Haushalt, eine schwere finanzielle Belastung für den Chef der Familie.

Je nach Stand und Ansehen, je nach der Gesinnung des Betreffenden war im großen oder kleinen Maßstab das oben

* Dudu: Kuckuck.

69

Geschilderte das Modell für die meisten türkischen Familien der herrschenden Schicht des Reiches.

Die türkische städtische Gesellschaft bestand damals grundsätzlich aus Beamten des Vielvölkerstaates und aus Offizieren sowie den Funktionären und Angestellten der EVKAF, das ist die Verwaltung der frommen, sozialen Stiftungen.

Und das türkische Volk selbst? Es bestand mit Ausnahme von bestimmten Gewerbetreibenden und Kleinhändlern in der Hauptsache aus verarmten Bauern, Tagelöhnern und Soldaten. Die eigentliche Wirtschaft lag jedoch in den Händen der nichttürkischen Minderheiten: Griechen, Armeniern und Juden sowie der Libanesen.

Als höchster Kadi des Reiches in Istanbul verdiente mein Vater weniger als früher in Ägypten und Arabien. Außerdem fehlten hier auch die beträchtlichen Sondervergütungen für die Repräsentation. Das Leben in Istanbul war viel teurer. Hinzu kamen schwere politische Erschütterungen, so daß die Finanzlage meines Vaters immer kritischer wurde.

Man muß sich am Beispiel unseres Haushaltes das Ausmaß der Kosten des Sultans selbst, seiner Hofhaltung mit den vielen Prinzen, Prinzessinnen, eingeheirateten Schwiegersöhnen, der Großwesire, der Minister usw. vorstellen. Wirtschaftlich gesehen konnte der ungeheure »große Fuß«, auf dem die führende Schicht im Reich lebte, das seit zweihundert Jahren verfallende türkisch-osmanische Großreich nicht mehr tragen. Die Voraussetzungen dazu waren nicht mehr da. Dieses Reich hatte den rechtzeitigen Anschluß an die Entwicklung der Welt verpaßt.

Draußen drängten unterdessen die imperialistischen Großmächte England, Rußland, Frankreich und das habsburgische Österreich mit allen Mitteln darauf, die Erbschaft des »kranken Mannes am Bosporus« unter sich zu verteilen. Junge türkische patriotische Kräfte aber versuchten verzweifelt einen Umschwung, eine Rettung durch Umsturz des Systems herbeizuführen. Es war fünf Minuten vor zwölf.

Tschamlidja

Wenn man von der Galatabrücke über dem Goldenen Horn, die den alten Stadtteil von Istanbul mit dem damals »europäisch« genannten Galataviertel im Hafen verbindet, den Blick nach Osten wendet, sieht man jenseits des Meeres die letzte Nordostspitze des riesenhaften anatolischen Festlandes. Hier wird geographisch Asien durch die Meeresstraße des Bosporus von Europa getrennt.

Der Bosporus verläuft, sich mehrfach windend, vom Süden nach Norden und mündet, vom Marmarameer kommend, im Schwarzen Meer. Wenn man danach von der Brücke nach Osten schaut, liegt rechts das Marmarameer, links der Eingang zum Bosporus. Man fuhr damals wie heute mit einem der Küstendampfer von der Brücke hinüber nach dem Vorort Üsküdar (Skutari) und von hier mit leichten Pferdewagen hinauf nach den zwei Bergen Kütschük (Kleiner) und Büyük (Großer) Tschamlidja in etwa 180 bis 200 Meter Höhe. Von der Landungsstelle Üsküdar bis Tschamlidja dauerte die Wagenfahrt etwa eine Dreiviertelstunde.

Zwischen den beiden Bergen liegt das kleine malerische Dorf Kisikli mit seinen niedrigen sympathischen Holzhäusern, einem schönen Süßwasserbrunnen und einer kleinen Moschee eingebettet in Obst- und Pinienhaine.

In Kütschük Tschamlidja lag unser Sommerhaus: ein Holzbau mit drei Stockwerken, freundlich, hell, in einem etwa vier Morgen großen parkähnlichen Garten mit vielen Obst- und Maulbeerbäumen, Fichten, Pinien, zwei großen Eichen und einer jahrhundertealten riesigen Eßkastanie in der Nähe des Hauses. Das Haus stand auf einem Plateau am Ende des Gartenweges, der vom Eingangstor aus leicht steigend hinaufführte.

Man nennt solche luftigen Sommer- oder Gartenhäuser türkisch *Köschk**. Unser Köschk hatte etwa zwölf Zimmer mit einem seitlich im Garten angebauten Küchen- und

---

* Das deutsche Wort Kiosk ist vom türkischen Köschk übernommen.

71

Wäschehaus mit mehreren Zimmern für die Bediensteten. Außerdem gab es rechts vom Gartentor das Gebäude für Stallungen, für den Kutscher und den Burschen.

Wenn der Frühling kommt, packt alle Türken der Drang zum Umzug nach *Yayla*, das heißt Hochland beziehungsweise Sommersitz. Im Herbst geht es zurück zur *Kischlak*, das heißt Niederland, Wintersitz. Das ist ein Erbstück aus unserem früheren Nomadenleben. Obwohl sie seit vielen Jahrhunderten seßhaft sind, wird diese Sitte beziehungsweise Gewohnheit von den Türken immer noch praktiziert, wie es die letzten echten *Yörük* (das heißt Nomaden beziehungsweise turkmenische Nomadengruppen, die noch nicht seßhaft geworden sind) es in Südwest- und Ostanatolien immer noch tun.

Auch unsere Familie begann im Mai mit den Umzugsvorbereitungen. Unser Köschk wurde von oben bis unten geputzt, die Wege gekehrt, alles wiederhergerichtet, und Ende Mai zog die gesamte Familie vom Winterhaus in Istanbul zum Sommerhaus auf den Tschamlidjaberg um. Man blieb dort bis Mitte September, zog dann wiederum herunter in die Stadt.

Da der Aufenthalt im Köschk in die Ferienzeit fiel, war dies für uns Kinder und die Brüder, die noch nicht im Beruf waren, eine angenehme Zeit. Für unseren Vater dagegen war es nicht gerade sehr erholsam, täglich frühmorgens eine Dreiviertelstunde mit dem Pferdewagen nach Üsküdar herunterzufahren, um den Dampfer zur Galatabrücke zu erreichen. Die Überfahrt dauerte wohl eine Viertelstunde. Auf der anderen Seite des Bosporus an der Brücke wartete der verpflichtete Kutscher mit seinem Fiaker, mit dem der Vater in das Suleimanijeviertel hinauffuhr, wo sich das Gericht befand. Diese Fahrt dauerte ebenfalls eine gute halbe Stunde. Man brauchte also hin und zurück etwas mehr als drei Stunden für die Fahrten. Man rechnete zwar damals in den Ämtern nicht so genau mit der Arbeitszeit, dennoch war die tägliche Fahrt zum Amt und zurück für meinen Vater ziemlich strapaziös. Trotzdem liebten es meine Eltern, die Sommermonate über mit der ganzen Familie in Tschamlidja zu sein. An Wochenenden oder an den langen Feiertagen war es um so angenehmer und schöner, die herrliche Luft, die Stille, die noch weitgehend unberührte Natur, den grünen schattigen Garten, vor allen Dingen aber die einmalige herrliche Aussicht zu genießen. Man blickte von unserem Köschk wie aus der Vogelperspektive über Üsküdar und Kadi Köy diesseits des Bosporus auf ganz Istanbul mit den riesigen Kuppeln der Sultansmoscheen. Man sah die Hagia Sophia, die vielen schlanken, hohen, in den Himmel ragenden Minarette und den etwa 80 Meter hohen Feuerturm, einen guten Teil des Bosporus, das Goldene Horn, bis sich der Blick in der welligen, nach Westen zum Horizont sich erstreckenden thrakischen Landschaft verlor. Nach Südwesten und Süden hin breitet sich das tiefblaue Marmarameer aus bis zur Meerenge der Dardanellen (Tschanak Kale). Weiter links sah man die vier Prinzeninseln auf dem Blau des Marmarameeres ruhen. Unbeschreiblich sind die Sonnenuntergänge von Tschamlidja aus anzuschauen, wenn die ausgedehnte Stadt mit ihren grandiosen Bauten und das Marmarameer in den rotgoldenen Strahlen der Abendsonne erglühen. Diese Aussicht bietet eine solche Vielfalt der Stimmungen, daß man nie genug hat, sie immer wieder von neuem zu genießen.

Für mich und Hamid war unser Sommerhaus in Tschamlidja ein Paradies, ein Traum, geeignet für allerlei Spiele, Abwechslung und Abenteuer. Meine Mutter und Memduha bekamen sehr oft weibliche Gäste aus der Nachbarschaft und machten ihrerseits Gegenbesuche. Insbesondere konnte sich Memduha hier mit jungen Mädchen aus der Nachbarschaft unterhalten.

Da auch die meisten Brüder die Ferienmonate in Tschamlidja verbrachten, war das Haus voll von strahlenden und lachenden jungen Leuten. Das dritte Stockwerk glich mit seinen komplett besetzten Schlafzimmern einem Internat. Die ganze Familie war hier glücklich. Die Zeiten in Tschamlidja waren damals wohl die schönsten meiner Kindheit. Mit Wehmut und Liebe bewahre ich sie in meiner Erinnerung.

73

Als ich vor zwei Jahren Tschamlidja und die Umgebung besuchte, war ich enttäuscht, traurig und entrüstet zugleich über das, was ich vorfand. Das schöne Stück Erde mit seinen freundlichen farbigen zwei- bis dreistöckigen Holzhäusern und Residenzen, seinen grünen üppigen Gärten und verträumten Pinienhainen war verschwunden. An deren Stelle sind mit einigen Ausnahmen kahle, abstoßend häßliche Betonblöcke entstanden. Sie wirken wie eine grobe Faust im Antlitz einer zarten, anmutig schönen Frau.

Nach dem Zusammenbruch des osmanischen Vielvölkerreiches am Ende des Ersten Weltkrieges und der anschließenden Befreiungskriege unter Mustafa Kemal (Atatürk) ist eine neue nationale türkische Republik entstanden. Der Sultan und Kalif wurde mit allen Mitgliedern der Dynastie außer Landes verwiesen. Die neue Hauptstadt der Republik ist von der uralten und traditionsreichen Metropole Istanbul in das bescheidene kleine Städtchen Ankara inmitten der kargen Hochlandsteppe von Anatolien verlegt worden. Ihre Prinzessinnen, Hofbeamten, die alten Würdenträger der früheren Verwaltung, die Paschas und deren Anhang sowie die Kreise, die von und mit ihnen lebten, sind verschwunden, verarmt, ihre Residenzen, die *Konaks*, verfallen, nicht nur in Tschamlidja, sondern in ganz Istanbul und besonders an den Küsten des Bosporus. Ihre Erben konnten sie nicht mehr unterhalten. Der große alte und reiche Immobilienbesitz ging allmählich in die Hände der Neureichen über. Die alten großen Holzhäuser wurden abgerissen, die Parks der Köschks und Konaks wurden parzelliert, und auf ihnen sind dann die häßlichen Appartementhäuser und Mietskasernen gebaut worden.

Erst spät merkte die neue Generation, was ihr dadurch an Kulturwerten verlorengegangen ist. Man versucht neuerdings, die wenigen Reste der alten Exemplare der Schönheit der türkischen Hausarchitektur und Wohnkultur zu retten und zu erhalten.

74

Memduha

Trotz meines sehr jungen Alters bemerkte ich viel von der politischen Unruhe und Spannung jener Zeit. Man redete von Jungtürken, von Freiheit und Gleichheit, von Zensur, von Aufständen in Makedonien, Albanien und im Jemen, von Drusen im Libanon, von armenischen Terroristen, die den Sultan ermorden wollten. Die Atmosphäre war geladen. Ich merkte in den Gesichtern meiner Brüder die beunruhigende Stimmung, wenn sie die Nachrichten in den Zeitungen lasen und darüber diskutierten. Inzwischen machte ich in der Schule gute Fortschritte. Aber mein jüngerer Bruder Hamid kam leider nicht mit. Der arme Kerl hatte die berüchtigte und lästige Augenkrankheit aus Kahira in Ägypten mitgebracht. Seine Augen schmerzten zusehends mehr. Die Augenlider juckten, waren rot geschwollen und eiterten. Er konnte kaum die Augen aufmachen, geschweige denn lesen. Man mußte ihn zeitweise aus der Schule nehmen. Manche Medikamente verursachten solche Schmerzen, daß er nächtelang weinte und keinen Arzt mehr sehen wollte. Öfters nahmen meine Mutter oder Halti ihn zu sich, und ich blieb allein im Schlafzimmer. Mir und allen tat Hamid sehr leid. Aber damals gab es noch keine Heilmittel gegen dieses Übel. Hamid ist auch nach jahrelanger Behandlung diese Krankheit nicht losgeworden. Seine Augen litten sehr darunter, und er konnte keine richtige Ausbildung erhalten.

An einem stürmischen kalten Märztag 1908 ging unsere Mutter mit Memduha zu einer großen Hochzeit der Tochter von Verwandten. So angenehm und luftig die alten Holzhäuser im Sommer waren, um so mehr Nachteile hatten sie im Winter. Sie waren schwer warm zu bekommen. Nur die unmittelbare Nähe der Mangal oder der mit Holz geheizten Öfen wurde warm. Die Fenster waren luft- und kältedurchlässig. Die Sofas und die Treppenaufgänge waren immer eiskalt. In den Schlafzimmern schlief man mit wattierten Jacken, wie sie von den heutigen russischen Soldaten getragen werden.*

An diesem Hochzeitstag war Istanbul von Schnee bedeckt, und armlange dicke Eiszapfen hingen von den Dachgesimsen herunter. Unsere Mutter kam mit Memduha früher als erwartet von dem Hochzeitsbesuch zurück nach Hause. Memduha fühlte sich nicht wohl. Sie mußte sofort mit hohem Fieber ins Bett. In der Nacht stieg die Temperatur noch höher. Am nächsten Morgen kam der Familienarzt. Er stellte Influenza fest. Memduha fühlte sich sehr schlecht. Nach etwa vierzehn Tagen mußte man bekanntere Ärzte zur Konsultation hinzuziehen. Die Diagnose: Lungenentzündung. Unsere arme Memduha wurde zusehends blasser und schwächer. Die Eltern und meine Brüder waren verzweifelt. Am meisten litt unsere Mutter. Memduha war ihr Liebling, ihr alles unter den Kindern. Das merkte ich. Jeder wußte es. Meine Brüder wurden oft eifersüchtig untereinander, und nicht selten schlugen sie sich Memduhas wegen. Keiner der Brüder durfte Memduha allein, ohne Wissen der anderen oder ohne die Mutter zu benachrichtigen, irgendein Geschenk machen. Nun lag dieses lebensfrohe, sympathische, schön gewachsene und bildhübsche Mädchen seit Wochen krank im Bett, ohne daß man ihr helfen konnte. Wenn ich an jenen Tagen zu meiner Mutter ging, hörte ich sie weinend beten: »Rette meine Tochter, lieber Gott! Erbarme dich meiner und rette, erhalte mir Memduha!«

Inzwischen kam der Frühling, und man empfahl für Memduha Luftwechsel. Da Tschamlidja wegen der Höhe noch zu kühl war, mietete man an der milderen asiatischen Küste am Marmarameer in *Fener Bahtsche* ein Köschk und brachte Memduha dorthin. Meine Mutter, ein Teil der Brüder und wir Kleinen zogen mit dorthin. Unser Lala, die armenische Frau Dudu und Hulussi blieben mit dem Vater in der Stadtwohnung. Es vergingen noch einige Wochen. Der Sultan schickte seinen Leibarzt, die bekanntesten

---

* Diese Kleidung wie auch die Kopfbedeckung der russischen Soldaten im Winter ist von den Turkvölkern übernommen worden.

Ärzte, sogar Gesundbeter wurden herangezogen. Umsonst! Alles umsonst! Das Schicksal hatte entschieden: Unsere liebste Memduha verschied an einem schönen Maitag. Sie war gerade siebzehn Jahre alt geworden. Am Begräbnis der Memduha nahm eine ungeheure Menschenmenge teil. Auf besonderen Erlaß des Sultans wurde sie auf dem Friedhof der Sultan-Mehmed-II.-Fatih-Moschee neben dem Grabstein unseres Großvaters Khodja Ishak beigesetzt.

Mit dem unerwarteten Tod unserer Schwester war der strahlende Glücksstern unserer Familie plötzlich erloschen. Man könnte meinen, ein Bergrutsch hätte uns erfaßt. Ein Unglück folgte von da an dem anderen ...

Unsere Mutter war dem Schmerz des Verlustes der Memduha nicht gewachsen. Sie weinte und betete Tag und Nacht. Sie nahm kein Essen mehr zu sich. Sie trank kein Wasser und verlor nach einigen Tagen die Sprache, kurz darauf bekam sie rechts und links Schlaganfälle und starb sechs Wochen darauf ...

Unser Vater konnte sich nach dem Tod von Memduha zunächst durch Gottergebenheit und Glaubenskraft einige Zeit fassen. Aber als der Tod unserer Mutter hinzukam, brach er zusammen. Er kam in ärztliche Behandlung. Es dauerte Monate, bis er sich einigermaßen erholte und wieder zum Amt gehen konnte. Um ihn abzulenken und zu unterhalten, wurde ich in jenen Tagen öfters zu ihm geschickt. Ich blieb länger bei ihm und setzte mich neben ihn hin. Ich war erschüttert, meinen ehrwürdigen Vater derart unter seelischem Schmerz leiden zu sehen. Er war immer in Gedanken versunken und murmelte Gebete vor sich hin. Dann fing er an zu sprechen: »Memduha hast du genommen! Mein Weib hast du auch genommen. Was habe ich verbrochen? Ich will sie wiederhaben ... Ich will sie zurückhaben! Gib mir meine Menschen zurück!« schrie er, sich aufrichtend, die Hände bittend gegen den Himmel gerichtet. Dann brach er in sich zusammen und hielt die Hände vor das Gesicht. Nach einer Weile hielt er die Hände offen zum Gebet: »Allmächtiger, vergib mir, vergib dem

Sündigen! Dem Rebellen! Gib mir die Kraft, du bist die Allmacht ... Vergib mir!«

Diese Szenen mit dem Vater sind in mein Gedächtnis eingraviert wie jene prähistorischen Zeichen auf Granitfelsen, die sich seit Jahrtausenden nicht verwischen. Sie sind unauslöschlich ...

Die Revolution

Um das alte Osmanenreich vor dem Zusammenbruch zu retten, wurden seit dem Beginn des 19. Jahrhunderts einschneidende Reformen durchgesetzt. Die zu einer Plage ausgeartete Janitscharentruppe wurde gewaltsam abgeschafft und eine neue moderne Armee aufgebaut. Die Reichsverwaltung unter den sogenannten *Kuppelwesiren* wurde beseitigt. An deren Stelle wurden Fachministerien nach westlichem Muster eingeführt. Mitte des 19. Jahrhunderts wurden durch einen besonderen *Ferman* (Dekret) des Sultans den Völkern des Reiches neue zivile Gesetze, Gleichheit, Freiheit und Gerechtigkeit zugesprochen. Es wurden neue zivile Gerichte eingeführt, während den bisherigen islamischen Gerichten unter den Kadis nur das Familienrecht und die Angelegenheiten der frommen, sozialen und kulturellen Stiftungen (EVKAF) zugewiesen wurden. Während einerseits im Inneren alle diese tiefgreifenden Veränderungen vorgenommen wurden, gingen andererseits an allen Fronten des noch riesengroßen Reiches die Kriege weiter: Befreiungskriege in Griechenland, im Kaukasus, auf der Krim und in Bessarabien, Kriege gegen Rußland, Aufstände in Ägypten, auf dem Balkan, im Jemen und in Arabien. Alles bedeutete für das das Reich tragende türkische Volk einen ununterbrochenen biologischen, sozialen, kulturellen und wirtschaftlichen Aderlaß.

Nach blutigen Ereignissen wurde dann schließlich 1877 die erste parlamentarische Verfassung vom jungen Sultan Abdul Hamid proklamiert. Kurz darauf suspendierte jedoch derselbe Sultan die Verfassung und schloß das Parla-

78

ment für über dreißig Jahre. Danach regierte dieser Sultan als absoluter Herrscher das erschütterte, zurückgebliebene, von allen Seiten, von innen wie außen bedrängte, nur auf sich selbst angewiesene alte Reich. Er war der letzte echte »Großherr« der Türken im alten Stil, jedoch im neuen Kleid. Er trug anstatt eines hohen Turbans und Brokatkaftans westliche Anzüge mit Fes auf seinem Haupt. Er besaß außerdem nicht mehr die Macht, über die seine Ahnen noch bis zwei Jahrhunderte zuvor verfügten. Während seine äußeren Gegner nach der Überwindung des Mittelalters den Atlantik überquerten, den Pazifik entdeckten, sich in den Kolonien unermeßliche Reichtümer erwarben und über die Industrialisierung zu Großmächten entwickelt hatten, rangen sie nun um die Vorherrschaft in der Welt. Er brachte es dennoch fertig, trotz zweier Kriege (den einen gegen Rußland, den die Türkei verlor, den anderen gegen Griechenland, den die Türkei gewann), das Reich mit verhältnismäßig leichten Konzessionen und Verlusten fast 33 Jahre zu erhalten.

Während seiner Regierungszeit bildeten junge fortschrittliche Türken zuerst in Paris im Exil, dann in *Selanik* (das Thessaloniki von heute) die sogenannte »jungtürkische Bewegung«. Die Führer dieser damals geheimen Bewegung gründeten schließlich die Partei *Ittihad we Tarakki* (das heißt Einheit und Fortschritt), zu deren Führern sowohl junge Offiziere als auch junge, meist im Ausland ausgebildete, aufgeklärte, zivile Türken gehörten. Sie verlangten die Wiederinkraftsetzung der suspendierten Verfassung von 1877 sowie die Einberufung des Parlamentes. 1908 wuchs der Druck so weit, daß nach einem Aufstand von im Balkan stehenden Armee-Einheiten der Sultan dem allgemeinen Drang nachgab. Mit größtem Jubel und größter Begeisterung der Bevölkerung, insbesondere der nichttürkischen Untertanen des Reiches, der Bulgaren, Serben, Albaner, Griechen, Armenier und Araber, wurde die Verfassung wieder in Kraft gesetzt und das Parlament eröffnet. »Freiheit, Gerechtigkeit, Gleichheit!« schrie wochenlang die Masse des Volkes und tobte vor Freude. Auch wir in der

Schule schrien: »Es lebe die Freiheit!«, sangen neue Freiheitslieder und feierten mit türkischen Fahnen in der Hand in Umzügen die »Freiheit«, ohne zu wissen, was sie bedeutete ...

Es ist interessant, die Zusammensetzung des damals neugewählten Parlamentes zu wissen: 60 Araber, 25 Albaner, 23 Griechen, 12 Armenier, 5 Juden, 4 Bulgaren, 3 Serben und 1 Ulache (Rumäne) gegen nur 142 Türken! Und das sollte gut sein für das Reich ...?

Zunächst blieb der Sultan Abdul Hamid noch auf dem Thron. Die Regierung wurde aber von dem altbekannten Großwesir Said Pascha, dann von Kâmil Pascha gebildet, die lebenslang vorher dem gleichen Sultan gedient hatten. Die Jungtürken waren für die Übernahme der Macht nach der Revolution gar nicht vorbereitet.

In dem entstandenen Durcheinander wollte eine reaktionäre Gruppe in Istanbul unter einem fanatischen Derwisch die Jungtürken, ihre Offiziere und ihre Anhänger gewaltsam vertreiben.[*] Einige Truppen der Kasernen von Istanbul schlossen sich den wütenden, rebellierenden Massen an. Die Stadt war in Aufruhr. Mord und Totschlag, Straßenkämpfe erschütterten Istanbul. Kein Mensch konnte auf die Straße, bis die den Jungtürken treue, in Makedonien stehende Armee in Istanbul einmarschierte und den Aufstand mit Waffengewalt unterwarf. Die meisten Anführer der Revolte wurden gehängt.

Es ist nachgewiesen, daß Sultan Abdul Hamid an dieser reaktionären Revolte keine Schuld traf. Das Garderegiment blieb in seinen Kasernen und schloß sich nicht den Aufständischen an. Dennoch wurde die Absetzung des Sultans vom Parlament beschlossen.

In der Parlamentsabordnung, die dem Sultan die Absetzungsurkunde vorlesen sollte, waren alle osmanischen Völker mit je einem Abgeordneten vertreten. Es gab unter ihnen jedoch keinen einzigen echten Türken. Ein Abgeordneter, so wird berichtet, las dem Sultan den Inhalt der Ab-

---

[*] In der Türkei als die »Reaktionäre Revolte vom 31. März« bekannt.

80

setzungsurkunde in der Audienz im Yildiz-Palast vor. Sultan Abdul Hamid hörte zu und sagte am Ende: »Wir unterwerfen uns dem Beschluß des Parlamentes. Allah helfe meinem Volk!« Mit der Absetzung Abdul Hamids sollte die Liquidation des mehr als sechshundert Jahre bestehenden Osmanischen Reiches beginnen.

Istanbul brennt

Wir waren in unserem Köschk auf Tschamlidja. Mein Vater fuhr täglich mit seinem Wagen herunter nach Üsküdar, um von da mit dem Dampfer nach Istanbul überzusetzen und zum Amt zu fahren. Am Abend machte er den beschwerlichen Weg wieder zurück. Von der früheren fröhlichen Stimmung, die im Köschk einst herrschte, war keine Rede mehr.

Es war ein Feiertag im Monat Juli. Am Spätnachmittag sah man plötzlich weit unten im Gebiet von Alt-Istanbul an mehreren Stellen Rauchsäulen in den Himmel steigen. Die Feuersbrunst dehnte sich schnell aus. Wir sorgten uns auch um unser Haus. Mein Vater hat Hulussi zur Polizeiwache in Kisikli in unserem Dorf geschickt, um Informationen einzuholen. Er kam in Begleitung eines Mannes zurück, der gerade aus Istanbul eingetroffen war: »Das Feuer hat große Ausmaße ... Die Stadtteile Bayazid, Fatih, Aksaray, also das Zentrum der türkisch besiedelten Gebiete von Alt-Istanbul, sind vom Brand bedroht«, erzählte der Mann aufgeregt.

Auf diese Nachricht schickte mein Vater sofort Hulussi und Muhiddin in Begleitung von Lala Mehmed Aga nach Istanbul, um nach unserem Haus zu sehen. Als die Sonne unterging, sah man in der Dunkelheit einen Großteil von Istanbul lichterloh brennen. Überall stiegen die Flammen empor und verschlangen weite Stadtteile. In seiner Verzweiflung betete unser Vater stundenlang kniend auf der Gartenterrasse. »Allmächtiger Allah ... Erbarme dich der Menschen ... Erbarme dich!« Die Feuersbrunst hatte eine solch riesige Fläche mit Flammen bedeckt, daß unser Köschk und die ganze Umgebung hell erleuchtet waren.

Frühmorgens kamen mit dem ersten Dampfer Hulussi, Muhiddin und unser Lala und meldeten dem Vater mit Tränen in den Augen, daß alles verloren und unser Haus ausgebrannt sei. Sie konnten nicht einmal unser Viertel betreten. Die ganze alte Stadt stehe in Flammen. Eine Katastrophe, die man nicht beschreiben könne, sei hereingebrochen, sagten sie. Unser Vater nahm diese Hiobsbotschaft schweigend und gefaßt zur Kenntnis und sagte nur mit leicht zitternder Stimme:»Alles ist die Fügung Gottes. Stellt euch auf zum Gebet! Er, der Herr, möge den betroffenen Menschen und unserem Volk helfen!« Und alle Anwesenden stellten sich hinter ihm zum Bittgebet auf.

Das Feuer hatte zwei Tage lang gewütet. Man sprach davon, daß sechzehn- bis achtzehntausend Häuser abgebrannt seien. Etwa siebzig- bis achtzigtausend Menschen waren obdachlos geworden. Unser vollmöbliertes (natürlich nicht versichertes!) Haus wurde ein Opfer der Flammen. Ich hörte vom Vater keine größeren Klagen darüber, er bedauerte dagegen zutiefst den Verlust der Bibliothek im ersten Stock. An beiden Wänden der Sofa hatten hohe Bücherschränke gestanden, die mit Tausenden von Bänden – darunter viele handgeschriebene Werke – gefüllt waren. Die meisten wertvollen Handschriften hatte der Großvater während seines Lebens gesammelt. Auch eine Anzahl unveröffentlichter Manuskripte des Großvaters waren verloren, darunter die von ihm während einer Erkrankung verfaßte Übersetzung des Werkes »Al Schifa« (»Genesung«) von Ibni Sina* (im Westen bekannt als Avicenna) mit dem Titel »Istischfa fi Terdjümet Alschifa« (Genesen durch die Übersetzung der »Genesung«).

Diese Brandkatastrophe vernichtete unwiederbring-

---

* »Ibni Sina – Avicenna« berühmter türkisch-islamischer Gelehrter. Geboren 980 in Efschene bei Buchara in Turkestan. Naturwissenschaftler, Arzt, Philosoph. Seine Werke, darunter »Kanun«, wurden ins Lateinische übersetzt und galten als Standardwerke des frühen Mittelalters im Westen.

liches, unermeßliches Kulturgut des türkischen Alt-Istanbul: Moscheen, reiche Bibliotheken, Medressen (theologische und wissenschaftliche Institute), Karawansereien, Armenküchen, Krankenhäuser, einige christliche Kirchen und schließlich ungezählte Häuser und Konaks, Zeugen der alten türkischen Architektur von Istanbul mit ihren Kostbarkeiten. Zehntausende von Obdachlosen wurden zunächst in den großen Sultansmoscheen notdürftig untergebracht. Die Ursache des Brandes ist nicht mit Bestimmtheit festgestellt worden. Aber überall redete man von einer planvollen Brandstiftung durch die Feinde als Vorbereitung der noch kommenden Ereignisse... Sehr verdächtig war es auf jeden Fall, daß der Brand an verschiedenen Stellen der türkischen Stadtteile von Istanbul gleichzeitig ausgebrochen war. War es auch ein Zufall, daß der berühmte und reichausgestattete einmalig schöne Palast am Bosporus unweit des Dolma Bagtsche Saray, der »Tschiragan Saray«, in welchem das neue Parlament tagte, später ebenfalls plötzlich in Flammen aufging? Man weiß es nicht, und man wird es vielleicht auch nie erfahren.

Die Hunde von Istanbul

Zu den Bewohnern von Istanbul gehörten damals die herrenlosen Hunde. Deren Zahl schätzte man auf 20000 bis 25000 Stück. Mehrfache Versuche, sie zu beseitigen, scheiterten am Widerstand der Bevölkerung, bis es jetzt in der neuen Ära einem tüchtigen entschlossenen Oberbürgermeister (Dschemil Pascha) gelang, Regierung, Sultan, religiöse Führer und damit auch die Bevölkerung für eine würdige Form der Beseitigung des untragbaren Übels zu gewinnen: Die Hunde sollten gesammelt, Männchen und Weibchen getrennt, auf zwei unbewohnte Inseln im Marmameer gebracht und dort ausgesetzt werden. Man würde sie dort füttern, bis sie ohne Nachkommen aussterben. Und das sei human und doch keine Sünde...

Die Hunde von Istanbul waren eine Gesellschaft für sich. Sie waren organisiert jeweils in Rudeln unter einem Chefrüden. Jedes Rudel nahm einen Bezirk oder eine gewisse Anzahl von Straßen bzw. Gassen als ihr Hoheitsgebiet in Anspruch. Sie verteidigten ihre durch Kampf erworbenen Gebiete eifersüchtig und mit Bravour. Jeder Hund kannte die Grenzen seines Gebietes, und keiner wagte, sie zu überschreiten. Falls das geschah, war der Teufel los! Ganze Rudel kämpften gegeneinander mit ohrenbetäubendem Geheul, blutig, unerbittlich, bis eine Gruppe siegte und die Besiegten das umkämpfte Gebiet räumten. Nicht selten kam es auch vor, daß beherzte Männer der betreffenden Bezirke ihre Hunde in Schutz nahmen und für sie Partei ergriffen. Mit Stöcken, Schirmen und Riemen ausgerüstet, versuchten sie, die überall am Körper blutenden, ineinander fest verbissenen Hunde voneinander zu trennen, ließen dann aber im Eifer des Gefechtes die Hunde beiseite, um nun Mann für Mann sich gegenseitig die Köpfe einzuhauen. Und jetzt mußten Polizei und Straßenwächter einschreiten, um diese Leute gewaltsam voneinander zu trennen und sie abzuführen.

Die Hunde von Istanbul gehörten damals zum farbigen Bild des Lebens in dieser alten Stadt. Jedoch die Unordnung, der Lärm, die Unsicherheit, vor allen Dingen aber der von ihnen verursachte Schmutz waren unerträglich geworden. Nun sollte damit Schluß gemacht werden.

Eines Tages etwa um Mitternacht ging es los. Von überallher kläfften, bellten und heulten die Hunde, so wie sie es immer taten, wenn es irgendwo brannte oder ein Erdbeben im Kommen war, schrecklich und schauerlich anzuhören. Stadtteil für Stadtteil durchkämmten Zigeuner*, die mit langen Zangen und Stöcken, mit Riemen und Säcken ausgerüstet waren, die Straßen und Gassen der Stadt, fingen die Hunde erbarmungslos und warfen sie in große hölzerne Käfige, die auf Büffelwagen geladen waren.

Viele Wochen dauerte diese in der Geschichte wohl ein-

---

* Kein Türke fand sich bereit, diese Arbeit zu übernehmen.

malige Operation. Kein Mensch konnte wegen des Hunde-
gebells und -geheuls nachts mehr schlafen. Die Tiere taten
den Menschen leid. Frauen und Kinder wie auch bei uns zu
Hause weinten die Nächte hindurch vor Mitleid und wegen
der Sünde, die man beging durch diese Tierquälerei.
Die Hunde zu verstecken war verboten. Hohe Strafen
erwarteten diejenigen, die es taten. Dennoch wurden unzählige Tiere von Einwohnern verborgen. Aber sie wurden
meistens entdeckt und abtransportiert, weil sie sich durch
Bellen und Heulen verrieten. Die Schuldigen wurden ver-
haftet, aber ihre Zahl war derart groß, daß man sie nach der
Beendigung der Aktion wieder freiließ.
Und das Ergebnis? In den ersten paar Wochen sollen die
Hunde auf ihren Inseln nach gerechter und versprochener
Weise gefüttert und mit Wasser versorgt worden sein.
Dann kamen aber die Katastrophen, die große Feuers-
brunst von Istanbul mit Zehntausenden unglücklichen Ob-
dachlosen, der Tripoliskrieg, Aufruhr, Aufstände in den
Provinzen und zum Schluß der unglückliche Balkankrieg.
Man war nicht einmal imstande, den Massen von unglück-
lichen Menschen zu helfen, geschweige denn sich um die
Hunde auf den einsamen Inseln zu kümmern. Die armen
Tiere verendeten dort unter fürchterlichen und abscheuli-
chen Umständen: Sie sollen sich gar gegenseitig aufgefres-
sen haben!
Viele Jahre später, in den fünfziger Jahren, erzählten mir
alte Fischer, die mich auf meiner Segeljacht besuchten, daß
unter Führung von kräftigen Leitrüden sich manche Hunde
rudelweise ins Wasser warfen, um zu den sechs bis zehn
Kilometer entfernten Prinzeninseln zu schwimmen, und
dabei ertranken. Einigen wenigen soll es gelungen sein,
diese Inseln zu erreichen oder unterwegs von den Fischern
gerettet und versteckt zu werden. Heute heißen diese
beiden Inseln im Volksmunde *Hayirsis Adalar*, die un-
glückseligen Inseln.
In den Kaffeehäusern, in den Boutiquen des Basars
raunte man nun: »Die Sünde, die das neue Regime an den
armen Geschöpfen, den Hunden, beging, wird nicht unge-

straft bleiben.« Das Volk nahm auch die Brandkatastrophe für ein schlechtes Vorzeichen an, es sah in ihr die Gottesstrafe.* Und wahrlich, in wenigen Jahren sollte ein Schicksalsschlag den anderen übertreffen. Die durch den Berliner Vertrag 1878 autonom gewordene *Ostrumelische Provinz* (Bulgarien) unter dem deutschen Prinzen Ferdinand von Coburg, bisher Flügeladjudant des Sultans, machte sich selbständig. Ferdinand erklärte sich zum *Zar der Ost- und Westbulgaren* (Westbulgaren, das heißt der in Makedonien lebenden Bulgaren). Bosnien und die Herzegowina, ebenfalls seit dem Berliner Vertrag dem »Schutze« des K.u.K.-Österreich anvertraut, wurde vom selben Staat einfach einverleibt, die Insel Kreta, kurz vorher autonom geworden, jedoch noch zum Osmanischen Reich unter der Garantie der Großmächte gehörend, wurde stillschweigend an Griechenland angeschlossen.**

Die Großmächte England, Rußland, Frankreich und Österreich-Ungarn waren sich seit dem 19. Jahrhundert darüber einig, das Osmanische Reich zu liquidieren und die große Erbschaft unter sich zu teilen. Zu diesem Zweck mußte das Reich innerlich zersetzt und wirtschaftlich weiter geschwächt werden, bis es zusammenbrach. Nur über die Menge und das Maß der Verteilung der dabei anfallenden Beute waren sie sich nicht einig. Jede dieser Mächte wollte die andere dabei begaunern.

Als 1871 ein *Deutsches Kaiserreich* entstand, wollte es bei dem Spiel mitmischen, fand die Karten jedoch bereits von den anderen verteilt. Nach dem Berliner Kongreß versuchten bekanntlich Bismarck und später der deutsche Kaiser Wilhelm sich eine Position zu schaffen, durch die das Deutsche Reich bei der großen Beuteverteilung nicht leer ausgehen sollte. Es suchte den Weg der friedlichen

---

* Für die Gottlosigkeit, die Europäer zu imitieren, alte Sitten zu ignorieren und Sultan Abdul Hamid abzusetzen.
** Enosis, das heißt Anschluß – damals war es der Slogan für Kreta, heute für Zypern!

Durchdringung (Pénétration pacifique), den die anderen Mächte ihrerseits in verschiedener Form ebenfalls praktizierten.

Den Türken andererseits schien unter so vielen offenen Feinden das aus dem »unfeindlichen« Preußen entstandene und von ihm geführte neue deutsche Kaiserreich das am wenigsten gefährliche, der einzige Staat, mit dem sie in Europa zusammengehen konnten. Die früher schon mit Preußen begonnenen guten Beziehungen wurden mit dem deutschen Kaiser weiter ausgebaut. Dazu gehörten militärische Beratung, Ausrüstung des Heeres mit Waffen und Munition sowie wissenschaftlicher und kultureller Beistand der Deutschen gegen wirtschaftliche Konzessionen der Türken: Bau der Anatolischen Eisenbahn, der Bagdadbahn, verbunden mit Ausbeutungsrechten an den Bodenschätzen, die in den Landstreifen rechts und links der Bahn entlang vorkamen, und Aufträge für Lieferung von Lokomotiven, Waggons, Schienen usw. für diese Eisenbahnstrecken sowie für die Hedschasbahn (Arabien) bis Medina. Später kamen Brücken sowie Hafenbauten in Istanbul dazu und vieles andere mehr.

Zweifellos war alles dies von den Deutschen auch strategisch ausgerichtet: einerseits, um England im Ostmittelmeer sowie insbesondere in Indien über Land die Stirn zu bieten, andererseits Rußlands Drang zu den warmen Meeren über die Türkei zu unterbinden. Das deckte sich im Prinzip auch mit der Politik der Türken.

Seit der Mitte des 19. Jahrhunderts bildete *das Orientproblem*, das heißt die Plünderung des Osmanischen Reiches und die damit zusammenhängenden gegenseitigen Intrigen, eine der Hauptbeschäftigungen der europäischen Politik überhaupt. Die Türken versuchten ihrerseits verzweifelt, die Habgier der um Raub und Beute rivalisierenden Großmächte gegeneinander auszuspielen, um für die Rettung ihres Bestandes Zeit zu gewinnen.

Der Tripoliskrieg

Während dieser Konjunktur war Italien viel zu jung und schwach, um zwischen den geübten Patronen Europas eine Rolle zu spielen. Jedoch gaben die jüngste Annexion Bosniens und der Herzegowina durch Österreich und die Kretas durch das kleine Griechenland Italien den Mut, seinerseits das nahe liegende türkische Libyen über Nacht ohne irgendeine vorhergehende Erklärung durch plötzliches Bombardement der Hafenstädte Tripolis und Derna zu überfallen.*

Libyen lag weit vom Reich ohne Landverbindung und war für die Türken nur über See zu erreichen. Dazu hatten sie aber keine geeignete Flotte mehr. Die kleine türkische Friedensgarnison in Tripolis und Derna hat sich jedoch mit Hilfe der treuen Libyer unter dem Scheich Senussi heldenhaft geschlagen. Auf abenteuerlichem Wege sind über Ägypten junge türkische Offiziere** zur Front geeilt. Diese Patrioten haben dort die Führung übernommen und gegen eine unverhältnismäßig hohe italienische Übermacht an Menschen und Material ein Jahr lang in der Wüste heroisch gekämpft.

Der Krieg 1911 gegen Italien war der Anfang der darauffolgenden Kriege: 1912/13 der Balkankrieg gegen die Verbündeten Serbien, Montenegro, Griechenland und Bulgarien, 1914/18 gegen England, Frankreich und Rußland, 1918/22 gegen die Siegermächte und das Griechenland, welches nach der Unterzeichnung des Waffenstillstandes mit der Entente gegen die Türken einen großangelegten Expansionskrieg begonnen hatte.

Als das Osmanische Reich entmachtet und ausgeblutet am Boden lag, glaubte Griechenland die beste Gelegenheit zu haben, die »Megali idea«, das große Ideal der Griechen als Nachkommen von Homer und Achilles, die westanato-

---

* Nicht anders war Frankreich 55 Jahre zuvor mit den osmanischen Protektoraten Tunis und Algier verfahren.
** Unter diesen Offizieren befanden sich Enver und Mustafa Kemal, beide sollten kurz danach in der Türkei sehr wichtige Rollen übernehmen.

lischen Kolonien des Altertums sowie das alte Byzantinische Reich auf anatolischem Gebiet wiederauferstehen zu lassen und wieder das »Kreuz auf die Kuppel der Hagia Sophia aufzusetzen«. Die Entente, insbesondere England, unterstützte dabei Griechenland mit allen Kräften. Die totgeglaubten Türken sammelten sich jedoch unter Mustafa Kemal zur nationalen Befreiung. Nach jahrelangen erbitterten und verlustreichen Kämpfen vernichteten sie gänzlich die bis vor die Tore von Ankara vorgerückten Invasionsarmeen des Feindes »im Schoße unseres heiligen Vaterlandes« – wie Mustafa Kemal (Atatürk) sich damals in seinem Bericht vor den Abgeordneten des Parlamentes in Ankara ausdrückte – zur Überraschung und zum Staunen der übermütigen Siegermächte des Ersten Weltkrieges.

Der Balkankrieg

Die vielen Unglücksfälle, der Tod Memduhas und unserer Mutter sowie die Brandkatastrophe hatten unsere Familie, insbesondere aber unseren Vater hart und schwer getroffen. Auch die materiellen Belastungen, welche mein Vater tragen mußte, wuchsen bedenklich und immer stärker. Das Leben der Familie mußte gänzlich umgestellt werden. Innere und äußere politische Unsicherheiten brachten neuen zusätzlichen Kummer und tiefe Sorgen. Aber mehr oder weniger allen Türken ging es so. Das türkische Volk litt in jenen Zeiten und hielt geduldig aus im Vertrauen auf Allah, daß am Ende eine Besserung käme.

Die Familie mietete ein Haus in Kadi Köy auf der anatolischen Seite südöstlich von Üsküdar. Ich wurde dort in einer Schule angemeldet, die zu den in der Regierungszeit von Sultan Abdul Hamid im ganzen Lande neugebauten modernen Mittelschulen und Lyzeen gehörte. In dieser Schule war ich glücklich und machte gute Fortschritte. Unserer Schule gegenüber gab es einen Zwillingsbau, der für die Mädchen bestimmt war. Meine Schule wurde mustergültig geführt. Unsere Lehrkräfte waren ausgesuchte

Persönlichkeiten. Außer den beiden Lehrern für Religion und Kalligraphie (Schönschrift) – damals schrieben wir in der Türkei mit arabischen Buchstaben – waren alle Lehrer einschließlich unseres Direktors in Frankreich oder in der Schweiz ausgebildete Herren, die wir Schüler sehr gern hatten.

Das gemietete Haus in Kadi Köy gefiel mir gar nicht, und auch mein Vater und Muhiddin waren damit nicht zufrieden. Ihnen fiel außerdem die tägliche Hin- und Rückfahrt mit dem Dampfer über das Marmarameer schwer, da bei den häufigen Südstürmen beide unter Seekrankheit litten. Man wollte daher auf der Istanbulseite nach einem geeigneten anderen Haus Umschau halten und dorthin umziehen.

Inzwischen spitzten sich die Streitigkeiten der polarisierten Parteien im Parlament zu. Inmitten der dadurch entstandenen Ratlosigkeit überschritten die Balkanstaaten Griechenland, Serbien, Montenegro und Bulgarien die Grenzen des Reiches auf dem Balkan und griffen die unvorbereiteten türkischen Garnisonen von allen Seiten konzentriert an. In heillosem Durcheinander war innerhalb von nur ein paar Wochen die Verbindung der verschiedenen türkischen Heeresgruppen sowie mit dem Generalstab in Istanbul unterbrochen. Die türkischen Einheiten in Albanien, Makedonien und Thrakien waren voneinander abgespalten und kämpften jede für sich gegen eine große Übermacht. Eine Hiobsbotschaft folgte der anderen. Selanik (heute Thessaloniki) fiel fast ohne Kampf in die Hände der griechischen Truppen. Skutari in Nordalbanien fiel in die Hände der Serben und Montenegriner, nachdem der türkische Festungskommandant von einem türkischen General albanischer Herkunft verräterisch erschossen worden war. Nur die Festungen Yanina in Südalbanien unter der Führung Es'ad Paschas und Edirne (Adrianopel) unter der Führung von Ahmed Schükri Pascha verteidigten sich, von allen Verbindungen abgeschnitten, monatelang heldenhaft. Die Bulgaren stießen schließlich bis an die Tore von Istanbul vor und konnten dort an einer eiligst zustande gebrachten Verteidigungslinie, der *Tschataldja-*

Front, aufgehalten werden. Zehntausende von türkischen Soldaten fielen in den planlosen Schlachten, ebenso viele gerieten in Gefangenschaft. In Istanbul herrschten chaotische Verhältnisse. Der Winter 1912/13 war eingebrochen. Von Anatolien kamen erst jetzt frische Truppen an und wurden an die Front geworfen, während auf den durch Schnee und Schlamm unpassierbar gewordenen Straßen ihnen unendliche Kolonnen von nach Istanbul fliehenden unglücklichen türkischen Frauen, Kindern, alten Männern zu Fuß, auf Fuhrwerken, in elendem Zustand und ohne Hilfe entgegenfluteten. Zu allem Unglück brach in Istanbul und an der Front eine Choleraepidemie aus. Hunderte starben täglich elend an dieser schrecklichen Krankheit. Ich sah von Pferden gezogene Müllwagenkolonnen vollbeladen mit toten Menschen durch die Straßen fahren! Alle Moscheen, in denen noch teilweise die Obdachlosen der Brandkatastrophe Zuflucht gefunden hatten, alle Badeanstalten, Armenküchen, Herbergen und die alten Lagerhäuser der Stadt waren voll von Balkanflüchtlingen, voll von Verwundeten und Kranken. Sämtliche Schulen wurden notdürftig als Lazarette eingerichtet, auch meine Schule.

Die Opferbereitschaft der türkischen Bevölkerung in jenen unglücklichen Tagen war bewundernswert. Jeder half mit. Ich bekam eine rote Halbmond*-Bandage an meinen linken Arm gebunden und wurde einem Sanitäter zugeteilt. Damals war ich gerade dreizehn Jahre alt. Wir schafften mit Fuhrwerken und Droschken Matratzen, Bettzeug, Decken, Wäsche und Eßgeschirr aus Privathaushalten in unsere in ein Lazarett umgewandelte Schule. Die Matratzen wurden in den Klassen auf die nackten Böden gelegt und als Betten hergerichtet, nachdem die Schulbänke vorher im Garten aufgestapelt worden waren. Schon kamen auch kranke und verwundete Soldaten auf verschiedensten Fuhrwerken, zum Teil von Zivilisten und alten Leuten getragen, in die Schule. In kürzester Zeit waren alle

* Roter Halbmond, das türkische Rote Kreuz.

Klassen, selbst die Steinhallen voll von Verwundeten und Kranken... Das große Zimmer links an der unteren Steinhalle wurde als Operationsraum eingerichtet. Ich kann jene Zeit und das, was ich an unsagbarem Elend damals erlebte, niemals vergessen. Nachts konnte ich, obwohl ich todmüde war, nicht einschlafen. Die schrecklichen Bilder, die ich tagsüber sah, zogen fortwährend vor meinen geschlossenen Augen im Bett vorbei... Bei der ersten Operation, der ich beiwohnte, in der einem armen Soldaten das dickgeschwollene Bein amputiert werden sollte, fiel ich um, und die weißemaillierte Küvette mit den Utensilien darin, die ich festhielt, fiel mit mir auf den Boden. Ich hatte rückwärts an der Wand hinter den Leuten am Operationstisch gestanden, als sich plötzlich ein derart schlechter Geruch ausbreitete, daß mir übel wurde. Ich muß einige Zeit ohnmächtig am Boden gelegen haben. Als ich wieder zu mir kam, war es mir immer noch so schlecht von dem Gestank – der anscheinend von dem aufgeschnittenen, dickgeschwollenen, vereiterten Bein herrührte –, daß ich mich, am Boden kriechend, mit größter Mühe aus dem Zimmer herausschleppen mußte, ohne daß sich irgend jemand um mich kümmerte. Wer hätte auch Zeit dazu aufwenden können? Ein Arzt, der mir in der Steinhalle begegnete, wollte mich nach Hause schicken. Ich habe es jedoch abgelehnt. Ich habe die Zähne zusammengebissen und blieb in der Schule. Mit der Zeit habe ich mich daran gewöhnt, noch viel Schlimmeres zu ertragen. Der Mensch ist doch ein unglaublich widerstandsfähiges Wesen.

Der tapfere Verteidiger der eingeschlossenen Festung Yanina, Es'ad Pascha, kapitulierte nach vier Monaten Kampf gegen überlegene griechische Truppen. Ahmed Schükri Pascha, der Held von Edirne (Adrianopel), verteidigte die Stadt gegen die mehrfache Übermacht der bulgarischen Belagerer fünf Monate lang (152 Tage!) mit seinen tapferen Soldaten, bevor auch er kapitulierte. Er ging genauso in die Militärgeschichte ein wie sein berühmter Vorgänger Osman Pascha, der Held von Pilewne in Bulgarien, wegen seines berühmten heldenhaften Verteidigungskampfes einige Jahrzehnte zuvor im Krieg gegen die Heere des russischen Zaren.

Abgesehen von dem untragbaren schweren Kummer, den der Krieg durch die hohen Verluste an Menschenleben und an Hab und Gut verursacht hatte, wurde das türkische Volk als Ganzes durch die erlittene Niederlage auch zutiefst in seiner Ehre getroffen. Für die Türken war ihr Reich ein gealterter, stolzer, verwundeter Löwe, der in diesem Krieg von Wüstendieben, den kleinen Schakalen, überfallen und zu Boden geworfen worden war. Die Völker, die gestern noch ihre Untertanen waren, besiegten sie heute ... Das türkische Volk konnte die schwere Schmach der Niederlage nicht verstehen, nicht begreifen ... Es ertrug das schwere Schicksal schweigend, geduldig und in Gottergebenheit.

Zum Glück war den Türken eine andere nationale Kränkung erspart geblieben. Als der Krieg ausbrach, lebte der abgesetzte Sultan Abdul Hamid in Verbannung in Selanik im Exil. Im allerletzten Moment erreichte ein kleines Schiff der deutschen Marine den Hafen von Selanik, um den alten Exsultan vor der Schmach einer Gefangenschaft bei den Griechen zu retten. Die Türken haben diese Hilfe des deutschen Kaisers Wilhelm nicht vergessen ... Das kleine deutsche Schiff durchbrach die Blockade der griechischen Flotte in der Ägäis und brachte den Exsultan nach Istanbul zurück. In Istanbul lebte Sultan Abdul Hamid in dem an der anatolischen Küste des Bosporus liegenden *Beylerbey Saray* und starb 1917 während des Ersten Weltkrieges im Alter von 75 Jahren.

Die Regierung in Istanbul unter dem Vorsitz des greisen mehrfachen Großwesirs Kâmil Pascha war daran, einen Friedensvertrag abzuschließen, durch den der ganze Balkan einschließlich der ehrwürdigen alten türkischen Stadt Edirne, die dem jungen Osmanischen Reich bis zur Eroberung Istanbuls im Jahre 1453 als Hauptstadt gedient hatte und zahlreiche herrliche Kultur- und Sozialbauten enthielt,* verlorengehen sollte. Diesem Beschluß kamen jedoch die Jungtürken in der letzten Minute zuvor.

Unter Führung von Enwer (späterer Enwer Pascha) erstürmte eine Gruppe von Parteigängern der Revolutionäre die Hohe Pforte (den Sitz des Großwesirs und des Auswärtigen Amtes), erschossen den amtierenden Kriegsminister Nazim Pascha, zwangen Kâmil Pascha zum Rücktritt und übernahmen zum erstenmal seit der Revolution 1908/09 selbst die politische Macht. Damit fiel das zukünftige Schicksal des Reiches endgültig und direkt in die Hände der *Einheits- und Fortschrittspartei*. Durch einen Überraschungsangriff wurde die Front der Feinde in Tschataldja vor den Toren von Istanbul durchbrochen, die Bulgaren geschlagen, ganz Ostthrakien mit Edirne befreit. Der nach diesem unerwarteten Erfolg abgeschlossene Friedensvertrag beließ der Türkei Ostthrakien mit der heutigen Grenze gegen Bulgarien und Griechenland, vom Schwarzen Meer beginnend, entlang des Marizaflusses bis zur nordwestlichen ägäischen Küste. Damit blieb auch die Halbinsel Gelibolu (Gallipoli) mit der strategisch hochwichtigen Dardanellenmeerenge bei den Türken.

Veränderungen in der Familie

Als der traurige Balkankrieg vorüber war, zogen wir in ein Haus unweit der Moschee des Sultan Mehmed II. Fatih um. Dieser Wohnbezirk der Stadt nennt sich ebenfalls Fatih, er war teilweise von dem großen Brand verschont geblieben. Damit waren mein Vater und Muhiddin von den Strapazen der täglichen Dampferfahrt von Kadi Köy nach Istanbul befreit.

Unter dem Einfluß der schweren Verhältnisse und Umwälzungen fanden bei uns in der Familie weitere Verände-

---

* Darunter die grandiose Moschee *Sultan Selim (Selimije)* das letzte und herrlichste Bauwerk des berühmten türkischen Baumeisters des 16. Jahrhunderts, Sinan. Die Kuppel übertrifft die der Hagia Sophia an Höhe und Breite. Mit der Selimije wurde architektonisch die (mit den damaligen Mitteln) äußerste Grenze in der Entwicklung des zentralen Kuppelbaus überhaupt erreicht.

rungen statt: Unsere liebe Halti wurde bei einem Unfall in Tschamlidja mit einem Maulesel des Wasserträgers derart verletzt, daß ihr nach monatelanger Behandlung der rechte Arm gänzlich amputiert werden mußte. Der Tod unserer Mutter und Memduhas hatte Halti sowieso vorher seelisch hart getroffen. Sie verlor nun die Lust zum Leben gänzlich und wünschte sich nur noch den Tod herbei. Auf ihr Drängen hin schickte man sie nach Damaskus zurück. Dort, weit weg von uns, starb dann auch meine gute Halti. Faradj erkrankte mehrfach ernstlich. Die kalte feuchte Luft im Winter bekam ihm nicht. Zum Schluß konnte er nach monatelangem Leiden eine schwere Lungenentzündung knapp überwinden. Schweren Herzens mußte man, den Empfehlungen der Ärzte folgend, ihn nach Ägypten zu einer uns verwandten türkischen Familie schicken. Während des Abschieds heulte Faradj wie ein kleines Kind. Und ich natürlich mit ihm.

Auch Lala Mehmed Aga mußte Abschied nehmen. Er wollte zurück zu seinen Verwandten in Elazig in Ostanatolien, woher er und unsere Vorfahren stammten. Die Trennung von Mehmed Aga fiel meinem Vater besonders schwer, da er ihm jahrzehntelang in treuer Ergebenheit gedient hatte. In den vielen Jahren ist er zu einem echten Mitglied unserer Familie geworden. Wir liebten ihn alle sehr. In kürzester Zeit wurde unser Haus auf diese Weise noch leerer und trauriger. Ich kam mir irgendwie verlassen vor, einsam. Alles um mich wurde stumm und kalt...

Mein unglücklicher Bruder Hamid mit seinen kranken Augen war zu bedauern. Er tat mir so von Herzen leid. Ich wollte ihm helfen, konnte jedoch nichts tun. Ich kümmerte mich um ihn, so gut es ging, wollte ihn trösten, aber er wurde melancholisch und apathisch. Er brauchte dringend Hilfe. Ein Versuch der Verehelichung meines Vaters mit einer Dame scheiterte an deren unerwartetem Tod. Es war alles auf einmal wie verhext.

Ich war gefaßt und erholte mich schnell von den unglücklichen Ereignissen, die in so kurzer Zeit auf unser Land und unsere Familie herabprasselten. Ich wollte schnell die Schule beenden, etwas lernen. Aber das Lyzeum unweit unseres Hauses, in welchem ich mich anmeldete, war für mich eine schwere Enttäuschung. Alle Schulklassen wie die meinige waren überfüllt. In meiner Klasse war ich der Jüngste. Durch den Krieg und die vielen Flüchtlingskinder geriet die Schulordnung ins Wanken. In meiner Klasse gab es sogar Schüler, die achtzehn Jahre alt waren. Die meisten stammten aus Balkanprovinzen. Sie trugen bäuerliche Trachten, waren grobschlächtig, mit rauhen Sitten, aufgewachsen im ständigen Kampf gegen die Überfälle der makedonischen, albanischen und griechischen »Komitadijis«-Banditen. Viele Schüler trugen in ihren roten Bauchbinden versteckt Waffen und Dolche. Und ich, kaum dreizehn Jahre alt, in »feinem« Anzug, mit kurzen Hosen und an den Füßen englische Schuhe ... eine Unmöglichkeit! Schon am ersten Schultag nahmen mich die Burschen hoch, schlugen mir den Fes vom Haupt, stellten mir das Bein, um mich stürzen zu lassen. Ich lief sofort von der Schule weg.

Meinen erstaunten Brüdern Hulussi und Muhiddin erzählte ich alles und bestand darauf, nicht mehr in dieses Lyzeum zu gehen. Vorstellungen bei der Schuldirektion waren nutzlos. Es war auch unmöglich, mich zu überreden, und ich besuchte gegen alles Drängen und Bitten ein ganzes Schuljahr von unserem Wohnort Fatih aus, meine bisherige Schule in Kadi Köy! Ein ganzes Schuljahr vom Haus zur Galatabrücke (vierzig Minuten zu Fuß), von dort mit dem Dampfer zwanzig Minuten zur Landungsbrücke in Kadi Köy, von da weitere zwanzig Minuten zu Fuß im strammen Marsch zur Schule. Hin und zurück, Tag für Tag, bei jedem Wetter ... Es war eine schwere Prüfung für mich, das auszuhalten. Ich bestand sie. Dann aber kaufte mein Vater ein schönes Holzhaus im Elitebezirk Nischantasch oberhalb des *Dolma Bagtsche Sarays* jenseits der Brücke über dem Goldenen Horn. Dort konnte ich eine gute Schule besuchen – kaum zwanzig Minuten zu Fuß entfernt. Ich war glücklich darüber und meinem Vater von Herzen dankbar: Mir zuliebe zog die klein gewordene Familie kurz vor Beginn des großen Weltkrieges im Frühjahr 1914 in ein freundliches Haus in einem schönen sauberen Viertel um. Kurz vorher gab es für die Familie ein erfreuliches Ereignis. Auf Drängen meiner Brüder heiratete mein Vater noch einmal eine Dame namens Belkis. Er fand in Belkis Khanim eine würdige, schöne, warmherzige Lebensgefährtin, und wir hatten eine fürsorgliche neue Mutter. Ich freute mich ganz besonders wegen des schutzbedürftigen, liebesuchenden Hamid.

Unsere Hausgemeinschaft bestand jetzt, von den beiden Eltern und den Brüdern Muhiddin und Hulussi abgesehen, aus unserer Dudu, der Armenierin, der jungen türkischen Bauerntochter Nazikter sowie dem Koch Ali. Die Brüder Selim Sabit und Kadri kämpften bereits als junge Offiziere der Armee im Balkankrieg. Der Bruder Halil arbeitete als Bauingenieur bei den anatolischen Bahnen. Muhiddin hatte das Medizinstudium aufgegeben, war mit Haus- und Familiensorgen beladen, half dem schwerbedrängten Vater und wollte als Kaufmann sein Glück versuchen.

Hulussi hatte das Jurastudium mit Erfolg beendet. Aber eine böse Krankheit bedrohte die Zukunft dieses hochbegabten hoffnungsvollen jungen Mannes. Schon seit einem Jahr war er von der Tuberkulose befallen. Er bestand seine Examen unter brennendem Fieber. Man versuchte es vergeblich mit einem Kuraufenthalt auf einer der vier Prinzeninseln im Marmarameer. Die Sorge um Hulussis Gesundheit lastete auf der ganzen Familie. Mein Vater war entschlossen, jedes Opfer für seine Rettung zu bringen und ihn in ein Sanatorium in der Schweiz zu schicken. Mit den nötigen Vorbereitungen wurde bereits im Frühjahr 1914 begonnen.

Emins Schicksal

Von Emin, unserem ältesten Bruder, erhielten wir gerade einen neuen Brief. Er war seit einigen Jahren im Ausland: erst in Ägypten, dann im Emirat von Muskat am Eingang zum Persischen Golf. Nun kam ein Brief mit Fotos, aufgenommen in Kabul am Hof des Emirs (Königs) von Afghanistan, zusammen mit dem König, in der Tracht eines einheimischen Würdenträgers! – Jeder staunte und wunderte sich darüber. Was suchte Emin in diesem weiten Land? Was führte ihn dorthin? – Emin hatte nämlich nach dem jungtürkischen Umsturz 1910 seine Staatsbeamtenkarriere als Sekretär des Gouverneurs von Libanon in Beirut aufgegeben. Er kam daraufhin mit seiner Familie überraschend nach Istanbul zurück und gründete gegen den Willen unseres Vaters mit einem Schulfreund eine Handelsfirma. Trotz vieler Fürsprache war unser Vater damit nicht einverstanden und verweigerte ihm den zeremoniellen Handkuß an einem religiösen Feiertag. Die beiden sprachen nicht mehr miteinander.

Alle Versöhnungsbitten wies der Vater zurück. Emin hatte die Tradition der Familie gebrochen, indem er vom Staatsdienst, in den er eingetreten war (wie es sich für einen angesehenen Türken gehörte), Abschied nahm und den »niedrigen« Beruf der nichttürkischen Untertanen, des Kaufmanns, wählte. Vor allen Dingen dieser zweite Entschluß, die Kaufmannslaufbahn einzuschlagen, wog schwer. Emin hatte dem Ansehen der Familie Schaden zugefügt ... Das war der Standpunkt des Vaters nach den damals noch geltenden Sitten ... Emin war dadurch tief gekränkt. Kurz entschlossen trat er in die neugegründete Abwehrorganisation des Kriegsministeriums ein und verschwand aus Istanbul, ohne die Familie aufzuklären. Dies erfuhr erst später Muhiddin. Was dann alles passierte, klingt wie ein Roman:

Sein Brief aus Kabul war das letzte Lebenszeichen von ihm. Dann kam der große Weltkrieg. Drei Jahre später, 1916, wurden wir eines Tages vom Kriegsministerium schriftlich informiert, daß vom Roten Kreuz eine Mitteilung eingegangen sei, nach der Emin mit zwei anderen Türken, beide Offiziere des türkischen Generalstabs, in Indien festgenommen worden sei und im Gefängnis sitze. Ein englisches Kriegsgericht hätte alle drei wegen feindlicher Agententätigkeiten zum Tode verurteilt ... Spätere Nachforschungen nach dem Waffenstillstand bei den Besatzungsmächten und dem Roten Kreuz blieben erfolglos. Man mußte glauben, daß Emin nicht mehr lebte.

Als 1922 eines Tages die Tür des Büros von Muhiddin aufging und Emin plötzlich – ergraut, mit Vollbart, in einem abgetragenen zerschlissenen Anzug – vor Muhiddin stand, wäre dieser fast an Herzschlag gestorben ... Emin erzählte Muhiddin seine Geschichte:

Kurz vor der Exekution durch die Engländer im Gefangenenlager bei der Stadt Belari in Indien sei er mit den beiden türkischen Offizieren geflohen. Er verlor aber den Kontakt mit ihnen. Emin kam nach Kaschmir in Nordwestindien, wo er untertauchte. Dann ging er über die hohen vereisten Pässe des westlichen Himalaja nach Chinesisch-Turkestan zu den mjgurischen Türken – Heimat unseres Bruders Selim Sabit. Nach jahrelangen Kreuz-und-Querritten und Wanderungen durch die unendlichen Weiten Zentralasiens, wobei er von den kirgisischen und kasachischen Türken voll Begeisterung unterstützt wurde, führte sein Weg über die Mongolei und die Mandschurei nach Korea. Von da setzte er nach Japan über und kam nun per Schiff nach Istanbul zurück. Fünf Jahre dauerte seine heimliche, mehrere tausend Kilometer weite Odyssee nach der Flucht in Belari.

Emin war davon überzeugt, daß Ali Bey, sein Schwager, ihn den Engländern verraten hatte. Vor Jahren war Ali Bey gegen die Heirat seiner Schwester mit Emin gewesen. Die beiden Männer waren von Anfang an zerstritten. Außerdem war Emin in der Jungtürkischen Partei, während Ali Bey, ein gebürtiger Tscherkesse, ein Gegner der Jungtürken war. Nach dem Zusammenbruch des Türkischen Reiches im Weltkrieg ging Ali Bey 1918 in die Dienste der französischen Mandatsmacht in Beirut. Die Franzosen ernannten ihn zum Polizeidirektor der Stadt. Emin sagte zu Muhiddin nach seiner Ankunft in seinem Büro: »Diesem gemeinen Verräter werde ich seinen Verrat heimzahlen.« – Alles Bitten und Flehen Muhiddins war vergebens. Emin fuhr 1923 nach Beirut, wurde jedoch sofort nach seiner Ankunft auf der Treppe des Hotels, in dem er wohnen wollte, von rückwärts niedergeschossen. Anscheinend war Ali Bey über die Rückfahrt Emins nach Beirut und seine Absicht bestens informiert gewesen ... Emin war unter meinen Brüdern der heiterste und temperamentvollste gewesen. Er war intelligent, sympathisch, gewinnend, entschlossen, ein charakterlich standhafter, stolzer Mann. Er beherrschte Arabisch und Persisch fließend und sprach gut Französisch und Englisch. Die unzeitgemäße, überholte Sittenordnung der Türken traf ihn verhängnisvoll, und er scheiterte an ihren Auswirkungen.

Heute noch bin ich froh darüber, daß mein Vater vor seinem Ableben nicht die Wahrheit über die Geschichte des Endes Emins erfahren hatte.

Im neuen Haus

Belkis Khanim, unsere neue Mutter, nahm sofort im neuen Hause im Nischantaschbezirk die Zügel in ihre Hände. Das Haus bekam seine Ordnung und Hamid ein warmes Nest. Ich habe gleich für Belkis Khanim Sympathie empfunden. Von Tag zu Tag fühlte ich mich mehr zu ihr hingezogen.

Mein neues Lyzeum lag in der Nähe unseres Hauses unweit des Dolma Bagtsche Sarays, oberhalb der jetzigen Landungsstelle der Autofähre über den Bosporus. Verglichen mit den Strapazen des bisherigen langen Weges war der Gang in die neue Schule für mich ein Kinderspiel. Ich war sehr froh darüber.

Neben unserem Haus wohnte eine deutsche Familie. Der Herr hieß Stange und war Oberst im türkischen Heer. Seine Frau hieß Margarethe. Sie hatten eine Tochter in meinem Alter, Ite, und einen Sohn, Werner, zwei Jahre jünger als ich. Unsere Gärten stießen aneinander, und wir Kinder wurden schnell Freunde und spielten miteinander. Sie kamen zu uns, und ich ging zu ihnen ins Haus. Frau Stange war eine willensstarke, intelligente Dame. Sie legte Wert darauf, daß ihre Kinder mit mir Französisch sprachen, weil mein Französisch damals ganz gut war. So kam ich nicht dazu, im Verkehr mit den Stanges Deutsch zu lernen, da auch Frau Stange das Französische im Gespräch mit mir vorzog. Als Nachbarn verkehrten unsere Mütter miteinander, während Herr Stange als Offizier stets dienstlich abwesend war. Er gehörte der deutschen Militärmission in der Türkei an, trug eine türkische Uniform und eine Pelzmütze (Kalpak) auf dem Haupt.* Nur einmal sah ich ihn während eines festlichen Empfanges in seinem Hause in deutscher Uniform.

Unserem Haus gegenüber gab es ein sehr großes, palaisartiges Holzgebäude in einem ausgedehnten Park. Man nannte es *Konak des Marschalls der Kanonengießerei Zekipascha*. Der Marschall war ein bedeutender Mann der Regierungszeit von Sultan Abdul Hamid. Dieser Konak war von einem armenischen Mädcheninternat gemietet. An Wochenenden und -anfängen strömten viele Mädchen aus der Schule hinaus und hinein. Der Direktor und seine Familie wohnten im selben Gebäude. Er und seine Frau kamen manchmal zu uns, um meine Mutter oder meinen Vater zu besuchen.

Kaum fünfzig Meter von uns entfernt befand sich auch ein großes, aus Stein gebautes englisches College, man nannte es High School. Unsere nähere Umgebung wimmelte also von jungen Mädchen und Buben. Ich fühlte mich hier in unserem neuen Haus und dem neuen Milieu sehr wohl.

* Die meisten deutschen Offiziere wohnten in unserem Bezirk. An folgende Namen kann ich mich heute erinnern: Liman von Sanders, von Seeckt, von Freese, von Falkenhein, Admiral Suchon, von Kress-Kressenstein, Kannengießer, Nikolai und von Papen. Die deutsche Militärmission in der Türkei von anfänglich sieben Personen wuchs zunächst auf vierzig, um dann nach dem Eintritt des Türkischen Reiches in den Weltkrieg allmählich die Zahl von etwa siebentausend Offizieren, Unteroffizieren und Spezialmannschaften zu erreichen.

Der Erste Weltkrieg

Die kurze Atempause zwischen dem Ende des Balkankrieges 1913 und dem Sommer 1914 wurde von der neuen Regierung der Jungtürkischen Partei *Einheit und Fortschritt* gut ausgenützt. In der neuen Ära brillierten die Namen von Talat*, Enwer und Djemal. Talat war Zivilist. Diese drei Männer waren im Alter von kaum dreißig bis vierzig Jahren. Durch geschickte Maßnahmen versuchten sie, die Wunden des verlorenen Balkankrieges, so gut es ging, zu heilen und dem türkischen Volk Hoffnung und Mut für die Zukunft einzuflößen. Für die Reorganisation des Heeres wurden deutsche Offiziere herangezogen. Vier neue deutsche Zerstörer moderner Konstruktion sowie zwei Kreuzer wurden von Deutschland gekauft. Die beiden letzteren Schiffe waren sehr veraltet. Man gab ihnen dennoch die Namen großer türkischer Seehelden des 16. Jahrhunderts, die einst die Seeherrschaft des Osmanischen Reiches im Mittelmeer für einen Zeitraum von etwa zweihundert Jahren begründet hatten.

Außerdem wurde durch großangelegte Spendenaktionen im ganzen Land vom opferwilligen Volk Geld gesammelt. In England wurden moderne starke Schlachtschiffe in Auftrag gegeben. Sie sollten die Namen berühmter türkischer Sultane tragen: »Sultan Osman«, »Sultan Mehmed Fatih« sowie des zur Zeit residierenden »Sultan Mehmed v. Reschad«. Man spürte überall eine neue Stimmung im Volk aufkommen. Es war, so schien es wenigstens, als ob das Land sich sammelte und langsam wieder aufrichtete. Man spürte überall einen frischen Wind wehen ... Aber leider sollte es bald anders kommen.

Denn schon kamen böse Nachrichten aus Europa, das in zwei Lager gespalten war: die Entente mit England, Frankreich und dem zaristischen Rußland auf der einen Seite und die Mittelmächte unter der Führung der neuen herausfordernden Großmacht Deutschland mit Österreich-

---

* Später erhielten alle drei den Titel Pascha.

Ungarn und Italien auf der anderen. Die Spannung wuchs von Tag zu Tag. Dunkle drohende Wolken türmten sich hoch am Horizont, bis plötzlich das Unwetter hereinbrach: Der österreichische Thronfolger wurde in Sarajevo (Bosnien) im Sommer 1914 von einem Serben erschossen... Das war der Funke, der die mächtige Explosion auslöste. Im Nu standen die beiden feindlichen Gruppen im Krieg gegeneinander. Der große Weltkrieg hatte begonnen. Es entstand ein Krieg, von dessen weitreichenden bösen Folgen die Welt sich eigentlich bis heute nicht erholt hat.

In dieser großen Auseinandersetzung ging es im Grunde einerseits um den Hegemonieanspruch der imperialistischen Industrieländer, andererseits um die Verteilung des riesigen wertvollen Besitzes des demnächst endgültig niederzuwerfenden, zu »erlegenden« Osmanischen Reiches der Türken.

Im Geheimvertrag von Paris zwischen England und Frankreich und beim Treffen des russischen Zaren 1910 in Reval an der Ostsee mit dem König von England war man über die Strategie und die Taktik des weiteren Vorgehens einig geworden.

Den Türken blieb keine andere Wahl, als in dem Konflikt auf der Seite Deutschlands Stellung zu nehmen. Denn auf der Seite der Entente standen ihre Henker – mit dem fertigen Todesurteil und dem Seil in der Hand. Andererseits war es für die Türkei aussichtslos, die Neutralität zu wahren. Denn die Entente mußte alles daransetzen, über die Dardanellen und Istanbul den Weg freizumachen, um den Russen zu Hilfe zu eilen. Zu diesem Zweck mußten sie die Dardanellen, Istanbul und den Bosporus besetzen. In diesem Falle wären die Türken ohne moderne Waffen und Ausrüstung nicht imstande gewesen, diesen Weg zu versperren. Daß diese Überlegung richtig war, sollte gleich am Anfang des Krieges bestätigt werden.

Hulussi

Der Krieg tobte in Europa bereits im Osten an den Masurischen Seen, in Galizien, den Karpaten und im Westen in Frankreich. Deutsche Heere waren auf dem Vormarsch gegen Paris. Bei uns in der Türkei traf man eifrig Vorbereitungen für einen Kriegsfall. Man verfolgte mit Spannung die Kriegsberichte und die Nachrichten über die beiden deutschen Kriegsschiffe »Goeben« und »Breslau«, die im Mittelmeer von den englisch-französischen Flotteneinheiten verfolgt wurden. Es gelang beiden Schiffen, den Feind abzuhängen und die türkischen Hoheitsgewässer zu erreichen. Sie fuhren durch die Dardanellen in das Marmarameer. England forderte von der türkischen Regierung die Auslieferung der Schiffe beziehungsweise deren totale Entwaffnung und die Internierung der Besatzung. Die türkische Regierung wies die Forderung der Engländer zurück und erklärte die Schiffe als gekauft. Diese setzten sogleich die türkische Flagge auf, und die Besatzungen erhielten türkische Uniformen mit roten Fesen. Der Schlachtkreuzer »Goeben« erhielt den Namen »Yawuz Sultan Selim«, der Kreuzer »Breslau« wurde »Midilli« (der türkische Name der Insel Lesbos) getauft.

Durch diese Entwicklung war die Beziehung zwischen dem Osmanischen Reich und England mit seinen Verbündeten auf eine Zerreißprobe gestellt. Die Engländer erklärten die in Großbritannien im Bau befindlichen und voll bezahlten türkischen Schlachtschiffe als beschlagnahmt. Die »Goeben« stieß ins Schwarze Meer vor, erschien überraschend vor russischen Häfen und bombardierte sie. Damit war die Türkei in den Weltkrieg »hineingeschlendert«. Das türkische Volk mußte schon wieder die Lasten und Opfer eines schweren Krieges, der in der Türkei weitere sieben Jahre dauerte, ertragen.

Es war ein schöner, milder, sonniger Istanbuler Herbsttag inmitten der Aufregungen der Mobilmachung. Mein Vater war gegen Mittag in seinem Festornat vom Gratulationsempfang beim Sultan anläßlich des hohen religiösen Opferfestes am 30. Oktober 1914 zurückgekehrt und saß im Salon des Selamlik mit seinen ehrwürdigen Gästen, die zur Gratulation zu uns gekommen waren. Ich wollte Hulussi besuchen und stieg in das zweite Stockwerk. Im Sofa schlug die Uhr an der Wand gerade die Mittagszeit. Hulussi lag in seinem Bett im Südzimmer, das auf den Garten schaute. Er hatte nebenan auf der nördlichen Straßenseite ein zweites Schlafzimmer und konnte je nach der Sonnenstellung und den Wetterverhältnissen die Zimmer wechseln. Zu unserem großen Kummer wurde Hulussi seit einiger Zeit noch schwächer und bettlägeriger. Er hatte viel von seiner Heiterkeit und seinem Optimismus verloren, da wegen der Kriegsverhältnisse seine feststehende Ausreise in die Schweiz nun unmöglich geworden war. Er hatte bereits seinen Paß für die Fahrt in der Tasche.

Ich trat wie so oft zu ihm herein und fragte ihn, ob er irgendeinen Wunsch habe. Hulussi antwortete:»Kennst du die Gäste des Vaters, die gekommen sind?« -»Nein, Hulussi Aga Bei.« - »Weißt du, ich habe Hunger. Man soll mein Essen heraufbringen. Bevor du aber hinuntergehst, bringe bitte meine Schatulle zu mir«, sagte er.

Die besagte Schatulle lag in dem anderen Zimmer. Sie war aus fein duftendem Sandelholz angefertigt und wunderschön geschnitzt. Hulussi bewahrte darin seine Zeugnisse, sein Diplom, einige Briefe und für ihn wichtige Papiere auf. In einem hellblauen Kuvert lag ein Bündel gerolltes Mädchenhaar, gebunden mit einem blauseidenen Bändchen. Hulussi hatte mir den Inhalt dieses blauen Kuverts früher einmal gezeigt, ohne darüber zu sprechen. Er liebte dieses blaue Kuvert sehr. Das wußte ich.

In der Schatulle lagen aber außerdem zwei Pistolen. Die eine war ein schwarzer geladener Browning, die andere eine alte große, feinverzierte und silberhelle Pistole mit längerem Lauf. Diese schöne Pistole mit dem elegantem Elfenbeinknauf taugte aber zum Schießen nicht. Bei den Übungen meiner Brüder im Garten unseres Hauses auf Tschamlidja war jeder Versuch mißlungen, mit ihr zu schießen. Sie war ungeladen, außerdem gab es keine

Geschosse für sie, soweit ich von Hulussi und den anderen Brüdern stets gehört hatte.

Ich ging in das andere Zimmer, machte den Deckel der Schatulle auf und sah die beiden Pistolen nebeneinander darin liegen. Ein sonderbares Gefühl überfiel mich, und ich habe schnell die Browningpistole herausgenommen und unter das Plüschkanapee gelegt. Daraufhin schloß ich den Deckel und trug die schwere Schatulle zu Hulussi. Er bedankte sich und deutete mir mit der Hand: »Stelle sie auf den Stuhl da neben dem Bett, bitte!« sagte er. Ich tat es und ging hinaus, um das Essen für Hulussi zu bestellen, immer mit einem Angstgefühl in mir. Ich zögerte, Hulussi mit der Schatulle allein zu lassen, und ging, um Zeit zu gewinnen, erst einmal Händewaschen in die Toilette im selben Stock. Und als ich herauskam und gerade die erste Stufe der Treppe hinuntertrat, geschah es!

Ein fürchterlicher Knall erschütterte das Haus! Ich rannte sofort zu Hulussi. Als ich die Tür aufriß, sah ich ihn, in der rechten Hand die alte Pistole, deren Lauf abgerutscht am Kinn, regungslos liegen! Helles warmes Blut rieselte aus seinem Munde und floß über den krausen schwarzen Bart auf die Brust. Ich erschrank, war für einen Augenblick erstarrt ... Wie konnte nur die sonst zu nichts taugende Pistole nun doch funktioniert haben? »Mein einziger Hulussi Aga Bei!« schluchzte ich leise vor mich hin. Mich schmerzte es tief im Herz ...

Vom Knall aufgeschreckt, stürzten alle herauf. Sie sahen von der offenen Tür aus, was passiert war, und standen zunächst wie gelähmt, stumm, mit starren Blicken draußen im Sofa. Belkis Khanim fiel in Ohnmacht, Hamid heulte, und mein vielgeprüfter Vater wankte dann, das Gesicht mit den Händen bedeckend, ins Schlafzimmer Muhiddins und weinte in seinem Festornat und dem Turban mit dem Goldband auf seinem Haupt auf dem Bett leise wie ein Kind.

Ich stürzte sofort, die verstörten Gäste und die Dienerschaft beiseite schiebend, die Treppen hinunter und holte einen Arzt aus der Nachbarschaft. Der trat ins Zimmer zu

Hulussi, kam nach kaum einer Minute wieder heraus und sagte mit leiser trauriger Stimme zu Muhiddin neben mir, der mit irren, suchenden Augen nach ihm schaute:»Yazik! Allah rahmet eylesin!« (Schade um ihn! Gott sei seiner Seele gnädig!), und fügte noch hinzu:»Benachrichtigen Sie die Polizei.«

Ich verlor in Hulussi meinen liebsten Bruder, den mir am nächsten stehenden Freund ... Immer, wenn ich später ein Renaissancegemälde mit dem leidvollen Gesicht des gekreuzigten Christus sah, erinnerte es mich an das schöne junge Antlitz des toten Hulussi mit einem Hauch von traurigem, leidendem Lächeln, blutend aus seinem rechten Mundwinkel. Nie mehr kann ich jenes Gesicht vergessen.

Nach so vielen unglücklichen Erlebnissen auch noch der Selbstmord von Hulussi ... Jeder von uns ahnte und fürchtete, daß unser Vater diesen letzten Schlag des Schicksals nicht überwinden würde. Wir verloren ihn im Winter 1916. Er starb in Edirne (Adrianopel), wo er sich vorübergehend amtlich aufhielt.

Die Überführung seiner sterblichen Überreste war wegen der Transportschwierigkeiten im Krieg unmöglich. Er wurde in Edirne einsam begraben.

Schulwechsel

Mit dem Eintritt unseres Landes in den Ersten Weltkrieg wurden die Schulen der feindlichen Staaten in der Türkei geschlossen und sofort als türkische Schulen wieder in Betrieb genommen. Auch die englische High School in nächster Nähe unseres Hauses war darunter. Nichts konnte willkommener für mich sein. Ich wurde einer der ersten türkischen Schüler in der achten Klasse dieses Lyzeums. Am Anfang waren wir etwa fünfundvierzig Schüler in der Klasse, nur Jungen, ohne Mädchen. Gemischte Klassen oder Schulen gab es damals bei uns nicht. Die Schulen für die Mädchen waren immer noch getrennt.

In dieser Schule war es herrlich: die Räume groß und hell,

107

die Toiletten und Waschräume modern und sauber, der Garten groß genug und zum Spielen sehr geeignet. Auch hatten wir gute Lehrer. In kurzer Zeit hatte ich mich in der Schule eingelebt und das Vertrauen meiner Lehrer und der Aufsichtskräfte gewonnen. Ich liebte diese Schule wie früher meine Schule in Kadi Köy.

Unter unseren Lehrern machte auf mich der Lehrer für die arabische Sprache den größten Eindruck. Arif Bey war eine interessante Persönlichkeit, vielseitig gebildet, autoritär und gewinnend zugleich. Ihm verdanke ich meine Kenntnisse über die islamischen Kulturleistungen (dagegen war der Lehrer für die persische Sprache zum Beispiel der schwächste unter unseren Lehrern). Als europäische Fremdsprache lernten wir Französisch. Eine Besonderheit unserer Schule war, daß wöchentlich einen Tag lang alle Fächer (außer Religion, Arabisch, Türkisch und Geschichte) in französischer Sprache unterrichtet wurden. An diesem Tag mußten wir Schüler uns auch in den Pausen französisch unterhalten.

Für Mathematik und Geometrie, Chemie und Physik hatten wir zwei Lehrer, die der armenischen Minderheit angehörten. Tschakilyan Efendi, unser Lehrer für Chemie und Physik, hatte in Frankreich studiert. Ich wurde sein bester Schüler und verdanke ihm, daß ich später Chemie studierte. Einmal im Labor, wo ich ihm freiwillig bei der Sortierung von Chemikalien und Geräten half, sagte er zu mir: »Muammer, ich sehe, du hast Begabung für Chemie und Physik. Ich rate dir, studiere später ›Chémie industrielle‹ in Frankreich!« Überhaupt hatte ich naturwissenschaftliche Fächer gern. Unter dem Einfluß meines Lehrers Tschakilyan nahm ich mir bereits mit vierzehn Jahren vor, Chemie zu studieren.

Mit der Fortdauer des Krieges schrumpfte die Zahl der Schüler auch in unserer Klasse. Die Jungen im Alter von neunzehn, dann achtzehn wurden zum Wehrdienst eingezogen.

Als mein Vater starb, wurde ich auf Veranlassung unseres Schuldirektors auf Staatskosten ins Internat unseres

Lyzeums aufgenommen. Zu Hause war man davon überrascht, als ich eines Tages mit dieser neuen Nachricht nach Hause kam. Ich war aber froh, daß dadurch Belkis Khanim und Muhiddin, der nun auch Soldat wurde und im Kriegsministerium diente, eine Person weniger zu Hause zu ernähren hatten. Ich kam nun jedes Wochenende (das heißt donnerstagsnachmittags) nach Hause und ging freitags* um siebzehn Uhr wieder zurück in die Schule. Da unser Haus nur ein paar Schritte von der Schule entfernt war, schlüpfte ich auch während der Wochentage manchmal kurz durch und besuchte Belkis Khanim. Die Schulleitung drückte bei diesen Extratouren gerne ein Auge zu.

Das Elend des Krieges

Von den unglücklichen Ereignissen vorangegangener Jahre, den Aufständen, der Revolution, den Tripolis- und Balkankriegen, die pausenlos aufeinander folgten, war das türkische Volk schwer angeschlagen. Das ganze Unheil mußte es allein tragen, ohne Hilfe, ohne Freunde. Die erlittenen Verluste, sowohl an Hab und Gut als auch insbesondere an kostbaren Menschenleben, waren enorm. Man muß bedenken, daß seit Jahrhunderten bis zuletzt der türkische Volksteil des Reiches allein im Heer diente, das Vaterland verteidigte und dafür starb. Das führte dazu, daß im Gegensatz zu den Minderheiten wie Griechen, Armeniern, Juden, Arabern usw. die das Reich tragende türkische Bevölkerung immer weniger und immer ärmer wurde und immer mehr von der Bildung ausgeschlossen blieb.
   Und nun mußte dieses schwergeprüfte Volk in einem Krieg gegen die drei stärksten Weltmächte (Rußland, England und Frankreich) auf mehreren tausend Kilometern langen Fronten von neuem kämpfen. Zwar war dieses Mal das Türkenreich nicht allein. Aber das verbündete deut-

* Damals war Freitag der freie Tag der Woche im türkischen Reich, wie es in allen islamischen Ländern heute noch der Fall ist.

sche Kaiserreich war eine Kontinentalmacht. Für die Verbindung mit ihr, für den Transport von Kriegsmaterial und anderen Hilfsgütern (soweit sie überhaupt vorhanden waren) stand nur eine mehr als zweitausend Kilometer lange Eisenbahnstrecke zur Verfügung! Und diese führte durch Österreich, Ungarn, Serbien und Bulgarien. Man muß bedenken, daß auch diese Zwischenländer mit der gleichen Bahn versorgt werden mußten. Die vorhandenen Lokomotiven und Waggons reichten kaum zur Versorgung der langen Fronten im Osten und Westen. Wie sollte man jetzt den »Türken weit da unten« mit Kriegsmaterial helfen? Da Deutschland seinerseits aber auf Rohstoffe angewiesen war, mußte es für deren Beschaffung Züge bereithalten, und so geschah es, daß eine gewisse Anzahl von Zügen eingesetzt wurde. Sie brachten Waffen und Munition in die Türkei und nahmen auf dem Rückwege Rohstoffe und Lebensmittel mit: Getreide für Brot und Futter, Fleisch, Wolle, Baumwolle, Häute, Holz usw.

Die Folge war, daß sich die Lebensmittelversorgung der türkischen Bevölkerung von Tag zu Tag verschlechterte. Kurz nach dem Eintritt in den Krieg gab es bei uns keinen Zucker, kein Fleisch, kein Mehl, kein Fett oder Öl und kein Brot mehr. Das Volk hungerte und saß im Dunkeln, da auch kein Petroleum für die Beleuchtung vorhanden war. Eine Rationierung der notwendigsten Mittel scheiterte nicht nur an mangelnder Organisation, sondern auch am Fehlen der Ware überhaupt. Wo es nichts gab, gab es auch nichts zu verteilen. Das Brot, Hauptnahrung der Türken, wurde so schlecht, daß es unmöglich war, es zu schneiden. Es bestand aus einer dunkelgrauen steinharten Kruste und innen aus einer wäßrigen klebrigen dunklen Masse. Das Brot war ungenießbar für Menschen. Viele wurden davon krank. In Ermangelung von Brotgetreide verwendete man zum Brotmachen sogar Vogelhirse und Binsensamen!

Dennoch hielten die türkischen Armeen die Kriegsjahre von 1914 bis Herbst 1918 aus, sich in den Tausenden von Kilometern voneinander entfernten Fronten tapfer schlagend: gegen Rußland in Ostanatolien, in Rumänien, in den

110

Karpaten und Galizien,* gegen England in den Dardanellen und auf Gallipoli sowie in Arabien – Mekka und Medina – in der Sinaiwüste, in Palästina, in Mesopotamien (heutige Republik Irak) von Basra bis Bagdad. Das türkische Volk litt unsagbar, brachte unermeßliche Opfer in diesem Weltkrieg und hielt auf der Seite der Deutschen aus, zum Staunen der Feinde. Doch das Staunen sollte später noch größer werden, als das geschlagene, ausgehungerte, erschöpfte türkische Volk nach dem Zusammenbruch des Reiches und dem allgemeinen Waffenstillstand 1918 es fertigbrachte, unter der Führung von Mustafa Kemal (Atatürk) bis Ende 1921 gegen die siegreichen Besetzer und das Invasionsheer Griechenlands weiter zu kämpfen und am Ende zu siegen. Die türkischen Verluste an Soldaten und Zivilbevölkerung während dieser langen Kriege wird auf 2,5 bis 3 Millionen Tote geschätzt.

Die Schlacht um die Dardanellen

Um den kürzesten Seeweg für die Hilfeleistung an die Russen zu öffnen und das Osmanische Reich zur schnellen Kapitulation zu zwingen, griffen die vereinigten Flotten der Engländer und Franzosen nach sorgfältiger Vorbereitung Anfang März 1915 die türkischen Forts an den Dardanellen an. Eine große gemischte Flotte zerschoß aus Hunderten von Rohren aus großer Entfernung die alten Festungsanlagen beiderseits des Eingangs der Dardanellen. Mit den altmodischen Kanonen konnten diese Forts das Feuer der feindlichen Schlachtschiffe nicht einmal beantworten. Nach der Beseitigung der Minenfelder fuhr die Flotte in die Meerenge hinein. Nun ging die Schlacht erst recht los. Aus den Forts im Inneren der Meerenge und den in größter Eile

* Die österreichischen Armeen wankten unter den russischen Angriffen, deutsche und türkische Regimenter mußten ihnen zu Hilfe eilen. Die Türken stellten ein vollzähliges Armeekorps den deutschösterreichischen Fronten in Galizien, in den Karpaten und in Rumänien gegen die an Zahl weit überlegenen Russen zur Verfügung.

aufgestellten neuen Feldartilleriestellungen sowie aus den frisch eingetroffenen österreichischen Haubitzen hagelte es unerwartet aus nächster Nähe auf die feindliche Flotte. Viele Schiffe erhielten Volltreffer und explodierten. Im entstandenen Durcheinander lief das französische Schlachtschiff »Bouvet« auf eine schwere Mine, die in der vorausgegangenen Nacht von einem kleinen Hilfsboot der türkischen Marine gelegt worden war, und sank in kurzer Zeit. Das berühmte englische Schlachtschiff »Queen Elizabeth« brannte, bekam starke Schlagseite und mußte mit Mühe aus der Feuerlinie geschleppt werden. Nach erbittertem Artillerieduell zog sich schließlich die feindliche Flotte geschlagen zurück und fuhr aus der Meerenge heraus. Mehrere Schiffe sanken, viele erhielten schwere Beschädigungen. Der Versuch, die Dardanellenmeerenge mit einer starken Flotte zu durchbrechen, endete mit einer schweren Niederlage für die Feinde. Es war ein glatter klarer Sieg der Türken.

England gab jedoch nicht auf. Nach gründlicher Vorbereitung auf den vorgelagerten Inseln außerhalb der Reichweite der türkischen Artillerie landeten an mehreren Stellen der Halbinsel Gallipoli starke Truppeneinheiten, um vom Lande aus die Meerengen zu besetzen. Eine der blutigsten, strategisch bedeutsamsten Schlachten der Welt entbrannte nun auf engstem Raum, wobei den Feinden der Schutz der schweren Artillerie der Flotte sowie der leichte Nachschub zugute kam. Bei einer weiteren Überraschungslandung der Engländer mit ausgesuchten Elitetruppen in Anafarte am nördlicheren Teil der Halbinsel entstand eine äußerst kritische Situation für die türkischen Verteidiger. Die türkischen Stellungen dort wurden vernichtet. Die Engländer bombardierten von ihrer Flotte aus den ganzen Tag und die Nacht über die letzten rückwärtigen Stellungen der Türken auf den Hügeln und gingen am frühen Morgen zum Generalangriff über. Entgegen den Instruktionen und ohne die Zustimmung des Fronthauptquartiers griff ein junger türkischer Kommandant mit seinen in der Reservestellung wartenden Truppen kurz entschlossen die sich bereits siegreich wähnenden Feinde an. Es entstand eine erbitterte Bajonettschlacht, Mann gegen Mann, welche den ganzen Tag über andauerte. Am Ende des blutigen Kampfes wurden die englischen Truppen aus ihren eroberten Stellungen zurückgeworfen und in die Flucht geschlagen. Sie mußten in ihre Ausgangsstellung an der Landungsküste zurückweichen. Damit war die Absicht des Feindes, den südlicher kämpfenden türkischen großen Einheiten in den Rücken zu fallen und die inneren Forts der Dardanellen vom Lande her zu erobern, vereitelt. Bei den monatelang anhaltenden erbitterten Kämpfen gelang es den Engländern nicht, die türkischen Linien zu durchbrechen und die Meerengen vom Land aus zu Fall zu bringen. Sie mußten schließlich die ganze Halbinsel Gallipoli räumen. Der Sieg hob die niedergeschlagene Stimmung der Türken wieder. Istanbul, die Hauptstadt des Reiches, war gerettet. Rußland hatte keine Hoffnung mehr, die benötigten Waffen und die Materialhilfe von seinen Verbündeten direkt zu erhalten, was schließlich zum Zusammenbruch des Zarenreiches führte.

Der Preis des Sieges war jedoch sehr hoch. Die Verluste auf beiden Seiten betrugen 600000 Menschen, wovon mehr als die Hälfte (335000) Engländer waren. Der deutsche General Liman von Sanders, Pascha in türkischen Diensten, war Frontkommandant. Als Korpskommandant stand ihm der erfahrene Es-ad Pascha, der Verteidiger der Festung Yanina gegen Griechenland im Balkankrieg, zur Seite. Die Befestigungsanlagen standen unter dem Kommando von Djawad Pascha. Als deutsche Offiziere im türkischen Dienst haben sich Nikolai und Kannengießer hervorgetan. Von nachhaltigster Bedeutung war jedoch der plötzliche Erfolg des jungen Mustafa Kemal (Pascha) mit seiner Entschlossenheit und Kühnheit. Er hat sich durch außerordentliche Führungseigenschaften hervorgetan. Später übernahm er von General Liman von Sanders das Kommando der *Yildirim Ordulari*, das heißt Blitzarmee-Einheiten, an der gesamten arabischen Front.

Mustafa Kemal Pascha widersetzte sich den vom deutschen Hauptquartier gewünschten, nutz- und zwecklosen, verlustreichen Prestigeoffensiven der türkischen Armeen an den arabischen und irakischen Fronten. Er war von Anfang an für die Sammlung und für die Einrichtung einer viel kürzeren, näheren Verteidigungsfront an den heutigen Grenzen der Türkei zu den arabischen Ländern Irak und Syrien, anstatt sich an den unendlich weiten Fronten zu verzetteln und zu verbluten. Er setzte sich zwar mit diesem Gedanken gegen die Ansichten von Liman von Sanders und Enwer Pascha am Ende durch. Doch es war bereits zu spät. Generaloberst Hans von Seeckt, Chef des Generalstabes, gab ihm recht. Auch er war mit vielen Anordnungen des deutschen Hauptquartiers sowie von Liman von Sanders und Enwer Pascha nicht einverstanden.

Mustafa Kemal sollte nach dem Zusammenbruch 1918 die Führung der besiegten Türken übernehmen und mit ihnen die Befreiungskriege gegen die Entente und Griechenland zum erfolgreichen Ende führen. Er hat auf den Trümmern des Reiches den heutigen modernen Nationalstaat der Türken, die türkische Republik, aufgerichtet. Wer hätte sich damals eine solche Entwicklung vorstellen können?

Die Kaukasusfront und die Armenier

Die türkischen Armee-Einheiten gingen gleich nach der Kriegserklärung an der türkisch-russischen Kaukasusfront zum Angriff über. Der Winter 1914/15 brach mit seltener Härte ein. Auf den tiefverschneiten Höhen und unter Temperaturen von minus 18 bis minus 25 Grad Celsius blieb der Vormarsch der türkischen Eliteregimenter stecken. Die Russen gingen zum Gegenangriff über, mit ihnen die von Russen ausgebildeten Legionen der russischen Armenier. Die rückwärtigen Nachschubverbindungen der türkischen Armee wurden durch plötzliche, seit langem vorbereitete Aufstände der türkischen Armenier in den Ostgebieten Anatoliens abgeschnitten. Eine heillose Katastrophe traf damit unsere Soldaten. Sie blieben zwischen zwei Feuern, ohne Nachschub, ohne Hilfe, ohne Proviant. Zehntausende türkische Soldaten erfroren, verhungerten, und der Rest wurde von den Feinden aufgerieben. Die Türken verloren in diesem Winterkrieg im Kaukasus ihre besten Regimenter. Unser »Bruder« Selim Sabit als Hauptmann der Kavallerie sowie Oberst Stange, unser deutscher Nachbar, fanden während jener unglücklichen Winterkriege an der Kaukasusfront den Tod. Dem Vormarsch der Feinde konnten in der Osttürkei keine Kräfte mehr entgegengesetzt werden. Die Invasion der Russen und der von ihnen ausgerüsteten armenischen Legionen konnte erst vor Kaysari und Siwas zum Stehen gebracht werden. Die Provinzen Erzerum, Van, Bitlis, Diyarbakir, Elazig, Malatya, Erzincan, Trapzon – kurz das gesamte östliche Anatolien fiel in die Hände des Feindes und der mit ihnen operierenden armenischen Legionen und Rebellen im russischen Dienst.

Damit war die von kampffähigen männlichen Einwohnern entblößte, hilf- und schutzlose türkische Bevölkerung jener Provinzen während der Jahre 1915/16 der grausamen Verfolgung und Ausrottung preisgegeben. Massenhaft wurden Frauen, Kinder und Greise ermordet.

1898 hatte unter Beteiligung von ausländischen Spezialisten eine Volkszählung im Osmanischen Reich stattgefunden. Damals wurde festgestellt, daß im gesamten Reich* 1,2 Millionen Armenier lebten. In keiner Provinz bildeten sie eine Mehrheit gegen die türkisch-islamische Bevölkerung. Sie waren über das ganze türkische Land verteilt und lebten seit dem 11. Jahrhundert im besten Einvernehmen mit den Türken. Sie konnten völlig frei ihre Religion ausüben, hatten ihre eigenen Kirchen und ihre Schulen. Sie behielten ihre Sprache, sie lasen ihre armenischen Zeitungen. Sie waren tüchtige Händler, Kaufleute, Handwerker und Baumeister. Sie wurden wohlhabend, reich und brauchten

---

* Einschließlich der damals türkischen Balkanprovinzen und der Länder Irak, Syrien, Libanon, Palästina.

nicht im Militär zu dienen wie alle anderen Minderheiten auch. Aus ihren Reihen avancierten Leute zu hohen Funktionären im Staat. Eine ganze Reihe von Armeniern wurde sogar Minister. Während jener Unheiljahre hatte ich selbst zwei Armenier als Lehrer in der Schule. In meiner Schule gab es noch einen dritten armenischen Mann namens Muradyan, einen alten Herrn für untere Klassen, den alle Jungen liebten und verehrten. Warum auf einmal diese Veränderung, dieser Haß?

Die Selbstsucht und die Skrupellosigkeit der Großmächte hatten seit der zweiten Hälfte des 19. Jahrhunderts auch diese Menschen mißbraucht. Sie hetzten sie zum Aufstand, zum Kampf gegen ihre Landsleute, die Türken, mit denen sie fast 900 Jahre friedlich zusammen gelebt hatten.

Es wurden im Ausland zwei Geheimorganisationen der Armenier gegründet. Seit der zweiten Hälfte des 19. Jahrhunderts wurden fanatische Armenier in diesen Organisationen zu Sabotage, Attentaten und Aufständen getrieben. Leider haben die religiösen Organe sie ebenfalls zu diesen Umtrieben verleitet. Es wurde ein Bombenattentat gegen Sultan Abdul Hamid verübt. Viele Menschen wurden dabei getötet, aber der Sultan entkam dem Tod durch einen Zufall. Und nun, in diesem Krieg, sollte das große Ziel erreicht werden, die Türken besiegt, vernichtet und ausgerottet werden . . .

Mit letzter Anstrengung konnte schließlich von den Türken inmitten von Anatolien eine Verteidigungslinie gegen die Russen aufgebaut werden. Unter dem Kommando von Wehib Pascha wurde das weitere Vordringen der Gegner verhindert. Später wurden sie Schritt für Schritt zurückgetrieben.

Unter solchen verhängnisvollen Umständen und in der Sorge, die Verteidigungsfront nicht zu gefährden, hatte die Regierung den Beschluß gefaßt, die im Kampfgebiet und dahinter überall verstreut lebenden Armenier zu sammeln und sie über die Kriegsjahre in die osmanischen Provinzen nördlich von Syrien (Aleppo, Marasch, Antakya bis zum

Libanon) zwangsweise umzusiedeln.* Daß inmitten vom Krieg unter den damaligen schlechten Verhältnissen – fehlende Organisation und fehlende Transportmittel – eine solche »Umsiedlungsaktion« nicht leicht und kaum unter menschlich annehmbaren Bedingungen ausgeführt werden konnte, liegt auf der Hand. Für die betroffenen Menschen war sie hart und grausam. Es entstanden Verluste durch Hunger und Krankheit, so wie sie selbst bei den eigenen Truppentransporten nicht zu vermeiden waren. Es kamen ebenso Überfälle und Racheakte vor. Die Schuldigen jedoch, darunter verantwortliche Aufsichtspersonen, wurden nachweislich bestraft.

Weitere Verluste sollten die Armenier auch später erleiden. Als in Rußland die kommunistische Revolution ausbrach und die Russen mit dem Abkommen von Brest-Litowsk 1917 den Krieg beendeten, zogen sie sich aus den besetzten türkischen Ostprovinzen zurück, ohne an die Armenier zu denken. Aus Furcht vor Rache floh die armenische Bevölkerung panikartig hinter den Russen und den mordenden, alles verbrennenden, flüchtenden armenischen Legionen her. Sie wurden von den kurdischen Deserteuren und Gebirgsstämmen überfallen, beraubt und getötet.

Die nachrückende türkische Armee fand sowohl die türkischen als auch die armenischen Ortschaften und Dörfer fast überall zerstört, entvölkert.

Diesen entsetzlichen Ereignissen sollten nach dem Zusammenbruch 1918 weitere folgen; denn nun landeten die Franzosen in den von den zurückflutenden Resten der türkischen Armeen evakuierten Gebieten wie Beirut, Iskenderon und Mersin und besetzten ganz Libanon, Damaskus und die Provinzen Antakya und Adana, um in diesen Provinzen gemäß Abmachung der Sieger ihre Protektoratsverwaltung (das heißt Kolonie!) einzurichten.

Sie kleideten die in diesen Gebieten während des Krieges konzentrierten Armenier in französische Uniformen, ga-

* Der betreffende Ministerratsbeschluß lautet auf »Tehcir«-Umsiedlung.

ben ihnen Waffen und Munition und schickten sie vor gegen die wehrlose türkische Bevölkerung. Die nun überall organisierten blutigen Überfälle verursachten ihrerseits die ersten türkischen Volkserhebungen gegen die französischen Besatzer und ihre rachsüchtigen Schützlinge, die Armenier. Die Türken wehrten sich verbissen. Der *nationale Widerstand*, der Befreiungskrieg gegen die Sieger und ihre Trabanten, hatte damit spontan begonnen. Jedes Dorf, jede Ortschaft, jede Stadt kämpfte selbständig, um zu überleben, und ergab sich nicht. Die Angriffe auf die Städte Ayntap und Marasch scheiterten nach blutigen Kämpfen Mann gegen Mann, wobei auf armenische Racheakte an der türkischen Bevölkerung Vergeltungsschläge der Türken folgten. Es war eine Zeit des gegenseitigen schrecklichen Gemetzels. Und als die Franzosen von den nationalen Befreiungseinheiten gezwungen wurden, diese schwergeprüften Provinzen südlich der Tauruskette von Marasch und Ayntap bis Adana und Mersin zu räumen, mußten nun alle Armenier mit ihnen fliehen...

Damit ging eines der traurigen, erschütternden Kapitel der Geschichte zu Ende. Die Verluste der türkischen Zivilbevölkerung infolge dieses Krieges und der damit zusammenhängenden armenischen Aufstandsbewegung* wurden auf 1,2 Millionen beziffert. Während die armenischen Organisationen im Ausland ihre Verluste am Ende des Ersten Weltkrieges auf 300 000 schätzten, steigerten sie die Zahl der Verluste in den letzten Jahren sogar auf zwei bis drei Millionen! Das ist aber unmöglich, da es im gesamten Osmanischen Reich jener Jahre 700 000, höchstens aber eine Million Armenier** geben konnte. Trotz allem leben heute außer den zwei bis drei Millionen Armeniern in der Sowjetrepublik im Kaukasus weitere zwei Millionen Armenier in den übrigen Ländern. Die meisten von ihnen sind

* In den Ost- sowie Südostprovinzen Anatoliens.
** Der Chef der während des Ersten Weltkrieges gebildeten provisorischen armenischen Regierung in Frankreich, Bogos Nubar Pascha, hat in seinem offiziellen Brief am 18. 12. 1918, also nach dem Kriege und dem Waffenstillstand, an das französische Außenministerium erklärt,

wohl nach dem Ersten Weltkrieg aus den vormals türkischen Ländern in die Vereinigten Staaten, nach Frankreich, in den Iran, in den Libanon und in die UdSSR ausgewandert. Um einen Völkermord an den Armeniern, so wie es die Nationalsozialisten bei den friedlichen Juden taten, handelt es sich bei dem unglücklichen Schicksal der Armenier nicht.

Das ist eine Tatsache: Die Armenier sind das Opfer der westlichen Großmächte und der Russen geworden, indem sie sich zu deren Werkzeug machen ließen.* Sie haben Unglück und Verderben sich selbst und auch den Türken gebracht, indem sie in einem gnadenlosen Krieg auf Leben oder Tod gemeinsame Sache mit den Feinden des Staates machten, dessen Bürger sie seit sechs Jahrhunderten waren. Dabei haben sie die Partie verloren.

Das ist die tragische, die verhängnisvolle Seite der armenischen Frage, die trotz allem von niemandem mehr bedauert wird als gerade vom türkischen Volk.**

Man muß bedenken, was die Vereinigten Staaten noch vor kurzem in dem letzten großen Krieg mit ihren Hunderttausenden Bürgern japanischer Abstammung getan haben. Diese wurden in Konzentrationslager gepfercht, obwohl sie Staatsbürger der Vereinigten Staaten waren und sich loyal zu den USA verhielten. Heute noch kämpfen die Nachfahren dieser Menschen vergebens um die Wiedergutmachung des Unrechtes. Was geschah mit den Kollaborateuren in Frankreich, Holland, Belgien und Italien am Ende des letzten Krieges? Ebenso kann man sich auch fragen, was zum Beispiel im deutschen Kaiserreich während des Ersten

daß in Anatolien am Anfang des Krieges 600000 bis 700000 Armenier lebten. Von diesen seien 390000 bis 400000 in den Kaukasus, in den Iran, nach Syrien – Libanon –, Mosul und Bagdad (Irak) umgezogen bzw. umgesiedelt worden. Danach hätten ihre Verluste 300000 betragen.
 * Das zaristische Rußland, Frankreich und auch England als Verbündete sind die eigentlichen Anstifter, die Verantwortlichen der Katastrophe.
** Von allen christlichen Minderheiten im türkischen Reich waren die Armenier am tiefsten in die türkische Lebensart, in die türkische Kultur und die Sprache integriert gewesen.

Weltkrieges geschehen wäre, als die Armeen Hindenburgs an den Masurischen Seen kämpften und hinter der Front die slawischen und polnischen Mitbürger als deutsche Staatsangehörige in Ostpreußen, in Pommern, in Schlesien mit den Feinden gemeinsame Sache gemacht hätten und durch großangelegte Aufstände gewaltsam die deutschen Höfe überfallen, die deutschen Bauern getötet, ihre Höfe in Brand gesteckt, die Eisenbahnen, die Brücken gesprengt und die rückwärtigen Verbindungen der Armee mit Waffengewalt unterbunden hätten?*

Unsere armenischen Nachbarn

Das armenische Mädcheninstitut in dem schönen Holzkonak wurde am Ende der Dardanellenkriege geschlossen. Der Direktor der Schule und seine Frau kamen an Feiertagen öfters meinen Vater beziehungsweise Belkis Khanim besuchen. Auch Frau Oberst Stange, deren Mann während des unglücklichen Winterkriegs 1914/15 an der Kaukasusfront fiel, verkehrte mit dieser Familie.

* Die obigen Zeilen entsprechen den in der Türkei gemachten Veröffentlichungen. Russische, französische, englische und amerikanische Generalstabs-Geheimdienst-Konsulatsberichte sollen sich in der Hauptsache mit den türkischen Darlegungen decken. Daß sie nicht gerne veröffentlicht werden, ist verständlich, weil sie ein eigenes Schuldbekenntnis an dem Unglück bedeuten würden. Veröffentlichungen von Historikern werden von Terrororganisationen verhindert, so wie es vor einigen Jahren einem Geschichtsprofessor in Los Angeles ergangen ist. Er mußte seinen Lehrstuhl aufgeben. Erwähnen möchte ich noch, daß die führenden Persönlichkeiten, die damals im Osmanischen Reich die Verantwortung während der Kriegsjahre 1914/18 trugen, von armenischen Terroristen nach dem Waffenstillstand 1918 ermordet worden sind: Großwesir Said Halim Pascha in Rom, Großwesir Talat Pascha in Berlin, Djemal Pascha, Generalbevollmächtigter in Syrien und Libanon, während des Krieges in Tiflis. Der Kriegsminister und stellvertretende Oberkommandierende der türkischen Armeen, Enwer Pascha, fiel an der Spitze von turkestanischen Freiheitskämpfern gegen die Sowjetrussen in Turkestan, wohin er sich nach dem Waffenstillstand 1918 abgesetzt hatte.

Nach der Einstellung des Schulbetriebes kam eines Tages der Direktor mit seiner Frau und den zwei Töchtern in unser Haus. Die Diener brachten auch mehrere Koffer sowie einen großen Bechstein-Flügel zu uns, welcher im Parterre in der Marmorhalle aufgestellt wurde. Belkis Khanim ließ im Salon für sie Betten auf dem Teppichboden aufschlagen, und die armenische Familie verbrachte bei uns einige Tage. Sie waren in Angst und Sorge wegen der bösen Ereignisse und wollten in die Schweiz ausreisen. Unser Vater nahm sie in Schutz* und besorgte vom Großwesir (Premierminister) Talat Pascha persönlich für die Familie die Bewilligung. An einem Freitag verließ die armenische Familie auf zwei Pferdedroschken unser Haus, um zum Hauptbahnhof zu fahren, von wo aus sie mit dem Balkanzug abreisten. Mein Bruder Muhiddin begleitete sie dorthin.

Ich kann mich gut erinnern, wie der Schuldirektor beim Abschied meinem Vater wiederholt dankbar die Hände küßte und seine Frau mit den beiden Mädchen Belkis Khanim weinend umarmten. Sie waren alle schwarz angezogen. Sie übergaben zwei kleinere mit rotem Siegellack verschlossene Koffer, in dem sich Wertsachen befanden, und den großen Flügel unserem Vater in treuhänderische Verwahrung.

Jahre später, 1930, erzählte mir Muhiddin folgendes: Die Frau des armenischen Schuldirektors kam während der Besetzung Istanbuls durch die Siegermächte 1920 mit der einen Tochter aus Paris zurück zu ihm und holte die beiden versiegelten Koffer und den großen Flügel unversehrt ab. Kurz darauf wurde unser Haus in Nischantasch neben fast allen anderen schönen Holzhäusern des Bezirks Opfer ei-

---

* In der gesamten Türkei wurden Tausende Armenier, Frauen, Kinder sowie auch Männer von ihren türkischen Nachbarn aufgenommen bzw. versteckt und vor der Umsiedlung gerettet. Heute leben in der Türkei etwa 80000 Armenier in voller Freiheit als türkische Bürger: Bauern, Händler, Gewerbetreibende, Ingenieure, Unternehmer, Ärzte, Professoren, Künstler usw. In Istanbul sitzt immer noch der armenische Patriarch.

ner großen Feuersbrunst. Belkis Khanim, Muhiddin und Hamid konnten nur ihr nacktes Leben retten. Auch das große Haus von Zeki Pascha, welches früher als Mädcheninstitut gedient hatte, brannte mit sämtlichen Nebenbauten ab. Es soll sich dabei einwandfrei um Brandstiftung gehandelt haben, wie es bei den vielen anderen Bränden während jener traurigen Jahre der feindlichen Besetzung der Stadt in den türkischen Bezirken Istanbuls der Fall gewesen war. Anscheinend wollte man schon ein Konstantinopel ohne Türken vorbereiten!

Muhiddin sagte mir: »Die Frau hatte Glück. Wäre sie einige Wochen später gekommen, wären ihre Koffer mit den wertvollen Sachen und der Bechstein-Flügel durch den Brand verloren. Ich bin jedenfalls froh darüber. Denn wie hätte ich ihr beweisen können, daß ihre uns treuhänderisch überlassenen Sachen wirklich verbrannt und nicht von uns für unsere eigenen Zwecke verwendet worden waren? Sie hätte es mir nie geglaubt.«

Mein Vater

Mit dem Tod meines Vaters verlor ich einen von mir hochverehrten Menschen, ja, ich kann sagen, ein Idol! Trotz seiner Distanz zu uns Kindern liebte ich ihn mit einem Gefühl, in dem die Achtung wohl mehr wog. Für mich war mein Vater Mehmed Djemaleddin ein Vorbild in seinem Benehmen, seinem Verhalten, selbst in seinem Gebet.

Da ich ihn immer aufmerksam beobachtete, fiel mir auf, daß seine Gebetsrituale zu Hause, wenn er sie privat verrichtete, nicht den allgemein geübten und von uns gelernten Formen ähnelten. Er betete in einer anderen Form.

Bei einer günstigen Gelegenheit fragte ich ihn nach der Ursache. Er lächelte und sagte: »Schön, daß dir das aufgefallen ist. Aber du bist noch klein, und dein Wissen über unsere Religion ist nicht ausreichend. Aber du sollst dir folgendes merken: Wichtig ist, daß der Mensch sich beim Gebet voll und ausschließlich vor Gott fühlt, mit Hingabe sich zu ihm begibt, vor ihm zu stehen glaubt, sich seiner Größe und Allmacht bewußt wird. Alles andere sind Formen, Zeichen, Symbole. Du sollst aber vorerst so beten, wie man es dich gelehrt hat. Du sollst jedoch wissen, daß das höchste Gebet, das Gott erhört, deine guten Taten sind, die du im Leben vollführst.«

Ein Gespräch anläßlich eines einmaligen Spaziergangs mit meinem Vater hatte mich fürs ganze Leben beeinflußt. Ich möchte es kurz erzählen: Es war noch während der schönen glücklichen Zeit. Die Familie war in der Sommerfrische im Köschk auf Tschamlidja. Unser Lala wollte eigentlich an jenem Freitag Hamid und mich mit unserem Kutscher zum Fußballspiel in Kadi Köy fahren. Aber unsere Mutter sagte es ab:»Euer Herr Vater möchte am Nachmittag mit euch spazierengehen.« Und wir fügten uns natürlich. Dann nahm uns am Nachmittag unser Vater in Begleitung von Lala Mehmed Aga mit. Er führte uns durch die baumbeschatteten Wege zwischen den Gärten der anderen Sommerhäuser ins Freie, am Fuß des Gipfels des Kütschük (kleinen) Tschamlidjaberges zu einem kleinen, von hohen Pinien umsäumten, schattigen, geebneten Platz an einem Brunnen. Es war ein *Namazgah* (= Gebetsplatz) im Freien. Solchen Plätzen begegnet man in der Türkei überall auf Wegen. Es handelt sich um fromme Stiftungen von Leuten, die dazu dienen, daß Reiter, Fahrer und Wanderer unterwegs rasten, ihre Tiere tränken, selbst den Durst löschen und, falls sie ein Gebet verrichten wollen, die vorgeschriebene Waschung vornehmen können. Eine schöne marmorne Stele mit Inschriften zeigt die Richtung nach Mekka an. Mein Vater ließ Lala den mitgebrachten Gebetsteppich ausbreiten, und die beiden verrichteten gemeinsam ein Gebet, während Hamid und ich dahinter auf der grünen Wiese saßen.

Es war ein herrlicher Platz. Unten breiteten sich die Vororte der Stadt auf der anatolischen Seite aus, der Hafen, das Goldene Horn, ganz Istanbul mit seinen vielen Kuppeln und Minaretten. Das blaue Marmarameer, aus dem links die Prinzeninseln wie farbige Edelsteine heraustauchten, erstreckte sich bis zum Horizont. Wenn man den Blick nach Südosten wendete, erhob sich ganz weit im Dunst das 2500 Meter hohe Massiv Uludag. Eine Aussicht, eine Szenerie der Natur, die zur Besinnung, zur Verinnerlichung einlud. Als das Gebet zu Ende war, blieb unser Vater einige Zeit lang in sich versunken kniend. Dann rief er uns beide näher zu sich, nahm Hamid auf seinen Schoß und fing an, sich mit mir zu unterhalten. Er wollte den Namen unseres Schuldirektors wissen. Er fragte nach dem Fach, das mir am besten gefiel, und ähnliches mehr. Dann plötzlich stellte er mir folgende Frage:»Kannst du mir sagen, was Erziehung bedeutet und was Vollkommenheit ist?« Natürlich verstand ich die Frage nicht und wußte nicht, was zu antworten wäre. Was dann mein Vater vortrug, verstand ich ebenfalls kaum, aber seine Worte bohrten sich in mein Gehirn, sie blieben in meinem Gedächtnis mein Leben lang. Je älter ich wurde, desto mehr verstand ich ihren Sinn ...

Mein Vater sprach:»Erziehung hat den Zweck, dem Menschen beizubringen, seine Grenzen zu erkennen, damit zu üben, sich selbst zu erkennen, sich ständig in Kontrolle zu halten: im Tun oder Lassen, im Geben oder Nehmen, in Freude oder Leid, im Sprechen oder Zuhören, im Befehlen oder Gehorchen, in Lust, in Liebe oder Haß. Je mehr ein Mensch seine Fähigkeiten entwickelt, seine Grenzen zu erkennen und über sich, über sein ›Ich‹ Herr zu werden, desto mehr nähert er sich der Vollkommenheit. Die ›Vollkommenheit‹ ihrerseits steht auf drei Säulen: Die eine ist die Toleranz, die zweite ist die Freigiebigkeit, und die dritte ist die Barmherzigkeit. Mit noch weiteren schönen und guten Eigenschaften wie Wissen, Mut, Aufrichtigkeit, Verantwortungsbewußtsein und Fleiß ausgestattet, wächst und entsteht der herrliche Bau des vollkommenen Menschen. Des Menschen nämlich, der den Sinn seiner Erschaffung in sich trägt, als das Schönste, Beste, Höchste alles von Allah Erschaffenen. Das ist der eigentliche wahre Mensch! Der Rest ist eine Tierart, welche die Fähigkeit besitzt, zu sprechen. Jeder Mensch muß daher danach streben, der wahre Mensch zu sein.«

So lautete in etwa der Vortrag meines Vaters. Das war für mich seine »Bergpredigt«. Später im Leben habe ich mich bemüht, den Sinn der Worte meines Vaters mehr und besser zu verstehen und mich danach zu richten. Aber vergebens! Wie oft mußte ich eingestehen, wie schwer es ist, der »wahre vollkommene Mensch« zu sein ... Jetzt im hohen Alter, wenn ich rückschauend darüber nachdenke, wo für mich mein Vater stand, dann kann ich sagen, daß ich ihn hoch über mir sehe, sehr hoch, unerreichbar für mich, schwebend im Himmel.

Eine Überraschung

Inzwischen tobte der Krieg an allen Fronten weiter. In Frankreich war der Vormarsch der deutschen Armeen vor Paris gestoppt, die Schlacht an der Marne endgültig verloren. Blutige Stellungs- und Grabenkriege in Flandern, Ypern und in Verdun zermürbten die Soldaten. Beide Parteien erlitten hohe Verluste. Im Osten, bei den Schlachten an den Masurischen Seen, verlor der Zar seine besten Armeen. Hunderttausende Tote und Gefangene mußte Rußland beklagen. Die Schlagkraft des Feindes und seine Moral waren gebrochen. Die Kriege vom Baltikum über Polen, Galizien, die Karpaten und die Bukowina bis zum Schwarzen Meer gingen weiter, wobei türkische Regimenter auch an den Kämpfen dieser Front in Europa teilnehmen mußten und verbluteten.

Gegen die neu eröffnete Balkanfront der in Saloniki gelandeten Truppen der Entente hatten die Armeen der Mittelmächte unter dem Befehl von Marschall August von Mackensen nach anfänglichen Erfolgen nichts Entscheidendes mehr erreichen können. Auch hier entstanden Stellungskriege.

In der Türkei waren ostanatolische Provinzen von den Russen besetzt. Die von Wehib Pascha aufgebaute Verteidigungsfront hielt sich mit Erfolg, während die türkische Bevölkerung in den von Russen besetzten Gebieten fürchterlich unter den Verfolgungen der armenischen Legionen litt, ohne daß man ihnen zu Hilfe eilen konnte.

Im Irak erlitten die Engländer unter General Townsend eine schwere Niederlage. Bei Kutalamara siegten die Türken unter Khalil Pascha und nahmen den englischen Oberbefehlshaber, mit seinem ganzen Stab und den Rest der überlebenden Truppen, etwa 15000 Mann, gefangen. Sie wurden nach Istanbul gebracht und auf den Prinzeninseln im Marmarameer interniert.

In den Schlachten auf dem Sinai und im Gebiet um Gaza kämpften die türkischen Armee-Einheiten verbissen gegen die Engländer. Die von dem Engländer Lawrence geführten arabischen Beduinenguerillas zerstörten von Aleppo im Norden Syriens bis Medina in Arabien an vielen Stellen die Hedschasbahn (damit die rückwärtigen langen Verbindungen unserer Armeen weit im Süden Palästinas und in Arabien) und schnitten den Nachschub ab. Diese Kämpfe hinter der Front verursachten zusätzliche hohe Verluste der Türken. Selbst Kranken- und Verwundetentransportzüge wurden überfallen und die Menschen grausam niedergemacht. Hier kämpften muslimische Araber gegen ihre seit 500 Jahren regierenden »Unterdrücker«, die muslimischen Türken, ohne zu ahnen, daß selbst sechzig Jahre nach der Befreiung von den Türken in diesen Gebieten nie wieder Frieden und Ruhe herrschen sollten! Ältere Leute in Syrien, Libanon und Palästina sagen heute, Allah strafe sie seitdem für ihren blinden Verrat...

Die türkische Armee betrauerte in dieser Zeit auch den Tod des hochverehrten Marschalls Colmar von der Goltz Pascha. In ihm verloren die Türken einen echten, treuen alten Freund. Trotz seines hohen Greisenalters befand er sich im Hauptquartier der türkischen Armee an der Bagdadfront und starb dort. Von der Goltz Pascha wurde seinem Wunsche entsprechend in der Türkei auf dem Heldenfriedhof der deutschen Sommerbotschaft in Tarabya-Istanbul beerdigt. Dort liegt er unter anderen deutschen Soldaten in dem großen alten Park an einem erhöhten Platz im Schatten von Pinien. Auf seinem Grab liegt ein würdiger bronzener Kranz der türkischen Armee, auf welchem geschrieben steht:»Unserem hochverehrten Lehrer und Meister von der Goltz Pascha, Marschall des türkischen Heeres, in tiefer Dankbarkeit.«

Kurz vor dem Ausbruch des Weltkrieges begegnete ich von der Goltz Pascha einmal unweit unseres Hauses, auf einer schönen Fuchsstute reitend. Ein Adjutant zu Pferd folgte ihm. Ich kann mich an sein breites, sonnengebräuntes Gesicht erinnern, als sei es heute gewesen. Er trug eine goldene Brille. Ich stand still und salutierte soldatisch, als er an mir vorbeiritt. Er erwiderte meinen Gruß freundlich lächelnd.

Trotz unsagbarem Leid, Hunger und Tod trug die Bevölkerung in jenen Jahren ihr schweres Schicksal mit bewunderungswerter Geduld, schweigsam, bemüht, ihren Schmerz nicht zu zeigen. Im Gegensatz zu den chaotischen Verhältnissen während des Balkankrieges herrschte relative Ruhe und Ordnung in Istanbul. Den Führern der Partei von Einheit und Fortschritt, Talat Pascha, Enwer Pascha und Djemal Pascha, die die Verantwortung des Reiches seit einigen Jahren direkt übernommen hatten, gelang es durch hartes Regiment, das Volk zur Sammlung und Ausdauer anzuspornen. Wohl oder übel hatte sich das türkische Volk hinter die Regierung gestellt und seine internen Zwistigkeiten beiseite geschoben. Jedes Haus, jede Familie, jeder Türke litt, klagte aber nicht.

Selbstverständlich litten auch wir, unsere Familie selbst, schwer unter den Verhältnissen. Belkis Khanim führte nun allein den Haushalt mit unserem treuen alten Bauernmädchen Nazikter. Halti, Dudu, Feradj, Lala Mehmed Aga, Ali Aga der Koch, Ibisch Aga aus unserem verkauften Sommerhaus in Tschamlidja, alle diese Menschen, die zum Haus gehörten, waren nicht mehr da. Belkis Khanim lebte mit Muhiddin, Hamid und Nazikter im Haus in sehr einfachen und bescheidenen Verhältnissen. Ich war im Lyzeum interner Schüler. Muhiddin verbrachte, obwohl zum Militär eingezogen, die Nächte immer zu Hause. Hamid konnte kaum noch in die Schule gehen, da er wegen der Krankheit seiner Augen nur sehr schwer lesen konnte. Trotz vieler Mühe gelang es nicht, seine Augen zu heilen. Die Ernährungslage wurde so schlecht, daß ich manchmal von der Schule heimlich Brot nach Hause brachte, weil uns im Lyzeum etwas mehr und qualitativ etwas besseres Brot zugeteilt wurde. Ich war in der Schule besser ernährt als meine Lieben zu Hause, und das machte mich traurig. Wenn ich am Wochenende nach Hause kam, saß man nachts im Dunkeln. Selten gab es Kerzenlicht. Ich bewunderte Belkis Khanim, wie sie in dieser Not ihren Mut nicht verlor.

Mitten in dieser hoffnungslosen Not und der niedergeschlagenen Stimmung lud mich Frau Stange durch ihren Sohn Werner ein, an einem Wochenende zu ihr zu kommen. Als ich vor ihr stand, fragte sie mich:»Willst du nach Deutschland in die Schule gehen, Muammer? Wenn der Krieg zu Ende geht, könntest du vielleicht dort auch dann studieren.«

Ich war durch diese Frage in höchstem Maße überrascht. Ich traute meinen Ohren nicht und antwortete:»Meinen Sie das ernst, Tante Margarethe?«»Ja, ja, ich meine es ernst!« Dann erzählte sie mir, daß es eine Deutsch-türkische Freundschaftsvereinigung gäbe, welche türkische Schüler nach Deutschland schicke. Der deutsche Präsident dieser Vereinigung, Professor Dr. Jäck, den sie gut kenne, käme dieser Tage nach Istanbul, und sie könnte mich ihm vorstellen.

Meine Aufregung kann man sich denken. Ganz verstört hörte ich den Ausführungen von Frau Stange zu und sagte spontan:»Ich danke Ihnen, liebe Tante Margarethe, danke, daß Sie an mich gedacht haben. Ich gehe mit Ihnen zu dem Herrn.« – »Ja? Ob aber Belkis Khanim und Muhiddin Bei damit einverstanden sein werden?« Ich erwiderte, ohne weiter viel zu überlegen:»Es wird sicherlich für meine Leute zu Hause nicht leicht sein. Aber ich glaube, ich werde sie überreden können.«

Mit dieser höchst bedeutsamen Neuigkeit kehrte ich nach Hause zurück, wagte jedoch mit niemanden darüber zu sprechen. Ich konnte die ganze Nacht nicht schlafen.

Eines Tages stand ich aber doch mit Frau Stange in der Empfangshalle des berühmten Pera-Palas-Hotels, damals das vornehmste und größte Hotel Istanbuls, vor einem mittelgroßen, etwa fünfzig Jahre alten deutschen Herrn. Es war Professor Dr. Jäck, von dem Frau Stange gesprochen hatte. Sie stellte mich ihm vor. Der Professor fing an, sich mit mir zu unterhalten: »Sie wollen also nach Deutschland?« – »Ja, mein Herr.« – »Was wollen Sie später studieren?« – »Chemie, industrielle Chemie.« – »Na, das können Sie in Deutschland gut tun! Ihre Familie müßte monatlich 20 türkische Goldlire (etwa 400 Mark) für Sie aufbringen.« – »Ich habe meine Mutter und meinen Vater verloren. Ich habe niemanden, der imstande wäre, für mich etwas zu zahlen.«

Der Professor wandte sich auf meine Antwort hin an Frau Stange, und die beiden unterhielten sich in deutscher Sprache miteinander. Dann fragte Professor Jäck: »Sie müßten mindestens ein türkisches Goldstück monatlich aufbringen. Das ist Vorschrift.« Ich verlor fast die ganze Hoffnung, und mit trauriger Miene erwiderte ich ihm: »Leider kann ich selbst nicht ein Kurusch* aufbringen.« Da lachte der Professor, klopfte mit der Hand auf meine Schulter und sagte: »Na, gut. Wir werden eine Ausnahme machen! Hier, nehmen Sie meine Karte, und gehen Sie zum Büro der Deutsch-türkischen Vereinigung. Dort werden Sie geprüft, und wenn Sie bestehen, werden Sie dann nach Deutschland gehen können. Alles andere wird man Ihnen dort mitteilen.«

Schon am nächsten Tag ging ich zum Büro der Freundschaftsvereinigung. Man unterzog mich schriftlich und mündlich einer Prüfung in verschiedenen Fächern. Als ich eine Woche später wegen des Ergebnisses dort wieder vorsprach, sagte mir ein deutscher Herr, dem ich die Karte des Professors übergeben hatte: »Sie haben bestanden! Sie werden auf Kosten der Deutsch-türkischen Freundschaftsvereinigung nach Deutschland fahren und dort in die Schule gehen. Ihre Familie braucht nur für Ihr Taschengeld zu

---

* 100 Kurusch = 1 türkische Goldlira.

sorgen. Die Kosten der Fahrt trägt die Vereinigung. Bringen Sie uns das Abgangszeugnis Ihres Lyzeums, und dann brauchen Sie nur noch einen türkischen Paß. Wir werden Ihnen später mitteilen, in welcher Stadt Sie in Deutschland in die Schule gehen werden. Also, alles Gute!«

Mit einem Handschlag nahm ich von diesem Herrn Abschied, vor Freude wie aus dem Häuschen ... Plötzlich war es wahr geworden, was mir wie ein Traum erschien. Und jetzt mußte ich die Geschichte Belkis Khanim und Muhiddin Bei doch eröffnen. Aber wie, war die Frage. Wie sollte ich das bloß anstellen? Und wenn sie »nein« sagten, was dann?

Erst am nächsten Tag, es war ein Freitag, konnte ich endlich nach der Mittagsmahlzeit mein bisher gewahrtes Geheimnis preisgeben. Belkis Khanim hatte es mir erleichtert, als sie mich fragte: »Was ist mit dir los, Muammer, du bist so still in den letzten Tagen? Fehlt dir etwas?« Muhiddin und Hamid schauten mich neugierig an. Und nach einigem Zögern erzählte ich alles. Am Ende stotterte ich kleinlaut: »Bitte verzeiht mir! Aber ich bin entschlossen, nach Deutschland zu fahren. Alles ist schon fertig. Gebt mir eure Einwilligung!«

Belkis Khanim, Muhiddin und Hamid hörten wie verstört meinen Worten zu. Hamid bekam Tränen in die Augen. Belkis Khanim schwieg, war ganz blaß im Gesicht geworden. Muhiddin faßte sich: »Nein, nein, Muammer ... Bist du ganz von Sinnen? Der Krieg tobt noch, kein Mensch weiß, was der nächste Tag bringen wird. In Deutschland, in der Fremde, weit weg von uns, von der Heimat, ganz allein, in diesem Alter? Das ist unmöglich. Das geht nicht!« So sprach er, die Worte betonend, langsam und mit ernster Miene.

Als ich nach Belkis Khanim schaute, sah ich, wie sie auch mit den Tränen kämpfte und ihr Taschentuch vors Gesicht hielt.

Ich hatte das vorausgeahnt. Ich wußte, daß zu Hause mein Vorhaben einen großen Schock verursachen würde. Nicht umsonst hatte ich mich bis zuletzt zurückgehalten.

130

Außerdem mußte Muhiddin als mein Vormund seine schriftliche Einwilligung für meinen Abgang vom Lyzeum geben. Es ist mir nicht leichtgefallen, bei dieser Diskussion nicht den Rückzug anzutreten. Ich mußte innerlich mit mir kämpfen, um an meinem gefaßten Entschluß festzuhalten. Nach langem Zögern haben schließlich Belkis Khanim und Muhiddin ihre Zustimmung erteilt. Ich war meinen Lieben dankbar dafür.

Das Hindernis

Mein Schuldirektor war sichtlich erfreut über meine Fahrt nach Deutschland, als ich ihm meine Geschichte erzählte. Aber für die Erteilung des Abgangszeugnisses war die Bewilligung des Ministerialdirektors für Schulwesen im Kultusministerium notwendig, da ich die letzte Klasse als Stipendiat besucht hatte. Ich war ja interner Schüler auf Kosten des Staates. Mein Direktor schrieb daher ein entsprechendes Gesuch an das Kultusministerium für mich und ließ es mich unterschreiben.

Am nächsten Tag ging ich mit dem Gesuch in meiner Tasche frühmorgens von unserem Haus aus zu Fuß zum Kultusministerium neben dem Sultan-Mahmud-Grabmal im alten Stadtteil von Istanbul, etwa zehn Kilometer weit jenseits der Galatabrücke. Ich trat in das Zimmer des Ministerialdirektors im zweiten Stock und legte ihm mein Gesuch vor. Der Herr im dunklen Anzug las es, ohne ein Wort mit mir zu sprechen. Dann schaute er mich an und sagte kurz und bündig:»Ein Abgangszeugnis für dich? Unmöglich ... Du bist intern in der Schule auf Kosten des Staates. Laut Bestimmung Nr. ... kommst du in das höhere Lehrerseminar, wenn du dein Abitur gemacht hast, und wirst Lehrer ... Wenn du jetzt die Schule verlassen willst, mußt du die Kosten des einen Jahres als interner Schüler der Staatskasse zurückzahlen, um ein Abgangszeugnis zu erhalten!«– »Herr Ministerialdirektor«, antwortete ich,»ich wußte davon nichts, ich habe die Prüfung für Deutschland bestanden und will dort weiterstudieren. Meine Familie kann das Geld, von dem Sie sprechen, nicht bezahlen. Was kann ich jetzt machen?« – »Das ist deine Sache… Es gibt keine andere Lösung, das ist Regierungsbestimmung.« – »Aber Herr Ministerialdirektor…« Er unterbrach mich barsch und katapultierte mit seinem Zeigefinger mein Gesuch von seinem Tisch. Das Papier flog vor meine Füße auf den Boden. In einer Mischung aus Wut und Niedergeschlagenheit bückte ich mich, nahm mein Gesuch vom Boden auf und torkelte aus dem Zimmer heraus. Mein Gott, nach soviel Mühe der Überwindung aller Hindernisse sollte nun alles zunichte sein? Ich dachte, das ganze steinerne Gebäude des Ministeriums stürze auf mich.

Gebeugt vor Enttäuschung ging ich die marmorne Treppe herunter, mich am Geländer festhaltend, um nicht umzufallen. Da hielt mich im ersten Stock ein älterer, sauberer Mann in Dieneruniform am Arm: »Mein Junge… Was ist passiert? Sage es mir doch«, sprach er sanft und gab mir ein Glas Wasser aus einer bereitstehenden Karaffe zu trinken.

Diese warmherzigen Worte empfand ich wie ein Labsal. Ich erzählte dem Mann meine ganze Geschichte mit Frau Stange, Professor Dr. Jäck und meiner Prüfung und nun von der Behandlung durch den Ministerialdirektor. Daraufhin sagte der Mann: »Ich führe dich zum deutschen Ministerialrat. Dort im Zimmer.« Er zeigte mit dem Finger in die Richtung. »Erzähle ihm deine Geschichte. Vielleicht kann er dir einen Rat geben.«

Der besagte Ministerialrat hieß Dr. Schmidt und hatte sein Zimmer unweit des Büros des Kultusministers. Der Mann, der mich zu ihm hinführte, war der amtliche Oberdiener des Ministers.

Dr. Schmidt, ein starker, großer Mann mit rötlichem Schnurrbart und einer Brille mit Goldrahmen, las mein Gesuch, aber er verstand anscheinend nicht den Inhalt. Zum Glück sprach er Französisch, und ich erzählte ihm auf seine Aufforderung mein Anliegen. Er holte daraufhin einen Briefbogen und ein Kuvert aus seiner Schublade, schrieb einen Brief und verschloß das Kuvert. Dann sagte er: »Gehen Sie zur Parteizentrale Einigkeit und Fortschritt unweit von hier. Übergeben Sie mit Ihrem Gesuch diesen Brief an Dr. Nazim Bei, vielleicht kann er Ihnen helfen.«

Ich bedankte mich und verließ das Zimmer des Ministerialrates. Draußen fragte mich der Diener: »Na, was hat der Alaman gesagt?« Als er den Namen von Nazim Bei hörte, rief er: »Oh, Dr. Nazim? Ein bedeutender Herr. Guter Freund unseres Ministers.« Und er lächelte freundlich.

Ich lief also zur Zentrale der Partei der Jungtürken, einige hundert Meter nur entfernt vom Ministerium. Nachdem ich mehrere Sperren am Eingang des großen alttürkischen Holzkonaks, am Treppenaufgang und schließlich vor der Zimmertür passiert hatte, konnte ich Dr. Nazim* in seinem Zimmer sprechen. Er las den Brief Dr. Schmidts, dann mein Gesuch und fragte: »Was willst du in Deutschland studieren?« – »Industrielle Chemie«, antwortete ich entschlossen. »Na bravo, mein Junge«, sagte Dr. Nazim, während er mir mit der Hand auf die Schulter klopfte. Er schrieb einige Sätze auf eine Visitenkarte, verschloß sie in ein Kuvert. Während er mir die Papiere zurückgab, sprach er lächelnd: »Gehe zum Kultusminister Schükrü Bei. Übergib diesen Brief und deine Papiere ihm persönlich. Viel Glück, mein Junge!«

Auf diesen Hinweis hin rannte ich wieder zurück zu dem Oberdiener, meinem guten Freund im Kultusministerium, und erzählte ihm, was inzwischen geschehen war.

Er sagte mir, daß Schükrü Bei als Kultusminister auch noch ein anderes Ministerium leite, so daß er den ganzen Tag zwischen dem Sitz des Großwesirs Talat Pascha und den zwei Ministerien, die er führte, wie ein Postreiter in der alten Zeit hin- und hersause. Daher solle ich morgens früh zum Kultusministerium kommen und warten, bis er käme.

---

* Dr. Nazim und Talat Pascha waren neben den Generälen Enwer Pascha und Djemal Pascha die beiden Zivilisten, die gemeinsam den jungtürkischen Umsturz durchgesetzt und die politische Führung des Osmanischen Reiches übernommen hatten. Dr. Nazim wurde Generalsekretär der Partei Ittihadwe Tarakki = Einigkeit und Fortschritt.

Es sei nie im voraus bekannt, wann er hier im Ministerium sein könnte. »Am besten, du kommst hierher und wartest. Sobald der Minister da ist, werde ich dich zu ihm führen, habe keine Sorge.«

Und so marschierte ich mehrere Tage in dem heißen Sommer 1917 hintereinander morgens früh zum Ministerium und spätnachmittags zurück nach Hause. Vier Stunden täglich, ohne etwas essen zu können, hungrig, geschwächt und erschöpft. Der Minister kam nicht. Ich war daran aufzugeben, aber mit letztem Kraftaufwand ging ich noch einmal frühmorgens zum Ministerium. Mein Freund, der Oberdiener, kam mir am Treppenaufgang entgegen und ergriff meine Hand: »Heute kommt er, heute kommt er. Hier, setze dich auf meinen Stuhl und ruhe dich aus. Bald muß er bestimmt kommen«, sagte er.

Kaum hatte ich mich gesetzt, da sah ich die Leute aufgeregt in der Halle des ersten Stockwerkes hin und her laufen. Der Oberdiener knöpfte schnell die noch offenen Knöpfe seiner Jacke zu und flüsterte mir leise ins Ohr: »Stehe auf. Der Minister ist vor dem Eingang.«

Ein mittelgroßer, etwas dicklicher Mann von etwa vierzig Jahren kam die breite Marmortreppe mit eiligen Schritten hoch, ging an mir vorbei und trat in sein Amtszimmer. Im gleichen Moment stürzten aus den vielen Zimmertüren des Gebäudes Beamte mit dicken Akten unter dem Arm hinaus in die Halle, um zum Minister zu gehen. Da schob der Oberdiener mich, ohne zu zögern, durch die hohe dicke Tür in das Zimmer des Ministers hinein, und ich stand ihm plötzlich gegenüber. Er war noch vor seinem Tisch. Erstaunt, mich, einen Jungen, vor sich zu sehen, fragte er neugierig: »Was suchst du hier? Zu wem willst du?« Mein Herz klopfte in diesem Augenblick so wild, daß ich glaubte, es würde meine Brust sprengen. Ich konnte kein Wort herausbringen, lief zum Minister, legte mit der einen Hand meine Papiere auf seinen Tisch und schob mit der anderen den Brief von Dr. Nazim Bei in seine Hände. Verwundert öffnete er das Kuvert Dr. Nazims und las den kurzen Inhalt, worauf er fragte: »Was ist dein Anliegen, Junge?« – »Hier sind meine Papiere, Herr Minister«, antwortete ich zitternd. »Ich habe keine Zeit, sage es mir doch.« Währenddessen waren schon einige Beamte mit ihren Akten ins Zimmer getreten und warteten, innen an der Türe stehend, als er wiederholte: »Nun sag schnell, was du willst, Junge...«

Daraufhin erzählte ich dem Minister meine Geschichte von Anfang bis Ende. Ich mußte mit den Tränen kämpfen, als ich berichtete, wie ich am Ende von seinem Ministerialdirektor abgewiesen worden war. Der Minister hörte mir, immer noch vor seinem Tisch stehend, mit auffälliger Aufmerksamkeit zu. Nachdem ich fertig war, wandte er sich den Ministerialbeamten zu und sagte ihnen: »Lassen Sie mich bitte kurz allein. Ich werde Sie dann zu mir bitten.« Während die Herren das Zimmer verließen, kam er mir einen Schritt näher und schaute mich an: »Sag mal, Junge... Wessen Sohn bist du«? Ich antwortete: »Mein Vater ist verstorben. Er hieß Mehmed Djemaleddin. Er war Kadi von Istanbul.« – »War er auch vorher in Mekka und Kairo?« fragte der Minister erregt. »Ja, Herr Minister«, antwortete ich.

Kaum hatte ich diese Worte ausgesprochen, streckte mir der Minister beide Hände entgegen, faßte meine und drückte mich tief bewegt an seine Brust: »Deinem seligen Vater verdanke ich viel. Er hat auch unserem Vaterland große Dienste geleistet. Jetzt ist die Reihe an mir, dir zu helfen.« Auf den dicken Ledersessel neben seinem Tisch zeigend, fuhr er fort: »Komm, mein Junge, setze dich hierher.« Dann nahm der Minister den Hörer des Telefons in die Hand und drehte an der Magnetkurbel des Apparates. »Muslihiddin Bei Efendi, wollen Sie sich bitte zu mir bemühen. Ich warte auf Sie.«

Das war der Name des Ministerialdirektors, bei dem ich gewesen war. Der trat nach ein paar Augenblicken in das Zimmer, grüßte mit einer Verneigung den Minister und sah mich mit Staunen neben seinem hohen Chef sitzen. »Herr Ministerialdirektor, warum verweigern wir diesem Jungen das Abgangszeugnis?« – »Ministerialerlaß Nr. ..., § ..., Herr Minister.« – »Den Erlaß haben wir verfaßt. Der Junge hat aus eigener Initiative die Möglichkeit gefunden, für eine bessere Fortbildung nach Deutschland zu gehen. Außerdem fällt er unserer Staatskasse nicht mehr zur Last. Sie sehen, hier liegt ein Sonderfall vor, den wir im Erlaß nicht vorgesehen haben. Wir müssen es korrigieren. Bitte schreiben Sie gleich dem Direktor des Lyzeums einen Brief, man soll dem Jungen das Abgangszeugnis ausstellen, und bringen Sie das Papier zu mir. Ich werde es selbst unterschreiben, Herr Ministerialdirektor.«

Der Beamte hörte der Anweisung seines Ministers zu, wie ein einfacher Soldat den Befehl eines Hauptmannes entgegennimmt – in strammer höflicher Haltung –, und verschwand, sich tief verneigend, aus dem Zimmer, ohne ein Wort zu sagen.

Als ich nach einer Weile den vom Minister unterschriebenen Brief an meinen Schuldirektor in die Tasche steckte, war ich vor Freude wie aus dem Häuschen. Ich küßte dem Minister Schükrü Bei die Hand, und er umarmte mich mit den Worten: »Du wirst es schaffen in Deutschland, mein Sohn . . . du wirst später einmal unserem Vaterland nützliche Dienste leisten. Viel Glück, mein Junge«, rief er mir zu.

Mein Gott, was für eine Wende! Was für ein Zufall oder eine Bestimmung des Schicksals hatte mich, den vielen Hindernissen zum Trotz, zu diesem Menschen geführt? Er hatte meinen aussichtslos versperrten Lebensweg wieder geöffnet, dieser gute Minister . . . Bis heute weiß ich nicht, woher er meinen Vater kannte, wie und wann und unter welchen Umständen mein Vater ihm geholfen haben sollte.

Beflügelt vom Glück, kam ich an jenem Tag in schönster Stimmung nach Hause und erzählte das gute Ergebnis Belkis Khanim, Muhiddin, Hamid und Frau Stange. Alle staunten darüber, daß es mir gelungen war, auf solch ungewöhnliche Weise das Abgangszeugnis zu erhalten. Niemand hatte geglaubt, daß so etwas möglich wäre. Am nächsten Tag ging ich zu meinem Schuldirektor und erhielt von ihm mein Abgangszeugnis mit den Prüfungsnoten für meine Versetzung in die zehnte Klasse des Lyzeums. In ein paar Tagen waren alle Formalitäten bei der Deutsch-türkischen Vereinigung beendet. Auch mein Paß wurde ausgestellt. Der Leiter der Vereinigung sagte mir zum Schluß: »Wir werden nach Deutschland schreiben und warten dann auf eine Nachricht darüber, in welcher Stadt Sie in die Schule gehen und wann Sie Istanbul verlassen sollen. Also gedulden Sie sich, bis wir Ihnen Bescheid geben. Es wird eine Weile dauern.«

Und ich wartete nun auf diesen Bescheid.

Später in Deutschland, in den zwanziger Jahren, nach dem erfolgreichen Ende der Befreiungskriege unter Mustafa Kemal Pascha (Atatürk), las ich in den Zeitungen: »In Izmir konnte ein Attentat auf Mustafa Kemal Pascha in letzter Minute vereitelt werden. Der Attentäter und seine Hintermänner sind verhaftet und von einem Sondergericht zum Tode verurteilt worden. Unter ihnen befindet sich Schükrü Bei, der frühere Kultusminister der ehemaligen jungtürkischen Partei ›Einheit und Fortschritt‹.« Mich traf diese Nachricht wie ein Dolchstoß ins Herz. Schükrü Bei, mein guter Minister von damals, jener hilfreiche Mensch, der mir geholfen hatte, war jetzt Mitglied eines politischen Geheimbundes gegen den Retter der Türken, der türkischen Heimat! Wie kann politische Leidenschaft den Menschen zu derartigen Handlungen verleiten? Welch ein Widerspruch! Welch unlösbare Rätsel verbergen sich in der menschlichen Seele...

Das tragische Ende von Schükrü Bei hatte mich erschüttert. Ich kann ihn nicht vergessen. Ich sehe ihn noch vor seinem Ministertisch stehen und höre seine gütigen, warmen Worte: »Du wirst es schaffen, mein Sohn... du wirst unserem Vaterlande nützliche Dienste leisten... Viel Glück, mein Junge«...

II. Teil

Im kaiserlichen Deutschland und nach dessen Zusammenbruch

Westwärts

Es vergingen Monate, bis schließlich Ende November 1917 der Bescheid der Deutsch-türkischen Vereinigung über meine Abreise kam. Ich sollte erst nach Berlin und von da nach Mannheim fahren, wo mich der dortige türkische Honorarkonsul betreuen und für meine Unterkunft sowie die Schuleintragung sorgen würde.

Nun wurden die letzten Reisevorbereitungen getroffen. Die liebe, gute Frau Stange schrieb einen Brief an ihre Schwester nach Berlin. Ich sollte sie dort besuchen und ihr den Brief übergeben. Belkis Khanim hatte vieles für mich besorgt: warme Wäsche, Hemden und Socken, weil es in Deutschland sehr kalt sei. Außerdem nähte sie ihren Pelz in meinen Wintermantel ein.

In jenen Tagen mußten wir noch etwas Trauriges erleben; zur Begleichung der Schulden meines Vaters wurde sein Nachlaß im Hause versteigert: Von den Möbeln des Salons, wertvollen Teppichen, kostbaren Stoffen und alten Stickereien, Silber, Porzellan, Kristall bis zu den seidenen und goldbestickten Festkaftanen, mit Goldband geschmückten Turbanen und den Orden meines Vaters kam alles, was noch da war, in unserer Marmorhalle unter den Hammer. Ich schaute von der Treppe aus zu, wie die Händler die persönlichen Sachen meines Vaters, welche ich wie heilige Reliquien ehrte, in ihre derben Hände nahmen, sie grob untersuchten und pietätlos auf den Boden warfen oder in ihre Säcke füllten. Auch die restlichen Bücher meines Vaters konnten nicht gerettet werden. Einige kostbare, mit

Miniaturen verzierte Handschriftenbände wurden verkauft und fortgetragen.

Belkis Khanim verhielt sich dabei tapfer und trug ihren Schmerz mit Würde und Stolz. Für mich sind jene Tage als das letzte traurige Erlebnis in Istanbul in Erinnerung geblieben. Innerhalb von ein paar Jahren war eine große Familie buchstäblich zusammengebrochen, dezimiert, geschrumpft, menschlich und materiell zerschmolzen wie ein Eisblock an der Sonne ... Aber welcher Familie ging es besser? Brandkatastrophen, Aufstände, anhaltende Kriege haben keine türkische Familie verschont. Vielen ging es noch viel schlimmer als uns. Sie hatten alles verloren, ihre liebsten Menschen, Hab und Gut, Haus und Hof. Sie wurden zu Hunderttausenden vertrieben und verjagt. Der Weltkrieg dauerte immer noch an. Belkis Khanim meinte: »Wir müssen Allah danken, wir haben wenigstens ein Dach über unserem Kopf. Gott beschütze uns vor schlimmerem Unglück ...« Wieder ein paar Jahre später sollte eine große Brandkatastrophe auch dieses »letzte Dach über dem Kopf« meiner Lieben verschlingen und vernichten.

An einem Nachmittag brachten Muhiddin und Hamid mich zum Sirkecibahnhof. Von hier fuhr vor dem Krieg der Orientexpreß nach Paris ab. Jetzt im Krieg verkehrte der Balkanzug zwischen Istanbul und Berlin. Am Zug traf mich wie verabredet ein deutscher Herr der Deutsch-türkischen Freundschaftsvereinigung. Dieser machte mich mit einem anderen deutschen Herrn bekannt, der Kurier der Deutschen Botschaft in Istanbul war und ebenfalls nach Berlin fuhr. Er würde mich bis dorthin begleiten. Ich stieg in den Waggon ein und verstaute meine beiden Koffer und meinen Regenmantel im Coupé am Fenstersitz gegenüber dem deutschen Kurier.

In den letzten Minuten vor der Abfahrt hielt ich vom Fenster aus mit beiden Händen die von Muhiddin und Hamid. Keiner von uns dreien war imstande, etwas zu reden. Als der Zug sich langsam in Bewegung setzte, lief Hamid noch mit, bis ich seine Hände loslassen mußte. Ich sah zum letztenmal seine traurigen, rotgeschwollenen Augen, aus denen dicke Tränen flossen. Mir brach fast das Herz. Ich winkte mit dem Taschentuch, mich weit aus dem Waggonfenster hinausbeugend, noch lange, nachdem Hamid und Muhiddin nicht mehr zu sehen waren.

Ich war mit dem deutschen Kurier allein in einem Abteil der zweiten Klasse. Er sprach weder Türkisch noch Französisch. Ich konnte außer ein paar geläufigen Wörtchen wie »ja, nein, danke, gut, nix, kaputt« auch nicht Deutsch. Der Herr hatte zwei große Koffer, einige Pakete und eine dicke Ledertasche mit Schloß bei sich, von der er sich nie trennte.

Der Zug fuhr an den Burgmauern Alt-Istanbuls am Marmarameer entlang. Es war ein lauwarmer Abend zu Beginn des Winters 1917, vor Sonnenuntergang. Der westliche Horizont war in ein glühendes Rot getaucht, das sich nach oben in allen Schattierungen von Orange, Gold, Pastellblau, Blau, Blaßviolett und Nachtblau hoch zum Himmel fortsetzte und sich im Meer tausendfach bunt widerspiegelte. Eine unbeschreibliche Stimmung, die bei bestimmten Wetterverhältnissen im Winter typisch ist für Istanbul.

Allerlei Gedanken überfielen mich. Ich verließ zum erstenmal meine Heimat, meine Familie, Belkis Khanim, Hamid, Muhiddin, die treue Nazikter, meine Schule, meine Kameraden, Ite, Werner, Tante Margarethe, fuhr in die Fremde, zu fremden Menschen, deren Sprache und Sitten ich nicht kannte – nach Westen, nach Europa.

Zum erstenmal überlegte ich, ob ich auch richtig gehandelt hatte... Gegen die Ansicht aller hatte ich mich durchgesetzt, alle Hindernisse überwunden, die Brücken hinter mir gesprengt! War das richtig? Nun war es zu spät...! Jetzt gab es kein Zurück mehr. Ich mußte den eingeschlagenen Weg weitergehen...

Ich hörte das metallene, klopfende Geräusch des Zuges über den Schienen: ruck, rack, rack... ruck, rack, rack... Er trug mich unhaltsam weit weg in eine ferne, mir unbekannte Welt. Damals konnte ich nicht ahnen, daß ich von dieser Reise erst nach mehr als zwölf Jahren zurückkehren sollte.

Nach einigen Augenblicken sammelte ich mich, fand

mich zurück in die Wirklichkeit. Ich kontrollierte meinen Paß und meine Fahrkarte und betastete unauffällig mit der Hand die rechte Seite meiner Brust. Belkis Khanim hatte in einem kleinen Tuchbeutel die 104 türkischen Goldstücke, die von der Versteigerung des Nachlasses unseres Vaters als Anteil mir zugefallen waren, unter das Futter meiner Weste genäht. In meinem großen Koffer hatte ich Kleidung und Wäsche, während der kleine Koffer Proviant für die Reise enthielt, in Blechdosen haltbar gemachte türkische Fleischklöße, gefüllten Blätterteig, Süßspeisen, große Blökke weißer Olivenölseife und in einer weiteren größeren Blechdose feinen goldgelben türkischen Tabak. Frau Stange hatte Belkis Khanim geraten, mir Tabak und Seife mitzugeben, weil man gegen diese Waren in Deutschland Lebensmittel »schwarz« tauschen könne...

Auch diese guten Sachen, die ich auf die Reise mitnahm, waren in Istanbul für viel Geld »schwarz« besorgt worden.

Mein Reisebegleiter war ein gemütlicher, verschmitzter Mann. Er versuchte, mit mir ins Gespräch zu kommen, und lächelte immer, wenn ich ihn anschaute. Unterwegs kam des öfteren Militär- und Zivilpolizei ins Coupé und kontrollierte unsere Papiere. Manche Leute grüßten den Kurier freundlich. Anscheinend kannten sie ihn von früheren Reisen.

Nach einer Weile Fahrt hörte ich komische Geräusche im Abteil. Es klang wie Gänsegeschnatter. Es dauerte nicht lange, dann hörte ich deutliches Gepolter, das vom Gepäck des Kuriers kam. Ich schaute meinen Reisebegleiter fragend an, und schon stand er auf, schaute sich erst im Gang des Waggons um, schloß die Tür, zog die Vorhänge zu und holte den einen großen Koffer vom Gepäcknetz auf seinen Sitz im Abteil herunter. Ich staunte mit großen Augen, als er den Deckel des großen Koffers öffnete und zwei herrliche lebende Gänse herausholte. Schnell machte er das Fenster auf und ließ beide abwechselnd die Köpfe aus dem Fenster hinaus in die frische, kalte Luft hängen. Die armen Kerle lebten sofort auf, als sie den Wind des fahrenden Zuges ins Gesicht bekamen, und fingen an, laut zu schnat-

144

tern. Flugs packte der Kurier dann den Schnabel der Tiere und schloß sie in den Koffer wieder ein. Soweit ich ihn verstand, war die eine Gans für die Familie eines hohen Funktionärs der Botschaft, die andere für seine eigene Frau in Berlin bestimmt. Alle paar Stunden, wenn niemand im Korridor zu sehen war, wiederholte der Kurier diese Prozedur und gab den Tieren aus einer Papiertüte Wasser zu trinken, das er aus einer Glasflasche umfüllte. Ich half ihm dabei während der Dauer der Reise. Auf diese Weise wurden wir Freunde und entwickelten gemeinsam eine Methode, uns miteinander zu verständigen.

Als wir nach Mitternacht in Ded/Agatsch, der Bahnstation von Edirne unweit der türkisch-bulgarischen Grenze, hielten, gedachte ich meines verstorbenen Vaters und sprach lautlos, mit innerer Hingabe ein Gebet für ihn. Mir fiel in dem Augenblick auch das Gebet ein, das mein Lehrer mich an meinem ersten Schultag in Istanbul nachsagen ließ: »Herr, erleichtere es, erschwere es mir nicht... Herr, lasse es [mich] im Guten beenden!« Wahrlich, ich brauchte für das große Unternehmen, das ich nun begonnen hatte, den Schutz und die Hilfe Allahs mehr denn je.

Unsere Eisenbahnfahrt ging von Istanbul über Sofia, Belgrad, die damalige Hauptstadt von Serbien, Budapest durch Österreich zur kaiserlich-deutschen Grenze in Oderberg und von dort nach Berlin, Anhalter Bahnhof. Sie dauerte zwei Tage und drei Nächte.

An der bulgarischen Grenze sah ich zum erstenmal bulgarisches Militär in seinen derben, braunen, wollenen Uniformen. Die meisten Soldaten hatten Opanken an den Füßen. Ihre Physiognomie ähnelte der der Türken, aber ich konnte keine Sympathie für sie aufbringen, weil sie während des Balkankrieges die besiegten Türken, gefangene Soldaten wie Zivilbevölkerung, maßlos grausam mißhandelt hatten. Die leichtverschneite Landschaft und die Dörfer waren ärmlich und ähnelten den türkischen. Man sah des öfteren Moscheen mit Minaretten. Kein Wunder, denn Süd- und Ostbulgarien war bis zum Balkankrieg überwiegend von Türken besiedelt. Auch in Nord- und Westbulgarien lebten viele Türken. Seitdem sind über zwei Millionen in die Türkei zurückgewandert, und trotzdem leben heute noch in Bulgarien 700000 Türken als unterdrückte Minderheit.

Die bulgarischen Kontrollbeamten an der Grenze und während der Fahrt durch das Land waren immer von mehreren Deutschen in Uniform begleitet, während in Serbien keine Serben, sondern Deutsche mit Österreichern diese Funktionen ausübten. Die Bulgaren waren Verbündete, die Serben dagegen Feinde, und ihr Land war von Österreich-Ungarn und den Deutschen besetzt. Daher hatten die Serben anscheinend in ihrem Land nichts zu sagen.

Während der Fahrt über Belgrad durch Ungarn überfielen mich wehmütige Gedanken in Erinnerung an die historische Vergangenheit. Ich dachte an die vielen aufeinanderfolgenden siegreichen Schlachten der Türken seit dem Anfang des 14. Jahrhunderts auf dem europäischen Boden gegen in religiösem Eifer zusammengestellte christliche Kreuzritterheere: von Nikepolis, von Kossowa, von Mohatsch. In deren Folge waren ganz Südosteuropa mit dem gesamten Balkan, mit Rumänien, Siebenbürgen, Bessarabien, der Bukowina, den Karpaten, ganz Ungarn mit Budapest sowie die Küsten der Ostadria für Jahrhunderte unter türkische Hoheit gekommen.

Während der Fahrt wurden mir die ungeheuren weiten Strecken, die großen Entfernungen bewußt, die die türkischen Heere damals zurückzulegen hatten. Was war der Antrieb, die Ursache gewesen, die sie veranlaßt hatten, solch schwere, teure, opfervolle Leistungen auf sich zu nehmen?

Draußen auf der endlosen ungarischen Tiefebene lag dicker Schnee. Im grauen, kalten Dunst erschien mir die Vision der alten, bunten Fahnen, die die Türkenheere während ihrer Märsche trugen, die unzähligen Wimpel der *Sipahi* (Reiter) und der *Akindji* (berittene Sondereinheiten), die beim Galopp im Winde flatterten. Das Geräusch des fahrenden Zugs verwandelte sich in meinen Ohren in die donnerartig dröhnenden Paukenschläge der riesigen

146

Schlachttrommel, die sich mit den aus Tausenden von Kehlen ausgestoßenen Schlachtrufen der vorwärtsstürmenden Türken »Allah! Allah!« mischten.

Immer vorwärts gegen den Feind, von Sieg zu Sieg. Warum? Warum nur? Und dann nach Jahrhunderten die Wende im Herbst 1683. Die erste große Niederlage während der Belagerung von Wien. Das war der Anfang des Rückzuges, der Beginn des Niederganges des Reiches. Schritt für Schritt, Schlacht für Schlacht, mit unzähligen Heldentaten, unzähligen Niederlagen, unermeßlichen Verlusten. Über 200 Jahre dauerte der Widerstand der Türken, in denen sie verbluteten – gegen Österreich-Ungarn, gegen Venedig, Genua, Spanien, gegen Rußland, Frankreich, England bis jetzt in einem weltweiten Krieg um Sein oder Nichtsein.

Wie würde dieser Krieg enden? Würden wir Türken mit Deutschland zusammen siegen? Was würde die nächste Zeit bringen? Und was würde aus mir in der Fremde werden, falls wir den Krieg verlieren sollten?

Ein Wirrwarr von Gedanken und Erinnerungen überfiel mich, bis der Zug in Budapest hielt. Hier sah ich zum erstenmal in einem europäischen Bahnhof europäische Bevölkerung, überwiegend Soldaten und Offiziere. Die meisten Zivilisten waren Frauen mit Stiefeln und bunten Kopftüchern sowie wollenen Überwürfen, die hastig auf den Bahnsteigen in die Züge ein- oder ausstiegen und irgendwohin eilten.

In Budapest füllte sich unser Abteil. Zwei Deutsche und zwei Österreicher stiegen zu uns. Alle vier waren Offiziere, vollbepackt mit Säcken, Koffern und Paketen. Ich mußte für ihr Gepäck Platz machen. Der Waggon, ja der ganze Zug war voll besetzt. Die Gänge waren unpassierbar geworden. Mit der bisherigen Gemütlichkeit war es vorbei.

Kaum war der Zug wieder in Bewegung, fingen die neuen Fahrgäste an, sich mit meinem Freund, dem Kurier, lebhaft zu unterhalten. Ich merkte aus den Gesprächen, daß es sich dabei meistens um mich handelte. Ich hörte öfter die Wörter »Türke« und »Fes« fallen. Anscheinend fiel den Herren mein Fes auf, den ich auf dem Haupt trug. Ich war entschlossen, auch in Deutschland den Fes weiterzutragen, so wie die Europäer bei uns ihre Kopfbedeckung, den Hut, trugen. Das war doch eine natürliche Sache! Außerdem hatte ich es auch Belkis Khanim versprochen. Als ich nämlich beim Verlassen unseres Hauses Belkis Khanim zum letztenmal die Hand küßte und sie mich weinend umarmte, gab sie mir unter anderem den Ratschlag: »Und, Muammer! Setze in Alamania [Deutschland] ja nicht den häßlichen Hut auf!« Ich versprach es ihr. Und zwar in voller Überzeugung! Dabei wunderte ich mich, auf was für komische Gedanken meine liebe Belkis Khanim doch kam! Jetzt merkte ich aber bereits im Zug nach Berlin, daß der Fes den Leuten auffiel. Und das beunruhigte mich irgendwie.

In Berlin

In der dritten Nacht unserer Fahrt passierten wir die österreichisch-deutsche Grenze in Oderberg. Ich schlief vor Müdigkeit ein und bekam unseren Aufenthalt im Bahnhof von Breslau nicht mit. Als mich der Kurier am nächsten Morgen in der Frühe weckte, fuhren wir gerade in den Anhalter Bahnhof in Berlin ein. Draußen mußte es sehr kalt sein, da die Fenster des Abteils dick vereist waren und der Kurier mit einem Taschenmesser das Eis vom Glas wegschaben mußte, um draußen etwas sehen zu können.

Froh, die lange Fahrt heil beendet zu haben, dennoch mit einer inneren Spannung schaute ich hinaus aus dem geöffneten Fenster und sah im Schein der Laternen in dem Gewühl von Menschen auf dem Bahnsteig eine Gruppe von etwa zehn türkischen Jungen, die eine türkische Fahne hochhielten. Sie waren wie verabredet gekommen, um mich abzuholen und zum Schülerheim der Deutschtürkischen Freundschaftsvereinigung in Berlin zu führen. Ich verabschiedete mich herzlich von meinen Mitreisenden, vor allen Dingen vom freundlichen Kurier. Der Kurier war sichtlich erfreut, nicht nur darüber, in Berlin zu sein, sondern auch, daß es ihm gelungen war, die fetten türkischen Gänse lebend durch die vielen Länder gebracht zu haben.

Auf dem Bahnsteig wurde ich von den türkischen Jungen begrüßt, und sie stellten mich einem hochgewachsenen Herrn vor, der im Heim als Lehrer oder Aufsichtsperson beschäftigt war. Ich war glücklich, daß es mit meinem Empfang im Anhalter Bahnhof so gut geklappt hatte. Somit war meine große Sorge behoben. Ich war bei der Ankunft in Berlin, der Hauptstadt des Kaiserreichs Deutschland, nicht einsam.

Die Jungen halfen mir, mein Gepäck zu tragen, und wir fuhren gemeinsam mit einer Trambahn zu einem Stadtbezirk von Berlin, wo sich das Schülerheim in einer großen Villa mit schönem Garten befand. Inzwischen wurde es allmählich hell. Berlin war verschneit, und es klirrte vor Kälte. Ich war froh, daß Belkis Khanim ihren Pelz in meinen Mantel eingenäht hatte. Meine Begleiter haben mich darum beneidet.

In dem Heim führten mich die Jungen hinauf in einen großen Schlafraum und zeigten mir mein eisernes Bett. Die erste Frage war: »Hast du auch Eßsachen, Zigaretten und Tabak bei dir?« – »Ja, ich habe etwas . . .« – »In welchem Koffer sind sie?« – »Hier«, sagte ich und öffnete den Koffer mit dem Proviant und den mitgebrachten Sachen. Wie ein Rudel hungriger Wölfe stürzten sich die Jungen auf die schmackhaften Nahrungsmittel, auf die sie so lange hatten verzichten müssen: auf die Halwasüßigkeiten, auf die gefüllten Blätterteigspeisen usw. Was noch vorhanden war, verschwand in kürzester Zeit. Auch ein Großteil des Tabaks und der herrlichen weißen Olivenölseife wurde verteilt. Mir blieben nur ein Paket Tabak und ein großer Block Seife übrig. Obwohl mir dies nicht ganz gefiel, mußte ich mich damit abfinden, weil es bei uns Türken Sitte ist, Geschenke mitzubringen, wenn man als Gast irgendwohin kommt. Außerdem tröstete es mich, meinen Landsleuten auf diese Weise eine große Freude bereitet zu haben.

Nach einer Weile wurde ich zum Direktor des Heims, Dr. Ryll, gerufen. Er war ein hagerer mittelgroßer Herr, der eine Brille trug (mir fiel auf, daß die meisten Deutschen, denen ich bisher in Istanbul und auf der Anreise begegnete, Brillen trugen). Er empfing mich freundlich, unterhielt sich mit mir über den Verlauf meiner Reise, ließ mich einige Formulare ausfüllen und sagte: »Sie werden zwei Nächte in unserem Heim bleiben. Übermorgen abend fahren Sie mit einem Nachtzug nach Mannheim weiter. Dort werden Sie am Bahnhof abgeholt und zum türkischen Honorarkonsul geführt, der für Ihre Unterkunft und Schuleintragung zuständig ist. Wir geben Ihnen hier Ihre Fahrkarte bis Mannheim sowie für drei Tage Lebensmittelbezugsscheine. In Mannheim werden Sie neue Scheine erhalten. Die Kosten Ihrer Pension und der Schule werden vom türkischen Honorarkonsul beglichen. Er ist Mitglied und Gründer unserer Vereinigung und zuständig für Süddeutschland. Haben Sie irgendeinen Wunsch?« – »Hier habe ich einen Brief an Frau von Wegerer in Berlin. Die Dame muß ich besuchen und ihr den Brief übergeben«, antwortete ich. »Das können Sie morgen vormittag erledigen. Jemand von uns wird Ihnen dabei helfen«, meinte Dr. Ryll.

Ich bedankte mich und fragte, ob ich ihm die 104 Stück türkischen Goldmünzen zur Aufbewahrung übergeben könne. Dr. Ryll bejahte dies, worauf ich meine Weste öffnete und aus dem Inneren des Futters den Beutel mit den Goldmünzen hervorholte. Dr. Ryll zählte sie erst nach und legte sie dann gegen eine Quittung in die Kasse hinter seinem Stuhl.

Ich war erleichtert und erfreut über den freundlichen Empfang. Meine erste Spannung hatte sich gelegt. Alles am ersten Tag in Berlin, in Deutschland verlief positiv und angenehm. Ich schlief nachts einen tiefen Schlaf.

Frau von Wegerer

Auf dem Kuvert des Briefes, den Frau Stange an ihre Schwester in Berlin schrieb, stand als Adresse:
I. H. Excellenz Frau von Wegerer
Lauterstraße 16,
Grunewald, Berlin
Vor der Abfahrt nach Mannheim wollte ich am nächsten Vormittag nach meiner Ankunft in Berlin diesen Auftrag erfüllen und Frau von Wegerer besuchen, um ihr den Brief ihrer Schwester zu übergeben.

Ein Herr des Schülerheims begleitete mich bis zu einer Eisenbahnstation, löste Fahrkarten nach Friedenau und zurück und setzte mich in ein Waggonabteil. Ich sollte in Friedenau aussteigen, die Lauterstraße sei ganz in der Nähe, ich würde sie leicht finden. Auf demselben Wege sollte ich dann auch ins Heim zurückfahren.

Für mich wurde diese Fahrt zu einem Abenteuer. Denn im Gewühl von Bahnsteigen, von in beiden Richtungen ankommenden und abfahrenden Zügen und dem für mich völlig ungewohnten dichten Verkehr verpaßte ich das Schild »Friedenau«. Aus einer Fahrt von angeblich einer Viertelstunde wurden mehrere Stunden! In dem Berliner Ringzug blieb ich verzweifelt sitzen, bis sich eine dicke Schaffnerin meiner annahm. Als wir mit dem Zug ganz Berlin umfahren hatten und wieder am Bahnhof Friedenau ankamen, ließ sie mich aussteigen.

In Friedenau konnte ich dann tatsächlich leicht das Haus Lauterstraße 16 ausfindig machen. Hier gab es eine weitere Panne: In der Straße gab es Reihenhäuser mit kleinen Vorgärten. Ich machte die niedrige eiserne Tür des Vorgartens auf und stieg die paar Stufen zur Haustür hinauf. Sie war geschlossen. An der Seite fand ich unter den Klingelknöpfen den Namen »von Wegerer« und drückte auf die Klingel. Von dem vergitterten Glasfenster der Türe konnte man in den Treppenaufgang sehen. Ich schaute also hinein in der Hoffnung, daß jemand herunterkäme, um die Tür aufzumachen. Statt dessen hörte ich jedoch mehrmals komi-

151

sche, sonderbar röchelnde Geräusche an der Tür, wenn ich wieder auf den Knopf drückte.

Ich war schon kurz davor, unverrichteter Dinge wegzulaufen, da sah ich einen jungen eleganten Offizier in deutscher Uniform zum gleichen Haus kommen: »Zu wem wollen Sie?« sprach er freundlich lächelnd in tadellosem Türkisch. Aus meinem Staunen wurde dann eine große Überraschung. Es war Hassan Djawad, der Sohn von Djawad Pascha, dem Kommandanten der Festungsanlagen der Dardanellen. Seine Familie wohnte in einem schönen großen türkischen Holzkonak kaum einige hundert Meter von uns entfernt in Nischantasch. Strahlend vor Freude haben wir uns umarmt. Hassan kam als Retter in der Not. Ich erzählte ihm, was mich hierherführte, und Hassan erzählte mir, daß er ja bei der Frau von Wegerer wohnte und zur Zeit im Garderegiment des Kaisers diente. Er drückte noch einmal auf den Klingelknopf. Als von der Tür wieder das komische Geräusch zu hören war, stieß er die Eingangstür auf, wir beide gingen hinein. Ich war erstaunt und nicht wenig verlegen, daß ich den automatischen Trick des Türschlosses nicht bemerkt hatte. So etwas war mir zum erstenmal begegnet!

Frau von Wegerer war über mich durch ihre Schwester bereits bestens unterrichtet worden. Sie empfing mich mit großer Liebenswürdigkeit, und wir unterhielten uns mehrere Stunden am verspäteten Mittagstisch. Sie gab mir, bevor ich von ihr Abschied nahm, auch einen Brief an eine befreundete Dame namens Frau Elisabeth Wulff in Mannheim mit, die ich auf alle Fälle besuchen und der ich den Brief übergeben sollte. Ich erzählte auch meine abenteuerliche Fahrt mit der Stadtbahn am gleichen Morgen und die Episode an der Eingangstür des Hauses, worauf wir alle fröhlich lachten.

Frau von Wegerer sagte, daß ihr Mann vor dem Krieg Verwaltungspräsident von Elsaß-Lothringen gewesen sei. Nach dessen Tod hatte sie einige Zeit lang in Mannheim gewohnt und war mit Frau Wulff befreundet. Es stellte sich heraus, daß bei der Entscheidung für Mannheim als mei-

152

nen Wohnort durch die Deutsch-türkische Freundschaftsvereinigung die Verbindungskette der Frau Stange über
ihre Schwester in Berlin eine Rolle gespielt hatte.

Man meinte, daß das Klima in Berlin für mich zu kalt sei.
Frau Stange empfahl, daß man mich im Süden, falls möglich in Mannheim, unterbringe. Da dies nun geschehen
war, empfahl mich Frau von Wegerer ihrerseits der Frau
Wulff in Mannheim. Ich war herzlich froh darüber. Auf
diese Weise wäre ich auch in Mannheim nicht ganz verlassen und hätte für den Notfall einen verläßlichen Anker-
platz. Nachdem ich mich bei Frau von Wegerer wärmstens
bedankt hatte, verabschiedete ich mich von ihr mit einem
Handkuß, wie es bei uns die Sitte ist. Da Frau von Wegerer
noch an der Tür danach fragte, erläuterte ich ihr die Bedeutung dieser Form des Handkusses. Mit einer Verbeugung
wird die Hand erst geküßt und dann zur eigenen Stirn
geführt. Die Hand zur Stirn führen gilt als Zeichen der
Verehrung sowie als Unterschied zum Liebeskuß.

Mannheim

Nach einer sehr unbequemen Fahrt, die die ganze Nacht
dauerte und von Berlin über Leipzig und Frankfurt führte,
kam ich am nächsten Morgen etwa um acht Uhr in Mannheim an. Der Zug und unser Abteil, Holzklasse, waren
dicht besetzt, die Gänge der Waggons gestopft voll: alles
Soldaten, vollbepackt mit Koffern, allerlei Säcken, Paketen
und ihren Stahlhelmen. Die Luft war kaum zum Atmen
geeignet. Miserabelster Tabakrauch kratzte meine Nase,
meinen Rachen, und ich mußte fortwährend husten. Meine
Augen brannten und tränten. Wieder schauten mich alle
Reisenden neugierig an. Ich verkroch mich auf meinen
Eckplatz am Fenster und wagte mich nicht aus dem Abteil
hinaus. Der Fes auf meinem Haupt fiel offensichtlich auch
hier den Leuten auf.

Wenn der Zug irgendwo anhielt, stiegen viele Reisende
aus, aber ebenso viele wieder ein. Vor Müdigkeit und Bewe-

gungslosigkeit steif geworden, schlief ich schließlich ein. Plötzlich stieß mich jemand an der Schulter, und als ich die Augen erschrocken aufmachte, saß neben mir eine Frau mittleren Alters und schaute mich lächelnd an, während sie mich mit der einen Hand rüttelte. Mit schläfrigen Augen drehte ich meinen Kopf zu ihr und fragte, was sie wolle. Da grinsten auch alle im Abteil Schulter an Schulter gepreßt sitzenden Soldaten mich an. »Türke? Türke?« fragte die Frau aufgeregt und lächelte. »Oui, Madame – ja, gnädige Frau«, antwortete ich.

Darauf fing sie an, mit den Händen gestikulierend irgend etwas zu erzählen, wovon ich nichts verstand außer den dazwischen fallenden Worten »Goeben, Yawuz..., Selim..., Sultan...«. Jeder Versuch, mich mit ihr in Französisch zu verständigen, scheiterte. Auch die anderen Mitreisenden, alle uniformiert (Soldaten und Offiziere), die sich teilweise in den Versuch einer Kontaktaufnahme mit mir einmischten, hatten keinen Erfolg. Ich war enttäuscht und überrascht, daß keiner meiner Gesprächspartner Französisch verstand.

Die Frau überschüttete mich unterdessen weiter mit Liebenswürdigkeiten, während sie mich fortwährend berührte oder am Arm streichelte, obwohl ich mich deutlich zurückhaltend – um nicht zu sagen: abweisend – verhielt. Als sie jedoch zum Schluß auch noch meinen Fes vom Haupt nehmen wollte, ließ ich sie merken, daß sie zu weit ginge.

Soweit ich verstehen konnte, kannte sie irgendeinen Mann, der ihr nahestand und in der Türkei auf der »Goeben« (»Yawuz Sultan Selim«) war. Aber mehr begriff ich nicht. Zum Glück hielten wir nach nicht mehr allzu langer Fahrt in Mannheim. Als ich ausstieg, war die arme Frau merklich traurig.

Ein älterer Mann in Pförtneruniform kam mir entgegen, zeigte auf einem Papier meinen Namen vor und begrüßte mich. Er kam, um mich vom Zug abzuholen und mich zum türkischen Honorarkonsul zu begleiten. Wir teilten unter uns das Gepäck auf, und ich folgte ihm durch den Bahnhof auf die Straße. Alle Leute, die mich erblickten, schauten mich überrascht und neugierig an. Wir überquerten eine breite Allee und bogen links ein in eine Straße, ohne uns miteinander unterhalten zu können. Plötzlich entdeckten mich einige Buben, rannten, ihr Spiel unterbrechend, auf mich zu und schrien, während sie mit den Fingern auf mich zeigten: »Kümmeltürke! Kümmeltürke!«

Obwohl der brave Pförtner des Konsuls versuchte, die Kinder wegzujagen oder sie zumindest zum Schweigen zu mahnen, war es nicht möglich, sie loszuwerden. Im Gegenteil: Eine Menge anderer Kinder, Buben wie auch Mädchen, schloß sich ihnen an und lief rechts und links, hinter oder vor uns den ganzen Weg mit, wobei sie fortwährend laut »Kümmeltürke! Kümmeltürke!« riefen. Passanten, die dies sahen oder das Geschrei hörten, wandten sich um und entdeckten ihrerseits in der Mitte des Rudels mich mit dem Fes und dem verzweifelt die Kinder beschimpfenden und ihnen mit der Faust drohenden Pförtner. Alle Augen auf dem Wege waren auf mich gerichtet: Jede Frau, jeder Mann, alt oder jung, blieben stehen und schauten staunend und neugierig nach mir. Einige beherzte ältere Frauen schüttelten den Kopf und beschimpften die Plagegeister. Es war aber alles umsonst. Die Zurufe »Kümmeltürke! Kümmeltürke!« und das Ulken hörten nicht auf. Unentwegt lief die ganze Bande neben und hinter uns an einer großen Jesuitenkirche vorbei, bis wir ein imposantes Gebäude, in dem der türkische Honorarkonsul amtierte, erreichten.

Der Pförtner bemühte sich anscheinend, mich mit allerlei Gesten, Handzeichen und Worten, die ich freilich nicht verstand, wegen des peinlichen Vorfalls zu trösten. Aber für mich war der Tag meiner Ankunft in Mannheim gründlich verdorben. Meine hoffnungsvollen Erwartungen hatten auf diese Weise einen Knacks erhalten. Ich war verärgert, beleidigt und enttäuscht von der wilden Ungezogenheit, der ich ausgesetzt war.

Mit großer Mühe beherrschte ich mich und dachte, daß es vielleicht ein Zufall war, so schlecht erzogenen und aufdringlichen Straßenkindern begegnet zu sein.

Konsul Reiser

Der Direktor der Rheinischen Kreditbank in Mannheim hieß Reiser und war ehrenamtlich auch türkischer Konsul. In dem schönen Bankgebäude gegenüber dem Mannheimer Nationaltheater – dazwischen lag eine Parkanlage – ging ich durch zwei schwere Holztüren in ein mit teuren Möbeln versehenes, reichausgestattetes Zimmer. Herr Konsul Reiser empfing mich freundlich und sprach zu meiner unendlichen Freude Französisch mit mir. Der mich begleitende Pförtner hatte ihm mit lebhaften Worten und deutlich verärgerter Miene die Vorfälle während unseres Weges vom Bahnhof bis zur Bank erzählt.

Nachdem der Pförtner das Zimmer verlassen hatte, sagte Herr Reiser zu mir: »Seien Sie deswegen nicht traurig. Es sind eben Kinder, die nichts gesehen haben. Der rote Fes hat sie gelockt und ihre Neugier erweckt. Außerdem: ›Kümmeltürke‹ ist kein Schimpfwort, sondern ein freundliches Scherzwort.«

Ich fragte ihn, was denn »Kümmel« heiße. Er sagte: »Kümmel ist der Name eines beliebten Gewürzes.« – »Wieso soll der Türke ein Gewürz sein?« fragte ich verwirrt. »Warum sagt man zu den Türken ›Kümmel‹?« – »Ich weiß wirklich nicht, warum«, antwortete er und bestellte einen echten türkischen Kaffee, den wir gemeinsam tranken. Dies sollte für viele Jahre mein letzter echter türkischer Kaffee gewesen sein.

Nach einigen allgemeinen Fragen gab mir Herr Konsul Reiser seine Instruktionen: »Mein Pförtner wird Sie jetzt zu Ihrer Pension bringen, wo Sie Ihr Gepäck lassen werden. Von dort werden Sie zur Oberrealschule gebracht, wo Sie bei Herrn Direktor Rose eingeschrieben werden. Er erwartet Sie. Das ist die Schule, die Sie von nun an besuchen werden. An jedem Monatsende wird Ihnen die Pensionsbesitzerin, Frau Gamer, die Rechnung aufstellen, die Sie kontrollieren und unterschreiben werden. Ich bezahle hier diese Kosten sowie das Schulgeld für Sie im Namen der Deutsch-türkischen Freundschaftsvereinigung. Jeden Frei-

tagnachmittag um sechzehn Uhr kommen Sie mich hier
besuchen. In Dringlichkeitsfällen können Sie immer zu
mir kommen, zu jeder Zeit. Hier in Mannheim leben auch
Landsleute von Ihnen, Studenten sowie Soldaten. Die sind
alle älter als Sie. Um auch schnell Deutsch zu lernen, ist es
besser, wenn Sie mit deutschen Kameraden verkehren. Sie
müssen so schnell wie möglich die deutsche Sprache erlernen, damit Sie dem Unterricht in der Klasse folgen und
erfolgreich sein können. Haben Sie irgendeinen Wunsch?«
»Ja, Herr Konsul! Ich habe Goldstücke mitgebracht, türkische Goldlira.* Die möchte ich Ihnen übergeben, wenn
Sie erlauben. Ich habe auch zur Zeit kein deutsches Geld
bei mir.« – »Schön. Das ist ja viel Geld, 104 türkische Goldstücke. Die werde ich für Sie aufbewahren und gut verwalten«, sagte er lächelnd, übernahm von mir die Münzen,
zählte sie und quittierte mit seiner Unterschrift auf einem
Papier. Dann gab er mir aus seiner Tasche etwas deutsches
Geld als Vorschuß, worauf ich mich verabschiedete und
mit dem Pförtner in die Pension ging. Dort ließen wir das
Gepäck bei der Pensionsbesitzerin und gingen eiligen
Schrittes in die Oberrealschule Mannheim.

Direktor Rose

Ein sehr hagerer, langer, etwas gebückter Herr mit Zwicker
und einem grauen Schnurrbart stand im Direktionszimmer
in der Oberrealschule, als ich eintrat. Er war über meinen
Besuch unterrichtet und erwartete mich. Sofort ließ er einen Herrn herbeirufen, das war Herr Dr. Striegel, der Klassenlehrer. Nach ein paar Begrüßungsworten sollte ich in
die Schule aufgenommen werden und außerdem die
Klasse, der ich angehören sollte, bestimmt werden. Der
Direktor verlangte meinen Paß. Beide Herren blätterten
darin herum, sprachen miteinander auf deutsch, und

---

* Die Goldstücke hatte ich vor meiner Abfahrt von Berlin von Dr. Ryll,
  dem Leiter des türkischen Schülerheims, wieder zurückerhalten.

schließlich stellte mir Direktor Rose folgende Frage: »Wie heißen Sie?« – »Ishak Muammer, Herr Direktor«, antwortete ich. »Haben Sie einen Stiefvater?« fragte der Direktor weiter. »Nein, Herr Direktor.« – »Wieso steht aber dann in Ihrem Paß Mehmed Djemaleddin als Ihr Vater?« – »Das ist normal, Herr Direktor. Wir haben in der Türkei keine Familiennamen.* Man sagt Ishak Muammer, Sohn von Mehmed Djemaleddin, zum Beispiel.« – »So? Ist so etwas möglich? Was macht man in den Schulen, um die Jungen voneinander zu unterscheiden und genauer zu identifizieren, wenn zum Beispiel gleiche Namen vorkämen?« – »Herr Direktor, da bekommen die Schüler Nummern. Meine Nummer in der letzten Schule zum Beispiel war 52. In der früheren Schule, die ich in Istanbul besuchte, hatte ich die Nummer 66.«

Die beiden Herren sahen sich kopfschüttelnd an und trugen die Personalien in die Formulare ein, wie es im Paß stand. Doktor Rose meinte, ich solle bei der polizeilichen Anmeldung die Behörden auf diese Umstände aufmerksam machen. Er hatte recht. Nicht nur vor der Polizei, überall mußte ich von da an jahrelang diese Erklärungen abgeben, wenn es sich um die Bekanntgabe meiner Personalien handelte.

Bei der Bestimmung meiner Klasse wurden wir dagegen schnell einig: Nach einigen Fachfragen stellte Dr. Striegel fest, daß meine zehnte Klasse, in die ich laut dem vorgelegten und von mir übersetzten Abgangszeugnis in Istanbul versetzt worden war, der Obersekunda (O II) hier entsprach. Da jedoch inzwischen drei Viertel des Klassenjahres verstrichen waren, entschied ich mich, in die Untersekunda zu gehen, um bis zur allgemeinen Versetzung aller Schüler in einigen Monaten – zu Ostern – die Zeit zu verwenden, etwas Deutsch zu lernen und mich an die fremden Schulbedingungen anzupassen. Von Ostern an könnte ich

---

* Im alten Osmanischen Reich gab es offiziell keine Familiennamen. Erst unter Mustafa Kemal Atatürk wurden Anfang der dreißiger Jahre Familiennamen gesetzlich eingeführt.

dann in meine richtige Obersekundaklasse eintreten. Dr. Rose und Dr. Striegel waren sofort damit einverstanden.

Mein Besuch fand an einem Samstagvormittag statt. Damals – Anfang Dezember des Jahres 1917 – war der Samstag kein freier Tag. Am Montag sollte ich, so meinte Dr. Rose, pünktlich um 7.50 Uhr in der Frühe in die Schule kommen. Nachdem die Herren wieder auf deutsch miteinander gesprochen hatten, wobei beide mehrfach versuchten, unauffällig und verstohlen nach meinem Fes zu blikken (was mir aber nicht entging), sagte Dr. Rose etwas verlegen und vorsichtig: »Herr Muammer, ihr Fes ... der steht Ihnen wohl gut ... er ist eine schöne Kopfbedeckung. Bei uns ist es aber Sitte, wenn man irgendwo eintritt, den Kopf zu entblößen, den Hut abzunehmen. Hier tragen die Schüler Schülermützen, welche sie in der Schule abnehmen. Wollen Sie das nicht auch tun und Ihren Fes abnehmen?« – »Herr Direktor, bei uns ist es umgekehrt. Als Zeichen der Ehrung decken wir unser Haupt zu: In der Moschee, in der Klasse muß man bei uns die Kopfbedeckung aufbehalten.« – »Wir sind aber jetzt in Deutschland!« – »Die Ausländer, die Christen, tragen bei uns in Istanbul Hüte. Kein Mensch stört sich daran. Und ich werde hier als Türke meinen Fes tragen und mich auch entsprechend verhalten«, entgegnete ich mit Bestimmtheit dem Direktor, betroffen und nicht minder erregt. »Na gut, wie Sie wollen, Muammer«, erwiderte daraufhin der erfahrene Direktor. »Ihr Klassenlehrer, Herr Dr. Striegel, begleitet Sie jetzt zu Ihrer Klasse in der gleichen Etage in die Untersekunda und wird Sie mit Ihren Klassenkameraden bekannt machen. Dann gehen Sie nach Hause, und wir sehen uns wieder am Montagmorgen. Alles Gute!«

Als er mir zum Abschied die Hand schüttelte, erklang die Schulglocke. Dr. Striegel ging vor, und ich folgte ihm. Kaum waren wir vor der Tür des Direktorzimmers, sah ich einige Türen der Klassen im Korridor sich öffnen und Schüler herauskommen. Sobald mich einige von ihnen erblickt hatten, glotzten sie mich verstört an und begannen wie die Wilden zu schreien: »Türke! Türke!«

Nun strömten sämtliche aus den Türen der Klassen tretenden Buben auf uns zu. Dr. Striegel stellte sich sofort vor mich und rief die Jungen laut und aufgeregt zur Ordnung. Die Jungen bildeten einen dichten geschlossenen Halbkreis um uns beide und schrien, wie die Indianer in die Luft hüpfend und strampelnd, weiter: »Türke!... Türke!... Kümmeltürke!«

Da öffnete sich hinter mir die Tür des Direktors. Er stürzte wütend heraus, stieß mich in sein Zimmer und schloß die Tür hinter mir zu. Meine Stimmung kann man sich vorstellen. Ich war völlig verstört und niedergeschlagen. Ich konnte es nicht fassen, daß erwachsene Jungen sich derart ungezogen und ungebührlich benehmen konnten. Aus den Gesichtern der Buben hatte ich zwar keine böswillige Wut herauslesen können, dennoch war mir das Verhalten der Schüler unangenehm und schien mir diskriminierend. Mit ihrem lauten Lachen und ihren tobenden Rufen »Türke... Kümmeltürke...« machten sie mich zu einem komischen Objekt. Dieser Umstand beleidigte mich. Zum Glück hatte kein Junge meinen Fes anzufassen versucht, sonst hätte ich mich wütend gewehrt, und dann wäre es vielleicht zu Tätlichkeiten gekommen, deren Folgen für mich auch unabsehbar gewesen wären.

Ziemlich verstört kamen schließlich der Direktor und Dr. Striegel ins Zimmer zurück, nachdem es wieder geläutet hatte und die Schüler in ihre Klassen gegangen waren. Beide bemühten sich, mich soweit wie möglich zu beruhigen: Es wäre nicht böse gemeint gewesen von den Schülern, sie hätten sich gefreut, daß in ihre Schule nun ein türkischer Junge käme, und ich solle unbesorgt Montag in die Klasse zurückkommen, so etwas würde sich nicht mehr wiederholen. Trotz meiner Verärgerung blieb mir auch nichts übrig, als mich zu gedulden und abzuwarten.

Bei dieser Gelegenheit und auch, um das Gespräch auf ein anderes Thema zu bringen, erklärte mir Herr Direktor Rose außerdem, daß in der Oberrealschule als Fremdsprachen Französisch und Englisch obligatorisch wären. Da ich Französisch konnte, sollte ich also außer der deutschen

Sprache auch noch Englisch lernen. Ich nahm diese zusätzliche Überraschung zur Kenntnis und verließ ziemlich niedergeschlagen das Zimmer.

Der brave Pförtner des türkischen Honorarkonsuls, der beim Schultor auf mich gewartet hatte und die ganze Toberei oben gehört hatte, brachte mich von der Schule zurück zur Pension von Frau Gamer mit der Adresse Am Paradeplatz D 1–2 mitten in der Stadt Mannheim. Natürlich war ich auch auf dem Rückweg wieder der Anziehungspunkt aller Menschen, die uns in den Straßen begegneten. Männer wie Frauen, jung und alt: Wer mich erblickte, drehte sich nach mir um, schaute, glotzte mich an.

Pension Gamer

Am Paradeplatz auf der Hauptstraße vom Schloß zur Nekkarbrücke gab es den Handschuhladen Roeckel. Daneben befand sich der Eingang zum Hause D 1–2, in dessen drittem Stockwerk Frau Gamer mit ihrem Mann wohnte. In einem Zimmer im hinteren Abschnitt der Wohnung neben der großen Küche, welche auch als Eßzimmer eingerichtet war, hatten die Gamers ihr Schlafzimmer, während drei weitere Zimmer als Pension vermietet wurden. Ich hatte ein Balkonzimmer im vorderen Teil der Wohnung mit Blick auf den Paradeplatz. Herr Gamer, ein behäbiger dicker Mann Anfang fünfzig, der zum Militär eingezogen war, aber anscheinend in Mannheim diente, kam mehrfach in der Woche nach Hause. Er sprach wenig, und wenn er sprach, unverständlich leise, immer mit einer alten dicken Pfeife im Mund, deren Mundstück schon gründlich zerbissen war. Frau Gamer dagegen, eine quirlig-lebhafte, leicht ergraute Frau (Ende dreißig oder Anfang vierzig), war äußerst gesprächig und immer zum Lachen und zu Späßen aufgelegt. Sie mußte viel arbeiten, um mit mir, vier weiteren Pensionsgästen und ihrem Mann, wenn er zu Hause war, fertig zu werden. Sie gab den anderen Gästen nur Zimmer mit Frühstück. Ich war dagegen in Vollpension bei ihr.

161

Als mich der Bankpförtner kurz nach ein Uhr mittags in die Pension zurückbrachte, hatte Frau Gamer schon das erste Essen für mich bereitgestellt. Ich gab ihr dafür meine Lebensmittelkarten, die ich im Schülerheim in Berlin von Dr. Ryll erhalten hatte. Das Mittagessen bestand aus einer durchsichtigen Brühe mit ein paar kleinen rübenartig schmeckenden Gemüsestückchen darin. Dann kam in einem Teller eine gelbliche, wäßrige Masse auf den Tisch, daneben ein etwa fünf Zentimeter langes, zweieinhalb Zentimeter dickes dunkelviolettrotfarbenes weiches Ding. Frau Gamer gab sich allerlei Mühe, mit Gesten, Zeichen und viel Gerede mir verständlich zu machen, daß dieses Menü ein »Festessen« sei und selten wieder zu haben wäre! Nur war ich leider weit entfernt davon, mich für das so gelobte Essen zu begeistern. Obwohl ich sehr hungrig war, konnte ich außer zwei, drei Löffeln nicht mehr von der Suppe kosten. Die wäßrige Brühe im Teller war Rübenbrei, natürlich ohne Fleisch und fast ohne Fett, mit ein wenig Schweinespeck angemacht. Der Geschmack war unangenehm.

Ich stach vorsichtig mit der Gabel auf das dunkle, wurstartige, im Teller liegende Ding und zerriß das Pergamentpapier, womit es umwickelt war (Darmhäute waren damals selten), um festzustellen, was es überhaupt war. Als ich die Umhüllung zerriß, floß eine dunkelviolettrote, schwabbelige Masse heraus. Allein der Anblick genügte, um mir die ganze Mahlzeit zu verekeln. Ich konnte nur mit Mühe den Brechreiz zurückhalten.*

Was sollte ich jetzt tun? Das einzige, was ich essen konnte, war die einzelne Scheibe dunkles Brot, die dabeilag. Es schmeckte wie auch in Berlin viel besser als unser Kriegsbrot in Istanbul. Die arme Frau Gamer war untröstlich. Sie strengte sich an, mich zu überreden, etwas von

---

* Es war Blutwurst, Kriegsware, mit ein paar kleinen Schweinespeckwürfeln darin. Dabei muß man bedenken, daß ich als Muslim kein Schweinefleisch essen durfte und mich sogar davor ekelte, wie dies bei den meisten Türken der Fall ist.

ihrer so lebhaft gepriesenen Speise zu essen, aber es war unmöglich für mich. Mir war es peinlich, die Speise zu verschmähen, aber ich konnte nicht anders. Frau Gamer sprach, sprach und sprach. Leider konnte ich sie nicht verstehen. So endete die erste Mahlzeit bei Frau Gamer bedauerlicherweise gänzlich unbefriedigend. Nachdem ich am Abend auch eine dem Mittagsmenü ähnliche Speise nicht essen konnte und wieder beiseite schob, brachte Frau Gamer mir zwei Scheiben Brot, die zwei in einem der Pensionszimmer zusammenwohnende Unteroffiziere gespendet hatten, und ein Stück erbärmlich riechenden Käse (Mainzer Handkäse). Bei uns kennt man solche Käsearten nicht. Ich überwand auf allerlei Zureden von Frau Gamer hin meine Zweifel an der Qualität des dargebotenen Käsestückes und aß es schließlich wohl oder übel, meine Nase zuhaltend, zusammen mit den beiden Scheiben Kommißbrot und trank dazu eine Tasse Kriegstee. Ich war froh, endlich etwas im Magen zu haben. Da durch die Strapazen der Reise und die aufregenden Erlebnisse der letzten Tage die Müdigkeit mich überwältigte, verzog ich mich gleich in mein Zimmer zum Schlafen.

Bei dieser Gelegenheit begegnete ich zwei weiteren Problemen. Das eine war das Klo, das andere das Bett. Im Hause Gamer gab es nur eine Toilette. Das war schon unangenehm genug. Der Sitz bestand aus einem in der Mitte kreisförmig ausgeschnittenen Holzbrett. Daneben hingen an der Wand an einem Haken mit der Schere zerschnittene viereckige Zeitungspapierstücke. Es gab kein Bidet oder eine andere Waschgelegenheit in dem Örtchen. Wir Türken müssen uns nach Verrichtung des »Geschäftes« mit Wasser waschen, bevor wir die Toilette verlassen. Papier allein ist für die Sauberkeit nicht ausreichend. Waschung mit Wasser ist erforderlich. Daran sind wir gewöhnt. Ungewaschen gelten wir als »schmutzig« und können Gottes Wort nicht in den Mund und kein Brot in die Hand nehmen. Wie sollte ich nun mit dem Problem fertig werden? Wie sollte ich das Frau Gamer erklären? Ich habe versucht, mit allerlei Vorkehrungen das Problem allein zu lösen. Mit vielen Umständen und manchem Ärger habe ich schließlich die Frage, soweit es eben ging, geklärt.

Das zweite Problem war das Bett: Als ich die Tür hinter mir schloß und vor dem Holzbett stand, sah ich ein Bettsystem vor mir, dessen Gebrauchsweise mir völlig fremd war: Zwei für meine Maßstäbe riesengroße, dicke Kissen lagen auf der Kopfseite. Ich versuchte, mit dem Finger darauf zu drücken. Es war weich wie Luft, und mein Finger stieß tief hinein. Je weiter ich drückte, desto tiefer sank mein Finger. Ich war aber an unsere Kissen gewöhnt, die hart und nur so breit sind, daß gerade der Kopf darauf liegen kann. Die vorliegenden Kissen waren nicht nur außerordentlich weich wie Butter, sondern reichten tief über die Schulter bis zum oberen Rücken. Unmöglich, darauf zu schlafen! Also nahm ich das eine Kissen weg, das andere Kissen faltete ich zweimal, so daß es zum bloßen Stützen des Kopfes dienen konnte.

Dann die Sache mit der Decke. Ich kannte nur unsere Decken: je nach der Jahreszeit dünne Baumwolldecken im Sommer, für die kältere Zeit Woll- oder Steppdecken aus Baumwolle beziehungsweise beide zusammen, falls es noch kälter wurde. Hier sah ich eine wollene Decke bis unter die Kopfkissen hinein ausgebreitet und an den Seiten um die Matratzen herum festgesteckt, darüber eine kurze, fast vierzig Zentimeter hohe, mir unbekannte Sache (das Plumeau), die sich ebenso weich und leicht anfühlte wie das Kopfkissen.

Ich stand einige Zeit ratlos in meinem Nachthemd vor dem komischen Bett, und dann kroch ich vorsichtig von der Kopfseite her unter das dicke Zeug, welches da auf dem Bett lag. Da das dicke Zeug über mir meinen Körper nur bis zum Knie deckte, kroch ich wieder vorsichtig heraus und holte meinen pelzgefütterten Mantel, mit dem ich meine Beine bedeckte und das dicke Zeug dann für den Rumpf benutzte. Ich lag also auf diese Weise zwischen der Wolldecke und dem nicht aufgeschlagenen Plumeau. Frau Gamer zu rufen und sie zu Rate zu ziehen, um zu erfahren, wie das Bett zu verwenden sei, wagte ich nicht, weil ich fürch-

164

tete, sie werde mich auslachen wegen meiner mangelhaften Bildung, was westliche »Zivilisation« betraf. So lag ich mit dem einen zweifach gefalteten Kissen unter dem Kopf, dem dicken unaufgeschlagenen Plumeau auf meinem Körper und meinem Pelzmantel über den Beinen steif und unbeweglich im Bett wie eine Mumie und schlief todmüde ein, ohne die Kraft aufzubringen, über die vielen fremden und zum großen Teil unangenehmen und entmutigenden Erlebnisse nachdenken zu können.

Durch mehrfaches Klopfen von Frau Gamer an die Zimmertür wachte ich auf. Vorsichtig kroch ich wieder aus dem Bett, zündete die Kerze auf meinem Nachttisch an und setzte das auf dem Stuhl zur Seite gelegte Kissen wieder an seine Stelle. Das dicke, kurze Plumeau rückte ich wieder etwas in die Mitte des Bettes, nahm meinen Mantel auf die Schulter und machte die Tür auf. Frau Gamer trat ein. Sie trug auf einem Brett mein Frühstück, stellte es auf den Tisch und steckte mit einem Zündholz die Gaslampe darüber an. Als sie sich umdrehte, sah sie das Bett wie unberührt daliegen. Laut lachend und lebhaft gestikulierend mit mir redend (natürlich verstand ich sie nicht), lief sie zu ihm, zog die Wolldecke unter dem Kissen heraus und öffnete sie. Dann hob sie mit beiden Händen das Plumeau hoch, warf es in der Luft herum und klopfte fest mit beiden Händen darauf, so daß es sich über das ganze Bett ausbreitete und natürlich dadurch dünner wurde. Dann schaute sie mich lachend an, während sie mit dem rechten Zeigefinger ein paarmal an ihrer rechten Schläfe wie ein Bohrer drehte.* Ich stand vor ihr mit meinem Mantel über dem Nachthemd im kalten Zimmer und mit dummem Gesicht. Das, was ich am Abend zuvor vermeiden wollte, war jetzt genau eingetreten. Ich war vor Frau Gamer schön blamiert! Die Frau ihrerseits konnte mit Lachen und Kopfschütteln nicht mehr fertig werden, als sie das Zimmer verließ.

---

* Was dieses Zeichen bedeutete, wußte ich damals nicht. Bei uns klopft man mit der Hand auf die eigene Stirn, wenn man etwa jemandem zu verstehen geben will: »Mensch, bist du von Sinnen?«

Nachdem ich mich mit Mühe gewaschen hatte,* trank ich den schwarzen, heißen Ersatzkaffee mit Süßstoff und aß eine dünne Scheibe Brot mit ein wenig Marmelade. Dann zog ich mich an. Draußen war es inzwischen hell geworden. Eine dünne Schneedecke lag auf den Dächern. Ich öffnete die Balkontür und fand das Wetter kalt, jedoch viel milder, als es in Berlin gewesen war. Nach einer Weile kam Frau Gamer herein und deutete mir mit viel Gerede und Handzeichen an, daß sie das Zimmer machen und mit mir spazierengehen wollte. Ich wunderte mich über den zweiten Wunsch. Verstand ich Frau Gamer richtig? Aber ohne Zweifel, ihren Zeichen und ihrem Gerede war mit Bestimmtheit zu entnehmen, daß sie mit mir spazierengehen wollte, etwa um elf Uhr. Also gut, dachte ich, anscheinend wollte sie mir die Stadt zeigen, da auch die Sonne ab und zu zwischen den Wolken erschien.

Inzwischen wurde ich mit den beiden Unteroffizieren und der einen Dame, die wie ich in der Pension wohnten, bekannt gemacht. Alle interessierten sich für meinen Fes. Wir waren in der Küche versammelt, und jeder nahm ihn mindestens einmal in die Hand, untersuchte ihn mit Interesse und Neugier von allen Seiten, tastete die schwarze Quaste ab oder strich mit den Fingern über den Filz. Schließlich wünschten die Leute den Fes auch aufzusetzen. Mir blieb nichts anderes übrig, als es zu gewähren. Sowohl die beiden Soldaten als auch Herr Gamer, selbst die beiden Damen probierten ihn mehrfach vor dem Spiegel auf. Ich kam nicht aus dem Staunen heraus. Ich fand keine Erklärung dafür, warum nur um Himmels willen dieser Fes die Neugier der Deutschen derart weckte. Kinder, Jungen, Mädchen, Frauen, alt, jung, Zivil, Militär, fast ohne Unterschied machte dieser Fes die Leute einfach verrückt! Warum? Wie sollte das weitergehen? Wie sollte ich es ertra-

---

* Zum Waschen stand auf dem Waschtisch eine mit Wasser gefüllte dicke, zylindrische Kanne in einer breiten Schüssel, beide aus Keramik. Man mußte das Wasser in die Schüssel füllen und sich dann damit im »eigenen Dreck waschen« anstatt mit fließendem Wasser, wie es bei uns üblich und vorgeschrieben war.

gen, ständig von den Menschen wie ein exotisches Objekt in einem Panoptikum angeglotzt zu werden? Der Fes fing an, mich auf meinem Kopf zu drücken.

Ich ging mit Frau Gamer, wie sie es gewünscht hatte, auf die Straße, um mit ihr meinen ersten Spaziergang in Mannheim zu machen. Sie war winterlich angezogen, über ihrem dunklen Mantel trug sie eine ebenso dunkle Pelzstola und hatte einen Pelzmuff für die Hände in der gleichen Farbe. Einen dunklen Filzhut mit breitem Rand hatte sie kokett, etwas zur Seite geneigt, aufgesetzt. Ich ging links neben ihr mit meinem Pelzmantel und dem roten Fes auf meinem Haupt.

Wir überquerten den mit Schnee bedeckten Paradeplatz. Frau Gamer zeigte mir rechts das Rathaus und vor uns in der Ecke das Gebäude der Hauptpost. Als wir auf die andere breite Hauptstraße rechts, »Die Planken« genannt, einbogen, ging es schon wieder los. Wer mich erblickte, blieb stehen oder drehte sich verwundert nach mir um.

Auf den Planken waren damals, wie ich später erfuhr, die wichtigsten Geschäftshäuser: die Warenhäuser Wronker und Schmoller, das Herrenkonfektionsgeschäft Engelhorn & Sturm und die Zentrale der Badischen Bank. Weiter in Richtung zum Wasserturm lag das größte Kaffeehaus Hohenzollern mit zwei Etagen.

Frau Gamer zeigte mir fortwährend die Geschäfte und Vitrinen. Zwischendurch beantwortete sie die Fragen von Leuten, die sie anredeten, auf mich deuteten und sich anscheinend über mich informierten. Fortlaufend fielen dabei die Worte »Fes« und »Türke«. Außerdem kamen viele Mädchen und Jungen herbeigeeilt, liefen neben, vor und hinter uns, zeigten mit dem Finger auf mich und lächelten mich an. Die gesprächige Frau Gamer gab auch diesen Kindern eifrig und großzügig Auskunft, wobei sich dann gleich Ansammlungen von Passanten bildeten.

Als wir zum großen dicken Bau des berühmten Wasserturmes, des Wahrzeichens von Mannheim, gelangten, spielte dort eine uniformierte Kapelle Märsche, und die Leute liefen um den Turm herum. Frau Gamer überschüt-

167

tete mich beim Gehen mit Worten, ohne dabei irgendeine Gelegenheit zu verpassen, interessierte Passanten bereitwillig mit Auskünften und Erklärungen über mich zu bedienen. Zum Glück rief dieses Mal niemand »Kümmeltürke!«. Das empfand ich immerhin als Trost.

Zu Hause habe ich nachgedacht. Ich glaube, daß dieser erste Spaziergang in Mannheim Frau Gamer mehr als eine Art Reklame diente. Sie war nämlich sichtlich stolz auf mich, ihren »türkischen Besitz«. Sie wollte demonstrieren, daß »der Türkenjunge hier mit dem Fes« bei ihr wohnte. Er gehörte ihr ... Die Mannheimer sollten es wissen!

Der erste Schultag

Pünktlich um 7.15 Uhr am Montag morgen verließ ich das Haus, um in die Oberrealschule zu gehen. Es war noch dunkel und die Straßenlaternen brannten. Die Straßen waren voller Menschen. Die meisten von ihnen waren Frauen, die zu Fuß und mit der Trambahn zur Arbeit unterwegs waren. Ich ging an der Hauptpost vorbei, mit eiligen Schritten und ohne einen Zwischenfall die Planken entlang in Richtung Wasserturm, ohne zunächst aufzufallen. Als ich am Wasserturm links einbog, begegneten mir einige Schüler mit bunten Mützen. Sie schlossen sich einfach mir an. Je weiter ich lief, um so mehr Schüler kamen hinzu. Einige fingen an, mit mir zu sprechen. Ich verstand sie nicht, sie verstanden mich auch nicht, obwohl ich französisch antwortete und versuchte, mit den Jungen ins Gespräch zu kommen. Schließlich sagte ein neuer Junge mit Schülermütze auf dem Haupt radebrechend etwas auf französisch. Ich hörte von ihm, daß die meisten mit mir laufenden Jungen Schüler der Oberrealschule seien. Er selbst ging in meine Klasse.

Anscheinend war in der ganzen Schule bekanntgeworden, was am Samstag zuvor sich ereignet hatte und daß ich heute morgen in die Schule käme. So lief ich an jenem Morgen mit einer ansehnlichen Begleitung von Mitschü-

168

lern in die Oberrealschule, wo bereits weitere Jungen auf mich warteten. Am Treppenaufgang und im Korridor der Schule vor der Klasse wurde der Andrang so groß, daß die Schüler meiner Klasse mich vor der Aufdringlichkeit der Schüler anderer Klassen in Schutz nahmen. Kurz gesagt, die ganze Schule war in Aufruhr.

Ich meldete mich, wie am Samstag von Direktor Rose angeordnet, im Lehrerzimmer bei Professor Dr. Striegel an. Der stellte mich einer Anzahl von anderen Lehrern vor. Der Empfang war freundlich, und ein ergrauter kleinerer Herr mit grauem Spitzbart und intelligenten Augen, der Professor Hoffmann hieß, unterhielt sich kurz mit mir in Französisch. Er war unser Lehrer für diese Sprache. Nachdem es geklingelt hatte und die Schüler in ihre Klassen gingen, nahm mich Dr. Striegel mit in die Untersekunda, wo die Schüler mit größter Spannung auf mein Kommen warteten.

Ich bekam einen Platz in einer der letzten Bänke in der mittleren Reihe neben einem großen, schweren Jungen. Dr. Striegel sprach einige Worte zu den Jungen der Klasse, dann rief er mich an die Tafel und ließ mich meine beiden Namen aufschreiben. Ich sollte die geschriebenen Namen laut lesen: Ishak Muammer. Dann ließ er die ganze Schulklasse die Namen laut nachsagen, was die Schüler einstimmig und grinsend taten. Dann fragte Dr. Striegel mich, mit welchem Namen ich angeredet sein möchte. Ich sagte, daß man mich immer Muammer ruft. Dann fragte er: »Was bedeutet Ishak?« – »Es ist ein Name«, antwortete ich. »Sind Sie Jude?« – »Nein, Herr Professor, ich bin Moslem. Ishak ist ein Name aus dem Alten Testament wie bei den Christen und Juden Isaak, Abraham und Josef zum Beispiel«, fügte ich hinzu.

Dr. Striegel begriff und schickte mich zu meinem Platz zurück, während er den Schülern noch einmal einige Worte über mich sagte und dann mit dem deutschen Unterricht begann.

Aber wie zu erwarten, kam dabei nicht viel heraus; denn bei jeder Gelegenheit drehten die Schüler sich nach mir um, schauten mich blitzschnell an, so daß niemand ernstlich und aufmerksam bei der Sache sein konnte. Auch in den darauffolgenden Unterrichtsstunden war es nicht anders. Bei jedem eintretenden neuen Lehrer mußte ich die gleiche Prozedur wiederholen: meinen Namen an die Tafel schreiben und aussprechen, wobei die Lehrer versuchten, den Namen möglichst richtig auszusprechen, was meistens nicht gelang. Mittags um ein Uhr ging der erste Schultag zu Ende.

An jenem Tag waren ich und noch mehr mein Fes das Wichtigste in meiner Klasse, mit dem sich die Schüler beschäftigten. Er machte während der Pausen eine komplette Runde auf den Köpfen der Schüler. Ich konnte es nicht verhindern. Ich hatte zum Schluß aufgegeben, dem hartnäckigen Drängen der Jungen, ihn in die Hände nehmen oder aufsetzen zu dürfen, länger Widerstand zu leisten. Bei jedem Läuten zur Unterrichtspause stürzten die Jungen auf mich, wollten den Fes von mir nehmen, kaum daß der Lehrer aus der Klassentür gegangen war. Dabei überschütteten sie mich mit allerlei Fragen.

Da auch Schüler anderer Klassen eindringen wollten, haben einige von uns innen die Tür unserer Klasse fest zugehalten und keinen »fremden« Schüler hereingelassen. Ich betrachtete dieses Theater zuerst mit Staunen, dann allmählich mit Gelassenheit und mußte sehr oft lachen.

Auf dem Wege nach Hause bekam ich eine ansehnliche Ehreneskorte von Schülern meiner Klasse, die mich in ihre Mitte nahmen und keinen anderen fremden Schüler zu mir ließen. Sie begleiteten mich in breiter Front bis zu meiner Pension. Als ich oben in mein Zimmer eintrat, öffnete ich die Balkontür und schaute auf die Straße hinunter. Viele Jungen standen noch da, winkten mir mit ihren Mützen und Händen und riefen im Chor: »Muammer, Muammer.« Schließlich streckte ich wie ein Filmheld meinen rechten Arm grüßend aus, nickte mit dem Kopf mehrfach dankend und zog mich vom Balkon zurück.

Nach dieser letzten Episode hatte ich genug. Ich entschloß mich endgültig: Weg mit dem Fes. »Eine Schülermütze werde ich tragen!« sagte ich mir, ging nach dem

Mittagessen eilig in ein Fachgeschäft und kaufte mir kurzerhand die orangefarbene Mütze meiner Klasse O II mit blaurotem Band. Mit dieser Mütze auf dem Kopf trat ich aus dem Geschäft heraus und lief in den Straßen Mannheims herum.

Kein Mensch schaute mehr nach mir. Niemand drehte sich nach mir um, und ich atmete tief auf. Damit hatte ich den ersten Schritt zur »Integration« gemacht.*

Am Abend schrieb ich einen langen Brief nach Hause. Ich berichtete meinen Lieben in Istanbul alles, was ich bisher auf der Reise, in Berlin, insbesondere aber nun in Mannheim erlebt hatte, und schüttete mein Herz aus. Zum Schluß bat ich Belkis Khanim, mir das Tragen einer Schülermütze doch zu gestatten. Sie antwortete später: »Die Schülermütze geht in Ordnung, nur keinen Hut, mein Sohn, der ist so häßlich!«

Mit der orangefarbenen Mütze auf meinem Kopf war ich mit einem Schlag von dem aufdringlichen, lästigen Druck der Blicke der Menschen befreit. Ich war glücklich, während meine Schulkameraden dagegen sehr enttäuscht waren. Mein Fes blieb dennoch jahrelang bis zum Abitur in einer Art Gemeinschaftsbesitz meiner Klasse. Er ging von Hand zu Hand, von Haus zu Haus. Ich mußte ihn unzählige Male bei verschiedenen Anlässen wie Geburtstagen, Hausfesten, Weihnachten, Fasching und ähnlichem an Klassenkameraden ausleihen.

Zum Schluß hatte er die Form verloren, war völlig verknittert, seine Quaste zerrupft, als wenn sie von Mäusen zerfressen wäre. Er blieb dann am Ende bei irgendeinem der Jungen als Erinnerungsstück zurück, ich weiß nicht mehr, bei wem.

Ich muß gestehen, daß bei meinem Entschluß, den Fes doch mit der Schülermütze zu tauschen, das kluge Verhalten von Direktor Dr. Rose in seinem Zimmer eine positive

---

* Damals kannte man diesen Ausdruck nicht. Heute wird viel davon geredet, ohne daß jedoch irgend jemand sagen kann, was man eigentlich darunter versteht.

Rolle gespielt hatte, und zwar dadurch, daß Dr. Rose nicht darauf bestanden hatte, daß ich den Fes abnehmen und an dessen Stelle die Mütze aufsetzen solle. Vielmehr hatte er es mir überlassen, seinem Vorschlag zu folgen oder nicht. So konnte ich mich aus eigenem Willen für das Tragen der Mütze entscheiden.

In der Oberrealschule

In Mannheim existierten in jenen Jahren neben der Oberrealschule noch ein Gymnasium und ein Realgymnasium sowie die Lessing-Schule am Neckar. Wegen Mangels an Kohlen, Gas und Elektrizität durch den Krieg benützten die Schüler der Oberrealschule mit der Lessing-Schule das gleiche Gebäude, und zwar abwechselnd die einen vormittags, die anderen nachmittags. Als der Krieg zu Ende ging, konnten wir das eigene Gebäude der Oberrealschule in der Lameistraße an der Christuskirche wieder benutzen.

Sowohl mit meinen Klassenkameraden als auch mit den Lehrern konnte ich in relativ kurzer Zeit gute Beziehungen knüpfen.

Das Hauptproblem war für mich die deutsche Sprache. Ich machte mir darüber ernste Sorgen. Ich war nach Deutschland gekommen in der Annahme, daß die deutsche Sprache mit der französischen irgendwelche Ähnlichkeiten und Beziehungen in der Grammatik, im Aufbau und im Wortsinn gemeinsam haben müsse, da Frankreich sich aus einem Stamm der Franken entwickelt hatte und ein Großteil der Franken im heutigen Deutschland lebte. Diese Annahme sollte sich gleich zu Beginn als reine Illusion erweisen. Statt zwei Artikel wie im Französischen gab es drei; weder die Worte noch die Verben, weder die Konjugationen noch die Deklinationen haben miteinander Ähnlichkeit. Wenn man bedenkt, daß die türkische Sprache weder Artikel noch Geschlecht kennt und grundsätzlich jeweils nur eine einzige Form für sämtliche Verben, sämtliche Konjugationen, sämtliche Deklinationen existiert,

172

kann man sich die ungeheure Schwierigkeit vorstellen, die ein Türke beim Erlernen der französischen oder erst recht der deutschen Sprache hat. Daß ich mit guten französischen Kenntnissen aus der Türkei nach Deutschland gekommen war, hatte mir jedoch sicherlich viel geholfen, da Französisch bei der gedanklichen Umstellung zum Deutschen doch als Zwischenstufe, quasi als Sprungbrett gedient hatte. Ich kaufte mir ein Wörterbuch Französisch–Deutsch/Deutsch–Französisch, ein Buch von Berlitz zum Erlernen der deutschen Sprache und fing an, fleißig und ernstlich zu arbeiten.

In Mathematik und Geometrie begegnete ich keinen Schwierigkeiten. In Chemie und Physik war ich meinen Mitschülern sogar merklich überlegen. Ebenso schien mir Geschichte nicht schwerzufallen außer der Sprache, die ich ja erlernen mußte. Mein Französisch war besser als das meiner Klassenkameraden. In der Konversation und bei freien Aufsatzthemen war ich überlegen. Dennoch konnte ich Professor Hoffmann nicht ganz zufriedenstellen. Er bemängelte meine Grammatik: »Muammer! Sie müssen auf Grammatik Wert legen und nachholen!« mahnte er mich. Das Übel lag in der Verschiedenheit der Lehrsysteme in Mannheim und in Istanbul: Wir lernten die Grammatik durch die Sprache, hier lernte man die Sprache durch die Grammatik! Kein Schüler hier konnte zwei Sätze sprechen. Die Aussprache war miserabel. Der französische Unterricht wurde auf deutsch gegeben.

Bei den Klassenarbeiten las der Lehrer komplizierte, künstliche Sätze auf deutsch vor, die Jungen mußten deren Übersetzung direkt ins Heft schreiben. Hier ein Beispiel: »Hätte Hans damals sein Geheimnis mir anvertraut, wäre er jenem Unglück wahrscheinlich nicht begegnet.« Ich verstand solche deutschen Sätze nicht einmal zur Hälfte, wie sollte ich sie dann ins Französische übersetzen. Sobald es sich aber um Lektüre, Konversation oder freie Aufsatzthemen handelte, war ich bei weitem der Beste in der Klasse. Trotzdem arbeitete ich zusätzlich an französischer Grammatik, um vom Lehrer nicht gerügt zu werden. Während der ersten paar Wochen war ich zuversichtlich, daß ich in der Schule gut vorwärtskommen würde, wenn ich nur die deutsche Sprache einigermaßen beherrschen lernte.

Ungelöst blieb das Problem Englisch, von dem ich keine Ahnung hatte, während meine Klassenkameraden die Sprache seit zwei oder drei Jahren gelernt hatten. Mir schien Englisch als ein unüberwindbares Hindernis. Was konnte ich da machen? Ich überlegte und überlegte, bis ich mich schließlich an einem Morgen bei Direktor Dr. Rose meldete und ihm meine Lage schilderte. Ich machte ihm folgenden Vorschlag: »Herr Direktor! Sie sehen, daß ich Englisch neben der deutschen Sprache nicht schaffe. Aber hier besteht eine Ungerechtigkeit.« – »Wieso?« fragte der Direktor erstaunt. »Meine Kameraden nehmen neben ihrer Muttersprache Unterricht in zwei Fremdsprachen, das sind Französisch und Englisch. Und Sie sagen jetzt zu mir, daß Deutsch als meine ›neue Muttersprache‹ zu gelten habe und ich mit den deutschen Schulkameraden Französisch und Englisch dazu als Fremdsprachen lernen müsse.« – »Ja, das müssen Sie. Das ist die Regierungsbestimmung.« – »Was wird dann aber mit meiner wirklichen eigenen Muttersprache? Ich bin Türke, und meine Muttersprache ist Türkisch.«

»Ja . . . ich verstehe Sie nicht. Was wollen Sie damit sagen, Muammer?« fragte Dr. Rose nun neugierig und etwas ungeduldig. »Meine türkische Sprache mit dem Englisch abgelten, kompensieren, Herr Direktor! Das heißt, mich vom englischen Unterricht befreien lassen.« Als der Direktor dies hörte, fing er an zu überlegen, starrte zur Decke, kraulte an seinem Schnurrbart, dann rief er Dr. Striegel zu sich ins Zimmer. Die beiden diskutierten miteinander. Dann sprach der Direktor: »So einen Fall haben wir hier in unserer Schule bisher nicht gehabt . . . Wenn Sie darauf bestehen, müssen wir uns an das badische Kultusministerium in Karlsruhe wenden!« – »Bitte, Herr Direktor. Tun Sie das!« beharrte ich.

Daraufhin schrieb der Direktor eigenhändig eine Eingabe* in meinem Namen, ließ mich unterschreiben und sagte mir: »Ich bin gespannt, was das Ministerium in Karlsruhe dazu sagen wird. Die Antwort wird vielleicht vierzehn Tage bis drei Wochen dauern. Ich werde Sie dann benachrichtigen!«

Übrigens, Hut ab vor der Entschlossenheit des Kultusministeriums des »badischen Muschterländle«, wenn man bedenkt, wie man heute, nach 66 Jahren »Fortschritt«, wegen des gleichen Problems seit Jahren herumdoktert.

Zu meiner großen Überraschung wurde ich schon nach etwa zehn Tagen zum Direktor bestellt. Voller Spannung rannte ich zu ihm. Als ich eintrat, hielt er ein Papier in der Hand. Dr. Striegel stand neben ihm. »Sie haben Glück, Muammer! Wir freuen uns mit Ihnen ... Sie müssen keinen englischen Unterricht nehmen. Ihre Muttersprache, das Türkische, wird vom Ministerium anstatt Englisch als zweite Fremdsprache anerkannt«, rief er mir zu. Er schüttelte mir die Hand und fügte noch folgendes hinzu: »Aber jetzt, feste an das Deutsch heran! Bis zum Ende der Obersekunda werden Sie in Deutsch als ›Gast‹ von uns behandelt. Aber ab Unterprima werden Sie in der deutschen Sprache genauso behandelt werden wie die deutschen Schüler. Dann gibt es kein Pardon mehr!« – »Sehr gut, Herr Direktor. Kein Pardon mehr ab Unterprima in Deutsch. Ich werde es ›Inschallah‹ [so Gott will] schaffen!« erwiderte ich freudestrahlend und verließ das Zimmer des Direktors, nachdem ich mich für seine wohlwollende Behandlung meines Anliegens wärmstens bedankt hatte.*

Mit diesem erfolgreichen Ergebnis verschwand meine Sorge über meine zukünftige Ausbildung in Deutschland. Meine Niedergeschlagenheit war verflogen, und ich schöpfte Hoffnung und Zuversicht, daß ich in der Schule weiterkommen würde. Darum mußte ich aber arbeiten. Mir würde es dann auch wohl gelingen, in der Hochschule Chemie zu studieren und in die Heimat zurückzukehren, um dort etwas zu leisten ... Außerdem dachte ich, daß ich

---

* Etwa ein Jahr zuvor hatte mein türkischer Schuldirektor in Istanbul auch eine Eingabe für mich an das türkische Kultusministerium geschrieben.

nun den deutschen Jungen zeigen und beweisen würde, daß der »Kümmeltürke«, über den sie sich so lustig machten, ihnen in nichts nachstand, ihnen ebenbürtig war...

Von da an ging es schnell vorwärts. Ostern 1918 ging ich in die Klasse Obersekunda, schon ziemlich mit deutschen Verhältnissen vertraut, zumindest innerlich bereit, sie zu nehmen und zu verstehen, wie sie sind, und mit dem Vorsatz, mit den Verschiedenheiten der Sitten, der Gebräuche und der Lebensweise fertig zu werden, auch dann, wenn sie mir nicht paßten oder gefielen... Der Schlüssel für mein Weiterkommen lag also ausschließlich in der deutschen Sprache. Wenn ich nur mit dem Deutsch weiterkäme, die Sprache beherrschen würde – das war die Voraussetzung für alles.

Ich muß leider sagen, daß mir in der Obersekunda die deutsche Sprache die undenkbarsten Schwierigkeiten in den Weg legte. Denn ich begegnete da einem Wirrwarr, einem Spinnennetz von einer Sprache: Die Jungen, meine Klassenkameraden, redeten »Mannheimer Deutsch«, welches anders war als das, was ich aus dem Buch lernte. Damit nicht genug. Im Deutschunterricht lasen wir das Nibelungenlied in Althochdeutsch, das wiederum mit den beiden anderen Sprachen, dem »Mannheimer« und dem Buchdeutsch, nichts zu tun hatte. Ich war daran, zu verzweifeln und alles zum Teufel zu jagen. Zum Glück lag Istanbul weit, weit weg, und dazu war es so gut wie unmöglich, es im Krieg zu erreichen. Sonst hätte ich vielleicht die große Blamage auf mich genommen und wäre reumütig nach Istanbul zurückgekehrt. Also mußte ich die Zähne zusammenbeißen und das Begonnene weitermachen – weitermachen um jeden Preis!

Ich machte weiter und gewann: Nach kaum einem halben Jahr erkannten mich meine Klassenkameraden ausnahmslos als einen der Ihren an. Ich wurde allmählich sogar, um im Sportjargon zu sprechen, von selbst der Kapitän der Klasse. Als ich in der Unterprima begann, für meine deutschsprachigen Aufsätze die Noten drei und sogar zwei zu bekommen, stieg mein Ansehen nicht nur bei den Schülern, sondern auch bei dem Direktor und der Lehrerschaft auffällig: Man wandte sich an mich, wenn etwas für die Klasse zu regeln war, ich schlichtete Streitigkeiten unter den Schülern, ich bestimmte die Spiele (und führte türkische Spiele ein) und brachte es sogar fertig, von der Schulleitung die Erlaubnis zu erhalten, an manchen Nachmittagen im Schulgarten mit den Schulkameraden zu spielen, allerdings unter der Bedingung, die Nachbarschaft der Schule durch Lärmen nicht zu stören, den Garten zu kehren und die Toiletten sauber und ordentlich zurückzulassen. Wenn ich jetzt zurückblickend überlege, glaube ich nicht, daß mir eine solche Schülerkarriere in Istanbul so leicht geglückt wäre.

Arbeiten, arbeiten

Es war in den anfänglich kritischen Wochen meiner Ankunft in Mannheim. Ich war allein in einer Umgebung, die mir völlig fremd war. Die ersten Eindrücke waren für mich meist negativ und entmutigend. Die Pension gefiel mir nicht. Die Leute, bei denen ich untergebracht war, gehörten der unteren Grenze der sozialen Mittelschicht an. Sie waren wohl anständige Menschen, jedoch kulturell flach und dürftig. Bei ihnen fand ich kein Vorbild, konnte nichts dazulernen. Hinzu kam die Schwierigkeit mit der deutschen Sprache: Buchdeutsch, Mannheimer Deutsch, Althochdeutsch! Wie sollte ich es nun schaffen? Ich fing an zu resignieren, fand keinen Ausweg. Mit niemandem konnte ich mich aussprechen. Wenn man noch das häßliche Winterklima mit Kälte, Frost, Nebel und der ewig langen Dunkelheit bedenkt, kann man sich meine Stimmung vorstellen.

Das Barometer meiner Stimmung sank sehr tief. Ich konnte die Nächte vor lauter Nachdenken nicht schlafen. Eines Morgens klopfte Frau Gamer wie üblich an die Zimmertür und weckte mich. Ich stand lustlos auf, zündete die Gaslampe an und sagte ihr: »Frau Gamer, heute krank. Ich

177

nicht Schule. Ich ... Bett bleiben!« Frau Gamer faßte meine Stirn an, dann meine Hand und antwortete hastig: »Ach was! Sie sind gesund, Sie sind nicht krank! Los, frühstücken Sie, und ziehen Sie sich an. Draußen in der frischen Luft wird es Ihnen wieder besser. Arbeiten ... Arbeiten ...! Los, in die Schule!«

Was ich auch anstellte, es nützte nichts. Ich wollte mich ins Bett legen. Sie riß mir heftig die Decken weg und machte die Balkontür auf, ließ die kalte Luft ins Zimmer, obwohl der kleine, mit Briketts beheizte Ofen sowieso in der Nacht ausgegangen war. Also blieb mir nichts anderes übrig, als mich fertig zu machen, meine Schultasche zu nehmen und die Pension zu verlassen.

Ich war jedoch entschlossen, diesen Tag zu schwänzen und nicht in die Schule zu gehen. Draußen auf der naßkalten nebligen Straße brannten die Laternen. Die Menschen fuhren in den Trambahnen oder liefen mit eiligen Schritten zu Fuß zur Arbeit.

Wie immer ging ich die Planken in Richtung Wasserturm entlang und überlegte, was ich die vielen Stunden bis zum Schulschluß machen sollte, da ich erst danach in die Pension zurückkehren konnte. Da fiel mir das Café Hohenzollern ein, und ich ging nach einigem Zögern hinein. Ich hing meine Schülermütze und meinen Mantel an einen Haken und setzte mich schüchtern an einen leeren Tisch davor. Ich war zum erstenmal in meinem Leben überhaupt in einem Kaffeehaus, in einem Lokal, dazu allein und in der Fremde. Voller Spannung wartete ich auf die Bedienung. Ich sah, daß Kellnerinnen mit weißen Hauben und weißen Schürzen den Service besorgten und ein großer stattlicher Mann mit Glatze, weißem Kittel, schwarzer Hose mit Bügelfalte und einem dicken schneeweißen Schnurrbart à la Hindenburg die Aufsicht führte. In dem großen Kaffeehaus gab es wenig Kundschaft. Die Gäste waren alle in Uniform, Soldaten, Offiziere. Die meisten von ihnen hatten neben ihrem Sitz ihr Gepäck liegen. Nach einer Weile kam der große Mann, der Oberkellner mit dem Schnurrbart, musterte mich erst und sagte dann: »Was darf's sein?« Ich, mit

178

leiser zittriger Stimme und bemüht, die Worte ja richtig auszusprechen, antwortete – natürlich mit türkischem Akzent: »Bittä ... Herrr Ober, ein Tä!« – »Was wollen Sie?« fragte der Mann, mit dem Handinneren sein Ohr zu mir einstellend. Er hatte anscheinend entweder meinen Auftrag nicht gehört oder nicht verstanden. »Einen Tä ... Tä, Tä!« wiederholte ich aufgeregt und zeigte mit dem Finger nach einem Offizier in der Nähe, der Tee zu trinken schien. »Ach so ... Tee ... wollen Sie haben«, entgegnete der Kellner, während er den Kopf hin und her schüttelte.

Na, Gott sei Dank, die Bestellung hatte ich schon gemacht! Das war ja die Hauptsache. Jetzt konnte ich bis zum Schulschluß hier in dem geheizten warmen Kaffeehaus sitzen, dachte ich, und dann nach Hause gehen. Mein Optimismus währte jedoch nicht lange. Mir fiel auf, daß der Oberkellner, der mehr einem General ähnlich sah als einem Kellner, mich fortwährend beobachtete, während ich meinen Tee langsam trank. Kaum hatte ich vom heißen Ersatztee einige wenige Schlückchen genommen, kam er in meine Nähe und fixierte mich von neuem. Ich wagte kaum, hinauf in sein Gesicht zu schauen. Nur verstohlen, unauffällig und verlegen konnte ich ihm einige Blicke zuwerfen. Auf einmal kam der Mann ganz in meine Nähe, etwa einen Meter nah. Er schien mir jetzt ungeheuer groß, ich fühlte mich vor ihm immer kleiner werden, und Schweißtropfen traten auf meine Stirn. Da sprach er mit einer schweren Baßstimme: »Was für ein Landsmann sind Sie?« Ich antwortete, etwas erleichtert, leise: »Ich bin Türke, mein Herr.« – »Oh, Türke? Türken sind tapfer ... Sie haben an den Dardanellen die Engländer schön aufs Haupt geschlagen!« – »Ja, mein Herr«, sagte ich sichtlich aufgemuntert und leicht lächelnd. Gott sei gelobt, dachte ich vor mich hin, der Bann war anscheinend gebrochen.

Aber gleich ging die Unterhaltung weiter, und der Oberkellner fragte von neuem: »Was machen Sie hier in Mannheim?« – »Ich gehe in die Schule.« – »So? In welche denn?« – »In die Oberrealschule«, antwortete ich, wieder etwas mißtrauisch geworden. Mein Lächeln war verflogen. »Ist die Schule heute geschlossen? Heute ist doch kein Feiertag«, sagte nun der Mann neben mir mit ernster Miene und wartete auf meine Antwort. Mein Gott, was sollte ich ihm nun für eine Antwort geben? Ich konnte doch nicht sagen, daß ich von der Schule weggeblieben war, daß ich geschwänzt hatte. »Ich ... ich gehe heute nicht Schule ...«, stotterte ich in gebrochenem Deutsch. Der Mann war klug. Er hatte gemerkt, was los war. »Junger Mann, es ist nicht zu spät, Sie können die zweite Unterrichtsstunde gut erreichen. Hier, zahlen Sie, und machen Sie, daß Sie sofort in die Schule gehen! Hat man Sie nach Deutschland geschickt, damit Sie herumstrolchen? Los, los, raus in die Schule! Arbeiten, Arbeiten!« kommandierte er wie ein Armeebefehlshaber und legte die Rechnung auf den Tisch.

Mit zitternder Hand zahlte ich daraufhin die Rechnung, zog wortlos meinen Mantel an, nahm meine Schultasche unter den Arm und verließ das Kaffeehaus, vorgebeugt vor Scham, meinen Kopf in meinen Mantelkragen hineingezogen wie ein vom Regen durchnäßter Hahn ... Ich spürte die zornigen Blicke des mächtigen Oberkellners heiß in meinem Nacken brennen, als ich hinaus auf die Straße schlüpfte.

An jenem naßkalten Vormittag lief ich ziellos stundenlang in den Straßen von Mannheim herum. Die Zeit bis zum Schulschluß kam mir wie eine Ewigkeit vor. Es wurde allmählich hell, und ich glaubte, daß alle Leute mich anschauten und mir zuriefen: »Los, los, in die Schule! Arbeiten, arbeiten!« Dieses Erlebnis langte mir für die Zukunft. Ich habe nie wieder geschwänzt, nie wieder eine Pflicht versäumt.

In den späteren Jahren in Mannheim machten wir mit den Klassenkameraden an Feiertagen Ausflüge, meistens in den Odenwald. Es kam dabei öfters vor, daß die Bauern uns beschimpften, wenn sie uns, Mandolinen spielend und singend, an den Feldern vorbeiziehen sahen. »Ihr Nichtstuer! Ihr Faulenzer! Macht, daß ihr weiterkommt! Verschwindet!« schrien sie, indem sie uns mit erhobenen Fäusten oder hochgestreckten Rechen und Sensen drohten.

Gut kann ich mich daran erinnern, als wir einmal in der Nähe eines Dorfes im Odenwald rasteten und versuchten, von einer vor ihrem Hof nach uns schauenden Bäuerin etwas Milch und Eier zu kaufen – wie wir da von ihr behandelt wurden: »Was, ihr wollt Milch und Eier? Ihr Faulpelze! Ihr strolcht ja herum, anstatt zu arbeiten ...! Geht erst in den Kuhstall, und kehrt die Böden sauber, und häckselt etwas Futter in der Scheune. Taugt zu was, dann bekommt ihr etwas!« schrie die dicke, schwarzgekleidete Frau uns an, indem sie ihre Fäuste auf ihre beiden Hüften preßte.

Wir führten ihren Befehl brav aus, erhielten die Milch und die Eier. Geschenkt? O nein, gegen Barzahlung, zum Marktpreis natürlich!

Solche und andere Bekundungen von Arbeitsamkeit habe ich in Deutschland viel erlebt und in meinem Gedächtnis registriert. Deutschland war das klassische Land der Arbeit und ist es vielleicht heute noch. Was Arbeiten heißt und ist, habe ich in Deutschland gelernt. Den Deutschen bin ich dafür dankbar ... Dennoch muß ich hier gestehen, daß ich für manche übertriebenen Formen von Arbeitssucht und deren Folgeerscheinungen keine Begeisterung aufbringen konnte.

Ein Streit

Beim Umgang mit meinen Kameraden, den Lehrern und den Bekannten in der Pension begegnete ich manchen Verhaltensweisen und Sitten, die mir gefielen. Zum Beispiel: die Pünktlichkeit der Deutschen, ihre Ordnungsliebe, Arbeitsamkeit, ihr Fleiß, ihre Sparsamkeit, ihre Neigung zur Organisation, um einige zu erwähnen. Ich beneidete die deutschen Jungen um diese Eigenschaften. Dagegen störten mich ihre mehr oder weniger materielle Einstellung, ihre egoistische Neigung und ihr wenig entwickelter Zusammengehörigkeitssinn. Auch stellte ich fest, daß es den Jungen an einer natürlichen, selbstverständlichen Hilfsbereitschaft und Gastfreundschaft fehlte – alles selbstverständlich, gemessen an den Maßstäben, die ich von der Türkei her gewohnt war. Ich beobachtete, ich erlebte solche Fälle, nahm sie zur Kenntnis, ging darüber hinweg. Aber an eine Unsitte konnte ich micht nicht gewöhnen: Das ist der Mangel an Respekt vor dem Brot, dem »täglichen Brot«.

Wie jeder Türke war ich seit der frühesten Kindheit in einer ständigen frommen Atmosphäre mit besonderer Heiligung des Brotes aufgewachsen. »Gottes ist das tägliche Brot.« – »Gott verteilt das tägliche Brot.« – »Das Brot ist das Symbol der Gnade Gottes für den Menschen, wofür wir Gott danken sollen.« Mit diesen Begriffen war ich groß geworden. Es galt als große Sünde, Brot zu verachten, auf den Boden zu werfen, darauf zu treten. Ich war – wie alle Türken – dazu erzogen, ein Brotstück, das ich auf der Erde, auf der Straße sah, sofort aufzuheben, zu küssen und an die Stirne zu führen, es dann entweder einem Tier zu geben oder es an eine erhöhte Stelle zu legen, damit es niemand mit den Füßen treten oder damit vielleicht ein Vogel es wegnehmen konnte.

Als ich nun in der Oberrealschule in Mannheim zum erstenmal sah, wie die Jungen in der Zehnuhrpause ihre Vesperpäckchen aus ihren Taschen herausholten und ihre belegten Brote aßen und dabei manche von ihnen Brotreste einfach auf die Erde warfen oder sie mit dem Fuß fortkickten, war ich entsetzt. Ich rannte dann stillschweigend, um die Brotstücke vom Boden aufzuheben. Die Jungen staunten ihrerseits darüber, was ich da mit den von der Erde verschmutzten Brotstücken machte. Ich küßte sie, führte sie an die Stirn und suchte dann für sie geeignete erhöhte Stellen, um sie daraufzulegen. Als eines Tages einige zu mir kamen, mich spöttelnd auslachten und die Brotstückchen aus meiner Hand reißen wollten, wurde ich wütend. Ich verteidigte die Brotstückchen und gab sie nicht her. Da nahm ein anderer Junge den Rest seines Brotes aus dem Wickelpapier heraus, warf ihn auf den Boden und trat mir zum Trotz mit den Füßen darauf. Ich stürzte mich zornig auf ihn, packte ihn am Kragen und stieß ihn heftig weg. Andere Kameraden eilten herbei und trennten mich von dem Jungen, den ich zu Boden geworfen hatte. Da es inzwischen geläutet hatte und die Pause zu Ende war, gingen wir in die Klasse zurück. Während der anderen Pausen diskutierten wir weiter, und ich erzählte und erklärte meinen Kameraden den Grund meiner Empörung. Einige wurden dabei ernst und hörten auf mit dem Spott. Manche sagten, das sei schon gut, es ginge aber zu weit, aus Brot so etwas Heiliges zu machen, als wenn es ein Kreuz wäre. Wieder andere spotteten und grölten weiter. Mir gelang es nicht, sie zum Respekt vor dem Brot zu überreden. Wo sie doch als Christ im Vaterunser, dem fundamentalen Gebet, ja ihren Glaubenssatz vorsagten: »Unser täglich Brot gib uns heute!« Ich verstand das Verhalten der Jungen nicht und war unglücklich darüber.

Besonders ein Schüler meiner Klasse, der sonst wenig hervortrat, wenig sprach, nicht mitspielte, aber mich stets aus der Distanz beobachtete, machte sich eine Freude daraus, keine Gelegenheit zu verpassen, mich während der Zehnuhrpause mit dem Kicken oder Zertreten von Brotresten bis zur Weißglut zu ärgern.

Ich vermied es, seine Ungebührlichkeiten zu beachten, und ging ihm möglichst aus dem Weg. Eines Tages erwischte er mich jedoch in den Waschräumen der Schule, stellte sich neben mich und warf den Rest eines Brotstückes in das Pissoir! Dann fing er an, mich von der Seite sarkastisch anzulachen. In diesem Moment war es mit meiner Geduld aus. Ich warf mich wie ein Tiger auf ihn und versetzte ihm einen direkten rechten Haken auf seine Nase. Er fiel um. Die anderen Jungen stürzten herbei, einige schlugen mich mit den Fäusten und Füßen. Ich wehrte mich, so gut es ging. Es entstand ein Tumult, bei dem manche Schüler meine Partei ergriffen, bis schließlich ein Lehrer kam und uns beide ins Lehrerzimmer führte. Beim Verhör dort erzählte ich alles, was während der letzten Wochen wegen des Brotes geschehen war, mit dem Ergebnis, daß der betreffende Schüler mit seiner blutenden Nase sich bei mir entschuldigen mußte. Die Lehrer gaben mir anscheinend recht. Dr. Striegel warf mir jedoch vor, daß ich mich nicht rechtzeitig bei ihm über das schlechte Verhalten der Schüler beklagt hätte. In solchen Fällen sollte ich mich gleich an ihn wenden.

Damit war der Fall erledigt, und das gute kameradschaftliche Verhältnis zwischen den deutschen Jungen und mir wurde nie wieder irgendwie gestört. Da auf Anordnung des Direktors die Lehrerschaft in allen Klassen der Oberrealschule aus Anlaß des Vorfalles über die Bedeutung des täglichen Brotes Vorträge hielt, in denen die Schüler zur Achtung und Ehrung des Brotes aufgerufen wurden, hörte in der Schule die Pietätlosigkeit gegenüber dem Brot auf.

Um mich irgendwie doch zu necken, fingen manche Schüler dann an, in der Zehnuhrpause, wenn sie mir begegneten, ihr belegtes Brot demonstrativ und theatralisch zu küssen und an die Stirn zu führen, wie ich es immer tat. Dabei schauten sie mich von der Seite an, als wenn sie mich fragen wollten: »Na, bist du jetzt zufrieden? Machen wir es richtig mit dem Brot?« Und ich nickte ihnen gnädig zu, um ihnen mein Gefallen an ihrem neuen Benehmen gegenüber dem Brot zu bekunden. Ich bin sicher, daß diese Geschichte damals in ganz Mannheim bekannt wurde. Allerdings weiß ich nicht, ob von der so erzwungenen Achtung vor dem Brot irgendwelche Spuren bis heute erhalten sind.

Harem

In der Unterprima kamen neun Mädchen in unsere Klasse. Die Schülerinnen machten etwa ein Drittel unserer Klasse aus. Die Anwesenheit von Mädchen hat die Atmosphäre unter den Schülern positiv beeinflußt. Raufereien, grobe Redensarten hörten auf einmal auf. Auch die anfänglich übertriebene Zurückhaltung der Mädchen machte bald einem mehr kameradschaftlichen und natürlichen Kontakt mit den Jungen Platz. Es dauerte nicht lange, und schon entstanden zwischen den Schülern und Schülerinnen Flirts und Sympathien, natürlich auch Eifersüchteleien. In so manchen Fällen fiel mir die Aufgabe zu, zu trösten oder zu schlichten. Und als »Kadisohn« hatte ich anscheinend eine ererbte Begabung dazu. Meistens gelang es, die Probleme friedlich zu lösen, was damals bei uns Türken in Istanbul fast unmöglich gewesen wäre.

Die häufigste und größte Neugierde meiner Klassenkameraden, gleichgültig, ob Junge oder Mädchen, galt ausnahmslos dem Harem in der Türkei. Unzählige Male mußte ich in der Schule oder aber auch außerhalb bei anderen Leuten folgende Fragen beantworten: »Wieviel Mütter hast du?« – »Wie sind die Frauen im Harem angezogen?« – »Haben alle Männer einen Harem voll von unzähligen nackten Mädchen und schönen Frauen?« – »Wie werden die Männer mit soviel Frauen fertig?« – »Wie ist der Harem des Sultans?« – »Kann jeder Türke soviel Frauen nehmen, wie er wünscht?« Während meines Lebens in Deutschland wurden mir oft solche Fragen gestellt. Die wenigsten interessierten sich für Kultur, Geschichte, Kunst, Sprache oder die Religion. Immer wieder wollte man etwas über den Harem wissen.

Ich dachte oft nach, was wohl die Deutschen – gleichgültig, ob Junge oder Mädchen, erwachsene Männer oder reifere Frauen – veranlaßte, sich für den Harem derart zu interessieren. Ich konnte keine Erklärung dafür finden. Ich war erstaunt über die oberflächliche und primitive Information der Leute über die Türken, mit der ich hier in Berührung kam. Als ich auf die Fragen antwortete, daß ich nur eine Mutter habe, in keinem Hause sich Harems befanden, wie sie sich es vorstellten; daß ich von den vielen im Haus herumlaufenden »nackten Mädchen und Frauen« nichts wußte und daß die Geschichte, daß es jedem Türken freigestellt sei, sich so viele Frauen zu nehmen, wie er Lust habe, eine reine Erfindung sei, war die Enttäuschung meiner Gesprächspartner groß! Sie konnten und wollten es nicht glauben. Dann kam die Reihe an mich, sie über die Wahrheit aufzuklären, und ich tat es gründlich und unermüdlich.

Mit der Zeit und durch die vielen Übungen haben sich bei mir feste Repertoires an Antworten gebildet. Sobald in einem Gespräch eine ähnliche Frage wieder fiel, legte ich sofort los wie ein Verkäufer von Fleckenwasser auf dem Jahrmarkt.

Religion

In unserer Klasse gab es auch einige jüdische Schüler. Ich war nicht nur in meiner Klasse, sondern in meiner Schule überhaupt der einzige Schüler, der der islamischen Religion angehörte. Auch in den anderen Lyzeen Mannheims gab es keinen Moslem oder Türken. Weitaus der größte Teil der Schüler war christlich: katholisch und evangelisch. Mit keinem jüdischen Kameraden habe ich über die Religion gesprochen. Sie stellten keine Fragen darüber.* Dagegen führte ich öfter Gespräche mit meinen christlichen Klassenkameraden über die Religion. Dabei stellte ich fest, daß die katholischen Schüler relativ mehr von ihrer Religion wußten als die evangelischen. Die überwiegende Mehrheit der Anhänger beider Konfessionen nahm die Religion nicht ernst. Sie betrachteten sie oberflächlich als Gewohnheits- und Formsache. Ihr Wissen über die Geschichte des christlichen Glaubens war erstaunlich dürftig. Dennoch war ich für sie alle ein »Heide«. In diesem Urteil waren sie sich einig, unverrückbar, starr und ohne Bereitschaft, meine Gegenargumente gedanklich objektiv zu behandeln. Es kam auch vor, daß einige meiner Kameraden nach der Diskussion mit mir am nächsten Tag zu mir eilten und sagten: »Ich habe mich zu Hause bei meinem Vater erkundigt. Der sagt auch, du seist ein Heide ... Wer kein Christ ist, der ist ein Heide!«

So war die allgemeine Einstellung. Nicht selten erlebte ich in den Mannheimer Straßen, daß mir Kinder, die wußten, daß ich ein Türke bin, nachliefen und außer »Kümmel-

---

* Schon damals war eine deutliche Reserviertheit der deutschen Schüler den jüdischen Jungen gegenüber zu beobachten. Auch fielen, mehr heimlich, abfällige Worte über die Juden, während die jüdischen Jungen sich völlig als Deutsche fühlten.

türke« und »Lecker, Lecker, zuck, zuck, zuck!« auch mitunter »Heide! Heide!« zuriefen. Das hatten sie offensichtlich von ihren Eltern gehört.

Ich wurde auch gelegentlich mit katholischen Pfarrern und evangelischen Pastoren bekannt. Es entwickelten sich bei solchen Anlässen Gespräche über den Islam. Meistens hörte ich, daß für diese Herren der Islam eine Sekte und Mohammed kein Prophet, sondern ein Sektengründer war. Bei den Diskussionen gingen sie von vornherein von einem Standpunkt der Wahrheit, Gültigkeit und Echtheit der christlichen Religion gegenüber dem Islam aus. Der Islam war für sie eine Irrlehre.* Freilich, wenn diese Christen sich mit einem normalen türkischen Vorbeter, einem Imam, über das gleiche Thema unterhielten, hätten sie umgekehrt dieselbe Einstellung des Imams über die Wahrheit, Gültigkeit und Echtheit des Islams zu hören bekommen.**

Für mich war es interessant, bei meinen Gesprächen über die Religionsfragen zu erfahren, daß die Deutschen sich als Europäer trotz der Renaissance, trotz der humanistischen Bildung und der Aufklärung in der Beurteilung des Islams derart starr und einseitig verhielten. Bei einem einfachen Priester und Pfarrer konnte ich eine solche Haltung vielleicht verstehen, aber nicht bei einem belesenen Laien, selbst wenn er ein frommer Christ war. Von einem gebildeten Europäer erwartete ich mehr Toleranz und mehr objektive Diskussionsbereitschaft, wurde aber leider meistens enttäuscht.

Die Tatsache, daß der Islam die mosaische und die christliche Religion als die »Ein-Gott-Lehren« und »Buchreligionen« anerkennt und Moses wie Christus als von Gott erwählte Propheten sogar mit der Mutter Maria zusammen verehrt – eine Tatsache, von der außer den wenigen gebildeten Theologen der größte Teil der Christen

---

* Die Zahl der Anhänger des Islam wird heute auf eine Dreiviertelmilliarde geschätzt. Sie wächst ohne nennenswerte Missionstätigkeit weiter.
* Auch bei uns bezeichnete man den Christ »Gawur«, ein verstümmeltes vulgäres Wort, abgeleitet vom arabischen »kafir«, das heißt Ungläubiger (des Islams).

keine Ahnung hat –, erleichterte mir vielleicht grundsätzlich meine viel offenere und wärmere Haltung meinen christlichen Gesprächspartnern gegenüber.

Eine Diskussion mit meinem Klassenkameraden Horst vergesse ich nicht: »Du bist also ein Heide«, sagte er mir. »Nein, ich bin Moslem«, erwiderte ich. »Wer kein Christ ist, ist ein Heide«, bestand er. »Heide ist, wer nicht an Gott glaubt, sondern selbsterzeugte Götzen oder Geister anbetet. Aber ich glaube an den einzigen Gott, an seine Allmacht wie du auch.« – »Ich glaube aber, daß Christus Gott ist... Gott Vater, Gott Sohn, Gott Heiliger Geist!... Glaubst du das auch?« – »Nein, nach dem Islam ist Gott unteilbar eins und einzig, während Christus ein Prophet ist. Er ist ein gottgesegneter Mensch, in dieser Eigenschaft wird er im Islam verehrt.« – »Dann bist du doch ein Heide!« – »Und du bist ein ungebildeter Dickkopf!«

Hätte Horst nicht darauf bestanden, ich sei doch ein Heide, wäre unsere Diskussion bestimmt nicht in einem so brüsken Ton beendet worden, den ich lange Zeit bedauert habe.

Familie Wulff

Als ich an einem Wochentag nach der Schule mittags nach Hause kam, empfing mich Frau Gamer mit einem Brief in der Hand und den aufgeregten Worten: »Eine feine Dame hat Sie heute aufgesucht! Sie hat sich nach Ihnen erkundigt! Eine feine Dame war sie...!« Ich öffnete den hellilafarbenen Brief und las:

»Ihre Adresse hat mir Herr Generalkonsul Reiser gegeben. Mir sind Sie von Frau von Wegerer empfohlen worden Erwarte Sie nächsten Sonntag um elf Uhr zum gemeinsamen Mittagessen in unserem Haus. Mein Mann, ich und meine Kinder freuen uns, Sie kennenzulernen.

Elisabeth Wulff«

Es waren kaum einige Wochen vergangen, seit ich in Mannheim angekommen war, und das Weihnachtsfest war gerade vorüber. Ich selbst hatte daran gedacht, daß die Zeit nun gekommen war, die Familie Wulff zu besuchen und den Brief von Frau von Wegerer an Frau Wulff zu übergeben, nachdem ich nun bereits einige Worte Deutsch gelernt hatte. Aber Frau Wulff war mir zuvorgekommen, und das war mir ziemlich peinlich. Ich bereute es sehr, mich nicht früher bei ihr vorgestellt zu haben.

An jenem Tag überschüttete mich Frau Gamer unaufhörlich mit neugierigen Fragen: Wer die Dame sei, woher sie mich kenne, wo sie meine Adresse ermittelt hätte. Sie konnte sich vor Neugierde nicht beruhigen.

Am Sonntag pünktlich um elf Uhr läutete ich an der Türe des Hauses Elisabethenstraße 15 im Villenviertel von Mannheim hinter der Christuskirche. Eine schwarzgekleidete, leicht ergraute Bedienstete mit weißer Schürze und weißer Haube öffnete und ließ mich eintreten. In der Halle kam mir Frau Wulff entgegen. Ich verbeugte mich, küßte ihr die Hand auf türkische Weise und überreichte ihr einen kleinen Blumenstrauß.

Diese erste Begegnung mit Frau Wulff fand im Januar 1918 statt. Die daraus entstandenen freundschaftlichen Beziehungen zu Frau Wulff und der Familie dauerten jahrzehntelang. Ich fand bei Wulffs ein zweites Zuhause, wenn ich auch nicht bei ihnen wohnte. Sie waren fast eine deutsche Ausgabe meiner eigenen Familie. Von der drückenden Isolierung, in der ich mich befunden hatte, wurde ich durch die Bekanntschaft mit den Wulffs befreit, und ich fühlte mich in der kultivierten Atmosphäre dieses Hauses fortan wohl und geborgen.

Frau Wulff war eine gebildete und willensstarke Frau. Die älteste Tochter Liselotte glich ihr in geistiger Hinsicht und studierte damals, als ich sie kennenlernte, Philosophie und Geschichte in Heidelberg. Sie war sechs bis sieben Jahre älter als ich. Der Sohn Erich diente als Freiwilliger bei den Fliegern. Ich habe ihn später kennengelernt, als er einmal zum Urlaub nach Hause kam. Er war ein stiller, ernster, junger Mann. Die jüngste Tochter Ruth ging in die Schule und war drei Jahre jünger als ich: ein heiteres, unkompli-

189

ziertes, braves Mädchen. Herr Wulff war Kaufmann, Inhaber eines bedeutenden Kohlehandelsunternehmens en gros (Karl Geldner) mit mehreren Filialen in den rheinischen Städten bis hinunter nach Basel; ein stattlicher, aus Westfalen oder Düsseldorf stammender strenger Herr, immer gut und konservativ angezogen. Er bevorzugte steife Kragen, steife Manschetten und trug auf der Krawatte stets eine Brillantnadel. Später erfuhr ich von ihm, daß er Mitglied eines Klubs namens »Räuberhöhle« war und der Freimaurerloge angehörte.

Meine Deutschkenntnisse, auch in der Schriftsprache, und meine Fähigkeiten zur sauberen Aussprache des Deutschen verdanke ich dem Verkehr mit den Wulffs. Obwohl Frau Wulff einer alten Mannheimer Kaufmannsfamilie namens Gottschalk entstammte, sprach man bei den Wulffs ein neutrales, dialektfreies Deutsch, worüber ich mich sehr freute. So gelang es mir, mich vom Mannheimer Dialekt, der mir nie sympathisch war, fernzuhalten. Ebenso verdanke ich den Wulffs meine Einführung in das deutsche Musik-, Opern- und Theaterwesen. Die Familie hatte ein Theaterabonnement und bekam stets gute Plätze im Mannheimer Nationaltheater. Sie nahmen mich auch zu den Philharmoniekonzerten mit. Zu Hause spielten Frau Wulff und Liselotte Klavier, Ruth nahm Musikunterricht bei einer Frau, die auch öfter ins Haus kam.

Meinen Bildungs- und Wissensdurst konnte ich (außerhalb der Schule) bei der Familie Wulff vielseitig stillen. Ausgiebig konnte ich deren Bibliothek benutzen. Frau Stange in Istanbul kann ich daher nicht dankbar genug sein, daß sie über ihre Schwester, Frau von Wegerer, mich bei Frau Wulff empfohlen hatte. Jahrelang verbrachte ich wöchentlich einen, manchmal zwei Tage in deren Haus. Ab und zu übernachtete ich auch an Wochenenden bei ihnen. Vielfach wohnte ich privaten Musikveranstaltungen bei, nahm an ihren Einladungen teil, machte bei Familienfesten mit oder unterhielt mich mit Frau Wulff, Liselotte und Ruth über allgemeine Tagesfragen, Politik, Geschichte oder Religion.

190

Auch diese Familie erlebte Schicksalsschläge. Nach Beendigung des Ersten Weltkrieges konnte der aus dem Militär entlassene Sohn Erich sich mit der durch die Niederlage Deutschlands entstandenen Lage nicht abfinden. Sein Vater wollte ihn zu seinem Geschäftsnachfolger ausbilden und schickte ihn zu einer befreundeten Kohlenhandelsgesellschaft in England in die Lehre. Nach kaum sechs Monaten kam Erich zurück. Vater Wulff war enttäuscht und böse. Erich war unglücklich und schüttete mir einmal sein Herz aus: »Muammer, ich tauge zu nichts mehr. Ich kann dieses Leben nicht mehr ertragen. Wäre ich doch im Krieg gefallen ...! Deutschland, unser Volk, derart niedergeschlagen und unsere Heimat von Feinden besetzt zu sehen macht mich kaputt. Diese Schmach ist unerträglich für mich!« In solch niedergeschlagener Stimmung ging er nach Freiburg, um zu studieren. Dort beging er kurz darauf Selbstmord.

Seine Eltern, Liselotte und Ruth traf Erichs Selbstmord schwer. Insbesondere seiner Mutter brach das Herz. Bei seinem Begräbnis in Mannheim trauerte ich wegen Erichs tragischem Tod zusammen mit seinen Angehörigen und der vom Schmerz gebrochenen Mutter.

Etwa zur gleichen Zeit traf eine andere böse Nachricht ein: Liselottes Verlobter, ein in den letzten Tagen des Krieges abgestürzter Fliegeroffizier, der den Sturz schwer verwundet und mit gefährlichen Brandwunden überlebt hatte, wurde zwar geheilt, im Gesicht und am Körper aber entsetzlich verunstaltet aus dem Lazarett entlassen. Er schickte seiner Verlobten den Verlobungsring zurück in einem Brief, in dem sich auch einige Fotos von ihm befanden: »Schau die Bilder an, Lilo! ... Ich kann dich in dieser Verfassung nicht mehr glücklich machen«, schrieb er.

Liselotte hatte gerade in Heidelberg promoviert. Wie sie auf dieses traurige Ereignis reagierte, ist erschütternd. Die Familie war evangelisch und die Kinder streng religiös erzogen. Liselotte wechselte ihre Konfession, wurde katholisch und trat trotz Bitten und Betteln der Eltern in einen Orden ein. Sie verzichtete auf das Vermögen und auf alle weltlichen Genüsse. In dem Orden stieg sie bald zu höheren Funktionen auf und wurde in den Vatikan berufen, dort weiter ausgebildet und Ende der zwanziger Jahre in ein bekanntes großes Kloster in Temeschwar (damals ungarisch, heute rumänisch Timischwara) versetzt, dessen Äbtissin sie wurde. Das unglückliche Schicksal ihres Verlobten teilte sie auf ihre Weise dadurch, daß sie sich durch Hingabe an Gott in den Dienst der Liebe, der Hilfe und der Erziehung der Menschen stellte.

Für Lilo hatte ich schon bei den ersten Unterhaltungen eine tiefe Sympathie empfunden. Sie war eine schöne Gestalt, eine selbstbewußte, intelligente, gebildete junge Persönlichkeit. Durch ihre entschlossene Handlung, ihre Reaktion auf den unglücklichen Schicksalsschlag, stieg sie erst recht in meiner Hochachtung und Bewunderung.

Liselotte Wulff hielt im Kloster Temeschwar bis zum Ende des Zweiten Weltkrieges als Äbtissin durch. Sie erlebte den grausamen russischen Einmarsch und die Besetzung und Plünderung des Klosters. Sie mußte schreckliche Vergewaltigungen mitansehen und, obwohl sie krebskrank war, in einem Werk arbeiten. Ich sah ein Foto von ihr, wie sie an einer Werkzeugbank in einem ölverschmierten Arbeitsanzug stand, mit einem schmutzigen, schäbigen Tuch auf dem geschorenen Haupt, abgemagert, ihr von Leid gezeichnetes Gesicht bis zur Unkenntlichkeit entstellt.

In den fünfziger Jahren ist es den Bemühungen des Vatikans schließlich gelungen, Lilo von den Bolschewisten freizubekommen und sie von Temeschwar nach Rom zu holen. Da jede ärztliche Hilfe zu spät kam, schickte man sie zurück in ihr Ordenshaus nach Freiburg, wo sie starb. Als »Schwester Immakulata« soll sie dort auf dem Klosterfriedhof ihre ewige Ruhe gefunden haben.

Ruth wurde frühzeitig verheiratet und lebte mit ihrem Mann im Gutsschloß Neubronn bei Aalen/Württemberg. Sie wurde Mutter von acht Kindern, kam mit ihrem Mann Ende der fünfziger Jahre nach Istanbul und blieb etwa drei Wochen als unser Gast in unserem Hause. Einige Jahre darauf starb auch sie.

Als ich es kurz nach Beendigung des Zweiten Weltkrieges mit großer Mühe fertigbrachte, nach Deutschland zu reisen, lebte Frau Wulff schwer krank bei ihrer Tochter Ruth in Neubronn. Nach den unglücklichen Erlebnissen mit Erich und Liselotte zog sie mit ihrem Mann, der seine Firma aufgab, nach Baden-Baden um. Ich hatte die beiden noch Mitte der dreißiger Jahre mit meiner Frau in ihrem neuen Haus in Baden-Baden besucht. Herr Wulff starb dort, ohne den Zweiten Weltkrieg zu erleben. Frau Wulff litt schon damals sehr an Rheuma und Nervenentzündungen. Sie konnte im Haus in Baden-Baden alleine nicht mehr leben und zog zu Ruth nach Neubronn.

Frau Wulff fiel in die Hände von Grundstücks- und Finanzschwindlern und verlor ihr ganzes Vermögen. Als ich nach vielen Jahren leise in ihr Zimmer in Schloß Neubronn eintrat, lag sie fast bewegungslos wie eine Heilige im Bett. Und sichtlich bemüht, ihre Tränen zurückzuhalten, sagte sie zitternd zu Ruth neben mir: »Ich wußte und sagte dir immer, daß Muammer kommt ... Jetzt ist er da ... siehst du, Ruth? Mein Muammer ist da!« Ich nahm ihre porzellanbleiche, von Geschwüren übersäte und völlig deformierte Hand vorsichtig und küßte sie kniend neben ihrem Bett. Wir schauten uns beide lange an, ohne sprechen zu können. Sie weinte still, und die Tränen liefen ihr über das Gesicht zum Hals herunter und näßten das Kissen und den Kragen ihres Hemdes. Auch ich kämpfte vergebens mit den Tränen und weinte mit ihr. Nach einer Weile, um die Stimmung zu ändern, sagte ich dann halb lächelnd, halb weinend: »Wie war es doch? Der Hahn? ... Der Hahn kräht! Das Schaf? ... Das Schaf blökt! Und das Pferd? ... Das Pferd wiehert! Nicht wahr?« Da lachte Frau Wulff, und wir konnten uns allmählich etwas unterhalten. Sie hatte mir nämlich vor Jahrzehnten in Mannheim am Anfang meiner Bekanntschaft mit ihr im Hause Elisabethenstraße 15 jene deutschen Sprachkenntnisse beigebracht ...

Ruth sagte mir, nachdem ich das Zimmer mit ihr verlassen hatte: »Glaube mir, Muammer, seit Jahren sehe ich zum erstenmal meine Mutter wieder lachen. Sie mußte fürchterlich leiden. Wie gut, daß du gekommen bist!« Ich selbst war sehr glücklich und innerlich befriedigt, mein Gewissen entlastet zu haben. Ich habe eine moralische Schuld beglichen. Durch das Wiedersehen habe ich meine Pflicht der Dankbarkeit erfüllt dafür, was mir Frau Wulff in meinen jungen Jahren an warmer Menschlichkeit und Güte gegeben hatte.

Kurz nach meiner Rückkehr nach Istanbul erhielt ich von Ruth die telegrafische Nachricht, daß ihre Mutter verschieden sei. Ruth hatte recht: Wie gut, daß ich sie wiedergesehen hatte . . . Ich werde ihr Andenken in tiefer Verbundenheit bis zum Ende meines Lebens bewahren.

Klassenkameraden

Wir waren etwa dreißig Schüler in der Unterprima, neun Mädchen kamen von anderen Schulen zu uns. Drei von ihnen gehörten zu den besten Schülern der Klasse. Ein Mädchen aus Frankental, Elisabeth Kirchner, war in den beiden letzten Klassen die beste Schülerin, unser Primus. Sie war ein bescheidenes, kluges, sympathisches Mädchen. Der Beste unter den Jungen in Naturwissenschaften hieß Knodel. Neben mir saß Hermann Weidenbach, mit dem ich öfters zusammenkam und Deutsch lernte. Ihm verdanke ich die ersten Kenntnisse in der deutschen Sprache. »Hermann«, sagte ich eines Tages in der Schule, »komm morgen zu mir ins Haus.« – »Gut, um wieviel Uhr soll ich kommen?« fragte er. »Am Nachmittag«, antwortete ich. »Schön, am Nachmittag, aber um wieviel Uhr?« fragte er wiederholend. »Ich sagte es dir ja, am Nachmittag, wann du willst.« – »Paßt es dir um drei Uhr zum Beispiel?« – »Natürlich, ich erwarte dich.«

So kam Hermann am nächsten Tag pünktlich um drei Uhr zu mir, und wir arbeiteten gemeinsam in meinem Zimmer und unterhielten uns. Sein Vater war vor dem ersten Krieg in Rußland in Petersburg (Leningrad) als Schiffsingenieur tätig gewesen, und die ganze Familie hatte zusammen mit ihm in Rußland gelebt. Hermann war dort in die Schule gegangen und konnte dadurch gut Russisch sprechen. Sein Französisch war ebenfalls viel besser als das der übrigen deutschen Schüler.

An einem Samstag kam mir plötzlich die Idee, Hermann einen Gegenbesuch abzustatten, so wie es bei uns Sitte ist, aber ohne mich vorher mit ihm abgesprochen zu haben. Ich kannte seine Adresse. Um drei Uhr nachmittags ging ich in das Haus und läutete oben im dritten Stock. Eine ergraute Frau machte die Tür auf. Sobald sie mich sah, rief sie laut und voller Freude: »Muhammed, Muhammed,* Freund von Hermann in der Schule. Türke?« – »Ja«, sagte ich. Sie rief: »Hermann – Hermann, komm her, dein türkischer Freund Muhammed ist da.« Worauf Hermann sofort an die Tür eilte. Nachdem er seine Hände an der blauen Schürze, die er anhatte, getrocknet hatte, begrüßten wir uns mit einem Händedruck. »Grüß Gott, Muammer«, sagte Hermann. »Grüß Gott, Hermann«, antwortete ich. »Was gibt es? Was führt dich zu mir, Muammer?« – »Hermann, ich bin gekommen, um dich zu besuchen.« – »Hatten wir uns verabredet?«

Auf diese Frage wurde ich etwas sauer und antwortete: »Nein!« – »Ja, aber heute habe ich keine Zeit. Samstags spüle ich das Geschirr, putze den eisernen Herd in der Küche blank und wische die Fenster der Küche und meines Schlafzimmers, dafür bekomme ich mein Wochentaschengeld von meiner Mutter«, führte der gute Hermann aus, immer noch am Türeingang der Etage stehend und ohne irgendwelche Anstalten, mich hereinzubitten.

Ich erstarrte für einen Augenblick zu Eis, dann brach in mir die Wut aus, das Blut schoß mir in den Kopf. Ich drehte mich um, raste die Treppen hinunter, machte die Haustür auf und stürzte mit einem Satz hinaus, ohne den Rufen von Hermann »Muammer! Muammer!« im Treppenhaus Gehör zu schenken. Das war eine Grobheit von Hermann,

* Frau Weidenbach sprach meinen Namen falsch aus. Sie verwechselte »Muammer« mit »Mohammed«, wie es die meisten Deutschen taten.

eine Beleidigung, eine Unverschämtheit. Bei uns ist so etwas unmöglich. Wenn auch ungebeten oder unpassend, Gast ist immer Gast... Wenn jemand kommt, wird alles stehen- und liegengelassen, um dem Gast einen freundlichen Empfang zu bereiten. Das Benehmen von Hermann hatte mich maßlos geärgert.

Am Montagmorgen in der Schule reichte mir Hermann wie üblich die Hand:»Guten Morgen, Muammer!« Ich gab ihm weder die Hand, noch antwortete ich ihm. »Guten Morgen, Muammer!« wiederholte Hermann, als wenn nichts passiert wäre. Ich blieb stumm und beachtete ihn nicht. Ich sprach nicht mit ihm. »Bist du krank? Hast du vielleicht Zahn- oder Bauchweh?« Keine Antwort von mir. »Na gut, wenn du nicht mit mir redest, dann rede ich eben auch nicht!« sagte Hermann und ließ mich stehen.

Der Tag verging, ohne daß wir miteinander redeten. Auch der nächste Tag verlief ebenso. Ich dachte inzwischen viel über das Verhalten von Hermann und meine Reaktion darauf nach. Ich ließ die Maßstäbe unserer Sitten und Erziehung beiseite und überlegte nüchtern: Hatte ich recht, ihm böse zu sein? Ich hatte mich mit ihm ja nicht verabredet, er wußte von meinem Kommen nichts. Wir hatten eine andere Auffassung von Gastfreundschaft und Gastlichkeit als die Deutschen. Andere Länder – andere Sitten, dachte ich.

Daß ein Sohn der Mutter, wenn nötig, zu Hause hilft, ist bei uns selbstverständlich. Daß er aber dafür einen Lohn bekommt, ist unmöglich für unsere Begriffe. Man konnte jedoch auch anderer Auffassung sein: Geld von den Eltern nicht als Geschenk oder als Almosen nehmen, sondern gegen eine Leistung. Das kann auch seine Berechtigung haben, kann wohl von guter erzieherischer Bedeutung sein. Was ist besser? Es ist eine Auffassungssache, meinte ich und kam zu dem Schluß, daß ich ungerecht gegen Hermann gehandelt hatte. Ich gab ihm am nächsten Tag die Hand, und wir versöhnten uns. Wir blieben Freunde, bis wir nach dem Abitur die Schule verließen und auseinandergingen.

Das Verhalten meiner Klassenkameraden untereinander fand ich normal und korrekt bis auf eine ihrer Gewohnheiten, die mich innerlich störte. In den Jahren nach der Beendigung des Krieges fiel mir in den Zehnuhrpausen auf, daß außer einigen wenigen Schülern (in überwiegender Mehrheit die Jungen) alle immer ein Vesperpäckchen, ein belegtes Brot oder einen Apfel in ihren Taschen mitbrachten. Bei den meisten Schülern bestand das Vesperbrot aus einfachem, mit Marmelade oder Kunsthonig dünn bestrichenem Brot, bei einigen wenigen jedoch gab es immer dicke Wurst- oder Schinkenbrote. Diese Jungen sahen auch entsprechend gut genährt aus, hatten bessere Kleider und Schuhe an. Es gab aber zwei bis drei Schüler in unserer Klasse, die fast nie ein Brotpäckchen aufmachten, und während alle anderen schmatzend und mit Appetit ihre belegten Brote vertilgten, standen diese mit den Händen in den Taschen herum und wandten ihre mageren blassen Gesichter ab. Keinen einzigen Klassenkameraden habe ich gesehen, der ihnen von seinem Brot oder seinem Apfel etwas abgegeben hätte.

In Istanbul wäre das unmöglich. Unmöglich, daß ein Türke ißt, ihm ein anderer zuschaut und daß der Essende ihm nicht sofort etwas abgibt oder zumindest anbietet. Gott sei Dank ist bis heute diese gute Eigenschaft der Türken noch erhalten, wenn auch vieles an guten und schönen Sitten im Zuge der erlebten kulturellen Veränderungen in den letzten sechzig Jahren verlorengegangen ist.

Mir taten jene armen Jungen meiner Klasse leid, und ich fing an, mit dem einen oder anderen mein bescheidenes belegtes Brot zu teilen oder von der Wirtin hier und da ein zusätzliches Brot zu ergattern, um es in der Schule weiterzugeben. Erst machte ich das unauffällig, wie es sich gehörte. Dann machte ich es deutlich und sichtbar, gerade vor den immer satten und gutgenährten Schülern, und mit meiner Taktik hatte ich schließlich Erfolg: Meine Klassenkameraden begannen, dann auch ihrerseits für jene armen Schüler Vesperbrote oder Äpfel mitzubringen. Ich war froh, daß das gute Beispiel nicht ohne Wirkung geblieben war.

197

Pension Bücher

Ende des Sommers 1918 zog ich in eine andere Pension, unweit des Schlosses, um. Sie wurde von einer Frau Bücher geführt und war in der dritten Etage eines großen Hauses eingerichtet. Mir hatte die Pension Gamer von Anfang an nicht gefallen. Außerdem störte mich die übertriebene Zuneigung einer Nachbarin in der Pension sehr. Da ich sie nicht zur Vernunft bringen konnte, wechselte ich die Pension, nachdem ich das Einverständnis von Konsul Reiser dazu erhalten hatte.

Mein Zimmer befand sich am Ende eines abknickenden langen Korridors gegenüber der großen Küche. Der Salon an der Ecke diente als Eß- und Aufenthaltsraum. Mit mir wohnten insgesamt acht Pensionsgäste hier, wodurch die Etage voll besetzt war. Die Familie bestand aus Frau Bücher, einer erwachsenen Tochter, die in die Lehre ging, einem älteren Sohn, der Soldat war, und zwei weiteren Buben im Alter von zwölf und zehn Jahren. Herr Bücher diente beim Militär und war an der Westfront wie sein Sohn. Um diese sechsköpfige Familie unterbringen zu können, hatte Frau Bücher drei Zimmer vom oberen Stockwerk abtrennen lassen und gemietet. In der Decke des Korridors der Pension hatte man eine kleine Öffnung geschaffen, durch die eine steile schmale Leiter ohne Geländer vom Korridorende aus hinaufführte. Über diese vergrößerte Hühnerleiter gelangte man in die drei Zimmer des oberen Stockwerks, wo Frau Bücher mit der Familie wohnte.

Nach dem Waffenstillstand wurden Herr Bücher und sein Sohn Franz aus dem Militär entlassen und kamen nach Hause. Bald richtete Vater Bücher in den kleinen oberen Räumen auch noch seine Schneiderwerkstatt ein.

Im Gegensatz zu Frau Gamer war Frau Bücher von starkem körperlichem Bau, älter, ruhig, einfach in ihrer Art, aber enorm fleißig und ausdauernd. Wie sie mir erzählte, hatte ihr Mann vor dem Krieg ein gutgehendes Herrenschneidergeschäft. Als er zum Militär eingezogen wurde, blieb sie allein mit den Kindern. Mit den wenigen Erspar-

nissen hatte sie die Etage gekauft und sie als Pension eingerichtet. Sie trug eine schwere Hypothekenlast. Täglich
mußte sie für acht Pensionsgäste plus ihre eigenen Kinder
beziehungsweise Familienmitglieder sorgen, die Betten
machen, die Zimmer putzen, die Lavoirs reinigen, mit frischem Wasser füllen, Frühstück herrichten und für soviel
Leute auch mindestens eine Mahlzeit kochen. Dazwischen
mußte sie Proviant einkaufen.

Mit Staunen und Bewunderung beobachtete ich das Wirken und Schaffen der Frau Bücher. Wie sie mit der vielen
Arbeit fertig wurde, verdiente hohen Respekt. Ich schaute
öfter in die sehr geräumige Küche, die auch zum Wäsche-
waschen sowie zum Baden der Familie diente. Nach der
Mahlzeit sammelte sich eine ganze Menge von schmutzi-
gem Geschirr an. Die Familie stellte sich zum Spülen auf:
Die Tochter schabte von den Tellern die Speisereste ab, die
sie in einen Kübel warf. Frau Bücher übernahm die Teller
von ihr und wusch sie in einem Trog. Der Sohn Karlchen
übernahm die Stücke von der Mutter und wischte sie mit
einem Tuch trocken, und der Kleinste, Emil, stapelte die
Teller je nach der Sorte auf dem Küchentisch auf. Es ging
automatisch wie an einem Fließband, wobei Mutter Bücher
ab und zu kommandierte oder, wenn die Kinder etwas
falsch machten, schimpfte. Jeden Tag schuftete diese Frau
von morgens bis abends trotz der schlechten Lebensbedingungen unermüdlich und pausenlos, ohne auszusetzen,
ohne zu feiern, jahrelang.

An manchen Abenden kam sie nach dem Geschirrwa-
schen und der Arbeit aus der Küche in mein Zimmer gegenüber: »Ach, Herr Muhama« (ich konnte Frau Bücher
nie beibringen, meinen Namen richtig auszusprechen),
sagte sie, während sie sich erschöpft auf den Stuhl fallen
ließ und mit ihrer Schürze sich den Schweiß vom Gesicht
wischte. »Ist däs e Lewe«, fuhr sie in ihrem Dialekt fort:
»Alles dies verdanke ich meinem Mann, er hatte so ein
gutgehendes Geschäft. Die besten angesehensten Herren
von Mannheim waren seine Kunden ...« Dann zählte sie
Namen auf: Dr. Soundso, Kommerzienrat X, Direktor Y –

»Sie ließen ihre Anzüge bei ihm anfertigen, aber er ließ vom Saufen nicht ab und verspielte die Gelder beim Pferderennen...! Diese Pension habe ich hier mit den letzten Pfennigen eingerichtet, als er zum Militär mußte... Wenn die Hypothekenschulden und die kleinen Kinder nicht da wären, glauben Sie, daß ich so schaffe tät'? Nicht einen Tag...! Ich hätte alles auf den Nagel gehängt und wäre aufs Land gegangen. Aber so...? Ich muß schuften, um die Schulden zu bezahlen und die Kinder zu ernähren...! Wenn nur der Krieg zu Ende ginge, dann müßt' mein Mann wieder arbeiten und Geld verdienen... aber ich werde ihm dieses Mal das Saufen und das Spielen schon austreiben! Jawohl, koste es, was es wolle... Es wird nicht mehr gesoffen, es gibt kein Pferderennen mehr!«

Dann, als der Krieg zu Ende ging, kamen Vater Bücher und der Sohn nach Hause zurück. Der Sohn fand in einer Firma Arbeit. Das Mädchen beendete die Lehre und wurde irgendwo angestellt. Aber Frau Bücher mußte weiterschuften, obwohl ihr Mann in einem der drei oberen Zimmer auf einem Tisch mit gekreuzten Beinen im Türkensitz saß und wieder schneiderte. Er arbeitete im Lohn für andere größere Schneider.

Herr Bücher war ein kleiner, schlanker, sehr eitler Mann. Einmal pro Woche hatte er abends Ausgangserlaubnis von seiner Frau. Da zog er sich sauber an, bürstete seine Haare und seinen stolzen Schnurrbart, setzte seinen Filzhut auf und ging aus, wobei Frau Bücher ihm das nötige Taschengeld immer abgezählt in die Hand gab. Er mußte seiner Frau jedesmal versprechen, nicht mehr als zwei »Viertelche« zu trinken und nicht Karten zu spielen. Aber jedesmal kam er spät nach der Polizeistunde schwer betrunken zurück. Da ging dann der Krach los. Ihm schmeckte eben der Pfälzer Wein zu gut!

Nicht selten kam es vor, daß Herr Bücher in seinem Rausch die gefährliche Hühnerleiter hinauf zum oberen Stockwerk nicht schaffte. Da seine Frau ihm die Hilfe verweigerte, mußte er einfach im Korridor zwischen der Küche und meinem Zimmer bis zum nächsten Morgen liegenbleiben. Mit der Zeit kannte ich den Text des Dialogs, den die Eheleute Bücher bei solchen Anlässen zu späten Nachtstunden führten, auswendig: Herr Bücher schloß erst nach großer Mühe die Etagentür mit seinem Schlüssel auf. Das lange, lautstarke Suchen des Schlüsselloches kündigte mir seine Ankunft an. Etwa zehn bis fünfzehn Minuten dauerte es, die tückische Ecke des langen Korridors zu überwinden. Mehrfach rannte er dabei gegen die Türen der Pensionsgäste. Er war aber immer sehr höflich und entschuldigte sich, wie es sich gehörte: »Ach ... verdammt! Nix für ungut, Herr X, nix für ungut, gelle ...? Tschuldigung, mein Herr X. Tschuldigung!«

Aber die Hauptschwierigkeit war die berühmte Leiter zu den Räumen der Büchers im oberen Stockwerk. Diese Treppe konnte er ohne die Hilfe seiner Frau nicht schaffen. Nach einigen mißlungenen Versuchen, die ersten Stufen zu ersteigen, setzte er sich auf den Boden des Korridors und rief nach seiner Frau: »Mariesche, Mariesche, komm nunner! Komm, Mariesche, du bischt mei Einzische ...!« Natürlich kam keine Antwort von Mariechen, obwohl ich sie über mir an das Treppenende gehen hörte. Sie wartete still oben an der Mündung der Hühnerleiter. Das war ihre Taktik.

Der arme Herr Bücher wiederholte mehrfach sein Bitten und Betteln in verschiedenen Varianten. Zwischendurch telefonierte er zum Zeitvertreib mit imaginären Kunden – ohne Telefon (seine höchste Sehnsucht war, ein Telefon anzuschaffen; aber die Innenministerin verweigerte die Genehmigung, immer stand eine Hypothekenrate im Wege): »Guten Tag, Herr Direktor X! Ihr Anzug ist fertig. Er ist schön geworden. Sie können ihn abholen, wenn Sie wollen. Danke, Herr Direktor! Danke schön. Stets zu Ihren Diensten! Auf Wiederhören ...!« Oder: »Ach bitte, kann ich Herrn Kommerzienrat Y sprechen? Nein? Ach, guten Tag, gnädige Frau ... Hier ist Schneidermeister Bücher! Der Anzug Ihres Gemahls steht bereit zur ersten Probe ... Jaja, zur ersten Probe ist er bereit. Ich werde mir große Mühe geben, Herrn Kommerzienrat zufriedenzustellen ...!«

Da diese Gespräche immer lauter wurden und Frau Bücher nicht wollte, daß die Nachtruhe der Pensionsgäste noch mehr gestört würde – die meisten von ihnen waren natürlich schon längst wach geworden und spitzten die Ohren –, schritt sie ein: »Pschtt! Still! Stör die Leit net! Du Elender...! Hascht wieder gsoffe!« – »Ach Mariesche, ich versprech's dir, es kimmt nimme vor. Zum letste Mol, ich schwör's dir. Komm erscht emol nunner, hol dei Mah...! Du bischt mei eenzisch lieb Weib! Komm nurre!«

»Halt dei Mund, du Lügner. Hätt' ich dich doch nicht genomme. Wieviel Mannsleit liefe mir nach... Jetzt ischt holt zu spät. Aber mit uns beide isches aus.« – »Mariesche! Komm, hol... und hol dei Mah nuff. Komm, mei Guti, komm, hol misch nuff. Komm, hol misch nuff, mei Engelsche!«

Was sollte die arme Frau tun? Am Ende kam sie die Leiter herunter, schimpfte weiter, wobei sich Herr Bücher sanft und weich wie Seidenvelours verhielt. Dann schleppte die Frau ihren berauschten Mann stöhnend, fauchend, fluchend und mit großer Anstrengung die gefährliche Treppe hinauf. Kaum oben angelangt und in Sicherheit, verwandelte sich Herr Bücher blitzartig in den verwegensten Kosakenhäuptling: »Halt's Maul... Du Schlang! Noch ee Wort... Wag noch ee Wort...! Und isch schlag disch dod.« Nun mußte Frau Bücher allmählich vorziehen, nicht mehr zu reden. Man hörte noch einige weinerliche Worte von ihr, und es wurde schließlich still.

Die tapfere Frau Bücher hielt trotzdem aus, arbeitete und schuftete weiter an der Seite ihres unverbesserlichen, aber sonst völlig harmlosen Mannes. Am Beispiel der Frau Bücher bin ich zu der Überzeugung gelangt, daß die tragende Säule des starken deutschen sozialen Baues die deutsche Frau war. Sie war nicht nur Hausfrau, Mutter und Erzieher der Kinder, sondern sie nahm persönlich Anteil an dem wirtschaftlichen Aufbau und der Förderung der realen Existenz der Familie. Die deutsche Frau ist mit ihrem Fleiß, ihrem Ehrgeiz und ihrer Vitalität die treibende Kraft der deutschen Leistung und des deutschen Erfolges.

Die spanische Grippe

Mit Ausnahme der Ostfront in Rußland ging der Erste Weltkrieg auch im Jahre 1918 an allen Fronten weiter. Aber der Eintritt der Vereinigten Staaten von Amerika in den Krieg änderte endgültig die strategische Lage von Grund auf zugunsten der Ententemächte. Das große wirtschaftliche Potential und der Einsatz von frischen Truppen aus Übersee sowie von neuen, sehr bedeutenden Waffen an der Westfront ließen keine Hoffnung mehr auf den Sieg der Mittelmächte. Besonders die schweren Stahlkolosse, die Tanks, schafften eine neue Situation in den endlosen, zermürbenden Schützengräben- und Stellungskriegen. Die Tanks zermalmten die Stellungen der deutschen Verteidiger, so daß eine Stellung nach der anderen fiel. Trotz unerhörter Verluste war militärisch die kriegsentscheidende Front in Frankreich nicht mehr zu halten.

Auch die Front der Österreicher gegen die auf der anderen Seite kämpfenden früheren Verbündeten, die Italiener, wankte in den Alpen und den Dolomiten. Die österreichischen Truppen, die aus verschiedenen Nationalitäten bestanden wie Tschechen, Slowaken und Istrier (Italiener), desertierten und liefen in Massen über. Nur die Ungarn kämpften tapfer. Aber auch diese wurden kriegsmüde.

Die Balkanfront wurde unsicher. Vor allen Dingen die Bulgaren wollten Schluß machen, sie waren erschöpft. König Ferdinand traute man nicht.

Die mit so viel Mühe aufgebaute deutsche Flotte, auf die Kaiser Wilhelm stolz war und in die er viele Hoffnungen setzte, konnte nichts erreichen. Die Seeschlacht von Skagerrak ging praktisch ohne Entscheidung aus. Zwar gelang es der englischen Flotte nicht, die deutschen Marineeinheiten auszuschalten, aber von da an war die deutsche Flotte dazu verurteilt, in ihren Marinebasen eingesperrt zu bleiben. Trotz verzweifelter Anstrengungen und heldenhafter Einzelleistungen blieb auch die deutsche U-Boot-Waffe ohne ausschlaggebende Wirkung.

Auch die deutsche Luftwaffe hatte hervorragende Leistungen vollbracht. Sie konnte aber letzten Endes den Wettlauf mit den Luftstreitkräften der Entente nicht gewinnen. Als Jagdflieger glänzte damals im Ersten Weltkrieg Manfred von Richthofen, den auch die Feinde hochachteten. Von den erfolgreichen Fliegern des Ersten Weltkrieges hatte Ernst Udet nach dem Kriege beim Wiederaufbau der deutschen Luftwaffe maßgeblichen Anteil.

Bei uns in der Türkei war die Front in Palästina nach mehreren Offensiven der Engländer durchbrochen. Die stark dezimierten und angeschlagenen türkischen Einheiten zogen sich unter unsagbaren Anstrengungen, von allen Seiten von arabischen Guerillas überfallen, nach Norden zurück, um sich auf der Höhe von Aleppo zu sammeln und mit den Resten der Armee-Einheiten der türkischen Bagdadfront im Norden vom Irak bis zum Mittelmeer eine neue Verteidigungslinie zu bilden. In Ostanatolien rückte die türkische Armee unter Wehib Pascha weiter nach Osten vor und war damit beschäftigt, die schwer heimgesuchten Provinzen von armenischen Guerillas zu säubern.

Kurz: Die allgemeine Kriegslage war aussichtslos geworden. Ich verfolgte die Zeitungsnachrichten und die Berichte des deutschen Hauptquartiers. Alles, was man las, war traurig, düster und niederdrückend. Die Lebensbedingungen, besonders in der Ernährung, wurden schließlich unerträglich. Die kleine Brotration von 600 oder 700 Gramm und schlechter Qualität sollte eine Woche ausreichen! Mit dieser Menge konnten nicht einmal die Deutschen befriedigt werden, die ja in den normalen Friedenszeiten mit wenig Brot auskamen. Wie sollte das mich, einen Türken, sättigen? Für uns war das Brot die Hauptnahrung. Unsere Speisen aßen wir in Friedenszeiten immer mit dem Brot zusammen. Man aß durchschnittlich 500 Gramm Brot am Tage. Jetzt mußte ich mit 600 bis 700 Gramm eine Woche aushalten!

Die Qualität der Speisen wurde immer schlechter. Obwohl ich von Natur aus kein großer Esser war, reichte mir die tägliche Ernährung nicht aus, und ich nahm stark ab, wurde schwächer und schwächer. Einmal holte ich von der

Bäckerei meine ganze Wochenration Brot und aß es auf dem Weg vom Bäcker zur Pension auf, während das Brot noch warm war... Ich konnte mich nicht mehr beherrschen! Nur einmal wollte ich mich am Brot satt essen! Es war mir egal, was dann passierte!

Im Herbst 1918 spitzte sich die Lage noch mehr zu. Zu allem Unglück brach eine gefährliche Epidemie in ganz Europa aus, wovon natürlich auch Deutschland nicht verschont bleiben konnte: die spanische Grippe. Die Zeitungen waren voll von Nachrichten, daß in Deutschland die Grippe viele Menschenleben kostete. Es war eine Viruskrankheit, gegen die es damals keine Mittel gab.

Eines Abends bekam ich plötzlich schwere Kopfschmerzen. Ich konnte das karge Abendessen nicht zu mir nehmen. In der Nacht stieg meine Temperatur von 37 auf 39 Grad Celsius. Am nächsten Tag blieb ich im Bett. Da ich mich am Nachmittag noch schlimmer fühlte, wurde Frau Wulff von Frau Bücher benachrichtigt. Sie kam gegen Abend in ihrer Schwesterntracht – wie viele deutsche Hausfrauen arbeitete auch Frau Wulff freiwillig wöchentlich vier bis fünf Tage als Rotekreuzschwester in den Lazaretten. Ich las ihrem Gesicht ab, wie sehr mein Zustand sie erschreckt haben mußte. »Sie gehören sofort ins Krankenhaus, Muammer!« sagte sie. Am nächsten Morgen wurde ich in das Lanzkrankenhaus eingeliefert, wo die Ärzte Grippe und den Anfang einer Lungenentzündung feststellten. Ich lag dann vier Wochen im ersten Stockwerk des Krankenhauses auf der Gartenseite in einem Einzelzimmer mit Balkon.

Nach einer kritischen Woche überwand ich die Lungenentzündung, mußte jedoch noch weitere zehn Tage das Bett hüten. Um das hohe Fieber zu bekämpfen, bekam ich dreimal täglich kalte Körperkompressen. Die Schwestern wickelten meinen ganzen Oberkörper nackt in naßkalte Badetücher ein. Das war mir eine bis dahin unbekannte Behandlungsmethode, denn bei Erkältungen bekamen wir in Istanbul heiße Getränke, mußten schwitzen und im Bett bleiben. Ich stand am Anfang der hier angewandten Methode sehr skeptisch gegenüber. Aber bald trat der Erfolg ein. Die hohe Temperatur fiel auf 37,5 Grad, dank der guten Behandlung und der hervorragenden Pflege setzte die Genesung ein.

Mit Dankbarkeit denke ich an meine Wochen im Lanzkrankenhaus zurück. Zwei Schwestern waren um mich mit einer Hingabe und einer menschlichen Wärme besorgt, die ich nicht vergessen kann. Die ältere hieß Schwester Eva, die jüngere Schwester Margaretha. Beide kümmerten sich rührend um mich. Schwester Eva war die Vorgesetzte Margarethas. Meinen Namen konnten sie beide – wie üblich – nicht richtig aussprechen. Da ich immer versuchte, sie zu korrigieren, und dabei auch oft scherzte, nannte mich Schwester Eva einmal »schwarzer Schlingel«!

Von da an hieß ich nur noch schwarzer Schlingel. Als ich vom Bett endlich aufstehen durfte und allmählich wieder in den Korridoren gehen konnte, fand ich Gelegenheit, einige Säle, Abteilungen und Einrichtungen des Krankenhauses zu sehen.

Es war, soweit ich erfuhr, eine Stiftung der Familie oder der Firma Lanz* in Mannheim. Mir war ein Riesengebäude in der Nähe des Hauses der Familie Wulff in der Elisabethenstraße, ein Palais Lanz, bekannt. Das Krankenhaus lag aber auf der Rheinseite der Stadt. Ich bewunderte die einfache Zweckmäßigkeit, die Sauberkeit, die Ordnung und die Stille. Auch die Verpflegung war trotz des Krieges im Krankenhaus viel besser und appetitlicher als in der Pension, so daß ich in relativ kurzer Zeit wieder an Gewicht zunahm.

Wehmütig mußte ich da immer wieder an meine Erlebnisse von 1912/13 während des unseligen Balkankrieges in Istanbul denken, wo meine damalige Schule als Lazarett dienen mußte. Was für ein Unterschied zwischen dem, was ich damals sah, und dem, was ich jetzt hier im vierten Kriegsjahr vorfand. Wie arm, hilflos und verzweifelt waren damals die Zustände meiner zu einem Lazarett verwandelten Schule in Istanbul: Keine medizinische Einrichtung,

---

* Lanz produzierte Glühkopf-Dieselmotoren, landwirtschaftliche Maschinen und Traktoren.

primitivste chirurgische Apparate und Instrumente, fast keine Medikamente waren vorhanden gewesen. Den wenigen Ärzten und Sanitätern hatten keine ausgebildeten Schwestern zur Verfügung gestanden. Ältere Männer, zufällig hergeholt oder freiwillig gekommen, die mehr Diener sein konnten als Krankenpfleger, hatten nur in bescheidener Anzahl den schwerkranken Soldaten zur Verfügung gestanden.*

Im Lanzkrankenhaus habe ich die Erfahrung gewonnen, daß Frauen für Krankenpflege und medizinische Behandlung als Hilfspersonal unerläßlich und unersetzbar sind. Niemals können Männer ebenbürtige Hilfsdienste in Krankenhäusern und Lazaretten leisten! Auch psychisch wirkt eine Frau mit ihren angeborenen zarten, zur Fürsorge und Hilfeleistung prädestinierten Charaktereigenschaften insbesondere und gerade bei kranken Männern ungemein positiv.

Seit Frühjahr 1918 fanden häufiger feindliche Fliegerangriffe auf Mannheim statt. Diese standen jedoch in keinem Verhältnis zu den zerstörerischen Dimensionen der Luftangriffe des letzten Krieges. Sobald feindliche Flieger im Anflug waren, gab es Alarm und man ging in den Keller, bis die Sirenen Entwarnung ankündigten. Mehrfach erfolgten Angriffe am hellichten Tag. Da standen die Leute trotz der Warnungen auf den Balkonen, Straßen und freien Plätzen und schauten in den Himmel, um die Flugzeuge zu sehen. Einmal stand auch ich auf dem Paradeplatz und schaute mit zu. Da erlebte ich eine Luftschlacht über Mannheim zwischen zwei deutschen Flugzeugen und einem feindlichen, das schließlich abgeschossen wurde. Wenn Bomben fielen und es krachte, rannte man in die Keller hinunter. So harmlos waren damals die Luftangriffe. Die Bomben verursachten meistens nur Dachstuhlbrände, die – ohne größere Schäden zu verursachen – dann verhältnismäßig schnell durch die herbeigeeilte Feuerwehr gelöscht wurden. Viel

* Erst mit Atatürk wurden vor sechzig Jahren junge Mädchen und Frauen als Krankenpflegerinnen zugelassen und ausgebildet.

weiter als bis in die westlichen Provinzen und das Rheinland konnten die feindlichen Flieger gar nicht in das eigentliche Deutschland eindringen. Dennoch regte man sich bei Luftangriffen sehr auf. Das Knallen der Flakgeschütze, der Krach der Bomben und das Sirenengeheul zermürbten die ohnehin kriegsmüden, geschwächten Menschen.

Während meines Krankenhausaufenthaltes erlebten wir mehrere Luftangriffe. Es war Vorschrift, die Kranken in die Kellerräume zu transportieren, sobald die Alarmsirenen heulten. Da mußten die armen Schwestern die vielen hilfsbedürftigen, bettlägerigen Kranken immer wieder in die Keller und bei der Entwarnung wieder zurück in die Zimmer bringen. Das war für sie eine enorme zusätzliche Belastung. Sie ertrugen diese aber mit bewunderungswürdiger Aufopferung.

Es war noch am Anfang meiner Einlieferung ins Krankenhaus. Bei einem Fliegeralarm kam Schwester Eva mit Margaretha zu mir gerannt: »Die bösen Feinde sind wieder da!« rief sie. »Aber Ihr Fieber ist noch hoch. Wenn Sie wünschen, bringen wir Sie in den Keller. Es ist aber riskant für Sie ... Sie haben die Lungenentzündung noch nicht überwunden, also dürfen Sie nicht in Zugluft kommen. Es ist besser, wenn Sie in Ihrem Zimmer bleiben. Dann bleibt einer von uns bei Ihnen. Was ziehen Sie vor?« – »Ich bleibe im Bett, Schwester!« antwortete ich. »Na, das ist auch richtig! Also bleiben Sie im Bett. Wir kommen wieder!« hörte ich noch Schwester Eva sprechen, als schon Flakgeschütze krachten und Bomben detonierten.

Inzwischen brachten die Schwestern im verdunkelten Krankenhaus die Kranken in die Kellerräume. Nach einer Weile kam Schwester Margaretha mit einer Taschenlampe in der Hand in mein dunkles Zimmer, nahm die Matratze des zweiten unbenutzten Bettes heraus und lehnte sie an die Glastür des Balkons als Schutz gegen Glassplitter. Sie kam dann mit einer wollenen Decke über ihren Schultern zu meinem Bett und legte sich über meiner Decke auf mich. Mit der rechten Hand nahm sie das Kreuz an ihrer Halskette, und mit der linken faßte sie meine Hand: »Haben Sie

208

keine Angst! Es wird nichts passieren. Sie beten zu Ihrem türkischen Gott, und ich bete zu unserem Jesus Christus ... Haben Sie keine Angst«, sprach sie, ihren Kopf auf meinem Kissen, ihren Mund an meinem Ohr, damit ich sie hörte. Draußen krachten die Flaks, und die Bomben explodierten dazwischen. Das Krankenhaus bebte, und die Fenster klirrten. Ich hörte die sanften tröstenden Worte der Schwester trotz des höllischen Lärms draußen. »Sie beten zu Ihrem türkischen Gott und ich zu unserem Jesus Christus. Haben Sie keine Angst!« Immer wieder. Sie wollte mich trösten und mir Mut geben, die gute Schwester. Dabei zitterte sie selbst heftig am ganzen Körper über mir, und ich spürte durch die Bettdecke hindurch ihr Herz wie toll schlagen. Jene Worte, jenes Zittern, jenes Herzschlagen meines Schutzengels, der Schwester Margaretha, habe ich nicht vergessen.

Ende des Krieges

Kurze Zeit nach meiner Entlassung aus dem Lanzkrankenhaus endete der Krieg. Es überraschte niemanden. Man wartete darauf, man sehnte sich nach Frieden. Im November 1918 war es soweit.

Erst hatte der deutschstämmige König Ferdinand von Bulgarien, ohne seine Verbündeten zu benachrichtigen, allein mit der Entente verhandelt und die Waffen gestreckt. Die Verbindung der Türkei zu Deutschland war damit abgeschnitten.

Daß Kaiser Karl von Österreich-Ungarn ebenfalls über Waffenstillstand verhandelte und Kaiserin Zita einen separaten Frieden wollte, hörte man seit langem. Unter diesen Umständen schloß die Regierung des Türkischen Reiches den Waffenstillstand von Mondros. Auch das Deutsche Reich unterzeichnete ein Abkommen über den Waffenstillstand, und Kaiser Wilhelm verließ mit der Kaiserin Deutschland und ging ins Exil nach Holland. Der Erste Weltkrieg war an allen Fronten zu Ende.

Nun sollte endlich der Friede einkehren. Aber die Freude der Menschen dauerte nur kurz. Denn nun traten Ereignisse ein, die schwere Folgen mit sich brachten, unter denen die Menschen noch lange und viel leiden mußten.

Die berühmten Vierzehn Punkte von Wilson, des damaligen Präsidenten der Vereinigten Staaten von Amerika, welche als die Bedingungen für die Beendigung des Krieges erklärt worden waren, wurden weder während des Waffenstillstands noch bei den Friedensverhandlungen beachtet. Anstatt Verhandlungen bekamen die Mittelmächte Diktate vorgesetzt, die die Besiegten nur zu unterzeichnen hatten: den Friedensvertrag von Versailles für Deutschland und den Friedensvertrag von Sèvres für das Türkische Reich. Beide Verträge waren Produkte des Hasses, der Rache und der blinden Gier. In ihnen lag bereits von der Stunde an, in der sie unterschrieben wurden, der Keim für eine unheilvolle Zukunft Europas und der Welt.

In jenen kaltnassen, nebligen und tristen Novemberwochen 1918 stand ich hinter dem Mannheimer Schloßpark auf der Rheinbrücke nach Ludwigshafen und schaute den zurückflutenden deutschen Truppen zu: Infanterie-, Kavallerie- und Artillerieregimenter strömten mit ihren Troßkolonnen in ununterbrochener Folge zurück über die Brücke in das Heimatland. An Mensch und Tier sah man deutlich die schwere Wirkung des jahrelang geführten erbarmungslos harten Krieges. Sie waren geschwächt, abgemagert, müde und erschöpft... Die Uniformen und die Schuhe der Soldaten waren abgenutzt und verdreckt, und die Mäntel, Jacken und Hosen hingen verknittert schlaff an den Körpern herunter. Die Gesichter der Männer unter den Stahlhelmen oder den mit feldgrauen Tüchern verkleideten Pickelhauben waren ernst, traurig und hoffnungslos abgemagert, unrasiert, mit Stoppelbärten. Viele trugen gar Vollbart oder lange dicke Schnurrbärte, von denen nicht wenige ergraut waren. Der Krieg war aus, aber ich habe keinen einzigen Soldaten auf der Brücke gesehen, der lachte oder sich freute.

Trotz allem fiel mir der hohe Grad der Disziplin und der

Ordnung dieser geschlagenen Truppen auf, die an mir vorbei heimwärts über den Rhein marschierten. Mit Bewunderung und Achtung schaute ich stundenlang diesen tapferen Kriegern zu. Jede freie Stunde verbrachte ich in jenen Tagen auf der Rheinbrücke und dachte dabei mit innerem Schmerz auch an unsere besiegten türkischen Soldaten, meine Landsleute und an meine Heimat in der Ferne. Ich erinnerte mich an die verhängnisvollen, traurigen Zustände während unseres chaotischen Zusammenbruchs im Balkankrieg 1912/13. Ich überlegte, was für Folgen für uns Türken die viel größere Niederlage in diesem großen Weltkrieg haben konnte, in dem das türkische Volk sich heldenhaft geschlagen und jahrelang geblutet hatte.

Von den Hafenstädten im Norden Deutschlands wie Hamburg, Kiel und Bremen sowie aus Berlin, Leipzig und München trafen böse Nachrichten ein. Aufständische Matrosen mit roten Armbinden machten mit kommunistischen Arbeitern gemeinsame Sache. Frisch entlassene Soldaten schlossen sich ihnen an, bildeten Soldatenräte, machten in den Städten Umzüge zu Fuß und auf Lastwagen und besetzten Lagerhäuser, Betriebe, Post- und Regierungs- oder städtische Gebäude. Hunderte und Tausende aus dem Kriegsdienst entlassene Menschen gingen auf die Straße, ohne zu wissen, wohin sie sich wenden sollten, um Rat zu holen oder Hilfe und Arbeit zu suchen. Lebensmittel- und Bekleidungslager wurden geplündert. Die Verteilungsorganisation, die während des ganzen Krieges gut funktioniert hatte, fiel aus.

Der Winter brach ein, und Deutschland war in einen chaotischen Zustand verfallen. Fast nirgends gab es mehr eine Autorität. Das Elsaß, das Saarland, die Rheinprovinzen und die Pfalz wurden von den Siegern besetzt. Wir in Mannheim kamen unter französische Besatzung.

Ich war erschüttert, als ich hörte, daß die gesamte deutsche Kriegsflotte mit den herrlichen Schiffen in die nordenglische Bucht Scapa Flow ging und dort gefangengehalten wurde. Diese Schmach wurde aber einigermaßen behoben, als alle Schiffe dort sich selbst versenkten.

211

Nach der Abdankung des Kaisers und seiner Emigration nach Holland wurde Deutschland durch eine neue Verfassung Republik. Die deutschen Königs- und Herzogtümer wurden abgeschafft. Friedrich Ebert, ein Sozialdemokrat, wurde zum ersten Präsidenten der Republik Deutschland gewählt. Die Ära der Weimarer Republik hatte begonnen.

Die Jahre 1919 und 1920 erlebte das deutsche Volk in Sorge um die Existenz, in Arbeitslosigkeit, in Unruhen und Straßenkämpfen. In Mannheim kämpfte die freiwillige Bürgerwehr gemeinsam mit der Polizei gegen kommunistische Banden, die die Stadt in ihren Besitz bringen wollten. In der Straße, die zu meiner Pension führte, wurden Barrikaden errichtet, hinter denen beide Parteien mit Gewehren und MGs aufeinander schossen. Ich sah bei einem solchen Gefecht zum erstenmal in meinem Leben, wie ein junger Mann von einem Geschoß an der Brust getroffen wurde, unten vor meinem Fenster auf das Trottoir fiel und verblutete. Ich vergesse seine entsetzt nach Hilfe suchenden Blicke nicht.

In vielen Städten, besonders in Industriegebieten und Hafenstädten, ging die Macht zeitweilig in die Hände der kommunistischen Arbeiter- und Soldatenräte über. Es dauerte lange, bis in Berlin allmählich das Machtvakuum beseitigt werden konnte. Aber die Parteien im Reichstag, die Sozialdemokraten, das katholische Zentrum und die Deutschnationalen, die abwechselnd in Koalitionen die Regierungen bildeten, hatten keine politische Erfahrung und konnten nicht die schwere Situation meistern. Hinzu kam der ungemein schwere Druck der Sieger, die Deutschlands Westen mit Saar, Rheinland und später auch dem Ruhrgebiet militärisch besetzt hielten. Die ungeheuren materiellen Kriegsentschädigungsleistungen (Reparationen) an Geld, Industrieprodukten und Rohstoffen lähmten die deutsche Wirtschaft total. Das, was an Kohle, Papier, Stahl, Zement, Holz, Düngemitteln, Chemikalien und Farbstoffen vorhanden war oder neu produziert werden konnte, ging als Reparation an die Sieger. Für den Wiederaufbau der deutschen Wirtschaft blieb nichts übrig. Die Finanzierung konnte nur durch die fortlaufende Herausgabe von Milliarden Papiermark durchgeführt werden, für die keine Goldreserven oder harte Devisen als Deckung vorhanden waren. Die deutsche Mark verlor ständig an Kaufkraft. Die Teuerung wuchs rapide. Die deutsche Bevölkerung wurde immer ärmer. Was noch an Ersparnissen vorhanden war, schmolz zusammen. Die Menschen verzweifelten, sie verloren immer mehr den Glauben an die Zukunft.

Und das sollte der Frieden sein? Das war der Beginn einer neuen Leidenszeit in Deutschland für die Menschen. Und ich litt mit ihnen.

Ich war ohne Nachricht von zu Hause. Seit dem Ausfall von Bulgarien war jede Verbindung zur Türkei unterbrochen. Ich war auf die äußerst spärlichen Zeitungsnachrichten angewiesen. Was es da zu lesen gab, war sehr besorgniserregend: Die Dardanellen, Thrakien, Istanbul selbst, alle Küstenstädte des Schwarzen Meers bis nach Trapezund und zur kaukasischen Grenze waren von den Siegern besetzt. Der Sultan und seine Regierung waren Gefangene der Siegermächte. Griechenland besetzte im Auftrage der Feinde Izmir und die ägäischen Provinzen des türkischen Mutterlandes. Die Italiener landeten in Antalia und Alania. Die Franzosen besetzten die Provinzen Syrien, Libanon, Antakya und Iskenderun bis Adana und Mersín. Die Reste der türkischen Heere wurden entwaffnet. Man hörte vom Widerstand, den irreguläre türkische Freischärler leisteten, die überall erbarmungslos verfolgt wurden. Ganz Arabien, die heiligen Städte Mekka, Medina, Jerusalem, ganz Jemen, die Emirate am Persischen Golf und von Muskat, ganz Irak mit Bagdad, Syrien mit Damaskus, Palästina, Jordanien und Libanon waren verloren. Nur Zentralanatolien mit seinen Hochlandsteppen sowie die Gebirgslandschaften der ostanatolischen Provinzen schienen von einer feindlichen Besatzung verschont geblieben zu sein.

In Gedanken an das unglückliche Los meines Vaterlandes verbrachte ich damals manche Nächte sorgenvoll und vor Kummer schlaflos.

Schwere Zeiten

Einige Monate vor dem Abiturexamen rief mich der türkische Honorarkonsul Reiser zu sich in die Bank: »Lieber Muammer!« sagte er. »Die Zustände nehmen immer schwierigere Formen an. Ich muß Ihnen heute eine traurige Mitteilung machen. Die Deutsch-türkische Vereinigung ist aufgelöst. Ich verfüge über einen Fonds, der vielleicht nur noch sechs bis zehn Monate für Sie ausreicht. Und in Berlin existiert kein türkischer Botschafter mehr. Ich bekam eine Mitteilung der osmanischen Regierung, darin wird bekanntgegeben, daß die Regierung alle türkischen Staatsangehörigen, die sich in Deutschland befinden, auf dem Seeweg über Hamburg mit türkischen Dampfern in die Türkei zurückbefördern will. Alle Türken sollen nach Berlin kommen. Ich habe den Befehl bekommen, jeden einzelnen türkischen Staatsbürger davon zu benachrichtigen, der sich in meinem Gebiet befindet. Die Fahrtkosten mit der Bahn werden vom Konsulat übernommen. In etwa vierzehn Tagen wird als erste Partie der türkische Dampfer »Güldjemal« in Hamburg eintreffen. Wollen Sie mit diesem Dampfer in die Türkei zurückfahren? In dieser ungewissen Zeit kann ich für Sie keine Verantwortung mehr übernehmen, denn ich weiß auch nicht, was aus mir wird. Außerdem bin ich gesundheitlich nicht in Ordnung. Überlegen Sie es sich gut, und kommen Sie in drei Tagen wieder zu mir, und teilen Sie mir Ihre Entscheidung mit!«

Herr Konsul Reiser sprach sehr ernst, und ich sah ihm an, daß ihm diese Mitteilung nicht leichtfiel. Aber er mußte es tun. Die allgemeine Situation war äußerst verworren. Kein Mensch wußte, was der nächste Tag bringen würde.

An jenen Tagen sah man überall in den Mannheimer Straßen Türken: Studenten, Offiziere und Soldaten, einzeln oder in größeren Gruppen an den Ecken, am Paradeplatz, am Wasserturm und im Bahnhof versammelt. Alle diese Menschen wandten sich an den Honorarkonsul Reiser und trugen sich in die Liste ein, um in die Türkei zurückzufahren. Sie mußten erst in geschlossenen Kolonnen per Bahn nach Berlin fahren, um sich von dort aus weiter nach Hamburg zu begeben. Ich sprach mit einigen unter ihnen. Sie waren alle seit langer Zeit ohne Geld, verschuldet, auf die Hilfe des Roten Kreuzes angewiesen und in hoffnungslosem Zustand. Die meisten Türken waren Soldaten und Offiziere sowie Zöglinge der Militärschulen, die während des Krieges in den deutschen Rüstungswerken gearbeitet hatten. Mit Sehnsucht warteten sie auf den Tag, an dem sie in Hamburg auf der »Güldjemal« eingeschifft würden.

Die drei Tage vergingen mit Überlegungen, was ich tun sollte: die düsteren Verhältnisse, die aussichtslose Lage des Konsuls Reiser, das Ende der Deutsch-türkischen Vereinigung. Wie sollte ich in Deutschland unter solchen Umständen weiterleben können? Der türkische Dampfer war eine Hoffnung, mit den anderen Landsleuten zusammen in die Heimat zu fahren. Wenn ich diese Gelegenheit verpaßte, wie sollte ich dann weiter auskommen? Ganz allein und auf mich selbst angewiesen? Ich wollte auch nicht mit Frau Wulff darüber reden, weil ich nicht den Eindruck erwecken wollte, von ihr für meine Zukunft in Deutschland irgendeine Unterstützung zu erhoffen. Ich hatte bisher manches geleistet, und ausgerechnet jetzt sollte ich alles wieder aufgeben? Das fiel mir sehr schwer. Nach mehreren schlaflosen Nächten ging ich zum Herrn Konsul und teilte ihm meine Entscheidung mit: »Ich bleibe hier! Sie haben mir bis jetzt sehr geholfen. Ich bin Ihnen außerordentlich dankbar für alles. Allah wird mir schon weiterhelfen. Die sechzig Goldstücke, die noch da sind, werden mir lange dienen. Zunächst werde ich alles daransetzen, daß ich mein Abitur mache. Das ist vordringlich. Was dann kommt, ist Kismet!«

Herr Konsul Reiser hörte meine Ausführungen und reichte mir die Hand: »Sie haben die richtige Entscheidung getroffen, Muammer. Ich werde für Sie alles tun, was möglich ist. Die Goldstücke sind viel wert heute während der Entwertung. Kommt Zeit, kommt Rat! Nur noch einen dringenden Hinweis möchte ich Ihnen geben: In den nächsten zwei Tagen werden Ihre versammelten Landsleute nach Berlin fahren. Gehen Sie solange weg von Mannheim, irgendwohin in der Nähe, und bleiben Sie dort. Unterbrechen Sie den Kontakt zu den Türken. Es würde Ihnen schwerfallen, Ihre Landsleute in die Heimat fahren zu sehen, wo Sie hier allein zurückbleiben werden, meine ich.« – »Sie haben recht, Herr Konsul. Ich werde Ihrem Rat folgen und irgendwohin verschwinden«, antwortete ich dem Konsul und ging für ein paar Tage nach Weinheim zu Verwandten eines meiner Klassenkameraden.

Als ich von Weinheim zurückfuhr, kam mir Mannheim wie ausgestorben vor. Obwohl ich mit meinen Landsleuten wenig verkehrt hatte, bedrückte mich die Tatsache, daß ich jetzt in Mannheim der einzige Türke war. Allein und verlassen. Ich gab mir große Mühe, die seelische Krise zu überwinden.

An jenen Tagen litt ich sehr unter der Last des Alleinseins. Obwohl ich mich schon völlig in Mannheim eingelebt hatte, Freunde und Kameraden besaß und die Familie Wulff für mich ein zweites Zuhause bedeutete, mußte ich innerlich schwer kämpfen. Das Heimatgefühl und das Gefühl der menschlichen Zugehörigkeit zueinander sind ungeahnte Kräfte in uns. Sie sind schwer zu erklärende Phänomene.

Ein Ausflug

Frau Wulff hatte für einen Sonntag im Monat Mai beschlossen, mich zu einem Familienausflug nach Schwetzingen mitzunehmen. Sie wollte mir dort eine Moschee zeigen, von der man mir viel erzählt hatte. Wir wollten, Herr und Frau Wulff, Ruth und ich, mit einem Morgenzug so um etwa neun Uhr nach Schwetzingen fahren, dort den Schloßpark und die Moschee besichtigen und nach dem Essen gegen sechzehn Uhr wieder nach Mannheim zurückkehren. Wochenlang sprachen wir über diesen Plan, und ich war neugierig und freute mich darauf.

Am festgesetzten Sonntag machte ich mich morgens

216

rechtzeitig fertig und ging zum Bahnhof, um auf die Familie Wulff zu warten. Es war ein schöner, sonniger, angenehmer Maitag. Da noch Zeit genug vorhanden war, ging ich zum Fahrkartenschalter, um eine zuvorkommende Gefälligkeit zu erweisen, und löste für vier Personen Fahrkarten Mannheim–Schwetzingen und zurück 1. Klasse. Daraufhin begab ich mich vor das Bahnhofsgebäude, um der Familie bei ihrer Ankunft entgegenzukommen. Nach einer Weile sah ich die Wulffs aus einer Trambahn steigen, rannte zu ihnen und begrüßte sie. Wir waren alle in froher Stimmung. Als Herr Wulff vorging, näherte ich mich ihm schnell und zeigte ihm die drei Fahrkarten für die Familie, die ich zuvor besorgt hatte. »Herr Wulff, ich habe bereits die Fahrkarten gekauft. Sie brauchen sich nicht zu bemühen. Hier sind sie!« sagte ich.

Ich übergab ihm die Fahrkarten. Er warf einen Blick auf die Karten und erkannte anscheinend an der grünen Farbe, für welche Klasse sie galten. Ich merkte an seinem Gesicht beim Gehen, daß etwas nicht stimmte. Er blieb zurück und sagte mit brummiger Stimme einige Worte zu seiner Frau, verlangte von mir meine Fahrkarte und eilte zum Fahrkartenschalter, ohne mit mir zu reden. Ich war überrascht und besorgt, was wohl plötzlich passiert sein könnte. Herr Wulff kam in der Bahnhofshalle vom Schalter zurück zu uns und ging vor. Wir folgten ihm zu den Bahnsteigen nach. Während ich mit den Augen einen Waggon erster Klasse suchte, rief Herr Wulff uns mit der Hand zu einem Waggon, in den er einstieg.

Frau Wulff benutzte diese kurze Spanne des Weges bis zum Waggon, in welchen Herr Wulff eingestiegen war, um mir zu sagen: »Warum haben Sie die Fahrkarten gelöst? Das war Sache meines Mannes.« Mehr konnte ich von ihr nicht erfahren. Frau Wulff und ich stiegen in das Abteil, wo Herr Wulff schon mit finsterer Miene saß und damit beschäftigt war, seine Zeitung aus seiner Tasche herauszuholen. Zu meinem Staunen saßen wir jetzt in der Holzklasse, nicht einmal in der zweiten, sondern in der dritten Klasse. Ich hätte mir nie vorstellen können, daß die Familie Wulff im Eilzug in der Holzklasse fahren würde. Als der Zug abfuhr, holte Herr Wulff sein Portemonnaie aus der Tasche heraus, gab das von mir für die Fahrkarten vorgelegte Geld zurück und sagte:»Es war nicht Ihre Sache, die Fahrkarten zu holen... Außerdem, haben Sie gemeint, ich wäre ein Kriegsgewinnler?«

Er fing an, seine Zeitung zu lesen. Wir fuhren, ohne viel zu reden, nach Schwetzingen. Die ganze frohe Stimmung des Maisonntags war natürlich dahin. Frau Wulff schaute mich mitleidig an und sagte ein paar knappe Verlegenheitsworte. Mir taten aber mehr sie und insbesondere die arme Ruth leid, wo sie sich doch so sehr auf diesen Sonntagsausflug gefreut hatte.

Wir besuchten zwar in Schwetzingen den Schloßpark, die Imitationsbauten einer kleinen ägyptischen Pyramide und eines römischen Aquädukts, auch das größere moscheeähnliche Gebäude (das jedoch im Stil, in der Architektur sowie in der ganzen Einteilung falsch gebaut war). Aber während der ganzen Zeit kam niemand mehr in frohe Stimmung. Auch das Mittagessen im Goldenen Hirsch verlief ungemütlich und lustlos. Die schlechte Laune des Herrn Wulff verging nicht, obwohl die gescheite Frau Wulff mehrfach versuchte, ihren Mann wieder gesprächig zu machen. Es war vergebens. An allem war ich schuld... Ich hatte sicherlich einen Fauxpas begangen, was ich außerordentlich bedauerte.

Zu Hause habe ich dann viel nachgedacht. Ich hatte als junger Mann eine Gefälligkeit erweisen wollen. Ich wollte Herrn Wulff die Mühe des Kartenkaufens ersparen. Das vorgelegte Geld hätte ich auch sicherlich wieder zurückbekommen. Daran hatte es nicht gelegen. Der Grund des Zorns des Herrn Wulff lag in seinen Worten:»Haben Sie gemeint, ich wäre ein Kriegsgewinnler?«

Das heißt, daß man als anständiger Mensch, der kein »Kriegsgewinnler« oder »Schieber« ist, die Holzklasse zu benutzen hatte und nicht die erste oder zweite Polsterklasse, selbst wenn man Geld genug hatte und vermögend war... Die grünen Fahrkarten, die ich gekauft hatte, hatten

Herrn Wulff geärgert. Das war klar ... Woher stammte aber dieser Unterschied zwischen der Einstellung des Herrn Wulff und meiner?

Die Ursache lag nicht nur an den Gewohnheits- oder den Sittenunterschieden zwischen Deutschland und der Türkei. Ich glaube, daß die Ursache tiefer lag und in den verschiedenen menschlichen Veranlagungen von uns beiden zu suchen war. Gewohnheit, Sitte und Erziehung spielen wohl eine Rolle, jedoch die charakterliche Verschiedenheit unserer beiden Menschentypen war ausschlaggebend.

Herr Wulff war als Deutscher der Sohn seines Volkes, das sich vielleicht schon vor über tausendfünfhundert Jahren hier in diesem Raum niedergelassen hatte und ansässig geworden war. In einem relativ kleinen Land, unter nicht üppigen Naturverhältnissen, im Dorf und städtischen Gemeinden arbeitend und kämpfend, mußten diese Menschen ihr Leben behaupten, dabei sparsam sein, besser wirtschaften und rechnen, stets auf Vorrat für schlechtere Zeiten bedacht. Ein derartiges Dasein, viele Jahrhunderte, unzählige Generationen hindurch, prägte schließlich, generell gesprochen, den Charakter, die Verhaltensweise der Menschen, zu denen Herr Wulff gehörte.

Bei mir war es ganz anders. Ich war nomadischer Abstammung, Nachkomme eines nomadischen Clans, dessen Stamm auseinanderfiel und erst vor etwa 350 Jahren in Ostanatolien ansässig wurde. Dessen Nachkommen hatten in einem weiten großen Land gelebt. Die nomadischen Sitten und Gebräuche blieben im Prinzip lange in irgendeiner Form weiterbestehen. Die Nomadennachfahren kämpften, ritten und wanderten auch jetzt, ähnlich wie früher zur großen nomadischen Zeit, jedoch vielleicht in kleinerem Maßstab. Sie waren immer großzügig, freigebig, spendabel, sie rechneten nicht, was morgen käme, lebten auf großem Fuß, solange sie etwas besaßen (und meist hatten sie auch etwas besessen). Wenn schlechte Zeiten kamen, waren sie genügsam, geduldig, aushaltend in Gottergebenheit, stets bereit, Opfer zu bringen.

Ich glaube, daß die Ursache mancher Probleme und

219

Schwierigkeiten von uns Türken als Volk trotz grundlegender sozialer und kultureller Veränderungen zum Teil in den oben skizzierten charakterlichen Eigenschaften zu suchen ist.

Ich habe jedenfalls aus dem damaligen Maiausflug nach Schwetzingen nachhaltige Lehren gezogen. Ich war zu der Meinung gelangt, daß im Erziehungsprogramm der türkischen Jugend in den Schulen von den untersten Klassen an das Pflegen, das Sparen und das Haushalten einen bedeutenden Platz einnehmen müßten.

Abitur

Inmitten all jener turbulenten und traurigen Ereignisse nach dem Zusammenbruch ging ich in das Abiturexamen. Trotz der niedergedrückten Stimmung mußte ich diese wichtige Etappe durchlaufen und die Oberrealschule absolvieren. Was dann? Wie sollte es mit mir weitergehen?

Alle schriftlichen Examen waren bereits beendet. Wir standen in einer der letzten mündlichen Prüfungen. Es klingelte zur Zehnuhrpause. Als Professor Kühnle die Klasse verlassen wollte, ging die Tür auf, und der seit einem Jahr neu ernannte Schuldirektor Gscheitlen trat zu unserem großen Erstaunen in Begleitung eines elegant angezogenen Herrn in die Klasse ein. Während Dr. Kühnle überrascht die Herren begrüßte, kamen auch eine ganze Reihe von Lehrern der Schule, darunter auch solche, die nicht in unserer Klasse unterrichteten, herein und begrüßten den Direktor und den unbekannten Herrn. Als wir, die Schüler, uns mit verständnislosen Blicken anschauten, neugierig, was das alles plötzlich bedeuten sollte, trat unser Direktor vor und erklärte feierlich, auf mich mit der Hand deutend »Das ist unser türkischer Abiturient Ishak Muammer. Das ist Herr Dr. Russel vom Institut für Orientalische Sprachen Heidelberg«, stellte er mich dem Herrn vor. »Muammer Sie werden sich wohl an Ihre seinerzeitige Eingabe an das badische Kultusministerium in Karlsruhe erinnern! Das

Ministerium genehmigte damals Ihren Wunsch, Ihre Muttersprache Türkisch anstatt der englischen Sprache einzusetzen. Jetzt wird Sie Herr Dr. Russel im Türkischen prüfen. Er kommt zu diesem Zweck im Auftrage des Kultusministeriums hierher.«

Ich traute meinen Ohren nicht: »Aber Herr Direktor ... ich wußte davon nichts! Ich bin gar nicht für ein Examen in Türkisch vorbereitet ...! Seit Jahren habe ich kein türkisches Buch in die Hand genommen und keine türkische Zeitung gesehen ...« – »Sie haben recht. Auch wir wußten nichts davon. Aber wir haben einfach geschlafen, im Gegensatz zum badischen Kultusministerium! Heute morgen erhielten wir den telegrafischen Bescheid darüber«, antwortete Dr. Gscheitlen halb ernst-verlegen, halb lächelnd. Es war nichts zu machen. Ich mußte mich fügen. Formal gesehen war die Sache wohl gerecht und in Ordnung. Ich gab mir innerlich einen Stoß und sagte: »Bitte sehr, Herr Direktor. Meine Vorbehalte habe ich ja vorgebracht. Die Prüfung kann beginnen!«

Einige Sekunden war es lautlos im Klassenraum. Dann fing Dr. Russel an, sich mit mir zu unterhalten. Er fragte, woher ich in der Türkei stamme, was mich nach Deutschland geführt hatte, was ich studieren wollte, ob ich noch andere Geschwister hätte und dergleichen mehr. Wohlgemerkt, alles in Deutsch. Dann stellte er die Frage: »Wer ist der türkische Nationaldichter? Wie heißt er?« – »Entschuldigen Sie, Herr Doktor, die Frage ist nicht präzise genug. Was verstehen Sie unter ›Nationaldichter‹? Einen nationalistischen Dichter oder einen von den Türken als der berühmteste anerkannte und zum Dichter der Nation erhobenen? Ich habe die Frage nicht verstanden«, antwortete ich. »Aber die Türken haben einen Nationaldichter!« – »Haben die Deutschen einen Nationaldichter? Goethe, Schiller oder zum Beispiel Heine? Tut mir sehr leid, ich kenne keinen ...« »Kennen Sie Mehmed Emin? Ist Ihnen der Name bekannt?« fragte Dr. Russel. »Ja, Herr Doktor. Mehmed Emin kenne ich wohl ... Er ist ein mittelmäßiger Dichter und lebt noch. Mehmed Emin ist ein Vertreter der neuen Richtung in der

221

türkischen Literatur, deren Anhänger die arabischen und persischen Lehnwörter abschaffen und reine türkische Wörter gebrauchen wollen. Er dichtet und schreibt in einem neuen einfachen Stil. Er verwendet rein türkische Worte. Deswegen kann man ihn nicht zum Nationaldichter machen, meine ich. Man könnte ihn eher als einen nationalistischen Dichter bezeichnen«, führte ich aus und merkte, daß das hohe Auditorium meine Ausführung zustimmend aufnahm. Es sah so aus, als hätte ich die erste Runde gewonnen. Leicht angeschlagen meinte jetzt Russel: »Na, lassen wir das. Wir wollen keine Wortklaubereien machen.« Und er holte aus seiner Jackentasche ein dünnes, broschiertes Büchlein heraus, schlug eine Seite darin auf, übergab sie mir und sagte: »Wollen Sie bitte dieses Gedicht hier erst vorlesen und dann auf deutsch übersetzen?«

Ich nahm das Büchlein in die Hand. Es war eine Kollektion volkstümlicher Gedichte von Mehmed Emin, die in der Türkei in den unteren Klassen gelesen wird...

Ich las das Gedicht wie gewünscht erst vor. Damals war in der Türkei die lateinische Schrift noch nicht eingeführt gewesen. Wir verwendeten das arabische Alphabet. Die Lehrer und meine Klassenkameraden hörten mir mit großer Aufmerksamkeit zu. Dem Herrn Dr. Russel gefiel anscheinend mein Vortrag. Dann fing ich an, die Verse zu übersetzen. Ab und zu mischte sich Russel ein, und dabei wurde mir klar, daß seine türkischen Kenntnisse ziemlich dürftig waren. Einerseits war ich bemüht, ihm während des Examens keine Blöße zu geben, andererseits achtete ich auf eine Gelegenheit, bei der ich selbst ihn möglichst klar auf die Schulter legen konnte. Diese Gelegenheit bot sich in dem Schlußvers des Gedichtes, das ich übersetzte. Hier korrigierte mich der Doktor bei der Übersetzung eines Wortes, welches in Genitivform vorlag und »yatagin« hieß, das bedeutet »des Heimes, der Heimat« oder auch »des Ortes«. Dr. Russel griff sofort ein und meinte, endlich einen Fehler entdeckt zu haben. »Oh, pardon, Herr Muammer! Das stimmt aber nicht... Nicht ›der Heimat‹, ›des Heimes‹. Kennen Sie nicht die berühmte Waffe der alten Türken?«

Obgleich ich merkte, daß er das Wort »yatagin« mit »yatagan« verwechselte, antwortete ich nach einigen Sekunden: »Tut mir leid, Herr Doktor. Was für eine Waffe der Türken? Hier ist nicht von einer Waffe die Rede.« – »Der Krummsäbel der Türken, der ›yatagan‹!« rief er triumphierend. Daraufhin bat ich, an die Tafel gehen zu dürfen. Im Angesicht meiner gespannten Zuhörer schrieb ich beide Worte getrennt an die Tafel, jeweils in Stammwort und Genitivform:

yatak – yatagin und *yatagan – yataganin,*

und erklärte ihm seinen offensichtlichen Irrtum. Als ich zu Ende war, war Herr Dr. Russel blaß geworden, schaute einige Zeit ratlos an die Tafel, holte sein Monokel aus der linken Augenhöhle, putzte es mit seinem Taschentuch, und während er es wieder aufsetzte, stammelte er ziemlich kleinlaut: »Tatsächlich, Sie haben recht! Ich muß mich geirrt haben.«

Als ich zu meinem Platz zurückging, kam es mir vor, als wenn ich in der Luft schwebte, so erleichtert fühlte ich mich. Zu mir gewandt sagte dann Russel: »Sie haben die Prüfung in Türkisch sehr gut bestanden. Ich wurde hier vom Prüfer zum Geprüften! Wenn Sie ein Gedicht auswendig kennen, dann tragen Sie es doch bitte vor. Ich höre gern Ihre gute Aussprache!«

Ich erfüllte auch diesen Wunsch und trug auswendig ein Gedicht des Dichters Tewfik Fikret vor. Beim Abschied gab Dr. Russel mir seine Karte mit den Worten: »Wenn Sie gelegentlich nach Heidelberg kommen, besuchen Sie mich. Ich würde mich freuen, mich mit Ihnen zu unterhalten.«

An dem Tage, an dem wir die Prüfungsergebnisse und das Abiturzeugnis erhalten sollten, waren wir um neun Uhr morgens in der Klasse versammelt. Die meisten meiner Kameraden kamen in ihren Sonntagsanzügen und Filzhüten, mit Zigaretten, Pfeifen oder sogar Zigarren im Mund in die Schule, denn die Pennälerzeit war jetzt vorüber: Sie fühlten sich bereits als ›Herren Akademiker‹.

Ich muß noch erwähnen, daß das Abiturexamen in der

Oberrealschule damals viel Staub in Mannheim aufwirbelte. Wir bekamen nämlich zwei Themen als Abituraufgabe. Das eine Thema hieß: »Die Bedeutung der Selbstverwaltung.« Damals nach dem Sturz des Kaiserreiches in der neugegründeten Republik eine politisch aktuelle Frage. Das zweite Thema jedoch galt als das Hauptthema und lautete: »Inwiefern kann man sagen, daß Goethe und Schiller sich glücklich ergänzt haben?«

Die meisten Schüler, unter ihnen ich, wählten dieses zweite Thema. Sechs oder sieben Kameraden zogen das erste Thema vor. Diese erhielten alle die Note »genügend«. Von den Mitschülern, die das zweite Thema wählten, bekamen die meisten Schüler die Note drei, eine größere Gruppe vier (bestanden). Mehrere sogar erhielten eine Fünf (nicht bestanden!). Die zwei besten Schülerinnen bekamen je eine Zwei. Nur mein Aufsatz allein erhielt die Note eins! Ausgerechnet ein Türke mit der einzigen Eins im Deutschabitur? ... Das war eine Sensation! Das war zuviel!

Der Fall hatte sich schnell in Mannheim herumgesprochen. Die Nachricht lief auch in den übrigen Schulkreisen um. In meiner Schule gratulierten mir fast alle Lehrer zu diesem Erfolg. Ich wurde in jenen Tagen bei mehreren Lehrern zum Tee ins Haus geladen, wo man mich mit Anerkennungen überschüttete und sich mit mir über meinen Aufsatz unterhielt.

Durch Vermittlung von Professor Durant erhielt ich zum Schluß eine Einladung zum Tee bei einem Lehrer des Mannheimer Gymnasiums. Dort wurde ich dem Gastgeber, seiner Frau, seiner Tochter sowie einer Anzahl mir unbekannter Lehrer anderer Schulen vorgestellt. Zunächst war ich natürlich überrascht über die große Anteilnahme und Anerkennung, die mir entgegengebracht wurde. Man überschüttete mich auch hier beim Tee mit allerlei Fragen über die deutsche Literatur und über meinen Aufsatz, so daß ich bald begriff, daß man mich eigentlich zum zweitenmal prüfte ... Ich kam kaum dazu, zwei Schlückchen Tee zu trinken. Das Stückchen Kuchen, welches ich angeschnitten hatte und mit der Gabel in den Mund führen wollte, blieb,

224

an das Gabelende gespießt, auf dem Teller liegen. Von allen Seiten prasselten Fragen um Fragen auf mich ein. Ich war heilfroh, als ich mit Professor Durant die Teegesellschaft wieder verlassen hatte. Ich erinnere mich gut an die Worte meines verehrten Lehrers auf der Straße: »Muammer, Sie haben auch diese Prüfung soeben gut bestanden. Hoffentlich haben Sie begriffen, daß man eigentlich mich einer Untersuchung unterzogen hatte ... Sie haben dazu verholfen, daß die Verdächtigungen gegen mich jetzt endgültig aufhören werden – hoffentlich ... Ich danke Ihnen!« »Wieso ›Verdächtigungen‹, Herr Professor? Das verstehe ich nicht«, rief ich bestürzt. »Ja ja! Ich wurde verdächtigt, Sie in der Prüfung begünstigt zu haben«, erwiderte mein Lehrer. Ich war sprachlos ...

Professor Durant bin ich nicht nur als meinem Lehrer für deutsche Sprache und Geschichte, sondern auch für seine vorbildliche Haltung und seine Zivilcourage dankbar. Er zog später von Mannheim nach Heidelberg um und lehrte dort Geschichte. Ich korrespondierte mit ihm noch in den fünfziger Jahren. Sein teures Andenken bewahre ich in inniger Verbundenheit.

Studium

Mit dem Abiturzeugnis in der Tasche fuhr ich schließlich nach Darmstadt und ließ mich an der Technischen Hochschule eintragen, um Chemie zu studieren. Von den aus Istanbul mitgebrachten 104 türkischen Goldlira waren, wie gesagt, noch sechzig vorhanden. Das Semestergeld zahlte noch Konsul Reiser vom Fonds der Deutsch-türkischen Freundschaftsvereinigung. Damit machte ich den ersten Schritt zum Studium der Chemie, das schon seit den Schuljahren in Istanbul mein Ziel gewesen war.

Abgesehen von einem nicht gerade einfachen Wechsel in eine neue, fremde Umgebung mußte ich überraschend erleben, daß das Studium der Chemie sehr teuer war und weit über meinen Möglichkeiten lag. Das Semestergeld betrug etwa 250 Mark. Vom zweiten Semester an mußte ich das Geld dafür selbst aufbringen. Die Pension betrug 180 Mark mit einfachem Frühstück. Dabei war sie die billigste, die ich finden konnte. Damit nicht genug. Die Arbeit kostete im Labor jeden Tag Geld: Chemikalien für die Analysen, leicht zerbrechliches Glaszeug und die Apparate mußte ich auch bezahlen. Das bedeutete eine zusätzliche Ausgabe von monatlich 50 bis 100 Mark.* Vor dieser eiskalten Tatsache erschrak ich.

Die paar Tage in Darmstadt kosteten mich mehr als ein Monat in Mannheim. Auf diese Erkenntnis hin räumte ich sofort die Pension, ließ das Semestergeld nach Mannheim zurücküberweisen und fuhr bitter enttäuscht und niedergeschlagen wieder nach Mannheim zu Konsul Reiser. Zum Glück kam ich im selben alten Zimmer bei Frau Bücher noch unter.

Konsul Reiser erzählte ich alles, was ich in Darmstadt erlebt hatte, und bat ihn um Rat. Er schlug mir vor, in der Rheinischen Kreditbank bei ihm als Lehrling einzutreten und das Bankfach einzuschlagen. Den Gedanken an ein Studium sollte ich unter diesen Verhältnissen endgültig aufgeben ... Nachdem er mir auch anvertraut hatte, daß er bald aus der Direktion der Bank ausscheiden würde, nahm ich seinen Vorschlag dankbar an. Aus einem Sondertarif erhielt ich doppelt soviel Gehalt wie die normalen Lehrlinge. Ich konnte damit vorerst die Pension bezahlen und einen Teil meiner Ernährungskosten finanzieren. Das war schon eine erträgliche Basis, von der aus ich meine zukünftigen Pläne gestalten konnte.

Die ersten Wochen in der Rheinischen Kreditbank sind mir sehr schwer gefallen. Ich begann die Lehre in der Wechsel- und Scheckabteilung in einem großen Saal im zweiten Stockwerk des würdigen Gebäudes. Außer zwei oder drei männlichen Angestellten bestand der große Teil des etwa vierzigköpfigen Personals aus Mädchen oder Frauen. An einer Fensterecke saß in einem mit Glaswänden

---

* Alles umgerechnet in feste Währung.

abgetrennten kleinen Raum der Chef der Abteilung: ein schmaler großer Herr mit einer enorm spitzen hohen Nase im sommersprossigen faltigen Gesicht. Er war kurzsichtig, trug eine Brille mit dicken Gläsern und eine in der Mitte gescheitelte, häßliche rote Perücke auf der aalglatten Glatze. Der Herr könnte etwa sechzig Jahre alt gewesen sein. Mir gab er die Aufgabe, die einlaufenden Schecks und Wechsel zu stempeln, mit dem Eingangsdatum zu versehen und sie mit den betreffenden Daten einzeln in ein großes Buch einzutragen. An meinem Arbeitstisch saßen an der Schmalseite entlang mindestens zehn Mädchen. Es war Vorschrift, die Schecks mit dem Datum des nächsten Tages zu versehen und so einzutragen. Schecks, die freitags nachmittags einliefen, bekamen das Datum vom Montag, obwohl man damals samstags arbeitete. Nach dem Sinn dieser sonderbaren Regelung fragend, erhielt ich die Antwort: »Das ist einer der wichtigen Punkte des Bankgeschäftes. Die Bank muß am Zins verdienen!« Das war der erste Grundsatz, den ich im Bankfach lernte.

Unter so vielen Mädchen und Frauen ein jünger Türke zu sein war nicht ganz einfach. Ich merkte, daß ich von allen Damen mit Sympathie aufgenommen wurde, was mich zunächst natürlich freute. Aber bald wurde ich aus dem gleichen Grund in peinliche Situationen gedrängt und mußte mich sehr vorsichtig und diplomatisch verhalten, um mich nicht in den Stricken der vielen kunstvoll gelegten weiblichen Fallen zu verfangen ...

Die Arbeit selbst war äußerst einfach und monoton. Nach ein paar Wochen langweilte es mich in der Abteilung. Es vergingen sechs Wochen, und ich wurde immer noch nicht in eine andere Abteilung versetzt, wie mir Konsul Reiser bei seiner Erklärung des Verlaufs der Lehre geschildert hatte. Ich mußte mich überwinden, zur Arbeit zu gehen.

Manchmal beobachtete ich unseren Chef in seiner Kabine: Da fiel es mir öfter schwer, das Lachen zu unterdrükken. Wenn er sich ärgerte oder aufregte, faßte er mit der linken Hand seine Perücke von oben und rubbelte und kratzte heftig mit deren rauhen unteren Seite seinen kahlen

Schädel. Er vergaß dann in Gedanken, die Perücke mit dem Scheitel in der Mitte wieder an den richtigen Platz zu legen, so daß der Scheitel anstatt zur Stirne hin nun von Ohr zu Ohr zu liegen kam. Da hatte ich Mühe, bei diesem komischen Anblick mein Lachen zu verbergen: »Muammer!« sagte ich vor mich hin, »schau hin, das ist dein späteres Modell! Anstatt als Chemiker im Labor, im Werk, wirst auch du als Bankbeamter dein Leben fristen, wirst altern und aussehen wie dieser komische Mann im Glaskasten ... Eine schöne Zukunftsaussicht!« Nein, das konnte ich nicht! Ich konnte kein Bankbeamter werden. Ich mußte einen Ausweg aus dieser Sackgasse finden. Aber wie?

Schließlich machte ich in verschiedenen Abteilungen der Bank meine Lehre durch: von der Buchhaltung über die Devisenabteilung bis zum Schalterdienst. Nach einem Jahr erhielt ich die Genehmigung, wöchentlich an zwei Halbtagen in die Vorlesungen der Handelshochschule Mannheim zu gehen, in welche ich mich eingetragen hatte. Um diese Möglichkeit zu erlangen, mußte ich auf den jährlichen vierzehntägigen Urlaub verzichten. Auf diese Weise wollte ich eines Tages irgendwie erreichen, eine akademische Ausbildung im Wirtschaftsfach zu erhalten. Bis dahin war es aber ein langer Weg, und die allgemeine Lage wurde immer schwerer. Parallel dazu verschlechterte sich auch meine Situation zusehends.

Düstere Jahre

Die Arbeitslosigkeit und die Inflation, beide Indikationen des sozialen und wirtschaftlichen Notstandes, nahmen von Tag zu Tag bedenklichere Formen an. In allen Städten fanden Demonstrationen statt. Streiks und Generalstreiks folgten einander. Das Regime der Weimarer Republik wankte an allen Ecken. Die Regierungen und Koalitionen wechselten einander ab. In Berlin, Hamburg, Leipzig und München wie auch in Mannheim fanden Straßenkämpfe statt. Meuchelmorde aus politischen Gründen waren an

228

der Tagesordnung. Die kommunistischen Führer wie Karl Liebknecht und Rosa Luxemburg, beide Juden, wurden ermordet. Auch Minister Walter Rathenau (liberal) und der Finanzminister Matthias Erzberger (Zentrum) fielen Mordanschlägen zum Opfer. Verschiedene rechtsextreme Gruppen unternahmen Putschversuche. In einen solchen Putsch war auch der berühmte Generalstabsangehörige der kaiserlichen Armeen, General Erich Ludendorff, verwickelt (Ludendorff war während des Ersten Weltkrieges Mitarbeiter von Feldmarschall Paul von Hindenburg im Hauptquartier). Kurt Elsner, ein linksextremer, marxistischer Schriftsteller, der in München geputscht hatte, wurde erschossen.

Der Schwarzhandel mit Waren, Gold, Diamanten und harten Devisen blühte. Kurz: Der junge Staat, die Republik, konnte keine Autorität schaffen und keine politische Stabilität bringen.

Die Menschen verzweifelten. Durch den unaufhaltsamen Verfall der Mark verloren die deutschen Bürger ihre Ersparnisse und ihr Hab und Gut, während überall neue Banken wie die Pilze aus dem Boden schossen und Schieber, Schwarzhändler und Betrüger mit dem leicht verdienten Geld reich und immer reicher wurden.

Aus Polen, Galizien und Ungarn flohen Massen vor den kommunistischen Aufständen und inneren Unruhen, strömten unzählige Menschen, meist Juden, in das politisch und wirtschaftlich schmachtende Deutschland. Viele von ihnen sammelten durch Schwarzhandel im Handumdrehen riesige Vermögen und wurden Besitzer von Geschäften, von Häusern und sonstigen Immobilien.

Der latent im Unterbewußtsein mancher Deutschen schlummernde Antisemitismus und die Fremdenfeindlichkeit bekamen damit einen kräftigen Auftrieb. Rechtsextreme Gruppen und Verbände, die sich allenthalben formierten, nutzten diese Neigungen im Volk aus. Eine fremdenfeindliche und antijüdische Kampagne lief wie ein Lauffeuer durch ganz Deutschland. Ich selbst bekam des öfteren an jenen Tagen verachtungsvolle, wütende Worte

229

zu hören: Dreckiger Polacke! Kanake! Judenschwein! Verdammter Ausländer! Solchen Höflichkeitsbezeugungen gegenüber war der Titel »Kümmeltürke« eine geradezu liebenswürdige und sympathische Anrede!

Ich hatte Verständnis für die Verärgerung, für die Bitterkeit der Deutschen. Ich war aber doch nicht schuld an ihrem Unglück! Ich lebte, erlebte alles mit ihnen, litt mit ihnen. Aber wem konnte man das damals schon klarmachen? Das Ausmaß der Katastrophe war zu groß.

Auch die Ereignisse in meiner Heimat machten mich besorgt, und ich litt darunter. Ich blieb jahrelang ohne irgendeine Nachricht von meinen Angehörigen. Nur auf die spärlichen Zeitungsnachrichten war ich angewiesen. Diese waren aber weit davon entfernt, mir Hoffnung und Mut zu bringen. Ich hörte, daß die unter den Besatzungsmächten gefangene Sultansregierung in Istanbul schließlich am 10. August 1920 das Friedensdiktat von Sèvres unterschrieben hatte.

Die große Masse, die überwiegende Mehrheit des türkischen Volkes unter Mustafa Kemal (Atatürk) lehnte jedoch den Vertrag ab. Der nationale Widerstand flammte auf unter der Führung dieses jungen erfolgreichen Generals des Ersten Weltkrieges, der rechtzeitig dem Zugriff der Engländer* in Istanbul entkommen war und sich erst nach Erzerum begab. Von dort aus berief er einen nationalen Kongreß in Siwas in Zentralanatolien ein. Das war der Beginn der Befreiungskriege der Türken. Mit der Proklamation der *Misaki Milli* (= nationaler Schwur) wurde das Diktat von Sèvres zurückgewiesen, die heutigen Grenzen der Türkei wurden zum Heimatboden der türkischen Nation erklärt und den Siegermächten und der Welt feierlich bekanntgegeben, daß die Türkei so lange weiterkämpfe, bis der letzte Feind aus dem Vaterland vertrieben sei und ein Friedensvertrag, in dem die Türkei als freier selbständiger

---

* Die Engländer hatten über Nacht 400 namhafte Persönlichkeiten der Politik und des Militärs, Professoren, Schriftsteller, Staatsbeamte, Ärzte usw. verhaftet und nach der Insel Malta deportiert.

und gleichberechtigter Partner anerkannt würde, abgeschlossen sei.

Da den von Sieg, Haß und Gier verblendeten Ententeregierungen die Auflehnung der Türken gegen ihre Vernichtungs- und Beutepläne nicht paßte, schickten sie die vom Krieg verschont gebliebenen Griechen über Izmir gegen die unerwartete nationale Bewegung der Türken vor mit dem Versprechen, Griechenland würden nach dem Sieg die Westtürkei und alle ägäischen Provinzen mit dem Hafen von Izmir überlassen. Erbitterte Kämpfe entbrannten daraufhin zwischen den frischen Kräften des Invasionsheeres der Griechen und den türkischen Freischärlern.*

Dorf für Dorf, Stadt für Stadt kämpften die praktisch seit zehn Jahren vom Krieg heimgesuchten Menschen, alte Männer, Frauen, Kinder und die wenigen von der Armee entlassenen erschöpften Soldaten, um die Freiheit, um ihre Existenz als Türke!

Im Süden und Südosten Anatoliens, in Marasch, Ayntab, Iskenderun, Adana und Mersin rückten Franzosen, mit armenischen Legionen verstärkt, über die Pässe der Kette des Hohen Taurus gegen Zentralanatolien vor. Die Italiener besetzten die üppigen Gebiete von Antalya und Alanya von Rhodos aus, die der Türkei gehörten und seit dem Weltkrieg zusammen mit den anderen Inseln der Zwölfinselgruppe unter italienische Herrschaft gekommen waren.

Da die Dardanellen, Istanbul, Thrakien und die Schwarzmeerküste bis zur sowjetrussischen Kaukasusgrenze schon 1918/19 von den Feinden besetzt worden waren, standen Mustafa Kemal und seine nationalen Freiheitskämpfer, von allen Seiten eingekreist, von allen Ressourcen abgeschnitten und isoliert, in den kargen Hochlandsteppen Zentral- und Ostanatoliens in einer praktisch aussichtslosen Lage.

Ab und zu konnte ich in Mannheim von den Besatzern französische Zeitungen erhalten und lesen. Die Nachrichten über meine Heimat waren niederschmetternd. Überall

---

* Wie heute in Afghanistan zwischen den Sowjets und der afghanischen Bevölkerung.

fanden Kämpfe statt. Blühende Städte, Ortschaften, Dörfer, die seit mehr als einem halben Jahrtausend keinen Krieg gesehen hatten, wurden von den Feinden zerstört, verwüstet, verbrannt, die Menschen getötet, vertrieben, verjagt. Kein Staat, keine Stelle, keine Instanz existierte, um den zum Himmel schreienden Ungerechtigkeiten, den unsagbaren Greueltaten Einhalt zu gebieten, nicht einmal das Rote Kreuz kümmerte sich um die so grausam verfolgten Türken in jenen Gebieten. Sie waren praktisch für vogelfrei erklärt worden... Der große Plan, das lang ersehnte Ziel der Großmächte England und Frankreich, das Osmanische Reich zu zerschlagen, die Türken zu vernichten und auszumerzen, schien vor der Verwirklichung zu stehen!

Alle diese entmutigenden, aufreibenden Ereignisse, meine Sorge um den Lebensunterhalt, die Schwierigkeiten und Hindernisse, denen ich bei dem Streben nach einer besseren Ausbildung begegnete, zermürbten mich seelisch, nervlich wie auch physisch. Als auch Konsul Reiser von der Bank Abschied nahm, erkrankte und kurz darauf starb, verlor ich die Hoffnung. Ich konnte die sowieso dürftigen Speisen nicht mehr essen, ich magerte ab bis auf 45 Kilo. Auch den Nachhilfeunterricht, den ich ausländischen Studenten sowie den deutschen Kriegsabiturienten oder Notabiturienten erteilte, mußte ich aufgeben und damit auf einen Nebenverdienst verzichten, den ich so dringend brauchte. Schließlich erkrankte ich ernstlich.

Dr. Schröder

Monatelang litt ich an einer anhaltenden Darmerkrankung Von abends bis zum frühen Morgen mußte ich jede Nacht zehn- bis fünfzehnmal zur Toilette rennen. Kaum kam ich zum Liegen, geschweige denn zum Schlafen. Von Arzt zu Arzt wurde ich geschickt. Vergebens. Außer Haferschleimsuppe durfte ich nichts essen. Monatelang! Zum Schluß wurde es mir übel, wenn ich nur den Geruch von Haferschleim in die Nase bekam.

Ein Arzt, den ich in Heidelberg besuchte, gab mir den Rest. Am Ende der Untersuchung schaute er mich noch einige Sekunden an und fragte: »Sind Sie Ausländer?« – »Ja, Herr Doktor! Ich bin Türke«, antwortete ich. »Wo sind Ihre Eltern?« – »Meine Angehörigen sind in Istanbul.« – »Ihr Darmleiden, junger Mann, ist unheilbar! Fahren Sie doch so schnell wie möglich in Ihre Heimat zurück. In ein paar Wochen kann es schon zu spät sein!« fügte er ganz kalt hinzu.

Mit was für einer Stimmung ich den Arzt verließ, kann man sich vorstellen. Ich hatte also keine Lebenschancen mehr. Ich entschloß mich in dieser Nacht, meinem Leben selber ein Ende zu bereiten, um nicht elend dahinzusiechen.

An einem klirrendkalten Januarsonntag, frühmorgens, als es gerade hell wurde, steckte ich meinen Paß und einen an meinen Bruder in Istanbul gerichteten kurzen Brief, den ich noch in der Nacht verfaßt hatte, in meine Tasche und verließ die Pension. Ich lief durch den Schloßgarten zur nach Ludwigshafen führenden Rheinbrücke, die ich gut kannte. Ein eisiger Wind blies mir ins Gesicht. Ich lief auf dem Bürgersteig bis etwa in die Mitte der Brücke und schaute von der Brüstung herunter: Der Rhein hatte Hochwasser. Große Eisblöcke schwammen auf dem braungewellten, strudelnd und brodelnd fließenden Wasser. Hie und da kamen Rheinschlepper unten durch. Sie zogen mehrere lange, vollbeladene, schwere Kähne hinter sich. Ihre seitlichen Schaufelruder schlugen laut ins Wasser, wirbelten und schäumten es auf. Ich schaute von der Brüstung herunter, gedankenlos, ohne auf die Züge, die Wagen, die die Brücke passierten, und die Fußgänger, die an mir vorbeigingen, zu achten.

In einem wirbelnden Durcheinander gingen allerlei Gedanken und Erinnerungen durch meinen Kopf, die ich nicht mehr in meinem Gedächtnis rekonstruieren kann. Aber an etwas erinnere ich mich genau. Das Wasser lag etwa zwanzig Meter unter mir. Ich stand auf der Nordseite der Brücke. Was geschieht, dachte ich, wenn ich abspringe und falle auf eine Eisscholle oder auf einen Schlepper? Ich mußte unbe-

233

dingt das Wasser treffen! Und das war nicht sicher. Das Risiko, das Wasser nicht zu treffen und auf einem Eisblock oder auf einem Schlepperdeck zu landen, mit gebrochenen Gliedern als Invalide am Leben zu bleiben, war groß. Nein! Das wäre das allerschlimmste Los für mich... Ich hob meinen Kopf hoch und kehrte mit eiligen Schritten nach Hause zurück, um eine sicherere Form des Selbstmordes zu wählen.

Kaum war ich in meinem Zimmer, besuchte mich Ernst, ein Schulkamerad von mir, mit seiner Mutter. Er wußte von meiner Erkrankung. Die Mutter sagte aufgeregt: »Lieber Herr Muammer! Hier haben Sie die Adresse und die Unterlagen. Gehen Sie unbedingt sofort zu Dr. Schröder. Er ist ein guter Mensch und ein guter Arzt. Er hat so viele Leute geheilt. Auch Sie wird er bestimmt heilen!«

Ich zögerte erst. Auf das Drängen und die Beteuerungen der Frau schöpfte ich jedoch wieder Hoffnung und füllte die Formulare aus. Ernsts Mutter nahm die Papiere an sich, um sie dem Arzt zu übergeben. Nach einigen Tagen bekam ich die Antwort.

Als ich mich bei Dr. Schröder vorstellte und ihm die erforderlichen Proben zur Untersuchung übergab, sah ich vor mir einen behäbigen mittelgroßen Mann von etwa Mitte Sechzig mit ergrautem Vollbart und schütterem Haar. Er sprach mich mit Pfälzer Dialekt an. Seine Stimme klang wohltuend und warm. Hinter den Gläsern einer Brille blickten zwei gütige, intelligente Augen. Erst untersuchte er mich gründlich, dann mußte ich im Warteraum noch etwa zwei Stunden auf die Laboruntersuchungen warten. Anschließend wurde ich wieder zum Doktor geführt.

Nun fragte mich Dr. Schröder nach Einzelheiten über die bisherige Behandlung. Ich erzählte ihm alles. Zum Schluß sagte ich ihm, was der Arzt in Heidelberg mir empfohlen hatte.

Dr. Schröder hörte bis dahin ruhig zu, unterbrach mich jedoch, als er die Worte des Arztes von Heidelberg hörte, sofort: »Ach, was! Der soll erst mal lernen, ein Mensch zu sein! Ihre Krankheit ist heilbar...! Sie werden schnell genesen. Sie sind unterernährt. Ihre Därme sind so geschwächt, daß sie die Funktion verweigern. Weg von allen Medikamenten! Sie nehmen dreimal nüchtern je einen Teelöffel voll Rizinusöl, morgens, mittags und abends vor dem Schlafengehen. Mit der Diät hören Sie auf! Essen Sie alles, Fleisch, Schinken, Butter, Käse, viel Gemüse und viel Salat, Obst, Kartoffeln, Reis und Reisbrei. Wenig Salz, keinen Essig, keinen scharfen Senf ... Sie müssen täglich zwei Glas Milch trinken. Nach acht Tagen kommen Sie wieder zu mir. Wenn es Ihnen nicht gutgehen sollte, kommen Sie sofort zu mir! Haben Sie keine Sorge, junger Türke! Sie werden gesund, und zwar sehr bald!« sagte er überzeugend lächelnd, hielt mich mit beiden Händen an den Schultern und schüttelte mich, um mir Mut zu geben.

Mit gemischten Gefühlen und ein bißchen Hoffnung tat ich das, was Dr. Schröder mir angeordnet hatte. Den ekelhaften Geschmack des Rizinusöles überwand ich durch die Anwendung der Methode, die mir Dr. Schröder empfohlen hatte: das Rizinusöl in eine trinkheiße Tasse Kaffee gießen und mit einem Schluck austrinken. Durch die Wärme des Kaffees nämlich fällt die starke Viskosität des Rizinusöls, es wird dünnflüssig und rutscht über den Kaffee hinunter in den Magen, ohne nennenswert die Zunge zu berühren und im Mund zu schmieren. Ich fing auch an, vorsichtig Fleisch, Gemüse, Obst und Butter zu essen. Ich war glücklich, daß ich wieder etwas essen konnte. Mein Appetit besserte sich von Tag zu Tag, und nach ein paar Tagen schlief ich seit Monaten zum erstenmal die ganze Nacht durch.

Was für eine Besserung ...! Ich war überglücklich, am liebsten wäre ich sofort zu Dr. Schröder gerannt, um ihm meine Dankbarkeit auszusprechen. Als ich nach acht Tagen zu ihm ging, konnte ich ihm mit überschwenglicher Freude berichten, daß meine Verdauung sich so gut wie normalisiert hatte, und ich küßte ihm beide Hände. Dr. Schröder freute sich mit mir über den Erfolg. Er ordnete an, ich solle vier bis sechs Wochen lang morgens vor dem Frühstück und abends vor dem Insbettgehen je einen Teelöffel voll Rizinusöl nehmen. Das tat ich auch, und nach dieser Zeit war ich völlig geheilt. Ich nahm schnell an Gewicht zu. Für ein weiteres Jahr empfahl mir der Doktor, jede Nacht vor dem Schlafengehen einen Teelöffel Rizinusöl zu nehmen und darauf zu achten, daß die Verdauung normal funktionierte. Später sollte ich, falls Störungen vorkommen sollten, dann abends vor dem Schlafengehen immer einen Teelöffel voll Rizinusöl nehmen.

Ich befolgte treu die Ratschläge des Arztes. Jahrzehntelang. Ich kann sagen, daß ich seitdem außer normalen kurzen Störungen nie wieder Schwierigkeiten mit der Verdauung bekommen habe.

Inflation

Durch die Genesung bekam ich frischen Lebensmut. Meine Arbeit in der Bank setzte ich mit neuer Kraft fort, gab Nachhilfeunterricht an Ausländer und Notabiturienten, besuchte an bestimmten Tagen der Woche zweimal die Handelshochschule Mannheim und nahm an den Hockeyspielen, so oft es mir nur möglich war, teil. Mit mir war ein Wunder geschehen.

Inzwischen wurden die Zustände in Deutschland immer schlechter. Die maßlos hohen Reparationslasten lähmten jede wirtschaftliche gesunde Tätigkeit. Die zusätzliche Besetzung des Ruhrgebietes durch die Franzosen als Repressalie und Pfand für die Reparationen zerstörte vollends die Hoffnungen auf Genesung der Wirtschaft.

Immer weiter stieg die Arbeitslosigkeit und damit die politische und soziale Unsicherheit. Parallel dazu fiel der Wert der Mark immer mehr, immer schneller, immer tiefer: Ein US-Dollar kostete 100, 1000, 10000 und 100000, dann schon 1 Million Mark. Da die Druckereien der Notenbank mit der Ausgabe von soviel Neugeld nicht mehr nachkommen konnten, entstanden in verschiedenen Gebieten lokale provisorische Notgelder. Auch größere Betriebe gaben eigenes Geld heraus.

In der Rheinischen Kreditbank mußte man monatliche

Ausgleichsbeträge für die inzwischen entwerteten Gehälter nachzahlen. Diese monatlich erfolgten Nachzahlungen mußten vierzehntägig und schließlich wöchentlich vorgenommen werden. Ich erhielt wöchentlich eine Million Mark Nachzahlung! Ich wurde bereits in jenem jungen Alter mehrfacher Millionär! Aber natürlich nur mit dem Papiergeld. Die Berechnung der jeweiligen Nachzahlungsbeträge, deren Beschaffung und Auszahlung an die einzelnen Angestellten oder in den Betrieben an die Arbeiter waren eine große Belastung für die Unternehmen. In jenen Tagen sah man bei uns in der Rheinischen Kreditbank Kolonnen von der Lohnabteilung in die Arbeitssäle kommen, die kleine Wagen schoben, aus denen sie den Angestellten fertig gezählte, mit Schnüren gebundene, riesige Geldbündel kiloweise als »Differenznachzahlung« für die seit der letzten Woche erfolgte Entwertung aushändigten. Die Mark fiel und fiel und erreichte die Marke 1 Dollar = 100 Millionen Mark. Dabei gab es keine Aussicht auf eine Besserung der Finanzkatastrophe.

Schließlich erhielten wir täglich von den immer größer und länger werdenden Lorenkolonnen der Angestellten der Lohnabteilung kiloweise Papiergeldhaufen, die man mit Packpapieren umwickelte oder einfach in mitgebrachte Kunstlederkoffer beziehungsweise große Kartons füllte, um sie fortzutragen. Wir mußten den Erhalt des sogenannten Geldes in den langen Listen neben unserem Namen quittieren, ohne zu wissen, wie hoch der Betrag war, was er bedeutete, wie er berechnet wurde: Mich hat es überhaupt gewundert, wie die Buchhaltungen jener Zeit mit dieser unglaublichen Aufgabe fertig werden konnten.

Das deutsche Volk, die Arbeiter, die Gewerbetreibenden, die Rentner, die Händler in den Läden und die Marktfrauen kamen aus der Ratlosigkeit nicht heraus. Kein Mensch war in der Lage, den täglichen Preis seiner Ware der jeweiligen Kurslage entsprechend anzupassen. Ich kann mich erinnern, daß ich in jener Zeit feststellte, für den Gegenwert von kaum einem Dollar einen vollen Monat in Vollpension gewohnt zu haben!

Eines Tages erhielt ich wieder kurz vor der Mittagszeit mehrere Blöcke von zusammengebundenem Papiergeld, unterschrieb den Platz neben meinem Namen in der Empfangsliste, packte die viele Millionen betragenden Geldhaufen in große Kartons und rannte in der Pause damit zu einem Juweliergeschäft in der Nähe, an dem ich jeden Tag vorbeiging. Im Geschäft stellte ich die Kartons mit den Geldpaketen drin auf den Tisch. Der Juwelier fragte mich, was ich wollte. Ich antwortete: »Irgend etwas kaufen für dieses Geld will ich.« – »Junger Mann, Sie sehen, ich habe nichts mehr außer diesem einzigen goldenen Siegelring. Ich bin dabei, den Laden zu schließen. Ich gebe das Geschäft auf!« – »Ja? Was kostet dann der Ring?« – »Was weiß ich? Es gibt doch keinen Preis mehr.« – »Ist es Ihnen recht, wenn ich Ihnen dafür das Geld in diesen Paketen überlasse? Zählen Sie bitte nach!« – »Nachzählen? Zu was denn? Was hat das für einen Sinn? Wenn Sie wollen, nehmen Sie den Ring!« – »So? Würden Sie auch die Buchstaben IM darauf gravieren?« – »Wenn Sie wollen? Das mache ich auch. Kommen Sie morgen um diese Zeit. Den Laden schließe ich jetzt. Ich wohne oben im ersten Stock. Der Eingang ist links nebenan!«

Ich ließ die großen Geldpakete bei dem Juwelier und verließ das Geschäft. Am nächsten Tag besuchte ich ihn in seiner Wohnung und holte den Ring ab.

Ich vergesse nicht die traurigen Augen des Mannes in dem Augenblick, als ich ihm zum Abschied die Hand gab.

Der Siegelring steckt noch an meinem Finger, er ist ein Erinnerungsstück an jene düsteren Jahre, in denen ich im besiegten Deutschland mit den Deutschen zusammen litt. Manchmal, wenn ich den Ring betrachte, gedenke ich nicht nur der Ereignisse jener Zeit, sondern auch der traurigen Blicke des alten Juweliers.

Erst 1923 gelang die Stabilisierung des Geldes auf Basis 4 200 000 000 Mark = 1 US-Dollar = 4,20 Goldmark! Der Meister dieser einmaligen Operation der Finanzgeschichte hieß Hjalmar Schacht. Diesen Mann machte Hitler später zum Finanzdiktator seines nationalsozialistischen Regimes.

Diplomkaufmann

Nach Beendigung der zweijährigen Banklehre erhielt ich
von der Direktion der Bank wöchentlich einen weiteren
halben Tag frei, um in der Handelshochschule Mannheim
Vorlesungen zu hören oder an Seminaren teilnehmen zu
können, worüber ich mich sehr freute. Mein Interesse an
den Wirtschaftsfächern wuchs. Da die anderthalb Tage
wöchentlich für das Hören der Vorlesungen nicht ausreich-
ten, arbeitete ich mehr mit Büchern zu Hause.

Trotzdem gab ich weiterhin ausländischen Studenten
Unterricht in deutscher Sprache, außerdem erteilte ich auch
den Oberprimanern Nachhilfeunterricht für das Abitur.
Von den Ausländern ließ ich mich, wo es möglich war, in
Dollar bezahlen. Von den Deutschen erhielt ich oft Bezahlung in Naturalien wie Butter, Eier, Schinken, Büchsen-
fleisch, Büchsenmilch usw. und gab sie Frau Bücher. Sie
war sehr glücklich darüber. Ich gewann mit solchen »Son-
derleistungen« ihre ganze Liebe.

Nach genauer Einteilung meiner Finanzierungsquellen
nahm ich schließlich mit herzlichem Dank Abschied von
der Rheinischen Kreditbank und besuchte ein ganzes weiteres Jahr eifrig und konzentriert die Handelshochschule
Mannheim (sie hieß später Wirtschaftshochschule) mit
dem Ergebnis, daß ich Anfang 1925 das Abschlußexamen
mit gut bestand und den Titel Diplomkaufmann errang.

Vom Professor für Volkswirtschaft, Behrend, erhielt ich
den Auftrag für eine Diplomarbeit »über die internationa-
len Schulden des Osmanischen Reiches und das Tabakmonopol«. Die Arbeit fiel so gut aus, daß mein Professor mich
aufforderte, darüber in der Aula der Hochschule einen
Vortrag zu halten. Das war natürlich eine hohe Auszeich-
nung für mich. Ich freute mich über diese Anerkennung
sehr. Mein Selbstbewußtsein wuchs, und ich bekam den
Mut, sofort nach Darmstadt zu fahren, um dort in der
Technischen Hochschule doch noch Chemie zu studieren.
Ich hatte in den zurückgebliebenen Jahren viel gelernt, aber
ebensoviel gelitten. Vor allen Dingen hatte ich Erfahrung

darin gewonnen, das Studium durch eigene Arbeitsleistung zu finanzieren.

Nur mit der Zeiteinteilung hatte ich Schwierigkeiten. Was ich auch an Fleiß und an Eifer während der letzten zwei Semester in der Handelshochschule aufbrachte, die Zeit reichte einfach nicht dazu aus, alle notwendigen Vorlesungen zu hören und an allen Seminaren wirklich teilzunehmen. Vor allen Dingen im Fach Rechtswissenschaften konnte ich in keiner Vorlesung erscheinen. Ich mußte aber das Recht, wenn auch nicht als Hauptthema, zumindest aber als Nebenfach für das Hauptexamen wählen. Für die Eintragung zu dieser Prüfung mußte ich mich als Kandidat beim Professor vorstellen, wie es damals Sitte war. Das war eine kritische Angelegenheit, denn den Professor, Coburger hieß er, kannte ich überhaupt nicht.

Ich ging mit einem deutschen Studenten zu ihm ins Zimmer. Dieser Kandidat war von Heidelberg gekommen und wollte in Mannheim bei Professor Behrend das Diplomkaufmannexamen machen. Der Professor erledigte erst die Eintragung des anderen, und als die Reihe an mich kam und ich mich ihm vorstellte, schaute er mich etwas verwundert an: »Komisch. Ich kann mich nicht an Sie erinnern. Sie kommen anscheinend auch von Heidelberg wie Ihr Kamerad vorhin?« Im Augenblick wußte ich keine Antwort. Ich stammelte verlegen einige unverständliche Silben, und der Professor, ohne auf meine Antwort zu warten, sah meinen Testatschein an und trug mich für das Examen ein. Als ich herauskam, atmete ich tief auf.

Als die Prüfungstermine bekannt wurden, stellte ich fest, daß zwischen meinem Prüfungstermin für Rechtswissenschaften und der letzten Prüfung davor acht freie Tage lagen. Da schöpfte ich etwas Hoffnung. Ich würde die Bände für das bürgerliche und das Handelsrecht nach Hause nehmen und Tag und Nacht »ochsen«. Acht Tage waren keine geringe Zeit, dachte ich. Einen kurzen Auszug über Staatsrecht konnte ich auch schaffen. Wenn ich Glück hätte, könnte ich im Examen mit einem blauen Auge davonkommen. Falls ich durchfallen sollte, konnte ich gegen Ende des

Sommersemesters das Examen wiederholen. Das war mein Plan. Doch es kam ganz anders.

Alle übrigen Prüfungen verliefen gut. Am Tage der letzten Prüfung vor dem Rechtsexamen wurde dessen Termin plötzlich verlegt, und zwar so, daß ich an einem Nachmittag von meiner letzten Prüfung herauskam und mich am nächsten Tag um vierzehn Uhr in das Examen für Recht zu Professor Coburger begeben mußte! Damit war meine letzte Hoffnung, das Fach Rechtskunde betreffend, dahin. In einer Nacht die vielen Bücher – das könnte ich niemals bewältigen. Sehr enttäuscht entschloß ich mich, von dieser Prüfung zurückzutreten, anstatt mich vor dem Professor zu blamieren.

Am Morgen des Tages ging ich zum Professor, um ihm meinen Entschluß mitzuteilen. Er war aber schon im Vorlesungsraum für die Prüfung jener Studenten, die die Rechtswissenschaften als Hauptfach gewählt hatten. Da ich Zeit hatte, ging ich in die Vorlesungshalle und setzte mich auf eine Bank des Auditoriums zwischen die dreißig bis vierzig Zuhörer, um mich nach der Beendigung der Prüfungen bei dem Professor persönlich zu entschuldigen und meinen Rücktritt zu erklären.

Die Kandidaten wurden zu viert in die Prüfung eingelassen. An einem Tisch saß Professor Coburger, neben ihm sein Assistent. Die vier Kandidaten wurden namentlich aus der vorliegenden Liste aufgerufen, und sie nahmen der Reihe nach nebeneinander auf den Stühlen gegenüber dem Professor Platz. Ich war voller Spannung und Neugier, bei dieser Gelegenheit zum erstenmal in meinem Leben deutsche Gesetzesparagraphen, die deutsche Rechtssprache und deutsche Rechtsausdrücke zu hören.

Wahrlich, was da unten zur Sprache kam, erschreckte mich. Ich verstand kaum etwas! So fremd und unverständlich kompliziert klang alles, was ich hörte. Ich dankte Gott, daß ich mich entschlossen hatte, von der Prüfung zurückzutreten. Sonst wäre ich in eine erbärmlich blamable Situation vor dem Professor geraten, dachte ich vor mich hin.

Nachdem zwei Gruppen geprüft worden waren, wurde

die letzte Gruppe des Vormittags hineingelassen. Es erschienen aber nur drei Kandidaten. Der Assistent las die drei Namen vor, sie nahmen Platz auf ihren Stühlen. Er las den vierten Namen vor, der Prüfling war nicht da. Da sprang ein Student unter den Zuhörern auf und sagte, daß der Kandidat zurückgetreten sei. Davon wußte der Professor nichts. Nachdem er mit seinem Assistenten leise einige Worte gewechselt hatte, schaute Professor Coburger zu den Zuhörern auf den Bänken und fragte: »Ist jemand von den Kandidaten von heute hier?« Ich duckte mich auf meiner Bank wie ein Hase, wenn er vom Fuchs erwischt wird ... Als sich niemand meldete, streckte der Professor seinen Zeigefinger in meine Richtung: »Sie da? Mit dem schwarzen Römerkopf!« rief er. Um Himmels willen, er meinte mich, ohne Zweifel. Ich stand auf. »Sie wollten doch bei mir in die Prüfung gehen? Oder irre ich mich?« sprach er laut. »Ja, Herr Professor!« antwortete ich zu Tode erschrocken und fuhr stotternd fort: »Erstens habe ich das Recht als Nebenfach gewählt, und zweitens ...« – »Ach, das schadet nicht. Kommen Sie her, und setzen Sie sich hier hin!«

Der Professor ließ mich nicht ausreden. Ich kam herunter, er fragte nach meinem Namen: »Herr Professor, ich heiße Ishak Muammer. Aber ich bin gekommen, um von der Prüfung zurückzutreten.« – »Unsinn, Sie sind ja hier. Setzen Sie sich ruhig auf den Stuhl da«, sagte er, während der Assistent auf einer Liste meinen Namen abhakte.

Schlimmeres konnte mir wirklich nicht passieren. Ich saß auf dem vierten Stuhl, total in kalten Schweiß gebadet, so erschreckt, daß ich für Augenblicke nichts mehr sah und nichts mehr hörte.

Inzwischen ging die Prüfung bei dem ersten Kandidaten los. Was ich da zu hören bekam, kam mir sehr chinesisch vor: alles Worte, Begriffe und Ausdrücke, die ich nicht verstand. Ich ergab mich meinem Schicksal, um, wenn die Reihe an mich käme, dem Professor zu sagen, daß ich die Frage nicht beantworten werde, weil ich zurückgetreten sei.

Das Examen dauerte, der zweite, dann der dritte Kandidat kam dran, dann folgten die Fragen durcheinander. Ich verfolgte die Gespräche mit relativer Gelassenheit. Plötzlich fiel mir ein Wort auf: »Nebenleistungsaktiengesellschaft.« Keiner der drei Kandidaten konnte sie beantworten. Wie ein Blitz funkte es in meinem Gedächtnis. Ich erinnerte mich an einen Bericht in der *Frankfurter Allgemeinen Zeitung* über eine solche Form der Aktiengesellschaft, die besonders bei den Rübenzuckerfabriken und den Brauereien angewandt wurden. Die Rüben- beziehungsweise Hopfenbauern konnten danach Aktien solcher Gesellschaften mit besonderen Verpflichtungen erwerben, bei denen sie an die Zuckerfabrik der Gesellschaft während der Kampagne bestimmte Rüben- oder bei der Brauerei bestimmte Hopfenmengen liefern mußten. Auf diese Weise konnten die auf landwirtschaftliche Produkte wie Rüben und Hopfen angewiesenen Betriebe der Nebenleistungs-AGs ihre Rohstoffe in einem gewissen Maße sicherstellen.

Meine Augen glänzten, ich hüpfte und rutschte hin und her auf meinem Stuhl wie ein Rennpferd vor dem Start, ungeduldig und aufgeregt, um wie ein Pfeil loszuschießen, wenn der Professor sich an mich wenden sollte. Und kaum hörte ich den Professor sprechen: »Vielleicht können Sie uns darüber etwas sagen?« legte ich los. Das war eine einmalige Chance. Der Professor hörte sichtlich befriedigt zu. Er stellte dann einige spezifische Fragen, die ich natürlich nicht beantworten konnte. Der Professor beruhigte mich jedoch mit den Worten: »Na, diese Punkte brauchen Sie eigentlich nicht zu wissen. Aber es wäre gut, wenn Sie da und dort darüber nachlesen würden.«

Dann bekam ich noch eine zweite Frage über »Übereignung« und »Erbschaft«, die ich nicht juristisch, sondern aus meinem allgemeinen Bildungsreservoir heraus zu beantworten versuchte. Als dritte Frage sollte ich über die theokratische Staatsform etwas erzählen, was ich auch ausgiebig tat. Besonders auf die Frage des Unterschieds zwischen dem Papsttum und dem Kalifat im Islam konnte ich viel sagen. Professor Coburger beendete das Examen und gab gleich die Noten bekannt: Ein Kandidat bekam eine

Vier, ein anderer eine Drei, mit dem dritten Kandidaten zusammen bekam ich eine Zwei. Das Unglaubliche in diesem Examen war geschehen. Ein derartiger Glücksfall grenzte schon an Unverschämtheit ...!

Heute noch schäme ich mich, wenn ich daran denke. Ich muß jedoch gestehen, daß es mir nicht einfiel, die unverdiente Note zurückzuweisen. Ich war von Herzen froh und glücklich, das Studium in der Handelshochschule Mannheim nach Überwindung so vieler Schwierigkeiten und unter sehr ungünstigen Verhältnissen doch beendet und das Diplom erhalten zu haben.

Aus diesem Erlebnis zog ich eine wichtige Lehre fürs Leben: Zeugnisse, Diplome und Titel sind wohl wichtige und notwendige Dokumente für die Bewertung der Qualität eines Menschen und seiner Eignung. Sie dürfen jedoch nicht immer als absolute und ausschließlich ausreichende Faktoren betrachtet werden. Später im Berufsleben erlebte ich Fälle, bei denen die Richtigkeit dieser Einstellung ihre Bestätigung fand.

In Darmstadt und Karlsruhe –
Dipl.-Ing. chem.

Im Frühjahr 1925 siedelte ich so rechtzeitig nach Darmstadt um, daß ich dort im Sommersemester sofort mit dem Studium der Chemie beginnen konnte. Ich war voller Hoffnung und Zuversicht, daß ich auch dieses von mir seit Jahren sehnsüchtig verfolgte Ziel mit Gottes Hilfe erreichen würde.

Die allgemeine Lage in Deutschland und in meiner Heimat, der Türkei, hatte inzwischen den allertiefsten Punkt des Zerfalls überwunden. So schien es mir jedenfalls.

In Deutschland hatte sich, wenn auch die Arbeitslosigkeit gefährlich weiterwuchs, doch eine gewisse Staatsautorität spürbar gemacht. Mit großer Mühe gelang es dem tüchtigen General von Seeckt, der während des Krieges im Osmanischen Reich eingesetzt war, aus den Trümmern der geschlagenen Reichsarmeen die Reichswehr, den Kern einer Verteidigungskraft der Weimarer Republik, zu gründen und zu organisieren. Auch eine brauchbare Polizei, die Schutzpolizei = Schupo, wurde gebildet. Nach vielen mühevollen Verhandlungen und mit Hilfe des Einflusses der Amerikaner gelang es der Regierung der Republik, die bodenlosen Reparationszahlungen an einen wirtschaftlich wenigstens einigermaßen übersehbaren Plan zu binden. Dennoch war die Lage in Deutschland weit davon entfernt, Anlaß zur Hoffnung zu bieten.

Der Agitation der extrem Linken gegenüber formierten sich rechtsextreme Verbände. Die von Hitler geführten Nationalsozialisten in München erhielten immer mehr Zulauf. Demonstrationen, Straßenkrawalle, Überfälle gehörten zur normalen Tagesordnung jener Zeit. Überall standen endlose Schlangen von Tausenden von Menschen vor den Arbeitsämtern und den Arbeitslosenunterstützungskassen.

In meiner Heimat gelang es den Türken nach jahrelangen blutigen Kämpfen unter Mustafa Kemal Pascha (Atatürk), die griechischen Invasionsarmeen zuerst Hunderte von Kilometern im Inneren Anatoliens vor Ankara zurückzuschlagen und sie dann in einer Umfassungsschlacht zu vernichten. Der vor der anatolischen Stadt Afyon Karahissar eingesetzte Generalangriff am 26. August 1922 gegen die stark befestigten Stellungen des Feindes endete mit einem totalen Sieg. Die griechischen Armeen wurden gänzlich aufgerieben. Schon am 8. August eroberten die türkischen Truppen Izmir und die gesamte Küste des Ägäischen Meeres zurück. Nur wenige tausend Mann der geschlagenen griechischen Soldaten konnten sich in die Schiffe der Engländer retten. Der Oberkommandierende, General Trikopis, geriet mit seinem kompletten Stab in türkische Gefangenschaft. Dann ging es Schlag auf Schlag. Bursa, die Dardanellen, Edirne wurden befreit. Der letzte Sultan floh ins Ausland, die Engländer und Franzosen räumten Istanbul und die türkischen Provinzen am Schwarzen Meer. Aus den Südwestprovinzen wurden die Franzosen, aus Antalya und Alanya die Italiener hinausgeworfen.

Schließlich erkämpfte die nationaltürkische Friedensdelegation unter Ismet Pascha (Inönü) nach langwierigen Verhandlungen mit den Ententemächten in Lausanne als gleichberechtigter Verhandlungspartner am 20. Juli 1923 den Friedensvertrag von Lausanne. Die Souveränitätsgrenzen der neuen Türkei wurden international bestätigt. Die bis dahin dem Osmanischen Reich gehörenden Riesengebiete, ganz Arabien, Jemen, die Emirate am Golf von Basra (Persischer Golf), Irak, Syrien, Palästina und Jordanien gingen verloren. Die heutigen Grenzen der Ostprovinzen der Türkei, welche mit den Sowjetrussen durch die Verträge von Kars und Moskau von 1921 ausgehandelt worden waren, wurden bestätigt. Kaum ein Jahr darauf proklamierte die neue türkische Nationalversammlung in Ankara die Republik Türkei. Mustafa Kemal wurde Präsident der Republik, Ankara die Hauptstadt des neugeborenen, wiederauferstandenen türkischen Staates.

In der Türkei ging damit eine blutige, kummer- und leidvolle Epoche von zehn Jahren ununterbrochenem Krieg zu Ende. Mustafa Kemal setzte gleich nach der Proklamation der Republik eine Reihe von tiefgreifenden Reformen durch, über die ich später berichten werde.

Moralisch war ich daher für das Studium der Chemie in Darmstadt viel kräftiger ausgerüstet als früher. Ich setzte alle meine verfügbare Energie ein, um dieses Studium zu beenden und so bald wie möglich in die Heimat zurückzufahren.

In der Technischen Hochschule lehrten damals bekannte Professoren: Professor Wöhler, anorganische Chemie; Professor Berl, chemische Technologie; Professor Finger, organische Chemie; Professor Müller, Papierchemie; Professor Styasny, Gerbereichemie; Professor Bernd, allgemeine Maschinenlehre; Professor Petersen, Elektrotechnik – um die mir bekannten wichtigsten Namen zu nennen.

Verhältnismäßig schnell war es mir gelungen, das Vertrauen des Chefs der Abteilung Chemie, Professor Wöhlers, zu gewinnen. Seiner Initiative verdanke ich, daß ich bei der Zahlung von Semestergeldern und in der Mensa bedeutende Erleichterungen und Vergünstigungen erhielt. Ebenso erlaubte mir Professor Wöhler, auch während der Feiertage und Semesterferien im Labor zu arbeiten, um die viel Zeit beanspruchenden vorgeschriebenen Analysen und chemischen Präparate in den verschiedenen Instituten früher und schneller zu beenden. Diese Hilfeleistung meines Lehrers war von unschätzbarem Wert für mich.

Wie früher gab ich für meinen Unterhalt vielerlei Unterricht an ausländische Studenten: Deutsch, Physik, Chemie, höhere Mathematik. Außerdem arbeitete ich in verschiedenen Betrieben, meistens während der Nacht: in den Kokereien, Gaswerken, einer alten Seifensiederei, einer Ölmühle, einer Spiritus- und Likörfabrik, einer Zuckerfabrik. Bei der herrschenden schweren Arbeitslosigkeit war es keine einfache Angelegenheit im Deutschland von damals, als Ausländer noch dazu, eine Arbeit zu finden. Aber ich mußte arbeiten, ich mußte leben, und es fanden sich immer Wege.

Die Tatsache, daß mir von Anfang an Chemie gefiel und ich Freude daran gefunden hatte, erleichterte mir das Studium in der Technischen Hochschule sehr. Mir machte das Arbeiten in den Labors großen Spaß, und mir gelangen die Analysen und die präparativen Arbeiten, die den meisten anderen Studenten Schwierigkeiten bereiteten, leicht. Dadurch hatten mich meine Professoren und die Assistenten gern. Sie halfen mir, wenn ich Sorgen hatte. Ich fühlte mich hier in meinem Element, wie der Fisch im Wasser.

Daher kam ich in der Hochschule äußerst schnell vorwärts. Nach der frühen Beendigung der wichtigen Vorexamen ging ich auf Empfehlung von Professor Wöhler für ein Jahr zur Technischen Hochschule Karlsruhe und machte dort im Erdölforschungslabor bei Professor Tauß meine Diplomarbeit sowie das Hauptexamen bei den Professoren Stock, Bredig und Goldschmidt und beendete damit das Studium als Diplomingenieur der Chemie.

Die Anfänge des Nationalsozialismus

Unter meinen Studienkameraden waren die meisten in irgendeiner Studentenverbindung. Diese Studentenverbände, eine Besonderheit in den deutschen Universitäten, Hochschulen und Akademien, waren in der Technischen Hochschule Darmstadt stark vertreten. Die schlagenden Korporationen, die nicht schlagenden Katholischen, die Burschenschaften, alle ihre Mitglieder in ihren bunten Käppis, farbigen Mützen und Couleurs, an den besonderen Tagen mit Wichs und Fahnen, Säbeln und Schlägern, waren schön anzusehen. Ich beobachtete sie mit Interesse.

Jeder junge deutsche Student bemühte sich, Mitglied in einer solchen Verbindung zu sein, die Zeremonien mitzumachen und an den Kommerzabenden teilzunehmen. Jede Verbindung hatte ihre Tradition und war je nach ihrer sozialen Zugehörigkeit auf ihre Rangordnung unter den Verbindungen bedacht. Der Einfluß der Corps und der Verbindungen auf die jungen Menschen war enorm. Man merkte schon äußerlich, wie der junge Mann vom Eintritt in eine Studentenverbindung an sich schnell in seinem Aussehen, seinem Benehmen und seiner Haltung änderte. Die steife Haltung, die zackige Begrüßungsform, die verbundenen Gesichter oder Köpfe und die Schmisse unterschieden die Verbindungsstudenten mit einem Blick deutlich von den anderen. Die Mädchen waren begeistert von ihnen.

Mir fiel auch auf, wie manche gertenschmalen, elastischen Studenten mit dem Fortschreiten der Semesterjahre unbeweglicher, behäbiger und dicker wurden. Die schönen schlanken Körper verschwanden. Dagegen traten die Bauchsäcke hervor, und die Popos wurden dick und prall in den Hosen, so daß bei den meisten die Jacken eng saßen und die Anzüge nicht mehr paßten. Das übermäßige Biertrinken während ihren Sitzungen blieb nicht ohne Folgen.

Die strenge Trennung der akademischen Jugend in zahlreiche Verbindungen sah ich als eine weitere Folge der anscheinend dem Deutschen eigenen Neigung zur Exklusivität, zur Abkapselung seines Ichs an. Er zieht es vor, nur mit demjenigen zusammenzusein, der im sozialen Stand, in der Lebensform, in der Anschauung und in der Einstellung möglichst wie er selbst ist. Nicht umsonst ist Deutschland jahrhundertelang das Musterbeispiel des politischen Föderalismus geworden.

Es wurde bald deutlich, daß unter dieser akademischen Jugend sich allmählich eine neue Bewegung durchzusetzen begann. Aus München kamen junge Studenten nach Darmstadt und verbreiteten die nationalsozialistischen Ideen. Abordnungen von Darmstadt fuhren nach München und nahmen dort mit den Nationalsozialisten Kontakte auf. In den Hörsälen und Korridoren diskutierte man während der »Standpausen« über die Folgen des verlorenen Krieges, über den »Dolchstoß«, der das Deutsche Reich im Krieg niedergestreckt hatte (sonst hätte Deutschland gesiegt?). An allem seien die Juden schuld, hieß es.

Neben dieser Propaganda spielten der Sieg der Türken gegen die Entente und der von ihnen durchgesetzte Friedensvertrag von Lausanne eine wichtige Rolle. Die Türken hatten den Brudervertrag von Versailles, das für die Türkei vorbereitete Vernichtungsdiktat von Sèvres, zerrissen. »Wir Deutschen brauchen jemand wie Mustafa Kemal (Atatürk), der das Versailler Diktat ebenfalls zerreißt!« sagte man. Da kam der Ruf von Adolf Hitler aus München: »Deutschland erwache!«, passend zu dem Suchen der jungen Leute nach der Rettung aus der Niederlage und der Schmach.

Ich wurde mehrfach zu kleinen Zusammenkünften eingeladen, um den Teilnehmern über den nationalen Widerstand und den nationalen Kampf der Türken zu erzählen, die sie nach der Niederlage 1918 zur Befreiung ihrer Heimat führten. Als ich merkte, daß die Zusammenkünfte sich in Richtung einer politischen Bewegung zu entwickeln schienen, habe ich mich dann davon ferngehalten. Auch eine Einladung, nach München zu fahren, habe ich abgelehnt. Mir gefiel nicht, daß man die Schuld der Niederlage Deutschlands, das Elend, in dem sich Deutschland befand, den Juden zur Last legte. Die vaterländischen Gefühle der Jugend wurden durch Agitationen deutlich mißbraucht.

In der Technischen Hochschule von damals wimmelte es von ausländischen Studenten: Ungarn, Rumänen, Schweden, Norweger, Isländer, Mexikaner, Brasilianer, Schweizer, Chinesen, Japaner, Ägypter, Türken, Aserbeidschaner, Georgier und Bulgaren. Die meisten studierten in den Abteilungen für Bauwesen, Maschinenbau und Elektrotechnik. In der Abteilung für Chemie, im ersten Semester waren wir 57 eingetragene Studenten, davon waren etwa vierzehn oder fünfzehn Ausländer, die Mehrzahl Bulgaren und Ungarn. Nach den Vorexamen sind etwa 22 bis 23 Studenten übriggeblieben. Unter ihnen waren nur noch drei oder vier Ausländer. Der Rest wurde eliminiert: Entweder verließen die jungen Leute freiwillig die Hochschule oder wurden einfach dazu aufgefordert, es zu tun, und man gab ihre Laborplätze an andere.

Ein Professor, bei dem Studenten sämtlicher Fächer mindestens ein Semester arbeiten mußten, war bekannt geworden als fanatischer Anhänger Hitlers. Er war der Schreck für Ausländer, aber insbesondere der Juden. An ein Erlebnis mit ihm kann ich mich noch heute genau erinnern:

Eines Morgens stand ich in der Schlange vor seinem Zimmer, um ein Testat einzuholen. Ich war zwischen zwei ungarische Juden geraten. Der vor mir stand studierte mit mir Chemie. Er hieß Schwarz. Ein fleißiger, bescheidener Junge. Der Arme fürchtete sich, ins Zimmer einzutreten, und schwitzte und zitterte am ganzen Körper, als wir am Eingang des Raumes standen. Die Tür stand offen, und im Inneren des Zimmers gegenüber an der Wand saß der Professor an seinem Tisch. Als Schwarz an die Reihe kam, trat er zögernd hinein und legte sein Testatheft dem Professor vor. Dieser las darin: »Sie heißen? Was für ein Landsmann?« – »Josef Schwarz. Ungar, Herr Professor«, antwortete er leise mit zitternder Stimme höflich. »Josef Schwarz? Sie sind doch ein Jude?« – »Ich bin Israelit, Herr Professor.« – »Was suchen Sie hier? Verdammt! Weg da!« schrie der Professor den armen Kerl an und warf sein Testatheft auf die Erde. Während Schwarz geduckt das Heft vom Boden aufhob, brüllte der Mann: »Der nächste!«

Ich ging zu ihm hin und legte mein Testatheft vor. »Sie heißen, was für ein Landsmann?« – »Ich bin Türke, Herr Professor!« – »Wie liest sich Ihr Name?« – »Ishak Muammer.« – »Sind Sie womöglich auch ein Jude?« – »Nein, Herr Professor, ich bin Moslem.« – »Moslem? Wieso Ishak? Das ist doch jüdisch? Isaak, oder?« rief der Professor verärgert aus. »Jawohl. Ishak ist ein Name aus dem Alten Testament wie bei den Christen Jakob, Josef, David usw. auch ... Wir gebrauchen diese Namen, weil im Islam die Bibel und die Thawrat (Thora) als Gottesbücher geehrt werden.« – »So? Ich dachte, die Türken seien ein vernünftiges Volk ...! Ihr glaubt also auch den jüdischen Unfug? Uns haben die Juden verkauft! Kommen Sie morgen um zehn Uhr in mein Zimmer!« sagte er barsch und drückte einen Stempel auf mein Testatheft. Ich nahm mein Heft, und als ich mich umdrehte, um hinauszugehen, war der ungarische Student hinter mir nicht mehr da. Natürlich ging ich am nächsten Tag nicht zu diesem Mann.

Dieser Professor war offensichtlich ein klinischer Fall: ein Riesenkerl mit glattrasiertem Schädel, er schaute mit unnatürlichen Blicken, sprach laut und immer barsch, lachte oder lächelte nie. Am linken Kragen und an seiner Krawatte trug er zwei Hakenkreuzrosetten. An der Wand in seinem Zimmer hing ein großes Bild Hitlers. Auf seinem Arbeitstisch, in der Bibliothek, auf der Fensterbank, überall lagen große dicke Hakenkreuze aus poliertem Stahl.

Ich las eines Tages in der Zeitung, daß man auf ihn, während er aus dem Theater kam, im Menschengewühl einen Anschlag verübt hatte. Wenn ich mich nicht täusche, soll er an dessen Folgen gestorben sein.

Unsere Hochschule wurde wie die anderen immer mehr von radikalen Elementen von rechts und links in Besitz genommen. Die Nationalsozialisten gewannen dabei an Boden. Die traurigen Zustände, die Einsichtslosigkeit der Sieger, die Unfähigkeit und die Ohnmacht der Regierungen der Weimarer Republik schufen die Voraussetzung für eine hochgefährliche Entwicklung.

Ich hätte mir damals aber nie vorstellen können, daß in

251

ein paar Jahren ein ungebildeter Vabanquespieler wie Adolf
Hitler das belesene, gebildete, technologisch wie kulturell
so hochstehende deutsche Volk regieren und allein beherrschen würde...

Ein nordisch-germanischer Recke

Meine Begeisterung für Sport gab ich auch in Darmstadt
trotz äußerster Anspannung nicht auf. Mit wenigen Deutschen und einigen aserbeidschanischen und türkischen Kameraden machte ich Leichtathletik auf dem neu gegründeten Sportplatz links vor dem Böllenfalltor. Ich las eines
Tages an der schwarzen Tafel, daß man sich bei dem neuen
Sportarzt zur Untersuchung melden sollte. Danach stand
ich an einem Sonntagmorgen in der Schlange vor der Baracke des Arztes am Sportplatz. Die Reihe kam an mich,
und ich trat ein. Im Zimmer mußte ich mich erst nackt
ausziehen, dann trug mich ein Mädchen in eine Liste ein
und führte mich zur Waage. Sie wog mich und meldete
mein Gewicht dem Arzt. Dieser schrieb es in ein Buch.
Dann maß das Mädchen meine Körpergroße: A/176 cm.
Der Arzt trug die Zahl ein, dann ließ mich das Mädchen auf
einen niedrigen Hocker setzen und las die Höhe zwischen
der Sitzoberfläche des Hockers das Rückgrat entlang bis
zum höchsten Punkt meines Schädels ab: B/... cm. Der
Arzt trug auch diese Zentimeterzahl in sein Papier ein.
Dann maß das Mädchen mit einem besonderen Instrument
den Umfang und die Längs- und Breitenmaße meines Körpers und gab sie dem jungen Arzt. Der begann zu rechnen.
Ich stand still, schaute neugierig zu und überlegte, was das
wohl bedeuten sollte. Nach ein paar Minuten erhob er sich,
tastete mit beiden Händen meine Schultern, meinen Hals,
meine Brust und den Rücken ab, dann untersuchte er mein
Herz, meine Lungen, ließ mich meine Arme, Hände, Beine
und Füße bewegen und mich ein paar Kniebeugen machen.
Als die Untersuchung fertig war, setzte er sich hin und
sprach: »Sie sind gesund. Können Sport treiben. Aber inter-

essant, Sie gehören zum Typ Kurzköpfe, Ihr Schädel ist rundlich, nicht lang, außerdem haben Sie einen Körperbau mit auffallend primitiven Merkmalen. Woher stammen Sie?« fragte er. Ganz überrascht antwortete ich: »Ich bin Türke, Herr Doktor. Was soll das bedeuten, primitive Merkmale des Körpers?« – »Ja, Ihr Köperindex A minus B ergibt eine Zahl, die anzeigt, daß Ihr Oberkörper länger ist als Ihre Beine. Das ist anthropologisch ein primitives Merkmal!« – »Wer sagt das?« – »Oh, das ist wissenschaftlich festgestellt. Wir machen zur Zeit diese Untersuchungen für statistische Erfassung des anthropologischen Standes der deutschen Bevölkerung.«

»Entschuldigen Sie, Herr Doktor, wie ist zum Beispiel Ihr Index?« fragte ich. »Tja, ich bin ein typisch nordisch-germanischer Mann!« sagte der junge Arzt stolz und zeigte auf seine Beine: »Sie sind deutlich länger, sehen Sie?«

Auf diese Worte des recken Germanen antwortete ich: »Ich gratulieren Ihnen, Herr Doktor. Nach Ihren wissenschaftlichen Ausführungen müssen Sie und Ihre Nachkommen noch einige hunderttausend Jahre warten, bis Sie das hohe Entwicklungsniveau der zentralafrikanischen Neger erreichen. Deren Beine sind bekanntlich noch viel länger als Ihre! Und ihre Köpfe sind lang wie unsere gelben Zuckermelonen!« sagte ich und verließ seinen Raum.

Die Saat der germanisch-arischen Herrenmenschanschauung schien bereits damals bei vielen einfältigen, naiven Leuten auf fruchtbaren Boden gefallen zu sein. Es sollte bald so weit gehen, daß sie durch diese Ideologie völlig überschnappten! Wie wäre es sonst zu erklären, daß später Ärzte die in den Konzentrationslagern der Nazis gefangenen unschuldigen Männer, Frauen und Kinder zu Tieren erniedrigten und mit ihnen biologische und genetische – Gott weiß, welche widerlichen – Versuche anstellen konnten?

Orhan

Mein kleines Zimmer in dem Haus Heinrichstraße 46 war
ungünstig gelegen und dunkel. Ich war damit nicht zufrieden. Mehmed hatte ein besseres, größeres Zimmer, aber die
Miete war auch entsprechend hoch. Auf der Suche nach
einem geeigneteren Zimmer in einem ruhigeren Haus läutete ich eines Morgens an der Tür einer Villa im sogenannten »Tintenviertel«, in dem besser situierte Familien wohnten. Eine Dame empfing mich und zeigte mir ein schönes
Zimmer im Hochparterre mit Blick in den Garten. Es gefiel
mir sehr gut. Das Zimmer war aber viel zu teuer für mich.
Ich bedankte mich bei der Dame und wollte mich verabschieden, worauf sie fragte: »Sie sind Ausländer? Vielleicht
Türke?« Es wunderte mich, daß die Dame sogleich erraten
hatte, was für ein Landsmann ich war. »Ja, ich bin ein
Türke, gnädige Frau. Aber wie sind Sie darauf gekommen?«
»Ich habe es mir gleich gedacht. Das werde ich Ihnen schon
erzählen«, antwortete sie, führte mich in einen gepflegten
Salon und zeigte mir ein Bild in silbernem Rahmen, wel-
ches auf dem Flügel stand: »Kapitänleutnant der türkischen Marine Hakki Bei. Mein verstorbener Vater war Kom-
mandant einer Korvette der deutschen Marine. Wir wohnten vor dem Krieg in Kiel. Am Anfang des Krieges lernte ich
als junges Mädchen Hakki Bei bei einem Empfang kennen.
Wir haben uns geliebt. Ich war mit ihm verlobt.«
Es war ein Foto eines jungen türkischen Marineoffiziers.
Er trug seinen Fes keck, leicht nach vorne rechts geneigt.
Sein männlich-schönes, verwegenes Gesicht zierte ein
Schnurrbart. Ein solcher Mann im kalten Norden könnte
schon der Schwarm aller jungen Mädchenherzen sein.
»Kennen Sie ihn zufällig? Ist Ihnen der Name bekannt?«
fragte die Dame. »Leider nicht«, antwortete ich. »Wir waren so glücklich«, seufzte sie leise und fuhr fort: »Eines
Tages mitten im Krieg bekam Hakki Bei ein Telegramm
und wurde zurück nach Istanbul beordert. Seitdem habe
ich keine Nachricht mehr von ihm erhalten. Ich weiß nicht,
ob er lebt oder gefallen ist. Wir haben einen Sohn. Er geht

hier in die Mittelschule. Wenn Sie hier wohnen würden, wäre es gut für Orhan«, sagte sie und konnte dabei die Tränen nicht zurückhalten. »Ich gebe Ihnen das Zimmer für den halben Preis. Nehmen Sie bitte das Zimmer!« – »Nein. Danke schön, gnädige Frau. Das kann ich nicht tun. Sie brauchen die Miete, und ich wäre sonst auch nicht befriedigt, wenn ich das Zimmer so billig bekäme. Das geht leider nicht. Ich danke Ihnen sehr.«

Was die Dame daraufhin erzählte, erschütterte mich: »Ich habe meinen Sohn Orhan genannt, wie ich es Hakki Bei damals versprochen hatte. Der Name gefällt mir auch. Orhan habe ich auch als Muslim aufgezogen. Er spricht jedoch weder Türkisch noch weiß er irgend etwas von seiner Religion. Ich dachte, Sie könnten Orhan dabei behilflich sein, wenn Sie bei mir wohnen würden.« – »Soweit es in meinen Kräften liegt kann ich versuchen, Orhan freiwillig und unentgeltlich einige Stunden Unterricht zu geben und ihm etwas Türkisch und vom Islam das Nötigste beibringen, ohne daß ich bei Ihnen wohne«, sagte ich ihr.

Es blieb dabei, und ich tat es. Mehrere Male ging ich hin und gab Orhan insgesamt etwa zehn bis zwölf Stunden Unterricht. Da ich aber zeitlich sehr beansprucht war und bald nach Karlsruhe umsiedeln mußte, war ich gezwungen, mit dem Unterricht aufzuhören. Mein Versuch, diese Aufgabe anderen türkischen Kameraden zu übertragen, blieb leider ohne Erfolg.

Orhan, etwa zehn Jahre alt, war ein dunkelblonder, braver, lieber Junge. Er liebte seinen türkischen Vater, den er nur vom Foto her kannte und nie lebend gesehen hatte. Orhan sagte stolz: »Ich bin ein Türke!«

Was aus diesem türkischen Jungen und seiner Mutter geworden ist, weiß ich leider nicht. Ich erinnere mich der Dame in tiefer Hochachtung. Ich verneige mich vor der Seelengröße, vor der aufrichtigen Treue jener edlen Frau! Nicht ganz ohne Gewissensbisse, eine moralische Pflicht nicht erfüllt zu haben.

Theologie im Zug

Ein alter Professor der Istanbuler Universität, der meinen Vater gekannt hatte, hatte seinen jüngsten Sohn zum Studium der Wirtschaftswissenschaften nach Frankfurt geschickt und mich brieflich gebeten, auf ihn aufzupassen und mich um ihn zu kümmern. Sirri war jünger als ich, und ich half ihm nach seiner Ankunft. Während der Sommerferien fuhr ich an einem Sonntag mit dem Zug zu ihm nach Frankfurt, nachdem er so oft zu mir nach Darmstadt gekommen war.

In mein Abteil dritter Klasse stieg ein älterer Herr mit grauem Vollbart ein. Er trug trotz des sommerlich warmen Wetters einen schwarzen Anzug. Es war ein Waggon alten Typs, dessen hölzerne Sitzbänke quer standen, vom Fenster der einen Wand zum Fenster der anderen.

Der Zug fuhr ab, und es zog stark. Da ich sah, daß der Wind auch den Herrn, der mit mir allein im Abteil saß, störte, fragte ich ihn: »Es zieht. Soll ich das eine Fenster vielleicht schließen?« – »O ja. Es zieht stark!« antwortete der Herr. Nachdem ich das eine Fenster geschlossen und mich wieder hingesetzt hatte, fing der Herr an, sich mit mir zu unterhalten: »Sie sind sicherlich Ausländer?« – »Jawohl. Ich bin ein Türke.« – »Türke? Sind Sie auch Muslim?« – »Ja, ich bin Muslim.« – »Dann erzählen Sie mir doch etwas über den Islam.« – »Ja. Was wollen Sie vom Islam wissen? Was interessiert Sie? Bitte fragen Sie, und ich werde versuchen, Ihre Fragen zu beantworten.«

»Ich bin ein gläubiger Christ. Versuchen Sie zum Beispiel, mich zum Islam zu bekehren.« – »Verzeihen Sie, mein Herr. Eine solche Absicht habe ich nicht.« – »Gut – dann wissen Sie über unsere Religion Bescheid, über das Christentum?« – »Doch, etwas glaube ich schon zu wissen.« – »Dann wissen Sie, daß unsere Religion eine Heilslehre ist. Glaubt der Islam an das Heil der Menschen?« fragte er.

Ich war schon an solche Diskussionen gewöhnt. Ich dachte auch, daß der Herr schon seinem Aussehen nach ein Kirchenmann sein müßte, ein Pfarrer höheren Grades vielleicht. »Ich bin kein Theologe, mein Herr. Meine Kenntnisse sind noch aus der Schule in Istanbul, und einiges stammt von meinem verstorbenen Vater. Soweit ich weiß, ist im Islam keine Rede vom Heil. Es gibt im Islam zwar das Paradies, die Hölle, die Auferstehung nach dem Tode, das jenseitige Leben, den Begriff der gottgefälligen, guten Taten, der schlechten Sünden. Aber vom Heil habe ich im Islam nichts gehört«, antwortete ich. »Das ist aber gerade das Ausschlaggebende in der christlichen Lehre!« fuhr der Herr fort. »Die Menschen von Ihren Sünden zu befreien, sie zu heilen!«

Als ich diese Worte hörte, dachte ich wie schon so oft, auch dieser Herr will wieder versuchen, mich zum Christentum zu bekehren. Eine ziemlich hitzige Diskussion entstand zwischen uns beiden während der Fahrt. Der Herr erzählte vom Sündenfall, von der Vertreibung aus dem Paradies, der Erbsünde, der Botschaft durch Christus, der Läuterung, dem Dogma der Dreieinigkeit. Ich hörte ihm aufmerksam zu. Er fragte mich, ob seine Erklärungen mir etwas bedeuteten. Ich antwortete: »Soweit ich weiß, ist nach dem Islam Gott eins und einzig. Er ist Herr und Erschaffer von allem, was es auf der Erde und den Welten in den Himmeln gibt. Er ist die Allmacht. Mir ist es nicht verständlich, warum er erst den Menschen sündigen lassen soll, um ihn dann zu heilen. Nach dem Islam ist Christus ein Prophet, ein gottgesegneter Mensch wie Moses auch. Mohammed ist ein Sendbote, ein Lehrer des Glaubens, aber ein Mensch. Ein fehlbarer Mensch. Er bat Gott bei jeder Gelegenheit um Vergebung. Der Islam widerspricht der Dreieinigkeitslehre. Auch andere alte christliche Richtungen lehnen diese ab. Die Begründung des Sinnes der Kreuzigung Gottes und seine Auferstehung danach ist auch für mich zu philosophisch abstrakt. Da ist mir die klare einfache Eindeutigkeit der Grundbegriffe im Islam lieber.«

Der Herr war etwas enttäuscht, änderte das Thema und stellte mir die Frage: »Was heißt Islam?« – »Islam heißt der Zustand des Friedens, der Sicherheit, der Zufriedenheit. Islam stammt vom Wort Salam (hebräisch Shalom), das

heißt Frieden.« – »Ja, heißt Islam nicht Ergebenheit in
Gott?« – »Erst in übertragenem Sinne. Der eigentliche Sinn
ist der, den ich Ihnen eben gesagt habe.«

Daraufhin stellte der Herr mir noch eine Frage: »Christus
ist der Messias. Er wird wieder auf die Erde zurückkommen. Ich glaube, daß man im Islam auch daran glaubt.
Dann wären Sie doch am Ende ein Christ?«

Ich erwiderte lächelnd: »Ob es nach der Lehre des Islam
einen Messias wirklich gibt, weiß ich nicht. Wenn es ihn
geben – und, wie Sie sagen, Christus als Messias wieder zur
Erde kommen sollte, dann wird er nach meiner Meinung
kommen, um Mohammed in seiner Lehre des einen abso-
luten Gottes zu bestätigen, also als Muslim! Dann würden
Sie am Ende ein Muslim werden!« Da stand der Herr auf
und lachte laut, während er auf meine Schultern klopfte.
»Sie sind ja ein gefährlicher Kerl! Ich wollte Sie zum Christentum bekehren, nun hätten Sie mich fast zum Muslim
gemacht. Hier ist meine Karte. Kommen Sie als mein Gast
mit mir nach Gießen! Ich schicke Sie wieder zurück. Ich
trage Ihre Kosten. Wir wollen weiter diskutieren. Ich will
Sie meinen Freunden dort vorstellen.«

Da der Zug bereits in Frankfurt angehalten hatte, mußte
ich mich herzlichst dankend bei dem Herrn entschuldigen.
Sirri, der mit zwei Mädchen auf dem Bahnsteig stand,
winkte mir schon wie verrückt zu.

Auf der Karte stand der Name eines bekannten Theolo-
gieprofessors an der Universität von Gießen. Den Namen
habe ich bedauerlicherweise nicht mehr im Gedächtnis.

Zehn Jahre später kam ich geschäftlich nach Deutschland und fuhr mit einem Schnellzug von Frankfurt nach
Köln, um einen mir bekannten Direktor von zwei Zuckerfabriken zu besuchen.

In mein Erste-Klasse-Abteil stieg ein stattlicher Pater in
seiner Kutte ein. Er trug eine Brille mit Goldrahmen, hatte
einen leicht ergrauten roten Vollbart. Wir saßen allein im
Abteil, als der Zug den Bahnhof von Frankfurt verließ. Kurz
nach der Abfahrt des Zuges kam der Schaffner in Begleitung von zwei Sicherheitsbeamten, von denen der eine in

Uniform war. Nachdem der Schaffner unsere Fahrkarten geknipst hatte, untersuchten die Sicherheitsbeamten unsere Pässe. Während der Unterhaltung bemerkte ich, daß der Pater einen italienischen Paß trug, obwohl er ein fließendes, akzentfreies Deutsch sprach, worüber ich mich wunderte. Sobald die Beamten unser Abteil verließen, sprach mich der Pater an: »Sind Sie Mexikaner? Oder vielleicht Franzose?« – »Nein. Ich bin Türke«, erwiderte ich. »Ach, Türke? Interessant«, sagte der Pater und fuhr fort, »die beiden Beamten waren Nazis, haben Sie das gemerkt? Was halten Sie von Hitler?«

»Bis jetzt hat er Erfolg. Die Arbeitslosigkeit hat er fast beseitigt, die Fabriken arbeiten, die Schlote rauchen wieder, Ruhrgebiet und Rheinland sind von den Siegermächten geräumt. Das deutsche Volk schöpft wieder Hoffnung und steht geschlossen hinter seinem Führer«, antwortete ich mit einer leichten Andeutung von Ironie.

»Ja. Hitler hat noch Erfolg. Der Schein trügt aber! Er wird Deutschland und Europa ins Unglück stürzen. Er hat einen bösen Weg eingeschlagen. Er bekämpft die Religion, die Kirche, er mißhandelt die Juden und politische Gegner auf unmenschliche Weise. Böses kann man nicht säen, um Gutes zu ernten. Das ist ein Grundsatz, der sowohl im Christentum als auch im Islam gilt!« meinte der Pater. Ich gab ihm recht, und er behielt schließlich auch recht, der Jesuitenpater.

Wir setzten daraufhin das Gespräch fort. Wie nicht anders zu erwarten, diskutierten wir wiederum über religiöse Fragen, dabei war ich auf das Höchste überrascht über die tolerante Einstellung sowie von den weitgehenden Kenntnissen des Paters über den Islam. Als wir uns Köln näherten, sagte er: »Nachdem Sie als Muslim Jesus Christus und Maria auch verehren und in vielen Grundfragen mit den christlichen fast übereinstimmen, könnten Sie leicht ein Christ sein.« Worauf ich von meinem Sitz aufstand und antwortete: »Falls Sie, verehrter Herr Pater, Christus als Mensch und Propheten betrachten und an einen unteilbaren einzigen Gott aller Menschen, an einen All-Erschaffer,

259

an einen einzigen Herrn der Welten glauben und Mohammed als Religionsstifter und Propheten anerkennen, wären Sie grundsätzlich ein Muslim! Die restlichen dogmatischen, rituellen Verschiedenheiten und Besonderheiten sind sekundärer Art nach meiner Meinung.« Der Pater erhob sich auch, gab mir sichtlich bewegt die Hand, beugte sich näher zu mir und sprach leise: »Hier unter vier Augen können wir uns gut verstehen und einander die Hand reichen. Nicht aber in der Kirche oder vor der Gemeinde!«

Der Pater fuhr weiter nach Bochum, dienstlich, wie er sagte. Er kam von Rom. Ich stieg in Köln aus.

Noch im Hotelzimmer dachte ich über dieses interessante Gespräch nach und erinnerte mich an den protestantischen Professor, mit dem ich mich vor Jahren während der Fahrt von Darmstadt nach Frankfurt über die gleichen Fragen unterhalten hatte.

Es ist die Zeit gekommen, daß die Gegensätzlichkeiten zwischen den drei Eingottreligionen, der mosaischen, der christlichen und der islamischen, überwunden werden. Die gegenseitigen Streitigkeiten in der Vergangenheit haben viel zuviel Blut gekostet, viel Unheil über die Menschen gebracht. Juden, Christen und Muslim müssen sich versöhnen, einander verstehen, einander die Hand reichen!

Professor Wöhler, mein Lehrer und Gönner

Ohne unnötig Zeit in Karlsruhe zu verlieren, bin ich nach Darmstadt gefahren, um mich dort von meinem Lehrer, dem Professor Wöhler, sowie meinen Kameraden und Landsleuten und mir befreundeten Familien vor der Rückkehr in die Türkei zu verabschieden.

Als ich morgens um acht Uhr in das mir so vertraute Zimmer im Hauptgebäude der chemischen Abteilung der Technischen Hochschule Darmstadt eintrat, empfing mich Professor Wöhler, wie immer leicht lächelnd, mit den Worten: »Na, Herr Diplomingenieur der Chemie, Muammer! Willkommen! Sie haben es schnell geschafft, muß ich sagen. Ich gratuliere Ihnen!« Er drückte mir herzlich die Hand. Dann unterhielt er sich kurz mit mir über dies und jenes in Karlsruhe und sagte dann: »Sie wollen also in die Türkei zurück. Ich kann es verstehen. Ich habe jedoch einen anderen Vorschlag für Sie. Hören Sie gut zu. Ich weiß, daß Sie kein Geld haben und arm sind. Ihre Heimat ist genauso arm wie Sie. Was wollen Sie dort anfangen? Eine chemische Industrie, chemische Forschungslabors existieren in der Türkei nicht. Wollen Sie mit dem, was Sie hier gelernt haben, vielleicht Schullehrer werden oder in den Staatsdienst gehen? Es wäre doch schade um Sie. Arbeiten Sie bei mir, Muammer, als Assistent, und machen Sie Ihren Doktor. Die deutsche chemische Industrie wird Sie dann gegen gutes Geld übernehmen. Arbeiten Sie in der Industrie fünf bis zehn Jahre. Und wenn Sie dann noch in die Türkei gehen wollen, haben Sie wenigstens etwas Geld in der Tasche, und Sie können vielleicht damit dort etwas anfangen. Zumindest sind Sie nicht mehr mittellos. Überlegen Sie sich das gut, und kommen Sie morgen um acht Uhr früh wieder zu mir, und teilen Sie mir dann Ihre Entscheidung mit.«

Von einem solchen Angebot völlig überrascht, verbrachte ich vor lauter Nachdenken eine schlaflose Nacht.

Am nächsten Morgen erschien ich wieder bei meinem Professor: »Verehrter Herr Professor! Ich danke Ihnen sehr herzlich für Ihr Wohlwollen. Aber ich will zurück in die Heimat.« Darauf antwortete er: »Das habe ich mir gedacht. Ich habe Ihren Augen beim Eintreten abgelesen, daß Sie sich für die Rückkehr in die Heimat entschlossen haben. Na . . . Alles Gute!«

Er nahm ein Stück Papier von seinem Schreibtisch und fuhr fort: »Für die nächsten zwei bis drei Jahre steht Ihnen ein Platz in meinem Labor zur Verfügung. Danach nicht mehr. Hier gebe ich Ihnen die Adresse einer Firma in der Türkei. Ein bekanntes deutsches Spezialwerk für Speiseöl-raffinerien bat mich vor etwa einem halben Jahr, ihnen einen jungen Diplomingenieur der Chemie zu empfehlen, der bereit wäre, sich nach einer Praxis im Werk vertraglich zu verpflichten, für drei Jahre als Betriebsingenieur in die Türkei zu gehen. Aus dem Geschäft ist aber nichts geworden. Vielleicht kann Ihnen diese Adresse von Nutzen sein.«

Ich notierte mir sofort die Adresse und bedankte mich bei meinem Lehrer, küßte ihm auf türkische Weise die Hand, worauf er mich väterlich umarmte. »Hals- und Beinbruch, Muammer! Sollten Sie Sorgen haben, schreiben Sie mir!«

Als ich mich an der Tür noch einmal ihm zugewandt verneigte, rief er mir nach: »Schreiben Sie. Verstanden? Schreiben Sie . . .! Leben Sie wohl, Muammer!« Lange hallten die warmen Worte Professor Wöhlers in meinen Ohren nach.

Anfang 1929 bin ich in die Türkei zurückgefahren. Dort fand ich Arbeit. Ich kam schnell hoch im Berufsleben. Mehrfach schrieb ich Professor Wöhler aus der Türkei. Als die Nazis an die Macht kamen, mußte auch er seinen Dienst quittieren und wie so viele andere wertvolle Wissenschaftler die von ihm so geliebte Hochschule in Darmstadt verlassen. Er zog nach Stuttgart um. Dann verlor ich seine Spur.

Erst siebzehn Jahre später, im Januar 1946, kurz nachdem der Zweite Weltkrieg zu Ende gegangen war, konnte ich meinen jahrelang gehegten Wunsch, ihn wiederzusehen, erfüllen. Nach komplizierten Bemühungen in Ankara bei der US-Botschaft und durch besondere Unterstützung der türkischen Regierung gelang es mir endlich, von den Amerikanern die Einreisegenehmigung für Deutschland zu erhalten.

Da keine andere Verbindungsmöglichkeit existierte, mußte ich in einem Militärflugzeug über Beirut, Kairo, El Alamein (bekannt durch die Wüstenschlachten des deutschen Marschalls Erwin Rommel in Tripolis, Nordafrika, gegen die Engländer), Tunis und Nizza nach Genf fliegen. Von dort flog ich nach Zürich, von Zürich fuhr ich mit dem Zug nach Bern. Dort stellte ich mich bei dem sympathischen Chef des amerikanischen »Military permit Office for entry to Germany«, Kapitän Bauchemps, vor.

Dieser gab mir schließlich nach genauer Untersuchung

262

meiner Personalien und den Empfehlungsschreiben die erforderliche Erlaubnis, in das von den alliierten Siegermächten besetzte Deutschland einzureisen. Er händigte mir einen Stoß Papiere aus, welche mir bescheinigten, mit Ausnahme des russisch besetzten Gebietes überallhin in Deutschland reisen zu können und Züge für den Transport der alliierten Offiziere und Hotels oder Offiziersmessen, in denen Besatzungsoffiziere wohnten, benutzen zu dürfen. Auf allen Papieren las man dicke Stempel mit dem Aufdruck »Very important person«.

Ich bekam für die Reise innerhalb Deutschlands »Military-Travel-Order«-Papiere, die mich als Militärperson der Amerikaner identifizierten. Ich hatte auch das Recht, gegen Bezahlung in Dollar Fahrkarten zu lösen, Militärjeeps anzufordern, in »PX-Läden« Lebensmittel zu kaufen und meine Unterkunftskosten in den Offiziershotels beziehungsweise -messen zu begleichen. Ich mußte mich allerdings überall bei den Kommandostellen an- und abmelden. Nach der Erledigung auch dieser letzten Formalitäten, welche alles in allem mehr als zwei Monate gedauert hatten, saß ich endlich in einem amerikanischen Militärflugzeug auf dem schweizerischen Militärflughafen Dübendorf bei Zürich und flog nach Frankfurt.

Von der türkischen Regierung hatte ich zwei Aufgaben erhalten:

1. In Berlin den Zustand des türkischen Botschaftsgebäudes festzustellen und einen deutschen Angestellten der Botschaft ausfindig zu machen.
2. Nach Möglichkeiten zu suchen, etwa zehntausend Tonnen Rohbaumwolle aus den Kriegsbeständen der türkischen Regierung bei den deutschen Textilwerken, die früher Lieferanten der Türkei gewesen waren, in Garne und fertig bedruckte Stoffe umarbeiten zu lassen.

Privat wollte ich meine Schwiegereltern in Darmstadt* und weitere Bekannte und Freunde in Deutschland besuchen

---

* Nach der Rückkehr in die Türkei hatte ich die Tochter einer Darmstädter Familie geheiratet.

und, falls möglich, Frau Wulff und Ruth wiedersehen. Mein großer Wunsch war auch, wenn es irgendwie gelingen würde nachzuforschen, was aus meinem verehrten Professor Wöhler geworden war – ob er noch lebte? Ich hatte einen unbändigen inneren Drang, ihn noch einmal wiederzusehen und ihm meine Dankbarkeit zum Ausdruck zu bringen für alles, was er mir als jungem Studenten an Hilfe und Unterstützung gegeben hatte. Durch seine menschliche Hilfsbereitschaft war mir das chemische Studium gelungen, ohne das meine Berufskarriere im späteren Leben nicht möglich geworden wäre.

Meine damaligen Fahrten nach Berlin, Hamburg, Hannover, Minden, Salzgitter, Düsseldorf, Bochum, Essen, Wuppertal, Viersen, Darmstadt, München, Augsburg, Stuttgart und Aalen sind für mich unvergeßlich. Was ich da sah und erlebte, gehört zu den denkwürdigsten Erlebnissen meines Lebens: dieser Anblick der Menschen, ihre Armut, ihre Niedergeschlagenheit, ihre Hilflosigkeit, die total zerstörten Ortschaften und Städte, die eingestürzten Brücken, abgebrannten Bahnhöfe, alles unter Schutt und Geröll begraben, und die vernichtete deutsche Industrie. Ich sah das überhebliche, herzlose Verhalten der Besatzungssoldateska, ihre Korruption, Plünderungen, ihren Raub an Hab und Gut der Bevölkerung. All dies erschütterte mich dermaßen, daß ich fast erkrankte. Das von Hitler versprochene *Tausendjährige Deutsche Reich* lag jetzt zerschmettert am Boden.

Unter äußerst abenteuerlichen Bedingungen und unter Aufbietung meiner ganzen Energie konnte ich meine Ermittlungen beenden und meine Besuche durchführen.

Ich hatte in Aalen in Württemberg Frau Wulff und Ruth besucht und kam von dort nach Stuttgart. Stuttgart war durch Fliegerangriffe schwer zerstört. Ich ließ mir einen Jeep besorgen und erkundigte mich nach langem Suchen bei dem irgendwo notdürftig untergebrachten Einwohneramt nach der Adresse von Herrn Professor Wöhler. Die Gegend in der Stadt, wo er wohnte, war gänzlich zerstört. Man konnte mir keine Auskunft geben. Irgend jemand gab mir jedoch die Adresse eines anderen Professors. Ich fuhr zu diesem Herrn. Dieser kannte tatsächlich meinen Professor und erzählte, er hätte gehört, daß die Wöhlers irgendwo bei Stuttgart in einem Dorf seien, wo sie, nachdem sie ausgebombt worden waren, Zuflucht gefunden hatten. Aber der Herr konnte mir keine genaue Adresse geben.

Daraufhin entschloß ich mich, dorthin zu fahren, obwohl es spät wurde und der amerikanische Fahrer anfing zu brummen. Etwa zehn bis fünfzehn Kilometer von Stuttgart entfernt, fand ich nach vielem Umherfragen »auf den Feldern« das Haus des Bürgermeisters des Dorfes, in welchem nach Auskunft einer Bäuerin »ein alter Professor aus Stuttgart mit seiner Frau« wohnen sollte. Es war eines der wenigen unzerstörten Gebäude des Dorfes und gehörte dem Bürgermeister. Er betrieb darin auch eine Bierwirtschaft.

Als ich die paar steinernen Treppen der Wirtschaft hinaufstieg und in das Lokal eintrat, war es bereits dunkel geworden, und die Lichter brannten drinnen. Die Wirtschaft war voller Bauern, die Luft schlecht, voll Tabakdunst, vermischt mit Schweiß- und Biergeruch. An der Theke stand eine alte, dicke Bäuerin, ein noch dickerer Bauer zapfte Bier. Ich ging sofort zu diesem hin und fragte ihn: »Entschuldigen Sie, kennen Sie einen Herrn namens Professor Wöhler? Er soll mit seiner Frau hier wohnen.«

Plötzlich wurde es mäuschenstill in der Wirtschaft. Alle schauten nach mir, neugierig und scheu. Der alte Wirt warf verstohlen einen fragenden Blick zu seiner Frau, und nachdem er einige Sekunden zu überlegen schien, antwortete er zögernd: »Ja. Der wohnt hier bei mir, der alte Herr mit seiner Frau!« Dabei deutete er mit der Hand zur Decke: »Oben in der Mansarde! Aber er ist ein anständiger feiner Mann. Er ist kein Nazi . . . Bestimmt nicht«, beteuerte der Mann. »Das ist ja wunderbar . . . Haben Sie keine Sorge! Ich bin ein früherer Schüler von ihm. Ich bin nur gekommen, um ihn wiederzusehen, um zu erfahren, wie es ihm geht«, sagte ich.

Auf diese Worte hin war der Wirt sichtlich beruhigt und ging hinauf, um Professor Wöhler zu verständigen. Dann holte er mich ab und führte mich zum obersten Stockwerk des Hauses im Dachstuhl.

Von der offenen Tür eines abgeteilten Zimmers am Ende der Treppe aus sah ich meinen ehrwürdigen alten Lehrer, Professor Wöhler, gestützt auf seine treue Frau, leicht gebückt am Eingang stehen. Hinter ihnen brannte eine nackte elektrische Birne an einem Kabelende an der Decke. Obwohl sein Gesicht im Schatten verdunkelt war, erkannte ich ihn sofort.

Er trug eine gestrickte Wollmütze auf seinem Haupt, hatte einen abgeschabten Morgenrock übergezogen, an den Füßen alte Wollpantoffel – so stand mein Professor mir gegenüber, sichtlich ungeduldig zu erfahren, wer ich sein könnte. Die Birne an der Decke schien mir direkt ins Gesicht. Einige Sekunden schauten wir uns schweigend an. Seine kleine ergraute, schmale Frau blickte uns beide mit Spannung an.

Auf einmal regten sich die Lippen meines Lehrers: »Platina, Platina! Das ist mein Türke! Das ist mein Türke ...! Der Muammer!« rief er mit erregter, bebender Stimme und wankte zur Seite. Ich sprang sofort hin, hielt ihn fest und brachte ihn zusammen mit Frau Wöhler auf seinen Lehnstuhl. Frau Wöhler gab ihrem Mann schnell ein paar Tropfen Medizin zur Beruhigung. Nach einer Weile kam er zu sich. »Muammer! Seit mehr als zehn Jahren ... Sie sind der erste und einzige von meinen so vielen Schülern, der mich aufsucht! Niemand hat sich bis heute nach mir erkundigt. Ich habe oft an Sie gedacht. Was freut es mich, daß Sie gekommen sind! Schau Platina, Muammer ist da. Der Türke ist da ...! Von so weit her ist er gekommen, und von meinen deutschen Schülern? Niemand, niemand!« sprach er langsam und schwieg dann eine Weile. Dann riß er sich zusammen: »Das müssen wir feiern! Bringe bitte unsere letzte Pulle Fürst von Metternich, die wir so lange aufgehoben haben! Einen besseren Anlaß dafür kann ich mir nicht vorstellen«, sagte er voller Vitalität wie einst im Hörsaal. Seine Augen blickten in einer eigentümlichen Mischung von Melancholie und Freude.

266

Während wir auf sein Wohl und ein langes Leben tranken, unterhielten wir uns etwa eine Stunde. Er wollte alles wissen, wie es mir, meiner Frau und meinem Vaterland in den vielen Jahren ergangen sei, wie ich überhaupt nach Deutschland einreisen und ihn ausfindig machen konnte, was meine zukünftigen Pläne seien usw. Er wollte mich einfach nicht gehen lassen. Mir fiel es ebenfalls schwer, mich von ihm zu trennen.

Beim Abschied konnte er sich nur mit meiner Hilfe vom Sessel erheben. Wir umarmten uns. Ich hielt seine Hände lange, küßte sie und führte sie an meine Stirn.

Heute noch sehe ich ihn im Geiste an der Tür seines Mansardenzimmers stehen, gestützt auf Frau Platina, meinen hochverehrten Lehrer, meinen väterlichen Gönner, Professor Lothar Wöhler, mir mit der rechten Hand langsam nachwinkend. Als ich in jener kalten Nacht im Jeep neben dem amerikanischen Fahrer zurückfuhr, war ich noch in Gedanken bei den Wöhlers.* Wie glücklich war ich, daß ich meinen Professor besucht, ihn noch am Leben getroffen und damit auch ihm eine große Freude bereitet hatte. Ich hatte eine moralische Schuld der Dankbarkeit beglichen und mein Gewissen entlastet.

Todmüde und in einem unbeschreiblichen Gefühl von Befreitsein schlief ich jene Nacht in meinem Bett selig durch.**

---

* Frau Wöhler erhielt von ihm den Kosenamen Platina, weil Professor Wöhler wichtige wissenschaftliche Untersuchungen gemacht hatte über Platin und seine komplexen Salze. Das Gebiet war sein Steckenpferd.
** Kurze Zeit darauf erhielt ich in Istanbul die Nachricht, daß Wöhler verstorben war, ebenso wie Frau Wulff.

III. Teil
Wieder in der Heimat

Ein neuer Beginn

Mit sehnsuchtsvollen Erwartungen traf ich an einem freundlichen Vorfrühlingsmorgen des Jahres 1929 auf einem Dampfer der staatlichen rumänischen Schiffahrtslinie in Istanbul ein. Die Bahnfahrt zuvor war sehr beschwerlich. Ich war von Frankfurt ab über Krakau, Lemberg, Tschernowitz und Bukarest zum Hafen von Konstanza in Rumänien gefahren, um mich dort mit dem kleinen weißen rumänischen Dampfer »Prinzipezza Maria« einzuschiffen.

Die Bahnfahrt über Galizien und Bukarest verlief unter unangenehmen Verhältnissen. Das Wetter war sehr kalt, die Landschaft total verschneit. Die Fenster der Waggons waren dick vereist, und die Dampfheizung funktionierte nicht, da bereits kurz nach Krakau der Dampfkessel durch einen Defekt ausgefallen war. Mehrfach fiel auch das Licht im Zug aus, so daß wir lange im Dunkeln sitzen mußten. Der Schmutz im Zug war einfach unbeschreiblich. Ich ekelte mich, in das WC zu gehen. Im Abteil saßen sechs Personen dicht aneinandergepreßt. Die Leute trugen alle dicke Schafspelzmäntel und hohe Fellmützen, die meisten von ihnen waren unrasiert, mit Stoppeln und Schnurrbärten. Jeder rauchte in unserem Abteil: schlechte Zigarren, Pfeifen, Zigaretten schlimmster Sorten. Der Rauch kratzte im Hals, meine Nase brannte. Der Geruch war unerträglich. Obwohl ich im Nichtraucherabteil saß, beachtete keiner das Zeichen. Ich kämpfte während der ganzen Bahnfahrt fortwährend gegen Übelkeit, die mir die Luft in unserem Abteil verursachte.

271

Sie bestand aus einer Mischung von Tabakrauch, Geruch von unsauberen Menschen und dicken Knoblauchdämpfen. Es war unmöglich, irgendwie frische Luft zu schnappen, um nicht zu ersticken. Ich war heilfroh, endlich in Konstanza reine Meeresluft einzuatmen.

In meiner Kabine im Schiff gab es sechs Betten. Außer mir belegte nur ein Passagier ein Bett, so daß die Kabine uns beiden zur Verfügung stand. Am Abend, kurz bevor das Schiff den Hafen verließ, fing es an zu schneien. Als der Dampfer im Dunkeln ausfuhr, begann er zu schaukeln. Mein Kabinengenosse, ein kleiner dicker Grieche aus Istanbul, der bis dahin lebhaft geschwatzt hatte, wurde auf einmal still. Sein Gesicht bekam eine gelblichgraue Farbe, und er hörte auf zu essen. Bald darauf verschwand er aus dem Saal, um frische Luft zu atmen. Als ich nach einer Weile zur Kabine ging, empfing mich ein widerlicher Geruch. Der dicke Olivenhändler hatte sich übergeben. Der Fußboden war unpassierbar verschmutzt. Der Grieche stöhnte erbärmlich auf seinem Bett. Es war unmöglich, in der Kabine zu bleiben. Ich nahm ein Kissen von meinem Bett, ging in den Salon und blieb die ganze Nacht auf einem Sessel sitzen.

Das Schiff geriet in einen echten Sturm. Es schaukelte, stampfte und ächzte während der ganzen Fahrt im vom Sturm aufgewühlten Schwarzen Meer, bis wir am frühen Morgen den Eingang des Bosporus erreichten. Da war der Orkan plötzlich weg, wie abgeschnitten. Das Meer wurde wieder sanft und friedlich. Das Schiff fuhr nun über das Meer, als wenn es auf Eis glitte.

Ich genoß die einmalig schöne Landschaft beiderseits der hügeligen Küsten des Bosporus, die lieblichen Holzhäuser, Konaks und Yalis* der Vororte, die herrlichen Paläste, auf die die frühe Morgensonne leuchtete, bis der Dampfer schließlich am Kai von Galata anlegte. Links gegen-

* Yali = türkisch Küste; man bezeichnet auch die Häuser, die unmittelbar an der Küste gebaut sind, als Yali, abgekürzt von Yali Konak = Haus an der Küste.

über erhoben sich auf den langgezogenen Hügeln von Alt-Istanbul die Kuppelpyramiden der Sultansmoscheen mit ihren in den Himmel ragenden schlanken Minaretten über dem Häusermeer der Metropole. Vor uns lag die von Menschen wimmelnde Galata-Brücke über dem Goldenen Horn.

Mehr als zwölf Jahre waren vergangen, seitdem ich diese Stadt verlassen hatte, in der ich geboren worden war, in der ich meine Kindheit verbracht hatte, in die Schule gegangen war, herrlich glückliche und unsagbar schmerzliche Zeiten erlebt hatte. Wie ein Film zogen im bunten Durcheinander die Bilder meiner Erlebnisse jener Jahre in meinem Gedächtnis vorbei, als ich auf dem Deck stand und stillschweigend Istanbul betrachtete. Ich war wieder in meiner Heimat. In meiner Heimat, nach der ich mich zwölf Jahre mit Heimweh gesehnt hatte. Die vielfältigen Gefühle des Wiedersehens überwältigten mich, und ich schämte mich nicht, meine Tränen erleichtert mit dem Taschentuch abzuwischen...

An jenem Tag begann für mich ein neuer Lebensabschnitt. Die Jugend, die Schul- und die Studentenzeit waren vorüber. Der ernste Teil des Lebens stand mir nun erst recht bevor. Ich mußte einen neuen Beginn für die Zukunft machen.

Was für schwere Veränderungen und tiefgreifende Umwälzungen hatten in den verflossenen Jahren in der Türkei stattgefunden! Aus den Trümmern des besiegten, zerschlagenen und zur Vernichtung verurteilten Osmanischen Reiches war unter Führung von Mustafa Kemal (Atatürk) die neue, junge türkische Republik auferstanden. Das einst zum großen Teil besetzte Land von Anatolien, Istanbul und Thrazien war von allen Feinden befreit. Die Souveränitätsgrenzen des freien, unabhängigen Nationalstaates der Türken waren durch den Lausanner Friedensvertrag (1923) mit den Entente-Mächten und durch die Verträge von Kars mit Armenien und Moskau (1921) mit den Sowjetrussen besiegelt worden. Die wirtschaftlichen, finanziellen und rechtlichen Konzessionen des alten Reiches, die man *Kapitulatio-*

273

*nen** nannte, waren abgeschafft. Die Mitglieder der osmanischen Dynastie, der Sultan, zum Schluß auch der Kalif Abdulmedjid mit Anhang waren des Landes verwiesen worden. Einhundertfünfzig bekannte Personen: Politiker, Redakteure, Funktionäre des Staates, religiöse Führer, die während der Besatzungszeit gegen die nationale Widerstandsbewegung unter Mustafa Kemal mit den Feinden kooperierten, mußten die Türkei verlassen.

Eine wichtige Bedingung des Friedensvertrages von Lausanne sah den gegenseitigen Austausch der türkischen Minderheit in Griechenland (etwa 600 000) gegen die griechische Minderheit (etwa 850 000) der Türkei vor. Wohl die größte offiziell und legal durchgeführte Umsiedlungsaktion der Geschichte war bereits unter internationaler Kontrolle und der Aufsicht des Roten Kreuzes sowie des türkischen Roten Halbmonds abgeschlossen. Ausgenommen vom Zwangsaustausch wurden nur die Griechen von Istanbul (damals 160 000) mit dem griechisch-orthodoxen Patriarchen und die in Westthrazien verbliebenen Türken (damals 225 000).

Diese äußerst schwierige und harte Maßnahme war erforderlich geworden, nachdem Griechenland am Ende des Weltkrieges während des Waffenstillstands über die Türkei hergefallen war, von Izmir aus die ganze Westtürkei mit Waffengewalt besetzt hatte und die einheimische griechische Minderheit bei den grausamen Handlungen gegen ihre Landsleute, die Türken, mit dem Invasionsheer gemeinsame Sache machte. Durch die Zerstörung von ganzen Provinzen während der jahrelang geführten Kriege auf dem Boden der Türkei bis vor Ankara hatten die gegenseitige Verfeindung und der Haß so schlimme Ausmaße angenommen, daß eine Versöhnung beider Volksgruppen, ein

---

* Diese während der siegreichen Machtepochen des Osmanischen Reiches den fremden Staaten ursprünglich aus Gnade und freundschaftlicher Geste gewährten Sonderrechte wurden später in der Verfallszeit des Reiches zur Schwächung, Ausbeutung und zu subversiven Agitationen seitens der Großmächte mißbraucht.

freundliches, friedliches Wiederzusammenleben, für die Zukunft nicht mehr möglich war.

Neben dem ungeheuren menschlichen Leid, welches die Umsiedlung den Betroffenen beider Völker, sowohl den Griechen als auch den Türken, brachte, waren auch die sozialen und wirtschaftlichen Folgen unübersehbar. Griechenland hatte diese Katastrophe heraufbeschworen, und dafür mußten nicht nur die Griechen selbst, sondern auch die Türken leiden. In Wirklichkeit waren jedoch die damaligen politischen Führer in England die eigentlichen Verantwortlichen des Unglücks. Wie die Russen und Franzosen vorher die Armenier, hatten die Engländer dieses Mal die Griechen in eines der größten Verhängnisse ihrer Geschichte hineingestoßen.

Jetzt fand ich ein Istanbul vor, das verarmt, vernachlässigt und traurig aussah. Die neue Hauptstadt der jungen türkischen Republik war Ankara, der Sitz der Nationalversammlung während der Befreiungskriege, geworden und nicht Istanbul. Ankara war eine vergessene, mittelalterliche kleine Ortschaft inmitten von Anatolien mit kaum 20 000 Einwohnern. Der Glanz der Sultanszeiten in Istanbul war verflogen. Das riesige Ruinengebiet der großen Brandkatastrophe im Herzen der Altstadt klaffte achtzehn Jahre nach der Feuersbrunst immer noch wie eine blutende Wunde. Darüber hinaus war ein kilometerlanger Küstenstreifen des Bosporus, auf dem herrliche alte Paläste der Mitglieder des Hofes und vieler alter Würdenträger des Staates gestanden hatten, durch Brandstiftungen in ein häßliches, anklagendes Ruinenfeld verwandelt worden.

Das gleiche Schicksal hatte der schöne gepflegte Bezirk in Nischantasch, in dem wir damals wohnten und ich zuletzt in die Schule gegangen war, erleiden müssen. Die herrlichen, bunt gestrichenen Holz-Konaks mit ihren schönen Gärten waren gänzlich vernichtet. Wenn Istanbul derart mitgenommen und verarmt aussah, wie mußten die vielen so lange Jahre direkt vom Krieg und der Zerstörung heimgesuchten riesigen Gebiete in den anatolischen Provinzen im Osten, Südosten und Westen aussehen?

Auf den Trümmern der geschrumpften Heimat mußte nunmehr ein verarmtes, verhungertes, verwundetes Volk seinen vom Untergang geretteten neuen Staat und seine Zukunft neu aufbauen. Allein, ohne Freunde, ohne Hilfe, nur auf sich selbst angewiesen, jedoch endlich unabhängig, frei, stolz. Im Vertrauen entschlossen zu arbeiten, im Herzen das von Mustafa Kemal entfachte Feuer des Willens tragend, die versäumten zweihundert Jahre Entwicklung der Zivilisation in der Welt nachzuholen. Ich selbst war beseelt von diesem Gedanken und wollte als ein einfacher »Soldat« an der Front dieses Aufbau- und Arbeitskampfes für den Fortschritt meinen bescheidenen Beitrag leisten mit dem, was ich in Deutschland erarbeitet, gelernt und an Erfahrung und Kenntnis erworben hatte.

Als jungem Ingenieur bot mir nun das Schicksal eine seltene Chance, in einer Stimmung von hohen Idealen und weitreichenden Perspektiven in meiner Heimat einen Anfang im Berufsleben zu machen. Konnte ich mir etwas Besseres wünschen? Glück auf, Muammer!

Das Wiedersehen

In Istanbul fand ich meine zwei Brüder, den zweitältesten Muhiddin und den jüngeren, kränklichen Hamid, die unter sehr bescheidenen und dürftigen Verhältnissen in einem gemieteten Haus im Bezirk von Fatih wohnten. Die drei Kinder (ein Junge und zwei Mädchen) des einem Anschlag zum Opfer gefallenen ältesten Bruders Emin hatte Muhiddin zu sich genommen. Nach der Brandkatastrophe in Nischantasch, während der Besatzungszeit von 1918 bis 1922, bei der meine Leute gerade noch das nackte Leben retten konnten, war auch unsere gütige Belkis Khanim verstorben.

Muhiddin versuchte, in der Istanbuler Wertpapierbörse als Makler sein Brot zu verdienen, während Hamid bei einer Transportfirma als Verzoller angestellt war. Unser Wiedersehen verlief daher nicht gerade in freudiger Atmo-

276

sphäre. Die Veränderungen in der Familie und der Gesellschaftsstruktur dieser Stadt, die totale Verarmung, die beiden Brandkatastrophen, die aufeinanderfolgten, die schwere allgemeine wirtschaftliche Lage, der schlechte Gesundheitszustand von Hamid – alles waren Gründe, die auf die Stimmung drückten. Dennoch waren wir Gott dankbar, daß Istanbul und das Vaterland von den Feinden befreit worden waren und man noch zu den Überlebenden gehörte. Meine Brüder wünschten, daß ich mir in Istanbul eine Arbeit suchen sollte, damit wir endlich alle wieder zusammensein konnten. Ich war aber anderer Meinung. Ich wollte in Anatolien, in dem jahrhundertelang vernachlässigten »Mutterland«, arbeiten. Schon am nächsten Tag ging ich auf Arbeitssuche und wandte mich an die Verwaltungszentrale der Firma, deren Adresse mir mein Professor Wöhler in Darmstadt gegeben hatte. Es handelte sich um eine französische Finanzgruppe, die in der Türkei mehrere Unternehmen besaß. Das eine hieß Türkische AG für die Industrie von Baumwolle und pflanzlichen Ölen.* Die Fabrik lag in Mersin, einer kleinen Hafenstadt im Süden der Türkei am Mittelmeer.

Unverzüglich meldete ich mich persönlich bei dem Generaldirektor dieser Gesellschaft. Man führte mich zu einem Monsieur Bouchardy, dem Delegierten des Verwaltungsrates. Er war oberster Manager der Gruppe in der Türkei. Ich stellte mich vor und zeigte ihm meine Zeugnisse. Bouchardy war ein behäbiger, kräftig gebauter, intelligent aussehender Franzose. Nachdem er mir zugehört und meine Papiere studiert hatte, fragte er mich, ohne viel zu überlegen: »Sind Sie bereit, so schnell wie möglich nach Mersin zu fahren? Ihrem Wunsche entsprechend beginnen Sie dort als Betriebsingenieur in unserem Ölwerk. Die Ölanlage ist fertig gebaut – sie arbeitet schon. Die neue Raffinerie, deren Maschinen und Apparate neu eingetroffen sind, müssen demnächst montiert werden, damit sie im Herbst in Betrieb genommen werden können.«

* Societé anónyme turque pour L'industrie du coton et des huiles végétale

277

Völlig überrascht, so plötzlich und unerwartet ein solches Angebot zu erhalten, antwortete ich: »Grundsätzlich ja. Ich müßte die Bedingungen wissen und einige Tage Zeit haben bis zur Abfahrt, da ich zwölf Jahre meine Familienangehörigen und Istanbul nicht gesehen habe.« – »Na gut, Sie werden als Betriebsingenieur und als Assistent des vorhandenen Betriebsleiters angestellt. Die Fabrik leitet ein englischer Direktor. Sie erhalten monatlich 250 Türklira und einen Vertrag für drei Jahre.« – »Besten Dank. Meine Aufgabe wird also die eines Chemiker-Betriebsingenieurs sein, wie Sie sagen. Das ist auch mein Wunsch. Mit dem Vertrag bin ich einverstanden, jedoch schließen wir ihn lieber für jeweils ein Jahr Gültigkeitsdauer ab, mit dreimonatiger Kündigungsfrist zum Ende eines Jahres. Außerdem erbitte ich jährlich vier Wochen bezahlten Urlaub.« – »Gemacht, Muammer Bey! Kommen Sie übermorgen, und holen Sie Ihren Vertrag ab. Alles andere werden wir dann gemeinsam besprechen«, sagte Monsieur Bouchardy, stand auf und gab mir auf liebenswürdigste Weise die Hand.

Ich kam aus dem Staunen nicht heraus. Auf einen derartigen Erfolg war ich gar nicht vorbereitet. Ich konnte es kaum fassen, auf Anhieb eine für meine Verhältnisse so hoch dotierte Anstellung gefunden zu haben. Als ich das Verwaltungsgebäude verließ, spuckte ich vor der Türe dreimal ... toi, toi, toi ...! Dann erledigte ich die Formalitäten, die für meinen Militärdienst erforderlich waren, und erfuhr dabei im Rekrutierungsbüro, daß ich mehrere Jahre auf meine Einberufung zur Ausbildung als Reserveoffizier zu warten hätte.

Auf Drängen von Muhiddin meldete ich mich am nächsten Tag bei der Istanbuler Direktion für Industrieangelegenheiten des Wirtschaftsministeriums. Ich wollte mich über eventuelle Arbeitsmöglichkeiten bei den Industriebetrieben in Istanbul informieren. Ich machte dabei die Bekanntschaft mit dem Leiter dieser Direktion, einem Herrn Kâzim, dem ich anscheinend so gut gefiel, daß er sich die größte Mühe gab, mich für eine Position in seiner Direktion als Industrieinspektor zu gewinnen: »Nein, gehen Sie nicht nach Mersin! Sie kennen die Verhältnisse in unserem Lande noch nicht. Sie kennen niemanden. Auch kennt niemand Sie. Sie werden dort in der fernen Provinz vergessen und verloren... Arbeiten Sie hier mit mir zusammen in der Direktion des Ministeriums. Holen Sie sich erst einmal Erfahrung. Und dann, wenn Sie wollen, gehen Sie in die Privatwirtschaft über«, beschwor mich der äußerst lebhafte, sehr liebenswürdige junge Ministerialdirektor. Er erzählte, daß auch er in Deutschland, in Braunschweig, studiert hätte und Diplomchemiker sei. Es fiel mir wirklich schwer, aber ich widerstand seinen Anwerbungsbemühungen zum Schluß mit den Worten: »Ich habe mir vorgenommen, dem Vermächtnis meines Vaters treu zu bleiben und nicht in den Staatsdienst zu gehen, Herr Direktor!« Nachdem sein Versuch, mich bei der Zentrale der amerikanischen Petroleumgesellschaft Socony Vacum unterzubringen, ebenfalls gescheitert war, sagte mir der Industriedirektor: »Geben Sie mir, bitte, Ihre Adresse in Mersin. Wir wollen auf jeden Fall in Verbindung bleiben. Viel Glück, Muammer Bey in Mersin!«

Ich verabschiedete mich von ihm an jenem Tag, um den Anstellungsvertrag mit Monsieur Bouchardy zu unterschreiben – ohne zu ahnen, daß ich einige Jahre darauf, Anfang 1933, mit eben diesem Herrn Kâzim bei dem Bau einer größeren Zuckerfabrik doch zusammenarbeiten sollte.

Kurz darauf war meine Einstellung bei der Speiseölfabrik in Mersin durch Monsieur Bouchardy vollzogen. Das sollte ein Neubeginn in meinem Leben sein.

Die türkische Realität

Damals, Anfang 1929, gab es nur einmal in der Woche einen Schlafwagen von Istanbul nach Adana. Dieser wurde dem sogenannten Expreß angehängt. Entgegen dem Ratschlag von Muhiddin habe ich jedoch für den Expreß eine normale Zweite-Klasse-Fahrkarte gelöst und auf ein Schlafabteil verzichtet. Ich wollte in näheren Kontakt mit meinen Landsleuten kommen und auf der über tausend Kilometer langen Strecke bis Mersin möglichst viel sehen und Erfahrungen sammeln. Denn ich kannte außer der Stadt Istanbul nichts von der Türkei.

In Haydar Pascha, dem Ausgangsbahnhof der anatolischen Züge auf der asiatischen Seite von Istanbul am Marmarameer, stieg ich am frühen Nachmittag, etwa um fünfzehn Uhr, in den Zug ein. Die Abteile waren schon fast besetzt, obwohl noch eine Stunde Zeit war bis zur Abfahrt. Als wir abfuhren, waren sämtliche Waggons und auch die Korridore gefüllt mit Menschen. Dennoch war ich guter Stimmung. Ich konnte von meinem Fenstersitz aus meine Heimat, ihre Landschaften, Städte und Dörfer, ihre Menschen jetzt endlich aus nächster Nähe sehen und kennenlernen, konnte meine Sehnsucht nach dem Kernland der Türken, nach Anatolien, von dem ich seit meiner Kindheit gehört hatte, nun endlich stillen.

Als der Zug an der malerischen Küste des Marmarameeres und dem wunderschönen Golf von Izmit* entlangfuhr, erinnerte ich mich der vaterländischen Gedichte, die unsere Heimat Anatolien priesen, der Lieder, in welchen die grünen, blumigen Wiesen, die majestätischen hohen Berge, die goldenen Ähren, die auf den unendlich weiten Feldern des anatolischen Hochlandes im Winde sich wie die Wellen des Meeres wogen, besungen wurden.

Der Zug fuhr im Schneckentempo. Durch die Kriege gegen die Invasionsarmeen der Griechen waren die ganze Eisenbahnlinie zerstört und fast alle Überführungen und Brücken gesprengt worden. In den langen Kriegsjahren konnten die Bahnanlagen nicht gepflegt und instand gehalten werden. Jetzt war man daran, sie von Grund auf zu überholen und wieder instand zu setzen. Unsere Fahrt von der Küste hinauf auf das durchschnittlich tausend Meter hohe anatolische Plateau ging langsam vor sich, durch die Stadt Eskischehir, den Eisenbahnknotenpunkt, wo sich die

* Damals hatte diese malerische Bucht noch nicht durch die intensive Industrialisierung ihren natürlichen Reiz verloren.

Linien nach Ankara von der Linie nach Adana und Bagdad beziehungsweise Hidjaz (Arabien) trennen. Wir erreichten Afyon Kara Hissar erst nach fünfzehn Stunden Fahrt. Unser Zug legte im Durchschnitt kaum 20 bis 30 Kilometer in der Stunde zurück. Nach Afyon ging es jedoch auf der anatolischen Hochlandsteppe über die Stadt Konya bis zur Taurusbergkette zügiger vorwärts.

Überall waren auf der Strecke die Dörfer, Ortschaften und Bahnhöfe zerstört, verbrannt. Als der Zug an der Station Afyon Kara Hissar hielt, sah man einige Kilometer westlich das dicke, zylindrisch hochragende, dunkle Felsmassiv mit der uralten Burg darauf, die der Stadt den Namen gegeben hat.

Eine einfache Holzbaracke diente als Bahnhofsgebäude. Am Gebäude waren Petroleumlampen angebracht. Je zwei Gendarmen und ein Polizist patrouillierten auch hier auf dem Bahnsteig, wie in Eskischehir.

Meine ursprünglich frohe Stimmung war längst gewichen, seitdem ich von den ersten Lichtstrahlen des Morgengrauens an das Land und die Menschen beobachten konnte. Neben den ungeheuren materiellen Zerstörungen wirkte der Anblick der Menschen viel deprimierender, bedrückender auf mich. Was von der türkischen Bevölkerung zu sehen war, bot ein herzzerreißendes Bild: Mit Ausnahme der Soldaten, der Staatsbeamten oder Bahnangestellten und der wenigen älteren anatolischen Landhändler und ein paar bessergestellter Bauern, die die zwölf Kriegsjahre überlebt hatten, trug kein Mensch einigermaßen anschauliche Kleidung. Die bunten, handgewebten, kurzen Pumphosen und die Jacken hingen, von unzähligen Flickstoffen übersät oder zerfetzt und zerrissen, an den Körpern der Menschen herunter. Man sah durch die vielen Löcher die nackten Körper. Sie trugen keine Schuhe, die meisten hatten nicht einmal Opanken an, liefen barfuß oder hatten ihre Füße und Waden in alte Sacktücher eingewickelt. Nur wenige trugen abgewetzte Mützen.* Die Armut der Landbevölkerung war

* Das Tragen des Fes wurde von Mustafa Kemal (Atatürk) abgeschafft.

einfach unbeschreiblich. Mich traf diese Begegnung schwer. Mir brach fast das Herz vor Mitleid und Enttäuschung. Die Menschen, die ich hier sah, waren die Nachkommen jener stolzen Reiter, die einst ungestüm über die Kontinente vorwärtsgestürmt waren, vor tausend Jahren Anatolien überrannt, sich jahrhundertelang gegen die Kreuzheere geschlagen und Südosteuropa bis Wien und Polen erobert hatten. Sie hatten damit ein Riesenreich gegründet, welches vom Kaspischen Meer bis Marokko, von der Ukraine bis zum Jemen, von Bagdad bis zum Ausgang des Persischen Golfes reichte; dessen Flotten fast zwei Jahrhunderte lang das gesamte Mittelmeer und das Rote Meer beherrschten und das Schwarze Meer mit dem Ägäischen zu einem türkischen Binnensee gemacht hatten.

Diese Menschen hier waren die Enkel jenes Volkes, welches die türkische Hochkultur des Osmanischen Reiches geschaffen hatte, dessen Reichtum, Pracht und Herrlichkeit in zahllosen grandiosen Leistungen der Architektur, der handwerklichen, dekorativen Kunst, in der Schrift, der Buchbinderei, den Textilien und Lederwaren, in den herrlichen Keramik- und Glasprodukten, den Waffen, dem Reit- und Zaumzeug uns bis heute erhalten geblieben sind. Das Ausmaß des Niederganges in den letzten zweihundert Jahren ist unglaublich!

Während der Zug weiterfuhr, betrachtete ich die weiten, endlosen, unbebauten Felder, die von Unkraut und Disteln überwuchert waren und menschenleer dalagen. Hier und da konnte man einige verlorene kleine Herden entdecken. Ziegen mit ihren langen, welligen, seidenglänzenden Haaren liefen wie verlassen herum.* Von den Rinder- und Pferdebeständen war kaum noch etwas vorhanden. Sowohl die wehrfähigen Männer als auch die Tiere, alles hatte der Krieg verschlungen und vernichtet. Was sich mir da bot, war ein Bild der Hoffnungslosigkeit. Wie ist diesem Volk, diesem Land zu helfen? Mit welchem Wissen und Können,

---

* Die berühmten Angoraziegen, aus deren Haaren die »Mohair«-Wolle gewonnen wird

mit welchem Geld? Wer sollte helfen? War da überhaupt noch etwas zu retten?

Die türkische Realität von damals, der ich urplötzlich begegnete, lähmte mich. Je länger jedoch der Zug fuhr und ich die großen, unendlichen Weiten der Hochebene, die majestätischen, schneebedeckten Bergketten am Horizont betrachtete, am Fenster die frische, kühle, saubere Luft dieser Landschaft einatmete, verschwand allmählich meine Hoffnungslosigkeit, meine traurige Niedergeschlagenheit, immer mehr. Allmählich erwachte in mir Vertrauen, mir war, als wenn ich aus einem Alptraum erwachte. Ich fing an, an die Zukunft zu glauben und zu hoffen.

Das türkische Volk hatte doch sein grausames Schicksal überwunden und in einem Jahrhunderte währenden Kampf gegen den Niedergang die beschlossene Auslöschung seiner Existenz, seiner Geschichte, rückgängig gemacht, mit einer letzten heldenhaften Aufbäumung die Rettung, die Freiheit und seine Unabhängigkeit erkämpft. Das war eine Wiederauferstehung eines Volkes aus dem Grabe! Es stand nun da, arm und nackt, aber es lebte und glaubte, willens, unter der Führung seines Retters und Wegweisers Mustafa Kemal (Atatürk) ein neues Leben auf dieser verbrannten Erde zu beginnen; seine Zukunft neu zu gestalten; alles daranzusetzen, das Versäumnis der Jahrhunderte nachzuholen; zu arbeiten, zu lernen, zu gesunden, die vernachlässigte, zurückgebliebene, verwüstete Heimat wieder neu aufzubauen. Ein Volk, das fähig war, eine derartige einmalige Leistung zu vollbringen, hatte gegenüber aller Welt bewiesen, daß es die Kraft und die Voraussetzung besaß, weiterzuleben, sich zu entwickeln, seinen Platz unter den fortgeschrittenen, kultivierten und geachteten Nationen wieder einzunehmen.

Während jener Fahrt habe ich mich endgültig entschlossen, am Wiederaufbau meiner Heimat meinen Anteil mit der gleichen Begeisterung zu leisten wie jeder Türke.

Ich zog das Fenster im Korridor des Waggons herunter und atmete tief die nach Kräutern duftende frische Hochlandluft Anatoliens ein. Ich ließ den Wind des fahrenden

Zuges einige Zeit lang über mein Gesicht streichen. Meine Brust quoll über vor Hoffnung und Glück.

Als wir die endlosen Tunnel, die den dicken Leib des Taurusgebirges durchbohren, passiert hatten und am Ende ins Freie gelangten, ging die Sonne im Westen gerade rotglühend unter. Eine ganz andere lauwarme und weiche Luft wehte mir um die Ohren. Die Berghänge, auf denen der Zug nun fuhr, waren bewaldet. Eine üppige Vegetation aus Harzfichten, Rhododendron, Oleandersträuchen und Lorbeeren schmückte die Hügel und Täler. Tief unten breitete sich eine weite, endlos erscheinende Ebene aus,* deren Konturen sich im blauen Dunst der Abenddämmerung verloren. Hier war alles weich, die Landschaft, die Luft, das Klima. Man merkte und roch deutlich die Nähe des Mittelmeeres.

Nach kurzem, aber beschwerlichem Umsteigen in völliger Dunkelheit in Yenidje, einem kleinen Knotenpunkt vor der Stadt Adana (das Bahngebäude lag noch als Ruine da), kam ich gegen zwanzig Uhr in Mersin an. Eine Pferdedroschke fuhr mich zum Hotel des Kaufmanns-Clubs, wo ich in einem Zimmer unmittelbar über dem Strand des kleinen Mittelmeerhafens untergebracht wurde. Ich war von der Fahrt und den Erlebnissen meiner ersten denkwürdigen Reise quer durch Anatolien so müde, daß ich mich gleich nach einer kurzen Abendmahlzeit ins Bett legte und einschlief.

Ich trete meine erste Stellung an

Am nächsten Morgen fuhr mich ein Kutscher auf der Landstraße, die Mersin über Tarsus mit Adana verbindet und parallel zur Eisenbahn führt, zum Ölwerk. Etwa einen Kilometer nach der Bahnstation von Mersin sah man einige Gebäude mit langgestreckten Hallen und zwei Schornstei-

---

* Tschukur Owa = Hohl- oder Tiefland (Silizische Tiefebene des Altertums)

nen. Da zeigte der Kutscher mit der Hand und sagte: »Da liegt die Fabrik, wo du hin willst, mein Herr!«

Nach ein paar Minuten hielten wir am Eingang, und ich ließ mich vom Pförtner zum Direktor führen. Als ich in dem einfach gebauten, zweistöckigen Haus in das Zimmer des Direktors eintrat, empfing mich ein hagerer, etwa fünfzig Jahre alter Engländer im Kolonialhemd und kurzen Hosen. Er hielt in der linken Hand ein Milchglas. Das Zimmer roch jedoch nach Raki (türkischer Anisschnaps), vermischt mit Pfeifenrauch. Nachdem ich ihn begrüßt und mich vorgestellt hatte, sagte Mister Gilson, indem er mit der rechten Hand auf ein Telegramm auf seinem Schreibtisch deutete: »Sie sind also der junge Chemiker, den unsere Zentrale in Istanbul mit diesem Telegramm avisiert hat?« – »Ja, Mister Gilson«, antwortete ich. Dann stellte mir der Direktor seinen nächsten Mitarbeiter vor, der sich auch im Zimmer aufhielt: »Das ist Mister Tahindjis, unser Betriebsleiter. Er hat in Frankreich studiert und ist auch Chemiker wie Sie«, fügte er hinzu. Wir begrüßten uns. Mir schien jedoch, daß die Haltung der Herren mir gegenüber eher nüchtern-kühl als freundlich war. Mister Gilson fuhr fort: »Sie sind Diplomingenieur der Chemie und haben in Deutschland studiert, das ist schön. Aber, mein Lieber, Sie kommen eigentlich zu früh hierher ... Wir haben erst die Ölpressen montiert und arbeiten zur Zeit ohne die Raffinerie. Die meisten Maschinen und Apparate der Raffinerie sind schon eingetroffen. Wir werden sie während des Sommers montieren und im Herbst in Betrieb nehmen. Dann gäbe es vielleicht eine Arbeit und Beschäftigung für Sie bei uns!« – »Aber Ihre Zentrale, der Delegierte des Verwaltungsrates, Monsieur Bouchardy, hat mich als Betriebsingenieur engagiert, mit mir einen Vertrag abgeschlossen und mich hierhergeschickt!« – »Die haben uns nicht gefragt ... Außer diesem kurzen Telegramm haben wir nichts erhalten aus Istanbul. Ausführliche Information sei in der Post. Wir müssen erst einmal die Instruktionen von Monsieur Bouchardy erhalten. Sie kommen am besten in ein paar Tagen zu mir. Sie können ja inzwischen etwas die Stadt

Mersin und die Umgebung besichtigen«, meinte der Direktor. Nach diesen Worten blieb mir nichts anderes übrig, als mich zu erheben und mich vorerst von den Herren zu verabschieden.

Ich lief den Weg nach Mersin zu Fuß zurück. Sonderliche Gedanken schwirrten in meinem Kopf umher. Es war offenkundig, daß mein Erscheinen dem Direktor und seinem Betriebsleiter nicht paßte. Am Antrittstag meiner ersten Arbeitsstelle im Leben war ich nicht gerade freundlich und nett empfangen worden. Das war kein gutes Omen, dachte ich, während ich die staubige Chaussee in Richtung Stadt zurückmarschierte.

Während der unerwarteten und ungewollten freien Tage habe ich mir Mersin und seine Umgebung angesehen. Das kleine Hafenstädtchen war überraschend sympathisch und freundlich. Die meist ein- bis zweistöckigen weißen Häuser glichen einander, hatten Gärten mit Zitrusbäumen und Blumen. Die Ladenstraße war sauber, der Hafen ungeschützt, aber sehr geschäftig. An der offenen Reede ankerten mehrere Frachtschiffe. Auf der Hauptstraße, die zum Hafen führte, gab es Bankhäuser, ausländische Konsulate sowie Schiffahrtsagenturen und ein Kino. In einem mit Palmen beschatteten schönen Garten lag das ehrwürdige schöne Gebäude des Gouverneurs. Das Haus war im Stil der alten türkischen Amtsgebäude errichtet. Das Städtchen zeigte deutlich den Charakter eines typischen südlichen Mittelmeerhafens. Obwohl Mersin von 1918 bis 1922, nach dem Waffenstillstand am Ende des Ersten Weltkrieges, von den Franzosen besetzt war, hatte es in dieser Zeit und den darauffolgenden Freiheitskämpfen im Gegensatz zu Tarsus und Adana keine wesentlichen Zerstörungen erlitten. Das war ein seltenes Glück, und ich freute mich deswegen. Auch die Landschaft war schön. Von der relativ schmalen Küste stieg das grüne Gelände nach Norden gegen die hohen Bergrücken der bewaldeten Taurusgebirgskette hin an. Eine uralte schmale Straße führte im Westen der tiefblauen Mittelmeerküste entlang in Richtung Norden, von hohen Bergkämmen umsäumt, mit unzähligen romantischen Felsenbuchten und weißen Stränden. Kurz, ein Stück paradiesisches Land traf ich hier, verschont von den Untaten und den grausamen Feuersbrünsten des verflossenen Krieges. Hier könnte ich gut arbeiten, dachte ich mir, wenn nur dieser unangenehme Auftritt in der Fabrik sich zum Guten wenden könnte.

Nachdem zwei Tage verstrichen waren und ich von Direktor Gilson nichts gehört hatte, begab ich mich am dritten Tage morgens zur Fabrik. Ich traf im Zimmer beide Herren, den englischen Direktor wieder vor seinem Milchglas und Raki auf dem Schreibtisch sowie seinen Betriebsleiter Tahindjis. Mister Gilson begrüßte mich kurz und nahm ein langes Schreiben in die Hand, blätterte darin herum und sprach feierlich Französisch mit starkem englischen Akzent: »Muammer Bey! Der Brief von Monsieur Bouchardy und den Durchschlag Ihres Vertrages habe ich erhalten. Hier sind sie! Wir haben uns mit Monsieur Tahindjis unterhalten. Sie werden unter der Leitung von Monsieur Tahindjis im Labor als Chemiker arbeiten, obwohl es für Sie nicht viel zu tun gibt. Aber die Zentrale hat es so gewollt, ohne unsere Meinung einzuholen. Monsieur Tahindjis wird Sie zu Ihrem Arbeitsplatz führen ... Mieten Sie vorerst keine Wohnung in der Stadt, und bleiben Sie bis zum Monatsende im Hotel. Wir werden dann weitersehen!« Er stand auf und gab mir, ohne eine Miene zu verziehen, trocken die Hand. Monsieur Tahindjis führte mich daraufhin durch die Betriebsräume. Er zeigte mir die Saat- und Ölkuchenlager, die Werkstatt, die Kraftzentrale, die Saatpressen und führte mich in den ersten Stock eines kleineren Hauses. Wir traten in einen Raum von etwa 25 Meter Länge, in dem ein Schreiner mit zwei Gehilfen arbeitete. Sie wollten durch einen Holzverschlag den Raum in zwei Teile trennen.

»Hier, diese Seite wird Ihr Arbeitsraum, das Labor. Und diese Seite wird von nun an mein Arbeitszimmer sein«, sagte Monsieur Tahindjis. In dem Raumteil, den er als Labor bezeichnete, gab es ein paar eiserne Tische, mit Keramik bedeckt, eine verstaubte Feinwaage, etwas Glaszeug,

287

ein paar Büretten, einen völlig vermoosten gläsernen Wasserkühler und ein paar Spiritusbrenner. Irgendwo stand ein einfacher Tisch mit zwei Holzstühlen. In einer Ecke lagen verstaubt und verdreckt einige Kisten und Kartons. In dem von Monsieur Tahindjis für sich abgetrennten Teil des Raumes gab es einen massiven Eichentisch, drei dicke Ledersessel, einen runden Tisch und einen Bücherschrank, passend zum großen Schreibtisch. Ein Drehsessel, den man je nach Wunsch auf die gewünschte Höhe einstellen konnte, diente dem Betriebsleiter als würdiges Sitzgerät.

»Warum teilen Sie den Raum? Hier ist es heiß in Mersin«, fragte ich Monsieur Tahindjis. »So ist es besser«, meinte er kurz.

Da die Schreiner sehr viel Lärm verursachten, konnten wir uns schlecht verständigen; ich wollte mich mit meinem Chef lieber draußen unterhalten und bat ihn, mir auch die Seifenabteilung zu zeigen.

»Seifenabteilung? Nein, da haben Sie nichts mit zu tun. Sie werden sich ausschließlich im Labor aufhalten!« – »Monsieur Tahindjis! Ich bin als Betriebsingenieur engagiert worden. Ich möchte den gesamten Betrieb sehen, kontrollieren, auch die Seifenabteilung... Und natürlich auch die Betriebsanalysen durchführen. Wir sind ja in einer kleinen Fabrik. Mit den Analysen bin ich schnell fertig«, antwortete ich. Er unterbrach mich: »Hier habe ich zu bestimmen, was Sie zu tun haben, und nicht Sie!« – »Sicherlich sind Sie mein Vorgesetzter. Aber wir müssen erst die Grundsatzfrage klären. Der Betrieb, die Produktion gehört zu meinem Einsatzgebiet, wie das Labor auch. Ich bin nicht ausschließlich für das Labor, sondern als Betriebsingenieur engagiert worden. Lesen Sie bitte meinen Vertrag durch«, beharrte ich. »Ich brauche ihn nicht zu lesen...! Sie haben das zu tun, was ich Ihnen sage!« – »Ich habe das zu tun, zu dem ich mich verpflichtet habe. Bitte, das ist eine Grundsatzfrage und muß geklärt werden. Gehen wir zu Mister Gilson! Außerdem muß ich auch in die Seifenabteilung gehen und mich um die Seifensiederei kümmern können« erwiderte ich, nicht wenig verärgert.

Nachdem sich Tahindjis und Gilson in dem Direktionszimmer, wohin wir uns zusammen begeben hatten, eine ganze Weile auf englisch lebhaft unterhalten hatten, fällte der Direktor sein Urteil: »Muammer Bey! Sie können im Betrieb überall sein. Als Betriebsleiter bestimmt aber Monsieur Tahindjis, wo Sie was zu arbeiten haben. Das Labor bleibt jedoch geteilt. So wie es bereits geschehen ist!« Ich habe mich dem Schiedsspruch des Direktors gefügt, mit der Bemerkung, daß die Trennung des Raumes nach meiner Meinung völlig überflüssig sei und den Erfordernissen nicht entspreche. Damit war der Bruch zunächst vermieden.

Wie zu erwarten, verliefen die darauffolgenden Wochen in gespannter und unerfreulicher Atmosphäre. Es war völlig klar, daß die Zentrale der Gesellschaft mit meiner Einstellung das Konzept der beiden leitenden Herren des Werkes gestört hatte. Sie wünschten mich nicht als Mitarbeiter im Werk bei sich. Das war klar. Aber warum hatte Monsieur Bouchardy mich doch engagiert? Er mußte einen Grund dafür haben.

Für mich war es äußerst unangenehm und enttäuschend, in ein so negatives Arbeitsklima geraten zu sein. Wenn sich die Spannung zwischen mir und den beiden mir vorgesetzten Herren nicht bald legte und zwischen uns dreien sich nicht die notwendige freundliche, gute Atmosphäre der Zusammenarbeit einrichten lassen sollte, wäre es zweck- und aussichtslos, hier weiterzuarbeiten. Daher gab ich mir große Mühe, das Geschehene zu vergessen und mich mit den beiden Herren zu vertragen. Auch entschloß ich mich, mit den übrigen Technikern, Meistern sowie den Herren der Verwaltung und Buchhaltung gute Beziehungen anzuknüpfen. Ich hatte damit auch sichtlichen Erfolg.

Monsieur Tahindjis blieb jedoch allein der Unversöhnliche, derjenige, der immer Kontra gab und nicht davon abließ, ständig einen Kollisionskurs gegen mich einzuschlagen.

Mister Gilson, ein einfacher Praktiker der Ölmühlenbranche, gewohnt, in den Kolonien zu leben, wollte auch hier in Mersin seine lukrative Position möglichst lang und ohne Probleme weiterführen. Er hatte keine Lust, sich seine Freude an der täglichen Raki-Ration vermiesen zu lassen. Mit ihm hatte ich keine Schwierigkeiten mehr. Anders Tahindjis. Er haßte mich einfach, wahrscheinlich weil ich ein Türke war! Dies ging aus vielen seiner Bemerkungen und aus seinem Verhalten hervor. Er konnte die schwere Katastrophe, mit der die griechische Invasion der Türkei zu Ende gegangen war, nicht verschmerzen. Monsieur Tahindjis erwies sich als ein ausgesprochener Türkenhasser, wie viele Kreise heute noch in Griechenland.

Die »Megali Idea« – das große Ideal – und der Traum von der panhellenischen Expansion, das heißt, das alte byzantinische Reich von vor 1500 Jahren wiederaufzurichten, das die Griechen seit der Befreiung Griechenlands Anfang des 19. Jahrhunderts erstreben, sind durch die schwere Niederlage am Ende des Ersten Weltkrieges nicht verwirklicht worden. Das Erwachen aus ihren fanatischen Träumereien war bitter, und das können viele Griechen nicht verdauen. Auch Tahindjis litt anscheinend an dieser Enttäuschung.

In meiner Mühe, ihn zu versöhnen, ihn freundlich zu stimmen, sagte ich ihm einmal (er hatte einen englischen oder französischen Paß): »Türken und Griechen müssen sich vertragen, Herr Tahindjis. Wir leben seit Jahrhunderten zusammen, wir haben uns gegenseitig viel gegeben und voneinander viel genommen. Sie sind in Mersin geboren. Ihre Familie muß anatolischer Herkunft sein. Ihr Familienname ist ja türkisch, Tahindji – Tahinmacher.* Sofort unterbrach er meine Worte: »Nein, Tahindjis ist nicht türkisch, sondern griechisch, Tahindjis.« Er buchstabierte mir dasselbe Wort, und ich sagte ihm: »Ja, mein Lieber, das ist doch türkisch, Tahinmacher.« – »Nein, Sie sehen doch, am Ende ist ein s!« So kleinlich war der arme Mann.

Die Behauptung von Tahindjis ist etwa so, als wenn je-

* Tahin = eine Emulsion aus geröstetem Sesammehl und Sesamöl. Die Türken machen daraus Halwa, eine Süßigkeit, die sehr gut schmeckt. Man ißt auch Tahin mit Pekmes gemischt zum Frühstück als Brotaufstrich (Pekmes ist eingedickter Traubensaft).

mand leugnen wollte, daß der Name »Mulleris« nicht deutschen Ursprungs sei, sondern griechisch, weil der Name mit ris endet und ein Grieche ihn trägt. Übrigens sei hier erwähnt, daß Hunderttausende Griechen türkische Familiennamen tragen. Als Beispiel sei der Name des heutigen Staatspräsidenten von Griechenland erwähnt, Karamanlis, das heißt aus Karaman stammend, und Karaman ist eine bekannte Stadt in Zentralanatolien, südöstlich von Konya.

Eine schwere Entscheidung

In den folgenden Wochen habe ich, so gut es ging, das Werk und die Zusammenhänge der Produktion studiert. Ich machte trotz des Widerspruchs und Verbots von Herrn Tahindjis regelmäßige Analysen von Saat- und Ölkuchen, und da eine geregelte Betriebskontrolle nicht existierte, führte ich sie ein und machte Ausbeuteberechnungen und stellte Verluste fest. Sie waren erschreckend hoch. Mein Bitten und Drängen, mit mir die Fälle zu besprechen, lehnte Tahindjis hartnäckig und eigenwillig ab. Meiner wiederholten Mahnung, diesen unverantwortlichen Zuständen Aufmerksamkeit zu schenken, verlieh Gilson kein Gehör.
    Bei einem neuerlichen Vorstoß bei Herrn Tahindjis schrie mich dieser erbost an: »Muammer Bey, Sie haben Haare auf ihrem Kopf wie ein Urwald! Sehen Sie« – dabei klopfte er mit der Innenfläche seiner linken Hand auf seine Glatze – »ich habe meine Haare in diesem Handwerk verloren ... Verlieren Sie auch erst mal etwas von Ihrem Federschmuck, bevor Sie anfangen, in meinem Arbeitsgebiet Fehler zu entdecken!« – »Aber hier sind doch die Analysen, hier sind die Berechnungen, hier sind die Verluste ... Sie betragen mehr als das Doppelte des Zulässigen. Das Unternehmen verliert stündlich und täglich viel Geld. Wir müssen das vermeiden ... Ich sehe, wo die Fehler liegen. Besprechen wir einmal meine Feststellungen gemeinsam, als Techniker, als Chemiker! Es ist meine Pflicht, Sie darüber zu informieren!« – »Nein, ich lehne jede Diskussion mit Ihnen ab. Ich

brauche Ihren Rat nicht...«, beharrte der störrische Betriebsleiter.

Dieses Gespräch hatte an einem Spätnachmittag stattgefunden. Nach Arbeitsschluß überlegte ich in meinem Schlafzimmer im Hotel, was ich nun machen sollte. Unter solchen Verhältnissen zu arbeiten, erschien mir unmöglich. Ich mußte die Konsequenzen daraus ziehen, bevor es zu spät war. Entweder mußte ich mich diesen Widersachern wie ein Sklave in Ergebenheit fügen oder auf meine Stellung verzichten.

Am nächsten Morgen ging ich direkt zu Gilson und übergab ihm meinen Bericht über die Feststellungen im Betrieb und meine Wünsche, wie ich sie Herrn Tahindjis vorgetragen hatte. Ich bat Gilson um eine gemeinsame Aussprache zu dritt, um das Problem innerhalb von drei Tagen endgültig zu klären. »Falls dies nicht geschehen sollte, dann werde ich mich gezwungen sehen, mich an Monsieur Bouchardy in Istanbul zu wenden. So kann ich hier nicht arbeiten!« erklärte ich Gilson. Er hörte mir aufmerksam zu und blickte mich mit blitzenden Augen einige Sekunden bewegungslos an. Dann antwortete er: »So? Sie stellen mir ein Ultimatum?« – »Wenn Sie meine Handlung so auffassen wollen, dann ja!« erwiderte ich, verließ sein Zimmer und ging in die Stadt zurück. Nachdem bis zum Ende des dritten Tages nichts geschehen war, schickte ich den Durchschlag des Gilson übergebenen Berichtes mit einem Begleitschreiben Bouchardy in Istanbul zu und bat ihn, meinen Arbeitsvertrag zu lösen.

Etwa nach einer Woche teilte mir Monsieur Bouchardy telegrafisch mit, daß er in Begleitung seines für Finanzen zuständigen Direktors mit dem nächsten Schlafwagenexpreß in Mersin eintreffe und ich ihn am Bahnhof abholen solle, jedoch ohne jemanden zu benachrichtigen. Am besagten Tag habe ich die Herren vom Bahnhof Mersin abgeholt, und wir fuhren direkt in mein Hotel. Beim Abendessen ließ sich Monsieur Bouchardy weiter über meinen Bericht und die Geschehnisse im Werk informieren und sagte mir zum Schluß: »Muammer Bey! Morgen gehe ich mit Direktor Benbassat ins Werk. Ich werde Sie eventuell zu Besprechungen mit den Herren abholen lassen. Bleiben Sie bitte solange im Hotel, und warten Sie auf eine Nachricht von mir.«

Bouchardy und sein Begleiter Benbassat, den ich von Istanbul her kannte, verzogen sich in ihr Zimmer. Ich konnte die Nacht aus verständlichen Gründen nicht schlafen. Den nächsten Tag verbrachte ich im Hotel in gespannter Erwartung einer Nachricht. Erst am Spätnachmittag gegen Abend rief mich Bouchardy in sein Zimmer im Hotel. Ich trat ein und fand auch Benbassat dort vor. »Muammer Bey. Es war nicht nötig, Sie zu den Besprechungen hinzuzuziehen«, meinte Monsieur Bouchardy und fuhr fort: »Ich habe alles mit den beiden Herren besprochen und bin zu der Auffassung gelangt, daß es für Sie unmöglich ist, mit ihnen zusammenzuarbeiten.« – »Das ist auch meine Meinung, Monsieur Bouchardy. Daher werde ich gehen...« – »O nein!« erwiderte Bouchardy. »Nicht Sie, sondern die beiden Herren, Mister Gilson und Tahindjis, müssen gehen...! Ich muß aber vorher von Ihnen erfahren, ob Sie bereit und in der Lage sind, die Führung unseres Werkes in Mersin zu übernehmen?« Dieses völlig unerwartete Angebot verwirrte mich für Augenblicke... Ich war zunächst sprachlos.

Dann faßte ich mich und erwiderte: »Sie haben mich überrascht, Monsieur Bouchardy. Mit einer solchen Alternative hatte ich niemals gerechnet. Aber wenn Sie zu diesem Entschluß gekommen sind, dann kann ich Ihnen versichern, daß ich bereit bin, die Verantwortung für die Führung des Werkes allein zu übernehmen!« Kaum hatte ich diese Worte ausgesprochen, sprang der bis dahin ernst und nachdenklich dasitzende behäbige Bouchardy blitzschnell aus seinem Sessel auf, packte meine Hand und sagte strahlend und lachend: »Bravo, Muammer Bey! Das wollte ich von Ihnen hören. Ich gratuliere Ihnen! Sie sind unser neuer Direktor in Mersin! Sagen Sie mir nun Ihre Wünsche!« – »Ich bitte, daß Sie, Monsieur Bouchardy, persönlich hier den betreffenden Herren und dem Personal diese Veränderungen bekanntgeben. Sämtliche Bestände in den Lagern, die Kasse, sämtliche Betriebsunterlagen, einschließlich der neuen Raffinerie, sowie die vertraulichen Akten müssen in Ihrer Anwesenheit übergeben werden. Eine offizielle Bekanntmachung meiner Amtsübernahme für die Behörden und Banken verfassen Sie, bitte, gleich hier in Mersin vor Ihrer Abreise. Das sind die wichtigsten Punkte, die gleich erledigt werden müssen«, antwortete ich.

»Jawohl, das wird morgen gemacht. Ihre Gehaltsansprüche?« – »Das überlasse ich völlig Ihrem Ermessen«, erwiderte ich Bouchardy. Wir saßen dann lange zu dritt beim Abendessen zusammen und unterhielten uns weiter. Bouchardy war bester Laune, aß mit Appetit und trank genüßlich den schönen dunklen Rotwein. Am nächsten Tag wurde der Führungswechsel durchgeführt, alle erforderlichen Formalitäten wurden reibungslos erledigt. Bouchardy und sein Begleiter blieben mit mir in Mersin bis zum nächsten Expreßzug und fuhren dann zurück nach Istanbul.

Das unangenehme Problem bei meiner ersten Anstellung im Berufsleben fand auf diese überraschende Weise eine Lösung. Ich stand am Scheideweg, entweder zu kapitulieren oder die Herausforderung anzunehmen. Ich entschloß mich für den zweiten Weg, weil ich im Recht war und alle meine gutgemeinten Versuche scheiterten. Der nun erfolgte frühzeitige Sprung nach oben im Beruf, so friedlich er auch war, barg auch viele Risiken in sich. Daß ich mit ihnen fertig werden konnte, verdanke ich sehr wahrscheinlich der Tatsache, daß ich seit Kindesalter, seit meiner Jugend und den Studienjahren auf mich selbst angewiesen war und mein Leben in der Fremde unter ungünstigsten Umständen durchkämpfen mußte. Die Entbehrungen, die ich kennengelernt, und die Erfahrungen, die ich damals gesammelt hatte, halfen mir nun, im Berufsleben weiterzukommen.

Beim Abschied war Gilson zum Heulen zumute. »Muammer Bey! Ich war dumm, bitte verzeihen Sie mir. Ich habe Sie nicht schön behandelt. Ich werde Mersin, das schöne Land, meinen guten Verdienst wohl sehr missen. Aber was

294

mache ich nun ohne mein Raki in Glasgow? In England werde ich umkommen ohne Raki. Bitte seien Sie so gut, schicken Sie mir mit diesem Geld alle paar Wochen eine Kiste Raki«, sagte er traurig, indem er meine Hände festhielt und schüttelte. Ich tat ihm diesen Gefallen fast ein Jahr lang, obwohl das von ihm hinterlassene Geld längst ausgegangen war. Da ich außer einem Brief gleich am Anfang von ihm nie wieder irgendwelche Nachrichten erhielt, stellte ich die Raki-Sendungen nach Glasgow schließlich ein.

Tahindjis, der kleinwüchsige, starrköpfige Grieche, blieb dagegen, bis ich nach Jahren Mersin verließ, unversöhnlich. Er und seine Familie waren vermögend. Sie besaßen eine große, schöne Villa inmitten von Mersin. Wenn er mir auf der Straße begegnete, wechselte er sofort das Trottoir, als ob er dem Teufel aus dem Wege gehen wollte. Er haßte in mir zweifelsohne alles, was türkisch ist. Nur ein krankhafter Fanatismus kann ihn zu solcher Haltung bewogen haben.

Meine Arbeit im Werk entwickelte sich erfolgreich. Ich bekam die Fabrik schnell in den Griff. Mit dem Schlendrian in der Verwaltung machte ich Schluß. Die Schlamperei in den Betrieben hörte auf. Einige Herren, die mich für zu jung und zu unerfahren hielten, brachte ich ohne viel Federlesens in die Reihe. Die neue Raffinerie wurde zügig während des Sommers montiert und im Herbst gleichen Jahres in Betrieb genommen. Unsere Speiseöle wurden bestens verkauft. Etwa achtzig Prozent unserer Produktion gingen per Schiff nach Istanbul. Aus den Raffinerierückständen produzierte ich eine billige, hellbraune Seife für die Bevölkerung in unserem Gebiet. Die herkömmliche Olivenölseife war zu teuer für die Landbevölkerung der umliegenden Provinzen. Daher ging unsere neue Seife wie frisch gebackene Semmeln ab. Das Arbeitsklima im Betrieb wie in der Verwaltung war mustergültig, und ich fühlte mich innerlich befriedigt, dem in mich gesetzten Vertrauen entsprochen zu haben.

Die Jahre in Mersin haben viel dazu beigetragen, auch

mich um neue Erfahrungen zu bereichern. Ich kam mit vielen Menschen aus verschiedenen sozialen Schichten und leitenden Leuten meines Landes in Kontakt und Beziehung. Ich lernte die Regeln des Kaufens und Verkaufens, des Imports und Exports kennen.* Ich wurde öfters zu Verhandlungen nach Istanbul zur Zentrale gerufen, lernte dabei unsere Platzagenten, die Makler und die Grossisten des Speiseöl- und Fettgeschäftes kennen. Kurz, beruflich und fürs Leben war meine erste Stellung, meine Arbeit in Mersin, für mich ein höchst wertvoller Gewinn. Zudem verdiente ich recht gut, hatte eine Direktionswohnung, einen Diener und einen Kutscher zur Verfügung und jährlich vier Wochen bezahlten Urlaub, einschließlich der Schlafwagenkosten hin und zurück. Es war eine königliche Position in meinen so jungen Jahren, so daß ich glaubte, alle Voraussetzungen zu besitzen, nun auch an die Heirat zu denken.

Ich heirate

Die jüngste Tochter einer Darmstädter Bürgersfamilie, Lilli, war ein nettes, gescheites, resolutes Mädchen. Obwohl die älteste Schwester als Schauspielerin und die nächste als Opernsopranistin beide aktive Künstlerinnen waren, war Lilli an musikalischer sowie künstlerischer Begabung beiden überlegen. Trotzdem mangelte es ihr an nichts für das praktische Leben. Sie half dem Vater in seinem Geschäft sowie der Mutter im Haushalt. Sie war vielseitig, hatte einen umsichtigen, offenen Charakter. Als Freund und Kamerad war sie zuverlässig, pflichtbewußt. Kurz, Lilli, meine Freundin aus Darmstadt, war genau das Mädchen, welches ich mir für eine Bindung fürs Leben vorstellen konnte.

In Darmstadt als Student sagte mir die liebe, gute Mama Fischer einmal: »Ach, Herr Muammer, die Lilli hat Sie lieb. Mir und meinem Mann gefallen Sie gut. Meine beiden

---

* Wir führten Zusatzstoffe, Chemikalien ein, exportierten unseren Ölkuchen nach England und Dänemark.

älteren Töchter sind Künstlerinnen geworden. Auf sie ist kein Verlaß mehr. Ich glaube, Sie und Lilli könnten ein gutes Ehepaar geben. Mein Mann und ich hätten in Ihnen einen tüchtigen Schwiegersohn. Wer soll das Geschäft meines Mannes sonst weiterführen? Ach, wenn Sie nur katholisch wären ...!« Daß die liebe Mama Fischer es ehrlich und gut meinte, war außer Zweifel, aber an Heirat konnte ich damals erstens nicht denken, und zweitens wollte ich nicht in Deutschland bleiben, sondern in die Heimat zurückgehen. Außerdem, ein Wechsel der Religion käme natürlich gar nicht in Frage. Lilli und ich hatten uns auch dementsprechend am Ende meines Studiums verabschiedet. Von Mersin aus schrieb ich ihr öfters, und wir korrespondierten dann eifrig miteinander. Einmal schrieb ich Lilli, daß es in Mersin im Sommer sehr heiß wird, daß es im Werk, wo ich wohnte, von Mäusen und Ratten wimmelte (Lilli hatte schreckliche Angst vor Mäusen), daß man wegen der Moskitos unter einem Netz schlafen mußte, daß es kein Theater und keine Konzerte gab und daß sie auf vieles, was sie liebte, verzichten müßte, falls sie mit mir hier leben wollte. Die Antwort war kurz und bündig: »Wenn du schon dort leben kannst, warum soll ich nicht auch es können? Wo du lebst, werde ich auch leben. Mit den Moskitos und den Mäusen werde ich schon fertigwerden ...«

Im Frühling 1931 heiratete ich Lilli in Mersin. Ich holte sie in Istanbul vom Orientexpreß ab. Nach einigen Tagen, die wir für Besichtigungen und die Vorstellung meiner Brüder in Istanbul verbrachten, fuhren wir zusammen nach Mersin. Unsere Hochzeit war einfach und schlicht. Etwa fünfzehn junge Freunde mit ihren Damen feierten mit uns am Abendtisch nach der Trauung.

Ich muß noch erwähnen, daß ich vor der Trauung, die am Nachmittag etwa um sechzehn Uhr stattfand, im Werk arbeitete und mich dann schnell umzog und mit meinem BMW-Motorrad – damals das einzige Exemplar der heute immer noch berühmten Marke in der Türkei – zum zivilen Heiratsamt fuhr, wo Lilli mit Freunden und unseren Trauzeugen auf mich wartete.

Aus unserer bescheidenen Trauung entstand eine feste, glückliche Bindung für die Dauer unseres Lebens bis heute. In den ersten zwölf Jahren teilte Lilli, meine Frau, mein mit Opfern und Entbehrungen verbundenes Leben mit mir – überall dort auf den Baustellen, in Montagebaracken, in den Werkswohnungen von verschiedenen neugebauten Fabriken weitab von Städten in entfernten Provinzen des großen Landes.

Während dieser ersten zwölf Jahre »Frontdienst« im Kampf um den wirtschaftlichen Aufbau meiner türkischen Heimat war meine deutschgebürtige Frau Lilli mit Begeisterung an meiner Seite. Sie leistete tapfer ihren Beitrag an jenen anfänglichen einmaligen Pionierarbeiten der technischen, industriellen Ausrüstung des neugeschaffenen türkischen Staates. Während jener ersten zwölf Jahre mußte sie nebenbei sechsmal mit mir den Wohnsitz wechseln und Umzüge bewältigen, jedesmal von einer Gegend in eine mehrere hundert Kilometer entfernte. Lilli hat all dies glänzend geschafft. Ich bin stolz auf sie und bin ihr dankbar.

Ein Vorschlag

Anläßlich einer Besprechung in unserer Zentrale in Istanbul mit unserem Verkaufsagenten sagte mir der bekannte Öl- und Fetthändler Civanopulos:»Muammer Bey, mit meinen zwei Freunden wollen wir eine Ölmühle in Istanbul bauen. Das Gebäude steht schon auf dem Gelände. Werden Sie unser Direktor, und bauen Sie das Werk!« Auf diesen überraschenden Vorschlag antwortete ich:»Aber, Herr Civanopulos, ich bin in fester, guter Position. Das ist doch unmöglich für mich.« – »Ja, ja. Das wissen wir. Aber wissen Sie nicht, daß es Ihrer Gesellschaft, den Franzosen, sehr schlecht geht? Sie sind am Ende. Seit langem finanzieren wir mit meinen Freunden Ihre Gesellschaft, sie schuldet der türkischen Landwirtschaftsbank Millionen.« – »Das ist mir neu«, erwiderte ich. Anschließend ging ich zu Bouchardy und erzählte ihm, was mir Civanopulos mitgeteilt hatte. Obwohl unangenehm betroffen, bestätigte Bouchardy korrekterweise die schlechte Situation des Unternehmens. Außer meinem Werk in Mersin, berichtete er mir, arbeiteten die anderen Unternehmen der Gruppe in der Türkei mit großen Verlusten. Sie verhandelten mit der türkischen Regierung wegen Finanzhilfen. Aus Frankreich, dem Stammhaus »Oriental Monopolis« in Paris, könnten sie kein Geld mehr erhoffen, da eine große weltweite Wirtschaftskrise herrsche.

»Besteht die Möglichkeit, daß das Werk in Mersin verkauft wird?« fragte ich daraufhin. »Ja, vielleicht. An die türkische Landwirtschaftsbank«, antwortete der Franzose achselzuckend und beide Hände gegen den Himmel öffnend. Als ich das hörte, war ich sehr niedergeschlagen. Landwirtschaftsbank – das bedeutete für mich Staatsdienst, und ich hatte mir doch vorgenommen, nie in den Staatsdienst zu gehen.

Ich sprach mich deswegen offen mit Bouchardy aus und berichtete ihm über das Stellenangebot von Civanopulos. Schließlich verständigte ich mich in fairer Weise mit ihm. Bouchardy hatte Verständnis für meine Haltung. Mit seiner Einwilligung nahm ich nach einiger Zeit das Angebot von Civanopulos an, jedoch zu den von mir gestellten Bedingungen: nicht als Angestellter, Leiter, Direktor, sondern als freier Unternehmer. Ich verpflichtete mich, die Anlage schnellstens fertigzubauen, in Betrieb zu setzen, ein Jahr die Produktion zu führen und dabei das Betriebspersonal dazu auszubilden, das Werk nach mir technisch ordentlich zu führen. Dafür sollte mein Honorar zu bestimmten Prozentsätzen von den Verkaufspreisen des Öles errechnet werden. Nach langen Verhandlungen unterschrieben schließlich Civanopulos und seine beiden Mitgesellschafter den Vertrag mit mir.

Wir nahmen von Mersin Abschied und zogen nach Istanbul um. Die Maschinen und Apparate lieferten deutsche Firmen. Noch im Sommer des gleichen Jahres war das Werk betriebsfertig, und im September 1931 begann ich mit der Produktion von raffiniertem Kokosfett mit dem Markennamen »Vitamina«. Diese Marke hatte ich vorgeschlagen, und alle Gesellschafter stimmten meinem Vorschlag zu.

Unser Kokosfett wurde gut vom Markt aufgenommen. Die drei geschäftstüchtigen Griechen verkauften die tägliche Produktion so gut, daß bald in drei Schichten gearbeitet werden mußte, um die Nachfrage zu befriedigen. Oft mußte ich in den Wintermonaten an Wochenenden und Feiertagen durcharbeiten. Meine Gesellschafter verdienten ein schönes Geld, machten fette Gewinne, und mit ihnen erhielt auch ich meinen beträchtlichen Anteil.

Die drei Inhaber der kleinen, aber schönen Ölfabrik in Istanbul waren türkische Griechen aus Istanbul. Civanopulos war der bekannteste Öl- und Fetthändler des Marktes. Er besaß im alten Basar für die Öle und Fette am Goldenen Horn ein Lagerhaus und saß in seinem verglasten kleinen Büro an der Ecke wie eine Spinne in ihrem Netz, beobachtete seine Nachbarn in den Läden rechts und links, alle Passanten in den engen Gassen, und wußte augenblicklich Bescheid darüber, wer an wen wieviel, welches Öl oder Fett zu welchem Preis angeboten beziehungsweise verkauft hatte. Civanopulos war die Seele des Geschäftes, stets hellwach und zu Späßen bereit. Kiria Elefteropulos, der zweite Gesellschafter, ein hagerer großer Mann mit einer Riesennase im blassen Gesicht, sprach wenig und ganz leise, lachte nie, trug alte abgetragene Kleider und lief im Winter und Sommer stets mit schwarzen Gummiüberschuhen.

Er besaß einen Mischfettbetrieb, welcher in den düsteren Gewölben einer alten türkischen Karawanserei untergebracht war. Als Mitgesellschafter war er auch zugleich ein großer Kunde unserer Fabrik. Obwohl er ein vermögender Mann war, sah er ärmlich aus, brachte sein Mittagessen täglich persönlich vom Haus mit ins Geschäft.

Niko Zerwudakis, der dritte im Bunde, war der Star. Er hatte in England studiert, führte das vom Vater ererbte bekannte Geschäft für Schiffsausrüstungen im Hafenviertel von Galata in Istanbul, war stets gut und korrekt angezogen. Dafür verstand er nichts vom Geschäft. Seinen jüngeren Bruder Yorgi (Georgius) bildete ich in der Fabrik aus, brachte ihm die Raffinationsmethoden bei, da er nach mir die Fabrik leiten sollte.

Im Gegensatz zu Tahindjis in Mersin waren meine griechischen Patrone freundlich und loyal zu mir. Die vierteljährlichen Abrechnungen der Produktion, des Umsatzes und des daraus mir zu vergütenden Betrages fiel ihnen desto schwerer, weil die Beträge im Laufe der Zeit immer höher ausfielen. Während dieses Aktes waren sie stets alle drei anwesend. Ich sah den Gesichtern der Herren – insbesondere von Civanopulos und Elefteropulos – deutlich an, wie schwer es ihnen fiel, meinen Anteil vertragsgemäß auszuzahlen. Einmal konnte sich Civanopulos nicht zurückhalten, zu bemerken: »Ach, Muammer Bey! Wir sind drei Personen als Gesellschafter, Sie sind allein als eine Person und verdienen soviel Geld! Das ist doch nicht ganz gerecht ... Wir haben es falsch gemacht. Wir hätten darauf bestehen sollen, Sie mit einem fixen Gehalt, einem fixen Honorar zu engagieren ... Sollten wir doch den Vertrag und die Vereinbarungen ändern? Was meinen Sie dazu?« Als ich ihn mit ironischen Blicken anschaute, fügte Civanopulos schnell hinzu: »Muammer Bey, ich scherze doch. Ich mache doch nur Spaß ...!« Und er bemühte sich, mich zu beruhigen. In Wirklichkeit sprach Civanopulos natürlich das, was er und seine Freunde dachten. Aber der Vertrag lag vor, der Betrieb lief wunderbar, sie verdienten herrlich. Sie mußten sich wohl oder übel den Vertragsbedingungen fügen, bis der Termin abgelaufen war. Das haben sie auch getan.

Wir sind gute Freunde geblieben und haben uns auch als Freunde getrennt. Später wandten sie sich immer an mich, wenn sie Schwierigkeiten hatten, und ich half ihnen stets gerne. Kurz vor dem Zweiten Weltkrieg haben sie die Fabrik verkauft. Elefteropulos ist gestorben. Er war magenleidend. Civanopulos, dem ich damals einmal begegnete, sagte mir: »Muammer Bey! Das Geschäft in Istanbul ist schwer geworden. Die Türken sind jetzt in den Handel eingestiegen. Sie haben das Handwerk gelernt. Ich werde nach Griechenland gehen, bevor ich zu alt geworden bin ... Für uns

Griechen ist hier kein Brot mehr zu verdienen wie früher. Es ist vorbei.« In der Tat wuchs der Druck der wirtschaftlichen Konkurrenz der türkischen Bevölkerung so stark, daß es den Griechen immer schwieriger wurde, ihre alte Monopolstellung auf dem türkischen Markt zu behaupten. Die Zeiten der dicken Geschäfte waren für die Nicht-Türken vorbei. Die Türken betätigten sich zusehends mehr als Händler, Kaufleute, Gewerbetreibende und Unternehmer.

Niko Zerwudakis begegnete ich 1965 zum letztenmal in einem Restaurant. Er war unwahrscheinlich früh gealtert, sah sehr schlecht aus. Er konnte mich nur mit Mühe wiedererkennen. Kurz darauf ist er ebenfalls verstorben.

Mit Niko verstand ich mich am besten. Wir duzten uns. Seinen frühen Tod bedauerte ich sehr.

Während der kurzen Zeit meiner intensiven Arbeit in der kleinen Ölmühle in Istanbul konnte ich hinter die Kulissen der verwirrend komplizierten Handels- und Geschäftsgeheimnisse schauen und viel daraus lernen.

Eintritt in die Zuckerindustrie

Anfang Dezember 1932 erhielt ich ein Telegramm folgenden Inhalts: Von einer bedeutenden Bank erhielt ich den Auftrag, eine Zuckerfabrik zu bauen. Das Projekt ist nicht staatlich. Erwarte Sie über die bevorstehenden Feiertage in Eskischehir, Touring-Hotel, zwecks Besprechung der Bedingungen unserer Zusammenarbeit. Erbitte eiltelegrafische Mitteilung des Termins ihrer Ankunft. Unterschrift Kâzim.

Der Absender war kein anderer als der Direktor des Büros des Wirtschaftsministeriums in Istanbul, den ich nach meiner Ankunft aus Deutschland besucht hatte. Das Angebot kam mir gelegen, denn meine Verpflichtungen gegenüber meinen drei griechischen Auftraggebern der Ölmühle endeten mit den letzten Januartagen 1933. Ich beantwortete daher das Telegramm positiv und traf mich an den besagten Feiertagen mit Herrn Kâzim in Eskischehir.

»Die türkische Ischbank (IS-Bank), eine von Atatürk ein-
geführte private Großbank, wird die Zuckerfabrik finanzieren und deren Aktien besitzen«, erklärte Kâzim (Taschkent)* und fuhr fort: »Also kein staatliches Unternehmen,
wie Sie sich wünschten. Ich werde Generaldirektor, und Sie
werden mein nächster Mitarbeiter. Das Werk muß dieses
Jahr fertiggebaut und im September in Betrieb genommen
werden. Alle Maschinen und Apparate und die Energiezen-
trale sind bereits bestellt. Die Lieferungen beginnen schon.
Mit den Bauarbeiten müssen wir anfangen, sobald der Winter aufhört. Wir müssen feste arbeiten, ich brauche Sie, und
hier liegt nun eine Arbeit vor, die genau auf Sie zugeschnit-
ten ist!«

Ohne viel zu überlegen, nahm ich das Angebot an, mit
einigen Bedingungen, mit denen Herr Kâzim einverstanden
war: »Ich werde für den Bau und die Montage, den Betrieb
und die Produktion verantwortlich sein und auf meinem
Gebiet frei arbeiten können. Anfang 1934, sobald die Fabrik Ende 1933 die erste Produktionskampagne beendet
hat, muß mein Engagement bei Ihnen beendet sein.« Kâzim
Bey bestand auf einer Verpflichtung von mindestens drei
Jahren. Als er meinen Widerstand nicht brechen konnte,
gab er halblaut nach, dann fragte er mich nach meinen
Gehaltsansprüchen. Ich sagte ihm, was ich in Mersin und
dann in Istanbul verdient hatte, zeigte ihm die Unterlagen.
»Oh, so einen hohen Verdienst kann ich Ihnen leider nicht
bieten ... Aber hier wird es sich um ein großes Unternehmen handeln, wovon die ganze Türkei reden wird und mit
dem Sie, im Falle des Erfolges, sich einen Namen machen
werden«, meinte Kâzim Bey. Worauf ich dann sagte: »Gut,
es geht in Ordnung. Ich überlasse Ihnen, die Höhe meiner
Bezüge zu bestimmen.« Wir gaben uns daraufhin kamerad-
schaftlich die Hand.

Ich hatte ja in Istanbul so gut verdient und mir einen für

---

* Erst von 1935 an mußten alle Türken gesetzlich einen Familiennamen
tragen, zum Beispiel erhielt Kâzim den Familiennamen Taschkent, Mustafa Kemal den Namen Atatürk, Ismet Pascha den Familiennamen
Inönü und ich den Namen Tuksavul.

meine Verhältnisse und mein Alter erheblichen Sparfonds geschaffen. Ich fühlte mich als wohlhabender Mann. Wenn auch gegen bescheidene Bezahlung, hatte ich jetzt die Gelegenheit, an einer bedeutenden nationalen Aufgabe mitzuarbeiten, dabei größere Erfahrungen zu sammeln. Der moralische Gewinn, den ich errechnete, wog mehr. Die etwa fehlenden Beträge für meine Ausgaben könnte ich aus meinen Reserven decken.

Nach Eskischehir umgezogen, trat ich am 1. Februar 1933 in die Dienste der Zuckerfabrik von Eskischehir für höchstens eine Fabrikationskampagne ein. Nie hätte ich mir damals vorgestellt, daß ich dort erst Ende 1943, nach zehn Jahren also, meinen Abschied nehmen sollte. Die Zuckergesellschaft wurde in meinem Berufsleben ein Schicksal. Ständig mit neuen Aufgaben betraut, mußte ich von Jahr zu Jahr weiterarbeiten, bis mitten in den Zweiten Weltkrieg hinein.

Als die Zuckerfabrik Eskischehir termingerecht fertiggebaut war und die Zuckerkampagne noch andauerte, befahl die Regierung, eine weitere Zuckerfabrik noch tiefer in Anatolien, nordöstlich von Ankara, in der Ortschaft Turhal zu bauen. Wegen den guten Leistungen in Eskischehir schickte man mich als Direktor dieser zu bauenden Fabrik nach Turhal.

Diese Zuckerfabrik in Turhal, fast 1200 Kilometer Eisenbahnlinie von Istanbul entfernt, wurde in sieben Monaten fertiggebaut und in Betrieb genommen. Der sensationelle Erfolg führte dazu, daß die neuen, von uns gebauten zwei modernen Fabriken mit den mit hohen Verlusten arbeitenden zwei älteren Zuckerfabriken 1935/36 fusioniert wurden. Es entstand damit eine »Türkische Zuckerfabriken AG«, der nun die vier Fabriken gehörten. Auch in der neuen Gesellschaft blieb Kâzim Taschkent Generaldirektor, ich sein Stellvertreter.

Die übernommenen beiden alten, mit Verlust arbeitenden Werke mußten von uns umgebaut und modernisiert werden. Diese Arbeiten nahmen je ein Jahr in Anspruch. Da wir selbst diese Entwicklung vorgeschlagen und vorangetrieben hatten, konnte ich die Gesellschaft nicht verlassen, ohne diese notwendigen Arbeiten zu vollenden. Als ich die fraglichen Aufgaben beendete und 1938 aus der Gesellschaft endlich austreten wollte, veröffentlichte die Regierung einen Erlaß mit Gesetzeskraft: Niemand kann aus der Führungsposition der staatlichen Unternehmen ausscheiden, ohne vorher die Genehmigung des zuständigen Ministeriums dafür zu erhalten. Und der Minister gab mir die Zustimmung zum Austritt nicht ...

»Die Gefahr eines neuen Weltkrieges droht vor unseren Toren. Unmöglich. Sie bleiben ...! Es ist eine patriotische Pflicht für Sie, Ihre Verantwortung für die gute Funktion unserer Zuckerfabriken weiterzutragen, damit die Versorgung des Landes mit einem so wichtigen Nährstoff wie dem Zucker gewährleistet ist«, entgegnete mir der Minister, als ich ihn um Abschied bat. Dem konnte ich nichts entgegenstellen und mußte bleiben.

Durch die Fusion der vier Zuckerfabriken wurden jedoch die beiden staatlichen Banken, die Sumerbank (zuständig für die Finanzierung der staatlichen Industrien) und Ziraatbank (die staatliche Landwirtschaftsbank), zu je einem Drittel Mitinhaber der Aktien der neugegründeten Zuckergesellschaft, zusammen mit der Ischbank, so daß die Staatsbanken Zweidrittelmehrheit erhielten. Auf diese Weise wurde die Zuckergesellschaft stillschweigend verstaatlicht. Es blieb mir trotzdem nichts anderes übrig, als weiter in der Zuckergesellschaft zu arbeiten, bis ich während des Krieges, gegen Ende 1943, zum zweitenmal als Reserveoffizier zum Militär gehen mußte.* Ich nutzte diese Gelegenheit, um die Zuckergesellschaft endgültig zu verlassen.

Die Jahre in der Leitung der Zuckergesellschaft waren erfüllt von intensiver mühevoller Pionierarbeit. Sie gelten als erfolgreicher Beitrag für den Aufbau der neuen Türkei unter Mustafa Kemal Atatürk. Nicht nur auf dem Gebiete

---

1939/40 wurde ich zum erstenmal einberufen.

der Industrialisierung, sondern und insbesondere auch in der landwirtschaftlichen Modernisierungsentwicklung.

Die Zuckergesellschaft hat durch die systematische Einführung und Förderung des Zuckerrübenanbaus dem türkischen Bauern geholfen, der allgemein und in der Hauptsache nur den Anbau von Getreide mit Brachewirtschaft kannte (Weizen, Roggen, Hafer, Gerste) und weit und breit nur an die Arbeit mit Monokulturen gewohnt war. Nun lernte er unter der Leitung der landwirtschaftlichen Experten der Zuckergesellschaft durch den Anbau von Zuckerrüben zwangsläufig auch die Fruchtfolge und den Gebrauch moderner landwirtschaftlicher Geräte und Methoden kennen, angefangen von der ordentlichen Feldbestellung und Vorbereitung des Bodens über Aussaat, Hackarbeiten, Bewässerung, Düngung bis zur Bekämpfung von schädlichen Insekten und Krankheiten. Der Rübenbauer entwickelte sich blitzartig, wurde aufgeklärt, standesbewußt und wohlhabend. Seine Arbeit war geregelt, er bekam Finanzhilfe als Vorschuß auf seine Ernte, und der Lohn seiner Leistung war ihm durch die vertragsgemäße Abnahme der Ernte im gleichen Jahre gesichert. Das war eine Art Revolution im Leben unserer armen anatolischen Bauern. Innerhalb von ein paar Jahren schon sah man einer Provinz im Inneren des Landes auf einen Blick am Aussehen, an der Haltung und Kleidung der Leute, am Putz der Dorfhäuser, an den ordentlich, schön, viereckig bestellten Feldern an, daß man sich im Rübenanbaugebiet befand.

In allgemeiner Anerkennung dieser kulturell und sozial nutzbringenden Auswirkungen der Initiative des neuen Regimes drängte überall die Landbevölkerung mit der Zeit die Politiker und Regierungen, neue Zuckerfabriken zu bauen. Tatsächlich wuchs nach Beendigung des Zweiten Weltkrieges und mit der Einführung der Demokratie die Zahl der Zuckerfabriken stets weiter, und aus den ursprünglichen vier Zuckerwerken wurden nun achtzehn mit hohen Tageskapazitäten.

In der zweiten Hälfte der dreißiger Jahre betrug die Jahreszuckerproduktion kaum 80000, heute weit über eine

Million Tonnen. Damals verbrauchten die Türken jährlich pro Kopf rund drei bis vier Kilo, heute rund 22 Kilogramm Zucker.*

Was diese Entwicklung bedeutete, kann nur der ermessen, der selbst die damaligen Verhältnisse gesehen und den verarmten, mittellosen, zurückgebliebenen Zustand der türkischen Landbevölkerung persönlich erlebt hatte.

Nachdem die Zuckerfabrik in Eskischehir in einer Rekordzeit von sieben Monaten fertiggebaut und in Betrieb genommen weden konnte, mußte die für Mitte September vorgesehene offizielle Einweihung durch einen schweren Betriebsunfall bis Anfang Dezember verschoben werden. Ein zu früh eingesetzter harter Winter erschwerte in höchstem Maße unsere Arbeiten in einem in überstürzter Eile erstelltem Werk, in dem noch vieles fehlte, darunter die Wärmeisolationen der kilometerlangen Rohrleitungen für Dampf, Wasser, Zuckersäfte, so daß diese bei anhaltender Kälte an vielen Stellen vereisten. Der wegen der fehlerhaften Bedienung durch einen technischen Meister ausgefallene große Kalkofen konnte mit größter Mühe erst in sechs Wochen instand gesetzt werden und damit wieder die Rübenverarbeitung beginnen. Dadurch trat eine Verspätung von sechs Wochen ein, und die Rüben erfroren auf den Feldern, in den Silos des Werkes. Dazu fehlte der Belegschaft die Betriebserfahrung, so daß wir alle froh waren, ohne weitere Zwischenfälle die Einweihungsfeierlichkeiten und anschließend die erste Produktionskampagne zu beenden – bei einer Kälte von minus 16 Grad Celsius.

Am Tage der Einweihung hielt Ministerpräsident Ismet Inönü die Eröffnungsrede im Hof des Werkes von der Terrasse des Pumpenhauses im Freien. Die Anwesenden waren glücklich, als Inönü mit seiner Rede fertig war. Alles stürzte sofort in die warmen Hallen des Werkes. Ich bin sicher, daß kein Mensch in der Lage war, der Rede des

---

* Wenn man bedenkt, daß damals in den gleichen dreißiger Jahren in Deutschland der Pro-Kopf-Verbrauch an Zucker bei 20 Kilo lag, kann man sich die Entwicklung in der Türkei vorstellen.

Präsidenten zu folgen. Zwei Soldaten der zur Sicherheit aufgestellten Militärposten sind leider an jenem kalten Tag die Füße und Hände erfroren.

In Turhal

Einige Wochen nach der offiziellen Einweihung der Zukkerfabrik in Eskischehir trat ich dann mit meiner Frau die Reise nach Turhal an, wo ich die vierte Zuckerfabrik errichten und in Betrieb setzen sollte.

Unsere Bahnfahrt im Schlafwagen führte von Eskischehir über Ankara in Richtung Osten, über zentralanatolische Provinzen zu der berühmten alten Stadt Kayseri (Caesarea), von dort nach Norden über die Provinzstadt Siva in Richtung Samsun. Auf dieser Strecke stieg die Bahn in Tschamlibel auf 1600 Meter und fuhr dann zum Schwarzen Meer wieder abwärts. Turhal liegt etwa 500 Meter hoch. Die schwierige Strecke von Ankara über Sivas zur Hafenstadt Samsun am Schwarzen Meer wurde in der Ära der türkischen Republik gebaut – aus eigenen Mitteln, mit türkischen Technikern und durch türkische Unternehmer. Das war die erste Pionierleistung des jungen Staates auf dem Gebiet des Eisenbahnbaues. Um mit dem wenigen Geld auszukommen, hatte man kostspielige technische Bauten wie Brücken, große Überführungen oder Tunnels möglichst vermieden. Dadurch schlängelte sich die Strecke um die Hindernisse, um Berge, Täler, Schluchten herum an denen es ja in Anatolien nicht mangelt. Die Strecke wurde dadurch natürlich sehr lang, aber sie war vorhanden, war für die Erschließung des Landes notwendig und strategisch erforderlich.

Das eindrucksvollste Erlebnis dieser Fahrt war der Anblick des schneebedeckten, sich in den wolkenlosen blauen Himmel erhebenden Riesenkegels des Berges Erdjias bei Kayseri mit seiner 3500 Meter hohen felsigen Spitze. Dieser Berg ist das uralte Symbol Zentralanatoliens und wird vom Volk geliebt und besungen, wie der Fujiyama der Japaner

Auch während dieser Fahrt war ich von der grandiosen Weite und Größe der Landschaft unserer Heimat überwältigt.

Turhal ist eine uralte Siedlung, ein größeres Dorf, angelehnt an einen kleinen, von der Ruine einer alten Burg gekrönten Hügel, vor dem der Fluß Yeschil Irmak fließt. Der Ort hatte damals eine Bevölkerung von kaum zwei- bis dreitausend Seelen. Die Ortschaft sah sehr malerisch aus. Die Menschen lebten hier vergessen wie im Märchen. Sie wurden jäh aus ihrem Schlaf geweckt.

Am 1. Februar 1934 schaufelten wir den Schnee weg und begannen mit den Fundamentarbeiten. Hunderte von Bauern wurden täglich neu als Bauarbeiter eingezogen. Zug für Zug brachten Hunderte Waggons Eisenkonstruktionsmaterial, Baueisen, Zement, Holz, Kessel, Rohre, große und kleine Apparate. Ende März stieg die Zahl der Arbeiter auf zweitausend. Hundert deutsche Monteure und Ingenieure, 250 türkische Angestellte, Bauingenieure, Techniker und Landwirte arbeiteten in Turhal. Ende April stieg die Zahl der Arbeiter auf dreitausend und in den Monaten Juni, Juli, August auf viertausend. In Turhal quirlten Menschen wie die Ameisen. Es wurde drei Monate lang Tag und Nacht, sonn- und feiertags durchgearbeitet. 8000 Tonnen Zement, 11 000 Tonnen Eisen, Tausende Kubikmeter Holz, 4500 Tonnen Maschinen, Apparate und Rohre mußten auf der einspurigen langen Eisenbahn von Istanbul und in den wenigen Sommermonaten auch von Samsun am Schwarzen Meer herangeschafft werden. Man arbeitete mit fast religiöser Inbrunst und Begeisterung. Das Werk wuchs zusehends von Tag zu Tag. Die Montage der Anlage ging gleichzeitig parallel zu den Bauarbeiten weiter. Vom Fluß Yeschil Irmak sollte das Wasser für den Betrieb der Anlage bezogen werden, dafür wurde eine Pumpanlage gebaut, außerdem eine 10 Kilometer lange Leitung für die Süßwasserversorgung der Zuckerkolonie, mehrere Kilometer eigene Eisenbahnanlagen innerhalb des Werksgeländes, zwei Rangierlokomotiven, vier Hochdruckkessel, drei Turbogeneratoren, ein kleines Krankenhaus, das Verwaltungsgebäude und 120 Doppelhäuser mit Straßen und Abwasserkanälen. Dazu wurde ein Bach von etwa 3 Kilometer Länge im gleichen Jahr 1934 umgeleitet, um das Fabrikgelände vor Überschwemmung zu schützen.

Die Zuckerfabrik fing bereits Ende Juli 1934 mit dem Probebetrieb an, und im August begann die normale Produktion von Zucker. Im selben Montagejahr verarbeitete das Werk ohne irgendwelche Betriebsstörungen 57 000 Tonnen Rüben in einem Gebiet, in dem bislang kein Mensch wußte, was eine Zuckerrübe ist und wie sie gepflanzt und geerntet wird. Die offizielle Einweihung fand dann am 19. Oktober 1934 statt.

Wenn wir nur zwanzig Millionen wären

Am Ende der ersten Produktionskampagne tagte der Verwaltungsrat der Zuckergesellschaft in Turhal. Nuri Djonker, der den Vorsitz führte, und Redjeb Züthi waren als Delegierte des Verwaltungsrates anwesend. Beide waren frühere Offiziere, die mit Atatürk während der langen Kriegsjahre sowie später während der nationalen Befreiungskämpfe zusammengearbeitet hatten. Der ältere, Nuri Djonker, stand Atatürk besonders nahe. Beide waren seit jungen Jahren in den Militärschulen und dann in der Offiziersakademie Freunde und Kameraden. Nuri Djonker soll der einzige Duzfreund Atatürks gewesen sein. Außerdem kämpfte Djonker während der Dardanellenschlacht auf der Halbinsel Gelibolu (Gallipoli) in dem mittleren Frontabschnitt unter Mustafa Kemal als Bataillonskommandeur und hatte sich dort bei der zähen Verteidigung der strategisch bedeutsamen Hügel von Djong Bayiri gegen die wiederholten Angriffe der Engländer hervorgetan. Als Erinnerung an seine damaligen Leistungen und Verdienste gab ihm Atatürk persönlich später den Familiennamen »Djonker«.

Nuri Djonker erzählte während einer Pause jener Sitzung des Verwaltungsrates Taschkent und mir: »Wir sind beide ehemalige Soldaten. Weder Redjeb noch ich verstehen hier etwas von der Wirtschaft oder der Industrie. Der Gazi* rief uns beide und befahl: ›Sorgt dafür, daß dort die Tschodjuklar (Kinder oder Jungs) frei und ungestört arbeiten können!‹ Und so wachen wir seitdem über euch und beschützen euch gegen die Neider und die Nörgler, gegen alle diejenigen, welche euch in eurer Arbeit bürokratische Fallen stellen wollen. Wir sind eure Gendarmen. Und nichts anderes. Schafft und arbeitet in Sicherheit weiter, Jungs!«

In der Tat räumten Nuri Djonker und Redjeb Zühti uns stets jede böswillige oder bürokratische Schwierigkeit aus dem Wege. Ohne die Unterstützung dieser beiden Männer wäre die Errichtung der beiden Zuckerfabriken Eskischehir und Turhal in so kurzer Zeit niemals gelungen. Mit Dankbarkeit gedenke ich der beiden, unserer Schutzengel.

Anfang der dreißiger Jahre erhielt der türkische Geheimdienst zuverlässige Informationen über militärische Aktivitäten und eifrige Rüstungsvorbereitungen Mussolinis in Italien. Man befürchtete, daß jetzt das faschistische Italien mit Unterstützung seines Ideologiefreundes Hitler im Norden den am Ende des Ersten Weltkrieges mißlungenen Plan der Annexion der Provinz Antalya am Mittelmeer und ihres Hinterlandes zu verwirklichen versuchen würde. Die Türkei wäre dann gezwungen, von neuem einen Verteidigungskrieg zu führen. Da die Gefahr immer näher kam, befahl Atatürk, sofort entsprechende Maßnahmen zu ergreifen. Die alten Zuckerfabriken lagen im Westen, außerdem arbeiteten sie schlecht. Unter anderem wurde deswegen beschlossen, weiter im Innern des Landes Zuckerfabriken zu bauen, und zwar so schnell wie möglich. Der Gegenwert der Maschinen- und Apparatelieferungen sollte durch Tabaklieferungen an Deutschland bezahlt werden. Hintergrund des Baus der beiden Zuckerfabriken Eskischehir und Turhal im Eiltempo war also die Gefahr eines Überfalls von

---

* Nach dem Sieg über die griechischen Invasionsarmeen am Ende der Befreiungskriege 1922 verlieh die Nationalversammlung Mustafa Kemal Pascha den alten tradtionellen Ehrentitel Gazi = der Siegreiche.

Mussolini auf die Türkei. Er ist aber nach langer Überlegung nicht gegen die Türkei, sondern gegen die wehrlosen Abessinier gezogen und landete mit seinen Invasionstruppen* im Süden des Roten Meeres in Eritrea.

Am Ende der Verwaltungsratssitzung gab es ein großes Abendessen. Außer den Mitgliedern des Verwaltungsrates waren drei Gouverneure der benachbarten Provinzen, der Kommandant in Tokat und einige wichtige Männer der Region eingeladen. Während des Essens saß man lange am Rakitisch und unterhielt sich lebhaft. Da viele Gäste dem Militär angehörten, sprach man über die Politik, die Kriege, die Entwicklung in Deutschland, wo Hitler an die Macht gekommen war, vom Säbelrasseln Mussolinis und der neuen Kriegsgefahr. Als Gastgeber folgte ich einerseits den Gesprächen, andererseits paßte ich auf, daß der Service gut klappte.

Man beklagte sich darüber, daß die Bevölkerungszahl der Türkei so klein war und nicht mindestens zwanzig Millionen betrug. Wenn wir Türken zwanzig Millionen wären, dann hätten wir genügend Regimenter, die die Italiener gleich ins Meer zu werfen imstande wären. So, mit den nur dreizehn Millionen, müßten wir uns auf einen langen Verteidigungskrieg einlassen, meinten die alten erfahrenen Soldaten am Tisch.

Da rief plötzlich Nuri Djonker, der am Tisch präsidierte und wohl der Älteste unter uns war: »Muammer! Du hast noch keinen Schluck Raki getrunken. Trink mal von deinem Glas auf das Wohl der Türkei mit zwanzig Millionen Einwohner in baldiger Zukunft! Das werden wir schaffen.« Und er erhob mir zuprostend sein Glas. Auf diese Worte hob ich natürlich mein Glas, und alle übrigen Gäste tranken mit mir auf die Zukunft der Türkei mit zwanzig Millionen Einwohnern. Als ich mein Glas wieder auf den Tisch

* Erwähnt sei, daß ein bekannter früherer türkischer General des Ersten Weltkrieges, Kommandant der Ostfront gegen die Russen, Vehip Pascha, der im Asyl lebte, sich in den Dienst des Kaisers von Abessinien stellte. Er organisierte und kämpfte mit den primitiv ausgerüsteten abessinischen Verteidigern gegen die faschistischen Invasoren.

setzte, sagte ich leise das Wort: »Aber ...« Im gleichen Augenblick schaute mich der Generaldirektor Taschkent, der mich gut kannte, mit großen Augen an, als wenn er mir sagen wollte: »Muammer, halte deinen Mund! Und falle nicht ins Gespräch ein wie ein Elefant in den Porzellanladen!« Das Stoppzeichen Taschkents kam jedoch zu spät. Alle Gäste schauten neugierig nach mir, und Djonker fragte mich: »›Aber ...‹, hast du gesagt, Muammer Bey! Na, was meinst du damit, sprich dich aus, mein Sohn!« Es blieb mir nichts anderes übrig, als weiterzureden: »Hoffentlich werden wir eines Tages zwanzig, dreißig, vieleicht auch noch mehr Millionen werden. Aber China, Indien haben viele hundert Millionen Einwohner. Dagegen die Schweiz vier Millionen, die skandinavischen Länder alle zusammen acht bis neun Millionen, Belgien und Holland je sechs bis sieben Millionen. Die vielen sind arm, die wenigen sind wohlhabend. Nicht auf die Zahl der Bevölkerung kommt es an, sondern auf die kulturelle Ausrüstung, auf das wirtschaftliche Potential. Wir Türken müssen unsere ganze Kraft daransetzen, um unser Volk so schnell wie möglich aus Unwissenheit und aus Armut zu retten. Gute Schulen, moderne Erziehung brauchen wir, solange wir noch wenige sind.«

Auf einmal war es mäuschenstill im Saal. Taschkent schaute mich an, knallrot im Gesicht, als wenn er mir sagen wollte: »Was hast du nun angestellt, Muammer?« Nuri Djonker unterbrach das Schweigen: »Unser neuer Staat, die türkische Republik unter den Direktiven von Gazi Pascha (Mustafa Kemal Atatürk), betreibt ja diese Politik. Überall werden Schulen, Lyzeen errichtet, Hochschulen und Universitäten werden eröffnet. Das, was du willst, ist im Werden. Befriedigt dich das nicht?« – »Für meine Maßstäbe ist es nicht ausreichend. Es fehlt an Strategie und an der Wahl der richtigen Methoden für Bildung und Erziehung.« – »Wieso?« fragte Nuri Djonker sichtlich betroffen. »Soweit ich urteilen kann, fürchte ich, daß wir in unseren Schulen keine Umerziehung der jüngeren Generation erzielen werden, die den von Atatürk vollbrachten Reformen entspricht. Der besondere Charakter, die Veranlagung unserer Menschen müßte dabei berücksichtigt werden. Wir wollen ja nicht mehr ein Volk von armen Bauern, Beamten und Soldaten sein wie früher zu Sultans Zeiten. Falls wir die notwendigen richtigen Maßnahmen nicht jetzt schon ergreifen, wird es viel schwieriger, wenn wir zwanzig oder dreißig Millionen geworden sind«, erwiderte ich.

Alle Anwesenden hörten meine kurzen Ausführungen schweigend an. Ich wagte währenddessen nicht, Taschkent in die Augen zu schauen. Zum Glück rettete Djonker mich aus meiner peinlichen Lage, indem er mit seiner tiefen Baßstimme sagte: »Na, hab keine Sorge, Muammer! Dank der Errungenschaften der Nationalen Revolution, die Gazi Pascha uns Türken bescherte, werden deine Wünsche in Erfüllung gehen. Es wird alles für den Fortschritt, die Bildung, den Wohlstand des türkischen Volkes getan. Alles, was in unseren Kräften liegt, wird unternommen.« Man wechselte daraufhin das Gesprächsthema, und ich war somit erlöst.

Inzwischen ist ein halbes Jahrhundert vergangen. Ein furchtbarer Zweiter Weltkrieg hat die Völker der Erde erschüttert. Die Bevölkerungszahl der Türkei hat zwanzig Millionen längst überschritten und zur Zeit fünfzig Millionen erreicht. Unser Land hat kulturell, wirtschaftlich und sozial große Sprünge nach oben vollbracht. Der allgemeine Wohlstand ist bedeutend gewachsen. Trotzdem sind die Sorgen nicht ausgeblieben. Unsere Probleme sind nicht kleiner, sondern größer geworden. In der Entwicklung hat das einfache Volk seine Elite überholt. Die Kapazität der Führungsschicht reicht nicht mehr aus, die viel komplizierter gewordenen Probleme der Massen zu lösen.

Unser Landvolk – unsere Menschen

Um die Zuckerfabrik Turhal termingerecht zu bauen, mußten wir während der Dauer der Bau- und Montagearbeiten eine bestimmte Anzahl von Arbeitern stets zur Verfügung haben. Als wir für die Dauer der Sommermonate 4000 Arbeiter brauchten, wurde es zum ernsten Problem, diese Zahl zu beschaffen und sie ständig am Arbeitsplatz zu halten.

Wir waren gezwungen, die Löhne wöchentlich auszuzahlen, da die Männer bettelarm waren und keinen Pfennig in der Tasche hatten. Sie brauchten für sich und ihre Familien in ihren Dörfern dringend Geld. Kaum erhielten sie den Wochenlohn, verschwanden sie damit und gingen zurück zu ihren Familien in ihre Siedlungen in den Bergen und brachten ihnen Geld oder das Nötigste, was sie brauchten. Ich stellte alles an, um die Männer länger am Arbeitsplatz zu halten, es nützte nichts. Wir gaben den Leuten zu jeder Schicht ein kräftiges warmes Eintopfgericht mit Fleisch, weil sie derart an Hunger litten, daß sie ohne dieses Essen umfielen. Auch dies hielt die Leute nicht länger als ein bis zwei Wochen bei der Arbeit, obwohl sie über das Essen glücklich waren. Viele Männer litten an Krankheiten infolge der Unterernährung, so daß wir sie zur ärztlichen Behandlung in unserem Krankenhaus aufnehmen mußten. Eine ständige Bewegung von mehreren hundert Arbeitern, die sich täglich abmeldeten oder neu die Arbeit aufnahmen, mußte bewältigt werden. Etwa fünfzig Agenten der Zuckergesellschaft ritten auf schnellen Pferden ständig in die umliegenden Provinzen, um neue Arbeiter für die Fabrik anzuheuern.

Während einer Autofahrt von Turhal zur Nachbarprovinzstadt Amasya, etwa 80 Kilometer von Turhal entfernt, traf ich eine Gruppe von dreißig bis vierzig Männern am Rande der neugebauten Chaussee. Sie bogen gerade an einer scharfen Kurve rechts ab, folgten dem steilen Pfad den dichtbewaldeten Berg hinauf. Ich hielt meinen Wagen an: »Merhaba (Servus), Landsleute, kommt ihr von Turhal?« – »Ja, Herr! Gott sei gelobt, Gott erhalte unseren Staat bis zur Ewigkeit...! Wir haben dort Geld verdient.« – »Wie lange habt ihr gearbeitet?« fragte ich. »Zwei bis drei Wochen«, lautete die Antwort. »Wäre es nicht besser gewesen, länger, vier bis sechs Wochen wenigstens, zu arbeiten und mehr

315

Geld zu verdienen?« – »Du hast recht, Herr, aber unsere Kinder und Frauen warten oben im Dorf... Warten auf Mehl, Petroleum, Seife und Salz.« Als ich das Wort Salz hörte, stutzte ich: »Was sagst du, Salz?« – »Ja, Herr! Wir hatten das letzte Jahr Dürre. Die Ernte fiel aus. Wir konnten seit vergangenem Herbst nicht einmal Salz kaufen.« Nichts kann die Armut mehr beschreiben als diese Aussage. Sie waren jetzt vollbeladen mit Säcken, bunten Satteltaschen und Körben und trugen die lebensnotwendigen Sachen nach Hause zu ihren Leuten.

Wenn man bedenkt, daß die Provinzen Tokat und Amasya zu den grünen, fruchtbaren, klimatisch und geographisch begünstigten Gebieten Anatoliens gehören und das Landvolk hier so litt, in welchem bedauernswerten Zustand mußten die Menschen der entlegenen Provinzen Erzerum, Kars, Van zum Beispiel sein?

Ein anderes Mal fuhr ich von Turhal zu der 49 Kilometer entfernten Provinzstadt Tokat, um unseren Gouverneur zu besuchen. Etwa auf halbem Wege traf ich wieder eine Gruppe von Männern, die auf der Chaussee entlang des beiderseits von Bergketten umschlossenen breiten Tales von Yeschil Irmak (grüner Fluß) marschierten. Ich hielt meinen Wagen an, stieg aus und sprach mit den Leuten. Es waren etwa zwanzig Männer. Alle trugen schwere Lasten auf ihren Rücken. Gerollte Matratzen, Decken, abgeschabte Schafspelze, Satteltaschen, Wasserbeutel. Die meisten waren barfuß. Einige trugen alte abgetragene Soldatenschuhe. Ihre Kleider, Hosen und Hemden waren verschlissen und zerfetzt. Ihre Köpfe und ihre Gesichter hatten sie in bunte Wolltücher gewickelt wie die PLO-Krieger des Palästinenserführers Arafat heute.

»Merhaba, Kameraden, wohin marschiert ihr?« Die neugierig nach mir schauenden Leute hielten an, und der Älteste unter ihnen antwortete mir: »Merhaba, Herr, wir wollen zur Baustelle der Fabrik... um zu arbeiten...!« – »Schön, das freut mich. Woher kommt ihr?« fragte ich. Der Mann antwortete: »Von Kars, Herr.« – »Kars? Gibt es hier in der Gegend auch eine Ortschaft, die Kars heißt?« Er antwortete:

»Herr, wir marschieren seit sechs Wochen. Wir kommen aus Kars, von der kaukasischen Grenze! Wir wollen ein paar Lira verdienen für unsere Kinder zu Hause, Inschallah (so Gott will).«

Die armen Kerle marschierten also nicht weniger als sechs- bis siebenhundert Kilometer. Sie mußten schneebedeckte Pfade, eisige Pässe überwinden, um von Kars über Erzerum die Stadt Bayburt zu erreichen. Von dort mußten sie den uralten Weg der Seidenkarawanen und der Heere im engen, von Schluchten umschlossenen Tal des Kelkitflusses folgen, um nach Tokat zu kommen. Sie sahen müde und ausgemergelt aus, auf ihren Gesichtern, um den Mund herum und auf den Fingeransätzen ihrer Hände sah ich Wunden und Geschwüre. Die Leute taten mir leid. Ich fühlte Respekt vor der Geduld, der Kraft, der Ausdauer dieser Menschen, ihr Elend so tapfer zu tragen, ohne zu klagen. »Ihr habt es geschafft...! Noch diesen Abend erreicht ihr Turhal. Hier, mit dieser Karte wendet ihr euch an das Arbeitsbüro der Fabrik«, sagte ich und holte etwas Geld aus meinem Portemonnaie. »Hier ein kleines Geschenk von mir, kauft euch damit etwas zu essen in Turhal«, sagte ich.

Die Männer standen regungslos da und schauten einige Augenblicke zu Boden. Dann nahm ihr Ältester meine Karte entgegen, lehnte aber das Geld ab mit den Worten: »Allah hat uns bis heute geholfen, Herr, er wird auch weiter helfen...! Allah vergelte es dir, wir danken dir für deine Hilfe.« Das Geld blieb in meiner ausgestreckten Hand. Ich konnte nicht darauf bestehen, daß sie das Geld annehmen. Ich war beschämt. Als ich ihnen Lebewohl sagte und ein Zeichen machte, daß sie weitergehen sollten, weigerten sie sich, zu marschieren, und baten mich, daß ich erst in meinen Wagen einsteigen und abfahren sollte. Sie grüßten mich höflich mit melancholisch freundlichen Gesichtern. Als mein Wagen sich bewegte, schaute ich aus dem Rückfenster ihnen lange nach und winkte ihnen mit feuchten Augen zu.

Ahmed Tschawusch

Während der Bau- und Montagearbeiten suchte mich ein Mann auf und bat mich um Arbeit. Er war etwa fünfunddreißig Jahre, kräftig gebaut, ärmlich angezogen und fast Analphabet. Er hatte kaum die ersten zwei Klassen der Grundschule besuchen können. Ich fragte Ahmed: »Was hast du bis jetzt getan? Wo stammst du her?« Er war aus Turhal, hatte zehn Jahre als Soldat gedient und war ein paarmal verwundet gewesen. Er hatte als Kavalleriefeldwebel gedient. Sein Vater war ein armer Kleinbauer.

»Aber du sollst wissen«, sprach Ahmed, »daß ich frisch aus dem Gefängnis entlassen worden bin. Euer Arbeitsbüro gibt mir keine Arbeit!« Ahmed hatte nach der Entlassung vom Militär nichts im Dorf zu tun gehabt. Er überwarf sich mit seinen Landsleuten im Dorf und war in viele Schlägereien verwickelt, ging zu den Tabakschmugglern*, um Geld zu verdienen. Während einer Verfolgung durch die Gendarmen verwundete er einen von ihnen beim Feuerwechsel und mußte mehrere Jahre im Gefängnis seine Strafe absitzen.

»Gibt es andere Vergehen?« fragte ich. »Nein. Keine. Ich schwöre auf den heiligen Koran, Herr! Ich weiß, daß ich schlecht gehandelt habe und auf dem schlechten Weg war. Ich bereue es und bin Allah dankbar, daß der Gendarm nicht tödlich getroffen wurde«, antwortete er. Er machte einen guten, anständigen Eindruck auf mich. Ein einfacher, aufgeweckter, vitaler Mann. Ich gab ihm eine Chance und teilte ihn unserem Oberwächter Mahmud Tschawusch** zu, unter dessen Leitung etwa zwanzig Wächter arbeiteten. Ahmed bewährte sich vorzüglich als Wächter. Mahmud Tschawusch beförderte ihn am Ende der Bauarbeiten zu

---

* Während der letzten Jahrzehnte des Osmanischen Reiches war die Türkei das Land der feinen, besten Tabakkulturen. Türkischer Tabak, Orienttabak, war weltberühmt. Wegen der Verschuldung des Reiches wurde für Tabakhandel und die Zigarettenproduktion ein Staatsmonopol errichtet, dessen Einkünfte den ausländischen Gläubigern zugeführt wurden. Der Türke mußte sein eigenes Produkt für teures Geld vom Mono-

seinem nächsten Mitarbeiter. Ahmed sorgte für Ordnung und Sicherheit, verhinderte Streitigkeiten, deckte kleine oder große Vergehen schnell auf. Er kannte sich bestens in den Regionen der vier benachbarten Provinzen aus. Als der sehr verdiente alte Mahmud Tschawusch wegen Erkrankung Abschied nehmen mußte, wurde Ahmed zum Bektschi Baschi (Oberwächter) ernannt. Seine Tüchtigkeit sprach sich herum, so daß unser Gouverneur in Tokat sich Ahmed Tschawusch zur Klärung oder Verfolgung von schwierigen Verbrechen mehrfach von uns ausleihen mußte. Ahmed Tschawusch heiratete in Turhal. Er arbeitete jahrelang verdienstvoll in der Zuckerfabrik.

Nachdem er pensioniert worden war, erschien er eines Tages nach vielen Jahren überraschend in meinem Büro in Istanbul. Wir umarmten uns. Er war ergraut, trug Vollbart und sah gut und zufrieden aus. »Herr, wenn ich dir nicht begegnet wäre, hätte mein Leben am Galgen geendet. Allah bin ich dankbar, daß er mich zu dir geführt hat. Jetzt gehe ich zur Pilgerfahrt nach Mekka. Ich habe einen alten, armen, blinden Mann von Turhal mitgebracht. Mein Gelübde ist es, diesem Mann die Pilgerfahrt zu ermöglichen. Etwa tausend Lira fehlen mir. Wenn du mir das Geld borgen würdest, könnte ich eine gute Tat vollbringen. Ich zahle dir das Geld am Ende dieses Jahres, sobald ich meine Forderungen für die gelieferten Rüben erhalten habe.« – »Ahmed Tschawusch, ich schenke dir die tausend Lira. Laß mich an deiner Wohltat teilhaben!« – »Herr, danke dir ... aber das geht nicht, denn ich habe ein Gelübde in Gottes Namen abgelegt aus Dankbarkeit für meine Errettung«, antwortete Ahmed Tschawusch und lehnte das Geld als Geschenk ab. Als er mich nach einigen Wochen wieder besuchte, glänzte sein ganzes Gesicht freudevoll. »Herr«, sagte er, »ich bin

---

pol wieder zurückkaufen. Die Folge war lohnender, aber gefährlicher Tabakschmuggel. Die Republik hat das Tabakmonopol weitergeführt.

** Tschawusch = Führer einer Gruppe von Männern. Im Militär ein Titel für Zugführer, Unteroffizier. Der Name des derzeitigen rumänischen Staatspräsidenten Tschawuschesku (Ceaușescu)=Tschawuschensohn, stammt aus der türkischen Zeit.

Hadji* geworden. Gelobt sei der allmächtige Allah! Der blinde Mann ist in Mekka gestorben, wohl dem!«

Dann besuchte er meine Frau zu Hause, übergab ihr einige kleine Erinnerungsgeschenke, in kleinen winzigen Flaschen abgefülltes Wasser vom heiligen Brunnen (Zemzem) im Hof der Kaaba, dicke seidene Stoffschnipsel vom alten goldbestickten schwarzen Tuch der Kaaba und einen Rosenkranz aus duftendem Sandelholz. Gegen Ende Dezember des betreffenden Jahres erhielt ich die tausend Lira per Banküberweisung von Ahmed zurück.

Raif, der Scheele

Bereits in Eskischehir, während der Errichtung der Zuckerfabrik ein Jahr zuvor, war die Unterbringung und Verpflegung der vielen Arbeiter und der sonstigen Beschäftigten, insbesondere der deutschen Monteure, ein ernstes Problem. In Turhal, wo es keine Stadt oder größere Ortschaft in der Nähe gab, nahmen die Probleme ungeheure Dimensionen an. Hier waren wir völlig auf uns selbst angewiesen und mußten selbst als Arbeitgeber für Unterkunft und Ernährung der Tausenden von Menschen sorgen. Für die Bewältigung dieser Arbeiten habe ich einen Mann nach Turhal geholt, der sich auf diesem Gebiet bereits in Eskischehir hervorgetan und Erfahrung gesammelt hatte: Schaschi Raif (Raif, der Scheele), ein großgewachsener Mann von Anfang Vierzig aus Kayseri in Zentralanatolien, immer flink wie ein Wiesel, fleißig wie die Bienen. In Eskischehir war er als der zweite Mann für die Kantinen beschäftigt. Jetzt in Turhal war die Aufgabe viel schwieriger und größer. In der kleinen Ortschaft Turhal gab es fast nichts zu kaufen. Es gab nicht einmal einen Bäcker- oder Metzgerladen. Der ganze Basar von Turhal bestand aus einem kleinen Laden, wo Hanfseile, Schnur, Salz, Petroleum, Tabak und Zigaretten verkauft wurden. Ferner gab es einen Hufschmied,

---

* Hadji = einer, der die Pilgerreise nach Mekka gemacht hat.

einen Zimmermann, zwei Lager für rohe Hanf- und Leinen-
fasern und einen Sattler für Lasttiere. Jedes Haus hatte
seinen eigenen Backofen. Jede Familie schlachtete selbst,
oder man half sich gegenseitig mit der Fleischversorgung.
Aus Turhal hatten wir daher keine Hilfe zu erwarten. Wir
mußten für uns selbst sorgen. Deshalb errichteten wir sofort eine große Feldbäckerei (eine Batterie von sechs kleinen einfachen Backöfen nach altem türkischem Muster)
und einen eigenen Schlachthof. Ende März 1934 grasten
schon unsere Herden von Hunderten von Schafen und Rin-
dern unter Aufsicht von Schäfern auf den nahegelegenen
Hügeln. Es wurden getrennte Küchen für Türken und Deutsche (zu denen im Sommer noch fünfzig ungarische und
tschechische Zuckerkocher und Vorarbeiter hinzukamen,
die zum Anlernen der türkischen Belegschaft engagiert worden waren) sowie getrennte Kantinen und Aufenthaltsräume eingerichtet. Zu diesem Zweck wurden provisorische Holzbaracken gebaut, wobei die Errichtung von
Sozialgebäuden parallel dazu in Angriff genommen und
fortgeführt wurde.

Mein Schaschi Raif hat sich als Chef der Kantinen in
Turhal hervorragend bewährt. Tag und Nacht war er unermüdlich auf den Beinen, um die denkbar schwierige Aufgabe zu bewältigen. Nichts war für ihn zu schwer oder
unlösbar. Er war ein Meister der Improvisation (die Improvisation ist eine tiefverwurzelte Eigenschaft und Begabung
der Türken überhaupt). Seine Kunst in dieser Hinsicht
schoß jedoch manchmal über die Grenzen des Zulässigen
hinaus.

Eines Tages inspizierte ich (überraschend wie üblich) die
Kantinen, die Küchen. Raif lief hinter mir her, immer hoch-
gespannt, bereit, schnell auf meine Fragen, Kritiken zu rea-
gieren. Als ich dann hinter den Küchen zu dem Platz kam,
wo die Müllkästen aufgestellt waren, fielen mir an einer
Stelle die vielen schwarzen Federn auf, mit denen mehrere
Kästen bis über den Rand gefüllt waren. Obwohl die Müllkästen zugedeckt waren, sah man doch eine Menge Federn
durch den Wind in der Luft herumfliegen.

»Was ist das, Raif? Hast du in der Gegend eine Farm entdeckt, in der ausschließlich schwarze Hühner gezüchtet werden?« fragte ich erstaunt und ironisch. »Ja, mein Herr, Federn ... ja, schwarze Federn ...«, stotterte Raif, auffallend verlegen. »Heraus mit der Sprache, Raif, was ist das?« fragte ich nun ernst und bestimmt. Man müßte das Gesicht Raifs in diesem Augenblick gesehen haben. Er stand einige Augenblicke bewegungslos da vor mir, stramm wie ein Soldat, beide Hände fest an der Nahtlinie der Hosenbeine gepreßt. Sein Gesicht bleich wie Joghurt, sein rechtes Auge nach rechts schielend. Wie immer, wenn er etwas genauer anschauen wollte, stand er da, mich mit dem linken Auge anstarrend. Seine Lippen bewegten sich, als wenn er leise etwas vor sich hin murmelte ... Mir kam es vor, als stünde vor mir ein sonderbares Wesen, das aus der Kreuzung eines Engels mit einem schlauen Fuchs entstanden sein müßte. »Los, raus mit der Sprache!« wiederholte ich etwas lauter. »Herr Direktor, erlaube mir, daß ich dir die volle Wahrheit sage ... Du hast doch befohlen, den Alamans wöchentlich zweimal Geflügelspeise zu bieten. Meine Lieferanten sind ausgeblieben. Nirgends war Geflügel aufzutreiben.* Bis die nächste Partie aus Amasya eintrifft, habe ich ausnahmsweise, nur für einmal, die Raben übernommen, die die Bauern im Auftrage von Ekrembey (unserem Landwirtschaftsdirektor) zwecks Bekämpfung abschießen. Habe die frischen Tiere saftig braten lassen, sie dann mit einer schönen Tomatensoße und Paprika gedünstet. Dazu reichlich dampfende Pellkartoffeln ... Ich versichere Ihnen, Herr Direktor, die Herren Alamans haben es mit Genuß und Appetit gegessen. Viele haben zum zweitenmal ihre Teller füllen lassen, so gut hat es ihnen geschmeckt! Du kannst sie befragen. Aber bitte, bitte verraten Sie mich nicht!« bat der scheele Raif und war froh, als er mit seinem Geständnis fertig war. Ich konnte Raif nicht böse sein, mein Ärger

---

* Turhal war eine kleine Ortschaft, die umliegenden Dörfer waren arm und klein, jeder hatte für sich etwas Geflügel. Dieser Bestand wurde in kurzer Zeit von uns praktisch völlig aufgebraucht.

322

verflog. Ich mußte mir Mühe geben, meinen Ernst nicht zu verlieren und nicht laut zu lachen.

»So einen Unfug will ich nicht mehr sehen ...! Mach so etwas nicht wieder, Raif«, fuhr ich ihn an und verließ ihn eilig. Unterwegs zum Baubüro mußte ich doch mehrfach lachen, ohne es jemandem zu zeigen.

Es war nicht leicht, die deutschen Ingenieure, die Techniker, die ausländischen Meister nach ihrer Lust und Gewohnheit mit Essen zu bedienen. Schweinefleisch essen die Türken aus religiösen Gründen nicht. Deswegen waren Schweine nicht aufzutreiben. Selbst wenn man welche besorgt hätte, wäre es unmöglich, sie in unsere Küchen und Kantinen hineinzunehmen, weil dann die Türken das Gebiet nicht betreten und nichts mehr essen würden, aus Angst, daß alles vom Schweinefleisch oder von Schweinefett besudelt sein könnte. Die Fleischnahrung der Türken besteht bis heute zu achtzig Prozent aus Schafsfleisch. Es schmeckt auch vorzüglich. Die türkischen Schafe sind seit Jahrhunderten auf Fleisch gezüchtete Tiere. Sie werden nicht üppig gefüttert, sie müssen ihre Nahrung auf kräuterreichen Weiden suchen und dafür viel wandern. Daher schmeckt das Schafsfleisch in Deutschland, wo die Tiere bis zum Knie in offenem Weidegras stecken und fett werden, ganz anders als in der Türkei. Dagegen haben die türkischen Rinder ein hartes, sehniges Fleisch und sind daher bei uns nicht beliebt. Deswegen ist das Rindfleisch in der Türkei billiger als das Schafsfleisch.

Als alle Zauberkünste des sonst eminent tüchtigen Raif nichts nützten, um Geflügel zu erhalten, griff er nach den abgeschossenen Raben, die die Bauern ablieferten, um Prämien zu bekommen. Wohl oder übel mußte ich ihm verzeihen.

Raif ließ sich für immer in Turhal nieder. Da er vor Jahren seine Frau auf unglückliche Weise verloren hatte und vier Kinder allein aufzog, heiratete er in Turhal zum zweiten Male. Am Ende des Zweiten Weltkrieges quittierte er seine Stellung als Leiter der Sozialeinrichtungen der Zuckerfabrik (Gästehaus, Restaurant, Festsaal, Küchen, Wäscherei, Badeanstalt) und wurde zum Bürgermeister von Turhal gewählt. Aus dem verschlafenen, mittelalterlichen, größeren Dorf Turhal von 1934 ist heute eine geschäftige, wohlhabende, moderne Stadt geworden mit etwa 100 000 Einwohnern. Ich besuchte sie im Februar 1982 zum erstenmal wieder seit Ende 1935. Ich konnte Turhal nicht wiedererkennen.

Deli Bekir

Für die Errichtung der Zuckerfabrik in Turhal mußte ein Gelände von über zwei Millionen Quadratmetern erworben werden. Das vorgesehene Gebiet bestand aus seit Jahrhunderten angelegten Gärten, Hunderten von kleinen bewässerten, bebauten Feldern, deren Grenzen von Wassergräben und Obstbäumen markiert waren. Obwohl eine gesetzliche Bewilligung für Zwangsenteignung mir vorsorglich zur Verfügung stand, gelang es mir, sämtliche Parzellen im freien Handel gegen Bargeld zu kaufen.

Gleich nach meiner Ankunft in Turhal Anfang 1934 lud ich etwa fünfzig der wichtigen Bauern von Turhal zu mir ein und erklärte ihnen das Vorhaben der Investition und deren zukünftige Bedeutung für sie sowie für unser Land. Alle Männer hörten mir mit größter Aufmerksamkeit zu. Zum Schluß fragte ich die Leute: »Wer ist bereit, seinen Garten gegen gerechte und gute Bezahlung mit Bargeld gleich zu verkaufen?« Nach einer kurzen Stille im Saal erhoben sich zwei greise Männer mit weißen Vollbärten, die nebeneinandersaßen. Der eine von ihnen ergriff das Wort:»Mein Sohn, wir sind die Ältesten von Turhal. Beide sind wir Nachbarn. Beide haben wir beschlossen, unsere aneinandergrenzenden Gärten von zusammen zehn Dönüm (1 Dönüm = ca. 1000 Quadratmeter, also zusammen etwa 10 000 Quadratmeter) unentgeltlich zur Verfügung zu stellen . . .! Wir schenken dir unsere Felder. Gott erhalte unser Land! Gott schütze unser Volk! Gott helfe unserem Mustafa Kemal Pascha, der uns gerettet hat!« Ich war mit meinen Mitarbeitern und dem anwesenden damaligen Gouverneur von Tokat überrascht und zutiefst gerührt über die generöse und patriotische Haltung dieser alten Männer. Auf die unerwartete Eröffnung hin trugen sich alle übrigen Bauern von Turhal in die vorliegende Liste der Verkäufer ein. Ohne Widerspruch verkauften die Turhaler ihre von uns benötigten Gärten freiwillig zu den auf loyale und gerechte Weise festgesetzten Preisen. Es kostete viel Mühe, die zwei alten Greise, beide über achtzig Jahre alt, noch zu überreden, den Gegenwert ihrer Gärten anzunehmen. Diese glückliche einmalige Entwicklung hatte jedoch eine Ausnahme.

Ein Bauer namens Deli Bekir (Bekir, der Verrückte) weigerte sich hartnäckig bis Ende April, seinen etwa 3000 Quadratmeter großen Garten zu verkaufen. Jeden Vorschlag, den der junge Sami von Tokat, unser für den Verkauf und die grundbuchamtlichen Eintragungen sowie alle erforderlichen Verhandlungen eingesetzter, selten tüchtiger und zuverlässiger Mitarbeiter, machte, lehnte Deli Bekir ab.

Das Grundstück lag ausgerechnet inmitten einer Stelle des Hauptgebäudes der Fabrikation. Die Fundamente und darauf die schweren Eisenkonstruktionen des etwa 300 Meter langen und 30 Meter hohen Baues schritten von beiden Seiten fort und erreichten schon das fragliche Grundstück in der Mitte, welches uns noch nicht gehörte. Entweder mußte der Mann sich bequemen, es zu verkaufen, oder ich mußte, wenn auch widerwillig, den Weg der Zwangsenteignung einschlagen.

Ich lud ihn zu mir: Vor mir stand ein mittelgroßer, gedrungener, starker Mann von Mitte vierzig und blickte mich erbost an. Ich fing an zu sprechen, er unterbrach mich: »Nein ... nein, Herr, unmöglich. Ich verkaufe meinen Garten nicht. Mache dir keine Mühe!« – »Ja, dann muß ich das Grundstück sofort enteignen lassen. Du siehst, alle deine Landsleute haben schon ihre Felder verkauft, und sie haben mit dem Geld andere Felder gekauft, wo sie Rüben anbauen und Geld verdienen werden. Sie haben sich Wagen zugelegt und schaffen gegen schönes Geld Sand und

Kies für den Bau herbei. Warum machst du es nicht wie sie alle?« fragte ich.

Der Mann schwieg, schaute zu Boden. »Also, du zwingst mich zur Zwangsenteignung«, sprach ich zum letztenmal. Da entgegnete Deli Bekir wütend: »Herr! Ich nehme meine Axt, und von heute an bleibe ich Tag und Nacht auf meinem Feld... Sollte einer wagen, über den Graben meinen Boden zu betreten, werde ich seinen Schädel in zwei Teile spalten, das schwör' ich dir!« Und er verließ mein Barakenzimmer und schlug die Tür heftig zu. Daraufhin gab ich Anweisung an die Bauleute, sich langsam und vorsichtig an die Grenze des betreffenden Grundstückes heranzuarbeiten, aber das Grundstück bis auf weiteres nicht zu betreten. Entsprechende Instruktionen, auf der Hut zu sein, erhielt auch Mahmud Tschawusch, der Oberwächter.

Die Haltung des Mannes gefiel mir nicht. Meine Mitarbeiter wollten gleich die Polizei rufen und den Mann vorsorglich festnehmen lassen. Ich lehnte es jedoch ab. Auch mit der Einleitung der Zwangsenteignung wollte ich mich noch einige Tage gedulden. Ich war sehr beunruhigt und konnte die Nacht nicht schlafen. Frühmorgens, vor Arbeitsbeginn, verließ ich das Haus und ging auf das Baugelände. Ich sah aus etwa 140 Meter Entfernung, daß Deli Bekir sich in seinem Garten aufhielt. Er hockte, in seinen dicken Pelz eingemummt, vor einem Feuer aus Reisigholz und kochte irgend etwas darauf. Kaum hatte ich die Türe meines Büros auf dem Baugelände geöffnet und war eingetreten, hörte ich schnelle Schritte, die näher kamen. Als ich mich gerade hinter meinen Arbeitstisch begab, trat, ohne anzuklopfen, Deli Bekir in mein Zimmer, sprang mit einem Satz vor meinen Arbeitstisch und schrie mich, vor Wut bebend, an: »Herr, heute sehe ich Blut...! Ja, ich sehe Blut!«

Vor mir stand nun der Mann im offenen Pelzmantel, sein Gesicht blutrot, Stirn und Halsadern dick geschwollen, heftig aus dem Munde und der Nase schnaubend, die rechte Hand am Knauf seines Dolches, und starrte mich vorgebeugt an. Er hatte die linke Hand schon auf meinen Tisch gestützt, entschlossen, loszuschlagen.

Kâzim Taschkent hatte mir noch in Eskischehir empfohlen, in Turhal immer einen Revolver bei mir zu tragen. Ich lehnte das jedoch ab. Als er mich aber einmal in Turhal besuchte, übergab er mir eine große Pistole:»Sei nicht leichtsinnig, trage sie immer bei dir!« sagte er. Ich probierte noch in seinem Beisein, die Pistole am Gürtel zu tragen, sie war zu schwer. Sie war zu groß, um sie in die hintere Hosentasche zu stecken. Nachdem Kâzim Taschkent am nächsten Tag wieder abgereist war, legte ich die Pistole links in die unterste der drei Schubladen meines Arbeitstisches in der Baracke.

Nun, im Bruchteil von Sekunden, erschien mir diese Waffe in der Schublade als Vision. Es gab keine Zeit, etwas zu reden oder etwas zu überlegen. Hätte ich mich nach der tiefliegenden Schublade gebückt, hätte mir mit Sicherheit im gleichen Augenblick der zu allem entschlossene Mann seinen Dolch in den Rücken gestoßen. Blitzartig, mehr aus Reflex als aus Überlegung handelnd, versetzte ich Deli Bekir mit voller Kraft eine knallharte Ohrfeige auf die linke Backe. Völlig überrascht wankte der Mann vom Tisch weg zur Seite, zog seinen Dolch aus der Scheide an seinem Gürtel und schleuderte ihn zu meinem Erstaunen rückwärts auf den Holzboden, wo er mit der Spitze steckenblieb. Darauf verdeckte Deli Bekir sein Gesicht mit beiden Händen und fing an, vorgebeugt schluchzend zu weinen wie ein kleines Kind. Ein Wunder war geschehen!

Ich sprang sofort zu ihm, hielt ihn fest und sprach einige sanfte, tröstende Worte, während ich ihn auf den Sessel an meinem Arbeitstisch setzte. Im gleichen Augenblick trat auch Mahmud Tschawusch mit seiner Pistole in der Hand ins Zimmer und sah mich mit verstörten Blicken an:»Mahmud Tschawusch, bestelle uns zwei Täßchen türkischen Kaffee, und benachrichtige Sami Bey. Er soll sofort kommen ... Bekir Aga wird gleich mit ihm zum Grundbuchamt nach Tokat fahren!« rief ich dem Oberwächter zu, indem ich ihm mit den Augen ein entsprechendes Zeichen gab. Mahmud Tschawusch verstand mich, zögerte einige Augenblicke, das Zimmer zu verlassen. Ich mußte meine Anweisung wiederholen, worauf er das Zimmer endlich verließ. Während ich mit Deli Bekir Kaffee trank, beruhigte sich der Mann und erzählte: »Einige Männer im Dorf haben mich geneckt. Sie reizten mich, lachten mich aus, ich sei ein Feigling, wäre kein Mann. Wenn ich ein Mann wäre, sollte ich es zeigen und dir meinen Garten nicht verkaufen... Fast wäre ich zum Mörder geworden! Bitte verzeih mir, vergib mir. Ich habe eine große Dummheit gemacht. Deine Ohrfeige hat mich gerettet«, sagte er, während er mit dem Rücken seiner Hand die Tränen von seinem Gesicht wischte.

Noch am gleichen Tage fuhr Deli Bekir mit unserem Sami nach Tokat, um die Verkaufsformalitäten und die grundbuchamtlichen Eintragungen zu erledigen.

Deli Bekir kaufte wie die meisten seiner Turhaler Landsleute mit dem Geld Felder in der nahen Umgebung und wurde Rübenbauer. Mit den zusätzlich erworbenen zwei Pferdewagen lieferte er wie die übrigen Turhaler Sand und Kies für die Bauarbeiten der Zuckerfabrik und verdiente schönes Geld. Immer wenn er mir begegnete, sprang er von seinem Sitz auf dem Wagen, rannte zu mir, ergriff meine Hände, begrüßte mich und fragte: »Herr... hast du mir auch wirklich vergeben? Wirklich?« Ich mußte ihm immer wieder bestätigen: »Sei beruhigt, Bekir Aga! Ich habe dir vergeben. Habe alles vergessen. Wir sind gute Freunde!«

Was für ein Wandel! Heute noch, wenn ich daran denke, wundere ich mich darüber. Ich bin Gott dankbar, daß ich an jenem Morgen die Pistole nicht trug.

Atatürks Tod

Anfang des Jahres 1936 verließ ich Turhal und arbeitete bis 1939 in Eskischehir. Die Fusion der zwei alten Zuckerfabriken mit den beiden neu gebauten wurde 1936 vollzogen. Die zentrale Verwaltung der neu gebildeten, verstaatlichten Türkischen Zuckerfabriken AG richtete ihren Sitz in Ankara ein. Ich bestand jedoch darauf, die Organisation der technischen Leitung der Fabriken in Eskischehir zu belassen. Bis 1939 gelang mir dies auch, trotz steigenden Drucks des Ministeriums und auch des Generaldirektors Taschkent. Die Gründe, warum ich lieber in Eskischehir bleiben wollte, lagen erstens darin, daß Eskischehir eine zentrale Lage zwischen den vier Fabriken hatte, und zweitens gefiel mir die steife bürokratische Atmosphäre von Ankara nicht. Als aber die politische Weltlage sich zuspitzte und die Türkei sich auf einen ernsten Konflikt in Europa vorbereitete, mußte ich schließlich nachgeben und nach Ankara umziehen.

Als gerade die Reorganisations- und Rationalisierungsarbeiten der Fabriken beendet waren, erschütterte uns die traurige Nachricht vom Tod Atatürks. Am 10. November 1938, morgens um fünf Minuten nach neun, verschied der Vater der Türken.

Die Nachricht traf die ganze Nation aufs schwerste. Die gesamte Türkei, das gesamte türkische Volk, versank in Trauer. Ob alt oder jung, ob Frau oder Mann, jeder Türke vergoß Tränen. An jenen Tagen lag alles still. Ein jeder suchte Trost bei dem anderen, ohne zu sprechen und ohne ein Wort über die Lippen bringen zu können.

Die sterblichen Überreste des großen Mannes wurden erst in dem hohen Kuppelsaal des *Dolma Bahtsche Saray* in Istanbul aufgebahrt, wo der Verstorbene, schwer erkrankt, zuletzt gelegen hatte. Vier Generäle der türkischen Armee hielten Tag und Nacht die letzte Wache an seinem Leichnam, während Hunderttausende Bewohner von Istanbul an ihm vorbeizogen, um von ihm Abschied zu nehmen.

Seine sterblichen Überreste wurden dann nach Ankara überführt. Am Ende der offiziellen Feierlichkeiten in Ankara wurde sein Sarg im Ethnologischen Museum aufgebahrt, bis nach den Kriegsjahren das Grabmal für ihn fertiggebaut war und er dort seine letzte Ruhe fand. Das imposante Grabmal von Atatürk ist seitdem das nationale Heiligtum des türkischen Volkes.

Vom Dolma Bahtsche Saray bis zum Abfahrtsbahnhof der Bahn nach Ankara wurde der Sarg Atatürks unter militärischen Ehren und Eskorten auf den Schlachtkreuzer »Yawuz Sultan Selim«, das frühere deutsche Schlachtschiff »Goeben«, gebracht und nach Haydar Pascha, dem Bahnhof auf der anatolischen Seite von Istanbul, gefahren. Von hier nahm ihn der Präsidialsonderzug auf, um ihn über Eskischehir nach Ankara zu bringen. An den Begräbnisfeierlichkeiten in Ankara nahmen fast alle Staaten der Welt teil. Deutschland und England schickten je eine Ehrenkompanie von Soldaten.

Spät in der Nacht, zwischen zwei und drei Uhr, sollte der Sonderzug durch Eskischehir Richtung Ankara fahren. Die Bahnstrecke ging fast einen Kilometer entlang direkt am Gelände unserer Zuckerfabrik außerhalb der Stadt vorbei. Auf der anderen Seite der Bahn, uns gegenüber, lag damals ein riesiges Getreidefeld. Wir beschlossen, mit unseren Arbeitern und Angestellten ein dichtes Spalier von Fackelträgern der Bahn entlang aufzustellen, um Atatürk unsere letzte Ehrung darzubieten.

In dieser unvergeßlichen kalten Nacht kamen Hunderttausende von Menschen – Frauen, Männer, Kinder – zu Fuß oder auf dem Pferd von überallher aus den entlegenen Provinzen, den Bergdörfern, aus den weiten Steppen des anatolischen Hochlandes, um entlang der Hunderte Kilometer langen Bahnstrecke bis Ankara ihrem Ata (Vater) auch die letzte Ehre zu erweisen. Die andere Seite der Bahn, uns gegenüber, wimmelte daher von Menschen. Ich ließ an diese Leute ebenfalls Fackeln verteilen. Als der Zug herannahte, standen fast zweitausend Männer beiderseits der Bahn vor den Menschenmassen still mit hochgehaltenen Fackeln.

Der Sonderzug war verdunkelt bis auf die letzten beiden Waggons, die hell erleuchtet waren. In der Mitte des letzten Waggons stand, mit der türkischen Fahne bedeckt, der Sarg Atatürks aufgebahrt. An den vier Enden hielten Generäle in Galauniformen Wache. Beim Anblick dieser eindrucksvollen Szenerie fingen die unzähligen Menschen an, laut zu weinen und bitter zu klagen. Das Geheule, das Geschluchze so vieler Menschen erklang jammervoll über das weite

Land hinauf in den dunklen Himmel. Zahllose Menschen fielen ohnmächtig um. Rudelweise lösten sich Männer und Frauen aus der Menge, liefen hinter dem letzten Waggon her, stürzten und wälzten sich verzweifelt auf den Schienen. Es war ein schauriges, erschütterndes Bild. Auch ich mußte meine Frau schnell nach Hause bringen, weil sie ohnmächtig geworden und umgefallen war. Den Rest der unseligen Nacht haben wir beide ohne Schlaf wach verbracht, in unaussprechlichem Schmerz.

Das Erlebnis jener Nacht blieb mit allen Einzelheiten in meinem Gedächtnis haften. Das Ganze wirkte auf mich unwirklich, überirdisch, wie die phantastische Vision eines mythologischen Kultes aus uralten Zeiten.

Der große Mustafa Kemal Atatürk war für immer gegangen. Was wird aus der Türkei? Aus den Türken? Werden wir den Weg, den er uns wies, weitergehen können ohne ihn? Was wird aus seinen Reformen, seinem Vermächtnis?

Nach Atatürk

Atatürk war 57 Jahre alt, als er starb – viel zu jung. Was hätte er noch alles vollbracht, wenn er in gesunder Verfassung ein normales Alter von siebzig Jahren erreicht hätte? Nachdem er die nationale Erhebung am 30. August 1922 zum siegreichen Ende geführt hatte, den von der Regierung des gefangenen Sultans Mehmed VI. unterschriebenen Vertrag von Sèvres zerrissen und an seiner Stelle den Lausanner Friedensvertrag als gleichberechtigter Partner mit den Entente-Mächten ausgehandelt hatte, ging er daran, die Fundamente des neuen Staates der Türken zu legen:
1. Das Sultanat der Osmanen wurde abgeschafft. Die Türkei wurde eine Republik.
2. Das Kalifat wurde beseitigt und damit die Theokratie aufgehoben.
3. Religion und Staat wurden voneinander getrennt. Die Einmischung der Religion in die Gesetzgebung wurde abgeschafft, der Laizismus proklamiert.

4. Die Verfassung der Republik sah die bedingungslose Souveränität des Volkes vor und enthielt keinen Satz mehr, der besagt, daß der neue Staat ein moslemischer Staat sei. Sämtliche Sonderrechte und Konzessionen der fremden Staaten, die sie im alten Reich genossen, wurden beseitigt.

5. Anstatt des islamisch orientierten Zivilrechtes wurde das bürgerliche Recht der Schweiz eingeführt. Damit wurde die Polygamie ungesetzlich. Das Strafrecht wurde nach dem italienischen, das Handelsrecht nach dem deutschen Vorbild ausgearbeitet und neu erlassen.

6. Die soziale Gleichberechtigung der Frau wurde proklamiert, um die türkische Frau von den früheren religiösen Einschränkungen zu befreien. Sie mußte keinen Schleier mehr tragen. Die Frauen konnten nunmehr alle Berufe ergreifen.

7. Das Tragen des Fes wurde als Symbol der Rückständigkeit verboten. Hut und Mützen wurden als Kopfbedeckung vorgeschrieben. Sowohl den türkischen Vorbetern, den Imams, wurde das Tragen von Turbanen untersagt als auch den christlichen Priestern bzw. den jüdischen Rabbis, ihre Trachten außerhalb der Kirchen, Klöster oder Synagogen öffentlich zu tragen.

8. Die bisherige, aus dem Arabischen übernommene Schrift wurde durch die lateinische ersetzt.

Alle diese in der Geschichte beispiellosen, in nur wenigen Jahren durchgeführten Umwälzungen zielten eindeutig auf ein Ergebnis: die Türkei endgültig von einer Monarchie mit unzeitgemäßen orientalischen Traditionen in einen modernen Volksstaat, die Demokratie, zu führen sowie das türkische Volk von den Bindungen an seine islamisch-religiös geprägte überholte Lebensweise zu lösen und es der modernen Zivilisationsgemeinschaft des Westens anzuschließen. Dieser schwerwiegende, radikale Bruch mit der Vergangenheit wäre Atatürk nicht gelungen, wenn er sich nicht durch seine erfolgreichen Leistungen für die Rettung und Befreiung des türkischen Volkes das bedingungslose Vertrauen und die Liebe seines Volkes erworben hätte.

Dennoch gab es nicht nur tief in entlegenen Provinzen, sondern auch in der Elite, sogar bei den ihm nahestehenden politischen und militärischen Freunden, ernste Widerstände gegen die tiefgreifenden Reformen. Atatürk überwand sie alle entschlossen, energisch, meistens mit intelligenter Geschicklichkeit und, wenn es nötig wurde, auch mit Härte.

Durch diese revolutionären Maßnahmen eröffnete Atatürk den Türken und ihrem neuen Staat den Sprung in das Lager der westlichen Zivilisation, in die technische, kulturelle, soziale und wirtschaftliche Entwicklung der westlichen Welt. Das seit zwei Jahrhunderten Versäumte, Verpaßte, sollte nun nachgeholt werden. Die vielen Kompromißversuche des letzten vergangenen Jahrhunderts waren vergebens gewesen und endeten beinahe mit dem Untergang der Nation. Atatürk erkannte richtig, woran es fehlte. Er stellte die richtige Diagnose und nahm dann aber kompromißlos die Eingriffe vor, die für die Genesung und Gesundung der Nation notwendig waren.

Atatürk war als Soldat, als Staatsmann und Politiker sowie als Revolutionär zweifelsohne eine der seltenen großen Gestalten der Geschichte. Über ihn sind Hunderte von Werken erschienen, fast in allen Kultursprachen der Welt. Man verglich ihn mit Alexander dem Großen, mit Dschingis Khan, mit Napoleon ...

Vergleiche dieser Art sind völlig falsch. Er war ein ganz anderer Mensch. Seine Leistungen, sein Werk, sind anders zu bewerten. Jene haben sich in der Geschichte vor ihm nur als Soldaten, als Eroberer, als Meister der Strategie Namen gemacht. Aber sie hinterließen alle drei, nachdem sie soviel Blut vergossen und viel zerstört und vernichtet hatten, nichts Bleibendes. Alles, was sie taten, war für ihr Volk ergebnislos, ohne Dauer, ohne bleibende Werte.

Wie anders dagegen ist Atatürks Werk? Wohl war er ein Soldat, ein glänzender Meister des Kampfes und der Strategie, ein Sieger. Aber er war kein Eroberer, sondern ein Verteidiger. Er rettete sein Volk, seine Heimat vor den Vernichtungsangriffen der Feinde. Er verabscheute den Krieg zutiefst. Er war niemals ein Militarist. Durch seine tiefgreifenden Reformen veränderte er die Tradition, die Einstellung, die Gewohnheiten seines Volkes. Er schuf einen modernen, freien, selbständigen nationalen Volksstaat. Er wies seinem Volk den Weg des Fortschrittes, des Wissens, der Arbeit, der Produktion, des Wohlstandes. »Türk! Tschalisch, Ögün, Güwen!« (Türke! Arbeite, sei stolz und vertraue!); »Der echte Wegweiser im Leben ist die Wissenschaft« (nicht der Aberglaube); »Wohl dem, der sagen kann: Ich bin ein Türke«, dies sind seine bekannten Devisen. Und als sein bedeutsamstes Vermächtnis für zukünftige Generationen gilt sein berühmtester Spruch: »Friede in der Heimat, Friede in der Welt.« Er hat für die Türken damit die Epochen der Kämpfe und Kriege endgültig abgeschlossen. Von nun an muß alles darangesetzt werden, daß der Friede erhalten bleibt. Krieg und Kampf gelten nur für die Verteidigung der Heimat, des Mutterlandes, der Selbständigkeit, der Unabhängigkeit sowie der Freiheit des Volkes und des Staates, der Republik. Die von ihm geschaffene neue türkische Armee hat die Aufgabe, diese Werte zu verteidigen. Sie wurde fortan in dieser von Atatürk gegebenen Direktive ausgebildet.

In der Tat haben sich die Türken mit Atatürk umgestellt und sind an die Arbeit gegangen: Unerwartet, überraschend und gegen alle negativen Prognosen ist die Saat, die Atatürk gesät hatte, aufgegangen und gewachsen. Den Türken gelang es, ihre schweren Wunden zu heilen. Sie konnten trotz der schlechten Verhältnisse der beiden Weltkriege und der dreißiger Jahre den Aufbau praktisch vom Nullpunkt auf allen Sektoren anpacken und mit zähem Einsatz auf den Gebieten der Landwirtschaft, der Industrie und des Handels, der Kommunikation, des Transportes und der Finanzen vorantreiben.

Die Türken gingen damals ihren Weg allein, auf sich selbst angewiesen, mit den wenigen bescheidenen Mitteln, die sie erwirtschaften konnten. Daneben mußten sie immer für die Landesverteidigung bereit sein und dafür viel Geld aufwenden. Sie zahlten nebenbei den ihnen zugefallenen

Anteil der alten konsolidierten Schulden des Osmanischen Reiches pünktlich auf Heller und Pfennig zurück. Der Rückzahlungsdienst dieser Schulden dauerte bis in die Jahre nach dem Zweiten Weltkrieg.* Alle ausländischen Konzessionen aus der Zeit des Osmanischen Reiches wurden aufgekauft, nationalisiert: Eisenbahnen, Hafengesellschaften, Trambahnen, Gaswerke und Energieanlagen, Steinkohlezechen, Bergwerke, Telefongesellschaften (alle diese Betriebe gehörten früher den ausländischen Kapitalgesellschaften).

Natürlich nahmen die totale Umstellung des Landes und die neue Entwicklung ihren Fortgang nicht reibungslos und ohne Schwierigkeiten. Im Gegenteil, die geistige, soziale und wirtschaftliche Umstellung des einzelnen erfordert geeignete Erziehung, Lehrer, Mittel, Erfahrung und Zeit. Außerdem mußte ein Mindestkader einer Elite vorhanden sein, welches diesen Aufgaben gewachsen war. Gerade dieses Mindestkader aufzustellen war ein Riesenproblem. Es fehlte an allem. Was aufzutreiben war, bestand aus einem kleinen Haufen von wenigen jungen Idealisten, die die langen Kriege überleben konnten. Es gab Rückschläge, Enttäuschungen, Fehler. Solange Atatürk am Leben war, konnte er schnell eingreifen, korrigieren und verbessern. Aber da er nicht mehr lebte, wer konnte die Energie, die Willenskraft, die Ein- und Weitsicht, die mitreißende, begeisternde Autorität, kurz die Genialität dieses seltenen Mannes ersetzen, um das Volk und den Staat in Richtung der Reformen weiter vorwärts zu führen?

Atatürk lebte seine letzten zehn Jahre immer in dieser Sorge. Er hatte sich weit, sehr weit von seinen Revolutionsfreunden und Mitstreitern entfernt. Geschulte Menschen gab es wenige. Sie waren auch an Niveau und Qualität ungenügend vorbereitet für die völlig neuen großen Aufgaben, vor denen das Land sich befand. Atatürk stand in

---

* Die Türkei gehört zu den seltenen Ländern (wenn nicht das einzige Land), die am Krieg beteiligt waren und Schulden aus der Zeit vor dem Ersten Weltkrieg ordnungsgemäß zurückgezahlt hatten.

Wirklichkeit allein da. Ja, einsam befand er sich an der Spitze, hinter sich die gesamte schwere Masse mit sagenhafter Energie und Aufopferung vorwärtsziehend. Er opferte sich auch zum Schluß für seine Türken.

Dieses Reich liquidieren

Bei einer privaten Zusammenkunft Mitte der sechziger Jahre im Hause von Taschkent war außer mir auch der verdienstvolle bekannte General Ali Fuad Djebesoy unter den wenigen Gästen. Dieser General gehörte zu den alten engen Freunden und Klassenkameraden von Atatürk seit den Zeiten des Studiums in der Offiziersakademie in Istanbul während der Regierungszeit des Sultans Abdul Hamid. Der General hatte natürlich die turbulenten Ereignisse um die Jahrhundertwende miterlebt und alle Kriege, auch den letzten Befreiungskrieg, mitgemacht, in dem er den linken Flügel der türkischen Armee gegen das Invasionsheer der Griechen in Anatolien befehligte.

Um Atatürk und seinen scharfen Weitblick zu illustrieren, erzählte er folgendes Erlebnis: »In der letzten Klasse der Militärakademie diskutierten wir die Teilnahme und Unterstützung der Revolutionsbewegung der Jungtürken mit dem Ziel, Sultan Abdul Hamid abzusetzen, die aufgehobene Verfassung von 1878 wieder in Kraft zu setzen und das parlamentarische Regime wiedereinzuführen. Mustafa Kemal hörte uns zu und ergriff das Wort: ›Ist das alles? Wir müssen dieses Reich liquidieren, Kameraden!‹ rief er aus. ›Es ist morsch, unterhöhlt, hat seine Zeit überlebt, es ist nicht mehr zu retten! Schade für jeden Tropfen Blut, den das ohnehin ausgeblutete türkische Volk für die Rettung dieses Reiches vergießen müßte! Die Revolution müßte nach dem Umsturz freiwillig außer Anatolien und Ost- und Westthrazien alle nichttürkischen Gebiete den westlichen Großmächten in treuhänderische Verwaltung übergeben und abtreten. Weg von Arabien, Jemen, den Emiraten, weg von Irak, von Syrien, vom Libanon und aus

Palästina . . . Nur das Kernland der Türken erhalten. Dafür von England und Frankreich nicht nur die Streichung der osmanischen Schulden sowie die Aufhebung der Kapitulationen verlangen, sondern neues frisches Geld und technische Hilfe als Gegenleistung von ihnen erhalten! Das müßte das Ziel sein . . .! Den Großmächten wäre ein solcher Vorschlag willkommen. Ihnen wäre lieber, das Ziel ihrer Politik mit Geld anstatt mit Krieg zu erreichen. Und wir Türken könnten ohne Feuer, Verluste an Menschenleben und Hab und Gut auf dem mit großer Mehrheit rein türkisch bewohnten Heimatboden unseren neuen Staat aufbauen, unsere Zukunft gestalten!‹ Alle Kameraden waren damals über diese ungeheuerlichen Vorstellungen Mustafa Kemals entrüstet, empört und protestierten laut: ›Bist du wahnsinnig geworden? Die geheiligten, mit soviel Blut getränkten Länder des großen Reiches unseren Henkern freiwillig zu überlassen? Wag nicht noch einmal, solche Worte in den Mund zu nehmen. Bist du ein Verräter?‹ schrien wir ihn an.«*

Mustafa Kemal Atatürk hatte schon damals als junger Mann die kommenden Ereignisse und deren Folgen vorausgesehen. Er hatte schon damals die radikale Lösung in seinem Kopf und die zukünftigen Grenzen des heutigen Nationalstaates der Türkei mit Ausnahme Westthraziens gezogen.

Er sollte sie drei Jahrzehnte später, während der Befreiungskriege nach dem Ende des Weltkrieges, 1920, als den nationalen Schwur *Misake Milli* proklamieren, weiterkämpfen und sie als Souveränitätsgrenzen der türkischen Republik verwirklichen.

Atatürk war ein nüchterner Rechner, ein rationaler Kopf, ein Analytiker. Ein Realist, frei von Wunschträumen, und trotzdem handelte er, ohne seinem Patriotismus Konzessionen zu machen. Daß er dabei das richtige Maß anwenden konnte, ist eine Lehre, ein Vorbild für alle Politiker und Staatsmänner der kommenden Generationen. Hellsehe-

---

* Diese Geschichte war bis dahin niemandem bekannt gewesen.

risch hatte er auch das Kommen des Zweiten Weltkrieges sehr frühzeitig vorausgesehen und mit den westlichen Demokratien England und Frankreich, den ehemaligen Feinden, Bündnisverträge abgeschlossen.

Gleich nach dem Lausanner Friedensvertrag hatte er den besiegten und in ihrem nationalen Stolz gebrochenen Griechen die Hand gereicht. Er lud den griechischen Ministerpräsidenten Veniselos, seinen einstigen unversöhnlichen Gegner, nach Ankara ein und schloß mit ihm einen Freundschaftsvertrag.*

In seiner Sorge, das Feuer des Krieges möglichst fern von der Türkei zu halten, brachte Atatürk den Balkanbund zustande, an dem Griechenland, Jugoslawien, Bulgarien, Rumänien mit der Türkei beteiligt waren.

Ein Leben stets im Kampf oder gespannter Wachsamkeit, ein Leben, in dem kein einziger Augenblick ohne Sorge, ohne Kummer war, ohne Gedanken über das Heute und Morgen der Türken und der Türkei, führte Atatürk bis zu seinem letzten Atemzug. Auf alles, auf Familie, auf Ruhe, auf Erholung, auf Gesundheit, mußte er verzichten, obwohl er doch so gerne ganz menschlich war und so ausgelassen wie ein Kind sein konnte.

Sein Körper war einem solchen anspruchsvollen, großen Geist nicht gewachsen. Mustafa Kemal Atatürk mußte ein einziges Mal in seinem Leben kapitulieren: vor dem Tod.

* Atatürk gab sich große Mühe, die Griechen mit den Türken wieder zu versöhnen. Die dadurch wieder etablierte Freundschaft der beiden Nachbarvölker hatte besonders für die Griechen bedeutenden Nutzen gebracht. Zehntausende Griechen kamen wieder zurück in die Türkei und machten gute Geschäfte. Fünfzehn Jahre nach Atatürks Tod kam der unselige Bruch, weil die Griechen plötzlich nach der Vertreibung der Engländer von der Insel Zypern auch die seit vier Jahrhunderten mit ihnen gemeinsam lebenden Türken gewaltsam wegjagen und Zypern Griechenland anschließen wollten. Ihr Kampfgeschrei »Enosis« (Anschluß) ist bis heute nicht verstummt.

Inönü

Es ist nicht leicht und keine besonders hohe Gunst des Schicksals für jemanden, die Nachfolge einer großen, außergewöhnlichen Persönlichkeit anzutreten. Inönü war ein solches Schicksal beschieden.

Er war jünger als Atatürk. Als Stabsoffizier der Artillerie diente Inönü in Balkankriegen an allen Fronten. Er war ein intelligenter, fleißiger, tüchtiger Stabsoffizier, und als solchen schätzte ihn Mustafa Kemal besonders. Inönü verließ während der Besatzungszeit Istanbul und stellte sich Mustafa Kemal für die Befreiungsbewegung zur Verfügung. In der Schlacht von Inönü*, unweit von Eskischehir, siegte er mit seinen neuen, mit Mühe gebildeten regulären Truppen der Freiheitskämpfer gegen den linken Flügel der griechischen Invasionsarmee und zwang sie zum Rückzug. Das war die erste schwere Schlappe der Griechen in Anatolien.

Nach dem Sieg 1922 wurde er zum Leiter der türkischen Friedensdelegation von Lausanne ernannt. Viele Monate lang führte er hartnäckige Verhandlungen gegen die Delegierten der ehemaligen Sieger des Ersten Weltkrieges. Sein härtester Gegner war der englische Außenminister Lord Curzon, den er während der Verhandlungen oft fast zur Verzweiflung brachte. Nach dem erfolgreichen Vertragsabschluß wurde Inönü als Abgeordneter von Malatya in der Nationalversammlung in Ankara zum Ministerpräsidenten ernannt. Damit stand er auch als der nächste Mitarbeiter Atatürks und als Regierungschef während sämtlicher Arbeiten bei der Durchführung der Reformen sowie der Neuordnung der türkischen Republik an der Seite des Staatschefs. Seine Verdienste um die Etablierung des jungen, praktisch mittellosen Staates sowie um die Überwindung der zahllosen Schwierigkeiten, denen die Türkei nach zwölf Jahren Krieg und Verheerung ausgesetzt war, sind unbestritten. Mitte 1930 ersetzte ihn Atatürk durch Celal

---

* 1934, als alle Türken Familiennamen bekamen, gab Atatürk dem bisherigen Ismet Pascha den Familiennamen Inönü.

Bayar als Ministerpräsidenten. Bayar, bisher Wirtschaftsminister, war der erste Zivilist, der den Posten des Regierungschefs innehatte.

Gleich nach dem Friedensvertrag von Lausanne hatte Celal Bayar im Auftrag Atatürks die erste große Privatbank der Türkei, die IS-Bank, gegründet und erfolgreich geleitet. Als einfacher Dorf-Imam (Vorbeter) verkleidet, leistete Celal Bayar während der Befreiungskriege in den von den Griechen besetzten Westprovinzen hervorragende, verdienstvolle Arbeiten für die geheime Organisation des Widerstandes. In dem ersten Kabinett von Inönü war Celal Bayar als Wirtschaftsminister ebenfalls sehr erfolgreich. Er war wie Atatürk liberal eingestellt, während Inönü für die Verhältnisse der Türkei die Staatswirtschaft für geeignet hielt. Auf diese Weise entstand die erste Gegensätzlichkeit in den Auffassungen des Führungsteams der jungen Republik: Inönü links der Mitte, Celal Bayar rechts der Mitte.

Gegen Ende der zwanziger Jahre wurde in Izmir der erste Wirtschaftskongreß einberufen, auf dem die wirtschaftliche Strategie des neuen Staates festgelegt wurde. Die Türkei mußte so schnell wie möglich wirtschaftlich erstarken.

Um die notwendigsten Industriezweige zu finanzieren und zu leiten, wurde die Sumerbank, für die Bergwerke die Eti-Bank gegründet. Der Staat verfügte nun neben der alten Landwirtschaftsbank (Ziraatbank) über zwei weitere wichtige Staatsbanken.* Textil-, Chemie-, Leder- und Zukkerfabriken, Stein- und Braunkohle-, Kupfer-, Chrom- und Bleibergwerke wurden teils nationalisiert, teils neu gebaut und in Betrieb genommen. Der Ausbau der Infrastruktur des Landes begann, mit dem Bau von Häfen, Straßen und Eisenbahnen wurde begonnen.

Da es dem Volk damals an jeglichem Kapital fehlte, mußte der Staat vorgreifen, um aus Steuermitteln die notwendigsten Organisationen zu schaffen. Auch das türkische Volk mußte erst für die wirtschaftliche Tätigkeit, für freie Berufe, für Handel und Gewerbe erzogen und interes

---

* Später folgte ihnen eine Bank für die Seeschiffahrt.

siert werden. Denn der Türke war bisher in der Hauptsache Kleinbauer, Soldat oder Beamter. Handel, Unternehmen, freie Berufe lagen in den Händen der Minderheiten oder der ausländischen Niederlassungen, die mit den Minderheiten zusammenarbeiteten.

Eine der durchgesetzten bedeutsamsten Bedingungen des Lausanner Friedensvertrages sah den Austausch der Minderheiten vor. Es sollten die Griechen der Türkei gegen Türken in Griechenland ausgetauscht werden. Vom Austausch ausgenommen wurden nur die Griechen, die in Istanbul ansässig waren mit dem orthodoxen Patriarchen, und die Türken in Westthrazien. Diese schwere Operation wurde gleich nach dem Abschluß und der Ratifizierung des Friedensvertrages durch die beiden Parlamente in Angriff genommen.

Allen negativen Voraussagen zum Trotz überwand die Türkei sämtliche schwere Hürden, die sozialen und kulturellen tiefgreifenden Umstellungen, aber auch die wirtschaftliche Neuorientierung. Ich kann mich gut an damalige Veröffentlichungen in der ausländischen Presse, auch der deutschen, erinnern. Fast einstimmig sagte man der Türkei jetzt erst recht den endgültigen Zusammenbruch in ein paar Jahren voraus. Die meisten Armenier seien jetzt in den vom Reich abgetrennten Ländern verblieben, die Griechen bis auf die 150000 Istanbuler seien nach Griechenland gegangen, die ausländischen lebenswichtigen Betriebe seien verstaatlicht. Man hielt es für unmöglich, daß die unerfahrenen, an das Wirtschaften nicht gewohnten Türken mit den ungeheuren Problemen, denen sie jetzt begegneten, fertig werden konnten. Im ganzen Land würde nichts mehr funktionieren. Es gäbe keinen Spengler, keinen Glaser, keinen Schneider, keinen Schuster, keinen Maurer, keinen Lebensmittelhändler, keinen Kaufmann, keinen Importeur, keinen Exporteur in der Türkei. Demnächst müsse den Türken die Luft ausgehen!

Die Türken aber schufteten mühsam, hielten hartnäckig aus und überwanden nach und nach zur Überraschung und zum Staunen ihrer mißgünstigen Beobachter im Ausland alle Barrieren. Der alte »kranke Mann am Bosporus«, den man so gerne tot sehen wollte, war jetzt wie durch einen Zauberstab als ein frischer, gesunder, junger Mann aus seinem Krankenbett aufgestanden.

Bei der Bewältigung all jener ungeheuer schwierigen Aufgaben trugen zwei Persönlichkeiten wohl die meiste Verantwortung unter Atatürk: Ismet Inönü als Ministerpräsident und Celal Bayar als Wirtschaftsminister.

Nachdem Celal Bayar unerwartet den Posten des Ministerpräsidenten übernommen hatte und Inönü ablöste, schlug Bayar einen liberalen Weg in der Wirtschaft ein. Die inzwischen herangewachsene junge Bürokratie und die jungen Technokraten, die der Schule von Inönü angehörten, leisteten direkten sowie indirekten passiven Widerstand gegen diese Politik. Celal Bayar ersetzte sie mit Leuten, die seiner Linie zu folgen bereit waren. Auf diese Weise entstand die erste offene Polarität in den Führungsgremien der Verwaltung, der Wirtschaft, während das Militär die Entwicklung ruhig beobachtete. Mit dem Tod von Atatürk wurde selbstverständlich Inönü als Nachfolger zum Präsidenten der Republik gewählt, und Celal Bayar mußte sich gleich darauf aus der politischen Arena zurückziehen.

Nun begann eine neue Ära in der Türkei. Inönüs alte Parteigänger kamen auf ihre Posten zurück. Neue gesellten sich hinzu. Die meisten Maßnahmen Celal Bayars wurden rückgängig gemacht. Der Druck, die dirigistische Einmischung des Staates in Wirtschaft und Verwaltung nahmen zu. Die sich dagegen wehrenden Kreise wurden zur Verantwortung gezogen, kaltgestellt, eliminiert.

Auch uns in der Leitung der Zuckergesellschaft traf die Welle der Angriffe der Anhänger der Staatsautorität in der Wirtschaft. Wir waren unzähligen Untersuchungen, Kontrollen und Schikanen der Bürokraten und Technokraten der Ministerien ausgesetzt. Man warf uns vor, willkürlich gehandelt, verschwenderisch gewirtschaftet zu haben, zu hohe Vorräte an Reserveteilen und Hilfsstoffen angelegt, unsere Reparaturwerkstatt zu einer »Maschinenfabrik« ausgebaut zu haben. Das fertiggestellte Projekt einer neuen fünften Zuckerfabrik wurde mit sofortiger Wirkung gestrichen. Aus Eifersucht und Neid der Staatsbeamten wurde ein Gesetz erlassen, wonach die Gehälter des Führungsstabes, der Ingenieure und aller Angestellten in den Staatsbetrieben dem Gehaltstarif der Staatsbeamten angepaßt wurden, so daß ich zum Beispiel mehr als die Hälfte meiner bisherigen Bezüge verlor. Der Austritt aus der staatlichen Industrie wurde durch ein gesetzliches Verbot den Mitgliedern des Stabes der Generaldirektionen unmöglich gemacht. Wir nahmen diese harten Maßnahmen des Inönü-Regimes in Hinsicht auf die große Gefahr eines bevorstehenden weltweiten Krieges hin und trugen unsere Verantwortung, taten unsere Pflicht weiter.

Als bereits 1939 die Kriegskatastrophe ausbrach, gab ich Inönü recht für sein strenges Regime. Er mußte überall die Zügel strammer halten. Aber durch den Krieg behielten auch wir unsererseits recht. Wir bewiesen, warum wir vorsorglich die Zentralwerkstatt für die Versorgung der vier Zuckerfabriken mit Reserveteilen ausgebaut, warum wir zusätzliche Vorräte an Hilfsstoffen, auf deren Importe aus dem Ausland (Deutschland) wir angewiesen waren, für die Fabrikation von Zucker angelegt hatten. Ohne diese Vorräte, ohne die Ersatzteile selber herstellen zu können, wäre während der Dauer der Kriegsjahre die Zuckerversorgung unmöglich geworden.

Zum Gespräch vor Inönü

Der Zweite Weltkrieg hatte längst begonnen. Hitlers Armeen hatten in Anwendung der Strategie des Blitzkrieges Polen überrannt, Frankreich niedergeworfen, England auf seiner Insel eingesperrt. Danach drangen sie tief in Sowjetrußland ein, besetzten den Balkan und Griechenland, so daß die deutsche Wehrmacht in Bulgarien, Thrazien und auf den Ägäischen Inseln vor den Grenzen der Türkei stand. Mussolinis faschistische Armeen marschierten mit deutscher Hilfe in Libyen gegen englische Truppen ein, um

Ägypten und damit den Suezkanal zu kontrollieren. Franz von Papen, Botschafter Hitlers in Ankara, der die Türkei und die türkischen Offiziere, darunter den verstorbenen Atatürk und Inönü, vom Ersten Weltkrieg als Stabsoffiziere persönlich kannte, bemühte sich im Sinne Berlins, die Türkei gegen Rußland auf die Seite des Hitler-Reiches in den Krieg hineinzuziehen – sehr elastisch, oft mit Delikatesse, manchmal aber auch mit der nötigen Drohung.

Von Papen erwies sich in Ankara als aalglatter Diplomat. Da er den türkischen Charakter gut kannte, taktierte er vorsichtig und zog seine Demarchen geschickt wieder zurück, wenn er das kategorische Nein von Inönü oder seinem Außenminister Schükri Saradjoglu zu hören bekam, um zu verhindern, daß die Türken sich auf die Seite der Alliierten schlugen. Die Engländer, später zusammen mit den Amerikanern (Churchill und Roosevelt), verlangten von ihrem Verbündeten Inönü, daß die Türkei auf ihrer Seite in den Krieg eintrete. Auf diese Weise könnten sie dem schwer bedrängten Stalin über die Dardanellen und den Bosporus oder den Kaukasus mit Kriegsmaterial, Lebensmitteln und Transportmitteln schnell zu Hilfe eilen. Inönü blieb jedoch unbeweglich, war nicht bereit, sich der einen oder anderen Partei anzuschließen. Mit der Fortdauer des Krieges wuchs auch der Druck beider Parteien auf die Türkei. Inönü behandelte beide Gegner hinhaltend, um Zeit zu gewinnen.

Inmitten dieser Ereignisse, gegen Ende 1942, klingelte das Telefon in meinem Zimmer der Generaldirektion der Zuckergesellschaft in Ankara, wohin ich schon vor mehreren Jahren umgezogen war. Am Telefon meldete sich der erste Adjutant des Präsidenten Inönü. Er rief vom Parlament aus an: »Ist Herr Taschkent da?« fragte er mich. Ich sagte ihm, daß Taschkent in Istanbul sei. »Dann kommen Sie bitte sofort zum Parlament. Der Präsident der Republik wünscht Sie zu sprechen. Ich habe den Befehl erhalten, Ihnen dies zu übermitteln«, führte der Adjutant aus. Darauf fragte ich: »Welche Fragen werden behandelt?« – »Das weiß ich nicht. Kommen Sie sofort!« erwiderte er kurz. Es blieb mir nichts anderes übrig, als gleich ins Auto zu steigen und loszufahren. Ich wollte gerne vorbereitet, eventuell mit den nötigen Unterlagen vor dem Präsidenten erscheinen. Es war aber nicht möglich.

Unterwegs überlegte ich, was Inönü wohl von mir wissen wollte. Wir hatten Steuerprobleme mit dem Finanzministerium, über den neuen Zuckerpreis verhandelten wir mit dem Wirtschaftsministerium, über den Rübenpreis mit dem Landwirtschaftsministerium. Es gab Probleme bei der Kohleversorgung, bei dem Waggonbedarf für Kohle-, Zucker- und Rübentransporte. Was wollte er wohl wissen?

Der alte Inönü liebte Scherze und brachte bei solchen Besprechungen oder Besuchen den vor ihm stehenden Generaldirektor, Minister oder Staatssekretär mit den unglaublichsten Fragen in Verlegenheit. Wobei man nicht herausbekam, ob er es ernst meinte oder Spaß machte.

Mir war unter anderem bekannt geworden, wie er vor kurzem anläßlich eines Besuches der Stahlwerke in Karabük den dortigen Generaldirektor in schwere Bedrängnis versetzt hatte. Während der Besichtigung der Anlage fragte Inönü plötzlich den Generaldirektor: »Kannst du mir sagen, wieviel Verfahren es zur Herstellung von Schwefelsäure gibt?« Da der Generaldirektor ein reiner Hüttenmann war, kannte er nur das Verfahren, nach dem die Anlage in seinem Werk arbeitete, und blieb Inönü die Antwort schuldig. Der Präsident hatte sich jedoch vor seinem Besuch bei dem Stahlwerk in einem kleinen Lehrbuch informiert und schmetterte dem verdutzten Generaldirektor die Antwort hin, zählte ihm die verschiedenen Verfahren auf. Der arme Generaldirektor mußte sich mit kaltem Schweiß auf der Stirn, blamiert, von Inönü belehren lassen.

Ich war daher auch in Sorge und überlegte, was ich eventuell anworten könnte, wenn Inönü mir zum Beispiel die Frage stellen sollte: »Kannst du mir sagen, Muammer, wieviel Blätter die Zuckerrübe als Pflanze hat?« Ausgefallenes, dummes Zeug, aber bei Inönü durchaus nicht auszuschließen.

Im Parlament führte man mich zum Chefadjutanten, und

er brachte mich eiligst zum Präsidialraum, in dem sich Inönü aufhielt. Ich fand Inönü inmitten des großen Raumes im Reitdreß stehend vor, hinter ihm den damaligen langjährigen Präsidenten des Parlamentes, Abdul Halik Renda, bekannt durch seine dunkle Brille, die er wegen eines Augenleidens stets trug. »Oh, komm her, Muammer von Turhal!« rief mir der Präsident freundlich zu, und nach ein paar liebenswürdigen Worten der Begrüßung ging er gleich zum Thema über: »Ich werde dir einige Fragen stellen, die du offen beantworten sollst!« – »Zu Befehl, Pascham (mein General)«, entgegnete ich ihm höflich.

Dann entspann sich ein für mich denkwürdiges Gespräch mit dem berühmten alten Mann: »Falls wir jetzt in den Krieg eintreten würden, könntest du dann Zucker produzieren?« – »Mein Präsident! Es gibt einige Bedingungen und Voraussetzungen, welche ich Ihnen, wenn Sie gestatten, aufzählen möchte«, antwortete ich. »Welche Voraussetzungen?« fragte Inönü ungeduldig. »Unsere Kampagne beginnt Ende Juli, wenn die noch fehlenden Kohlemengen die Fabriken rechtzeitig erreichen und dafür die erforderlichen Schiffstonnagen und Eisenbahnwaggons zur Verfügung stehen; wenn Züge mit mindestens sechshundert Waggons uns täglich für die Rübentransporte zugeteilt werden; wenn die Belegschaft der vier Zuckerfabriken in erforderlicher Anzahl in den Werken verbleiben darf; und schließlich wenn die Zuckerwerke verschont bleiben vor der Zerstörung durch den Feind – können wir Zucker produzieren.«

Kaum hatte ich das letzte Wort ausgesprochen, entgegnete Inönü verwundert, die Augenbrauen hochziehend: »Du hast aber sehr viele Bedingungen gestellt! Außerdem, zweifelst du etwa an unserer Verteidigungskapazität?« – »Mein General, Sie sprachen vom Krieg. Was für Probleme wir da begegnen werden, können Sie besser ermessen als ich.« – »Wieviel Kriegsjahre könnt ihr Zucker produzieren?« fragte er dann weiter. »Falls die obigen Voraussetzungen erfüllt sind, können wir zwei Kriegsjahre Weißzucker, dann Braunzucker (rohen Zucker) herstellen.« Dabei merkte ich, daß ihm die Bezeichnung Braunzucker nicht gefiel, und erklärte, daß der braune Rohzucker genügend Süßkraft habe und gesundheitlich und hygienisch in Ordnung sei, daß die Engländer seit der Mobilmachung während der Dauer der Kriegsjahre Rohzucker essen würden. Insbesondere während der Notzeit sei Braunzucker ohne irgendwelche Bedenken für die Volksgesundheit zu verwenden. Dennoch fragte der Präsident: »Warum kannst du nicht Weißzucker machen?« Ich antwortete: »Dafür brauchen wir zusätzliche Hilfsstoffe, die wir nur für zwei Produktionskampagnen im Vorrat haben, und außerdem müssen wir mehr Kohle dafür aufwenden«, erwiderte ich ihm. Nachdem der Präsident sich mit dieser Auskunft hinlänglich abgefunden zu haben schien, schlug er unverhofft vor: »Ihr wolltet doch eine fünfte Zuckerfabrik bauen. Baut sie jetzt, fangt damit an!«

»Mein Präsident, das war für die Jahre 1938/39 geplant. Jetzt, mitten im Krieg, ist es aussichtslos, so etwas anzupakken. Von nirgendsher können wir die vielen notwendigen Maschinen, Apparate, Stahlkonstruktionen und Rohrleitungen beziehen.« Worauf Inönü soldatisch befehlend entgegnete: »Bauen wir sie mit nationalen Mitteln, mit eigenem Material! Ihr habt doch eine eigene Maschinenfabrik gebaut. Wenn nötig, holt andere einheimische Werkstätten zur Unterstützung hinzu!« – »Leider wird das nicht gehen, Herr Präsident«, erwiderte ich bedauernd und fügte noch hinzu: »Wir wären glücklich, wenn wir mit unseren eigenen Möglichkeiten unseren Ersatzteil- und den Reparaturbedarf decken könnten. Erst sollten wir ordentliche Pflüge fabrizieren, dann käme die Reihe später auch an Apparate und Maschinenkonstruktionen, Inschallah.«*

Nun schien Inönü betroffen zu sein und stellte mir eine noch heiklere Frage: »Ich glaube, die Pflüge der Donatim (Ausrüstungsorganisation für die Landwirtschaft des

---

* Heute baut die Türkei nicht nur Pflüge und landwirtschaftliche Geräte, sondern Traktoren und landwirtschaftliche Maschinen aller Art. Von den nach dem Zweiten Weltkrieg gebauten vierzehn neuen Zuckerfabriken sind etwa zehn komplette Werke zu achtzig bis neunzig Prozent mit eigenen nationalen Mitteln erstellt worden.

Staates) scheinen dir nicht zu gefallen?« Ich mußte antworten: »Leider nicht, Pascham. Beim Ackern verbiegen sich die Nasen der Scharen, oder sie brechen gänzlich. Sie sind wie schöne Modelle, sehen nur wie Pflüge aus, aber der Bauer kann damit oft nicht viel anfangen. Unsere Böden sind hart, steinig, anders als in Ungarn oder Bayern«, entgegnete ich ihm.

Meine Antwort mußte Inönü deutlich verärgert haben, denn er reagierte darauf heftig: »Das höre ich zum erstenmal ...! Du scheinst nicht zu wissen, daß wir sogar eigene Flugzeuge herstellen. Was sagst du da? Ich sehe, du hast deine Courage verloren, die du während der Erstellung der Zuckerfabrik in Turhal hattest!« fuhr mich der Präsident an und schaute mich vorwurfsvoll an. Ich hätte Inönü am liebsten erwidert, daß die Flugzeuge, von denen er redete, im Vergleich zu Douglas, Spitfire, Junkers und Messerschmitt eher als große Drachen bewertet werden könnten denn als Flugzeuge, hielt mich jedoch auf die versteckten Zeichen, die mir der Parlamentspräsident Renda durch Kopfbewegungen und Zeichen mit den Augenbrauen über seine Brille hinweg gab, zurück und sagte nur: »Mein Präsident ... Vom Flugzeugbau verstehe ich nichts.« Darauf beendete Inönü plötzlich das Gespräch und reichte mir seine Hand lustlos und sichtlich verärgert zum Abschied. Ohne die üblichen Begrüßungs- und Höflichkeitsworte von ihm zu erhalten, verließ ich die Audienz und fuhr in ziemlich schlechter Stimmung zurück in mein Büro. Ich hatte den hochverdienten Chef unseres Staates mit meinen Ausführungen nicht befriedigt, ihn verstimmt und seine Gunst verloren.

Am nächsten Morgen rief mich der erste Adjutant wieder an, dieses Mal vom Präsidialpalais in Tschankaya (Glokkenfels) auf dem höchsten Hügel der Stadt Ankara, wo zuvor Atatürk residierte: »Unser Präsident befahl mir, Ihnen seine Grüße zu übermitteln und mitzuteilen, daß er mit Ihren Ausführungen sehr zufrieden war und Ihnen weiterhin Erfolg in Ihren Arbeiten wünscht!« Ich atmete auf ...

Nachträglich erfuhr ich, daß Inönü vor mir auch die

Generaldirektoren der staatlichen Sumerbank, Etibank sowie der Donatim, der staatlichen Ausrüstungsorganisation für die Landwirtschaft, zu sich bestellt und ihnen ähnliche Fragen gestellt hatte, um zu erfahren, wie weit sie für den Fall einer kriegerischen Verwicklung der Türkei in ihrem Bereich vorbereitet waren. Im Gegensatz zu mir stellte keiner von diesen Herren Bedingungen, sprach keiner von Schwierigkeiten und Engpässen. Im Gegenteil, alle Herren meldeten sich für einen Kriegsfall bereit. Alles sei bei ihnen in Ordnung, die Betriebe wären auf alles vorbereitet. Sie seien allen Anforderungen gewachsen. Sie könnten mit sämtlichen Problemen fertig werden. Der Präsident könne »beruhigt« sein.

Inönü sei nach der Besprechung mit mir auch der Sache mit den Pflügen, die er von mir erfahren hatte, nachgegangen, und die Mängel wurden ihm tatsächlich bestätigt. Ebenso kam heraus, daß es den staatlichen Betrieben, ohne daß wir im Kriegszustand waren, an vielen Rohstoffen, Hilfsmaterialien, Reserveteilen fehlte, die Produktion an Menge und Qualität bereits schwer litt, was ich ja aus der täglichen Praxis wußte.

Manche schlechten Sitten und Gebräuche aus der Verfallzeit des Osmanischen Reiches hatten sich vererbt: Die wichtigste unter ihnen, die Bürokratie und deren dekadente Gebräuche, konnten die Umwälzungen in der neuen Republik nicht ausmerzen. Nicht nur der Papierkrieg und der damit verbundene Zeitverlust waren aufreibend. Neben dem Mangel an Initiative und Selbstverantwortung verursachte auch die Unsitte, dem Vorgesetzten gegenüber keine Gegenmeinung zu äußern, ihm gefallen zu wollen, ihm die Schwierigkeiten, die Mängel im eigenen Ressort nicht zu enthüllen, im Gegenteil alles in einem rosigen Licht zu präsentieren, maßlose Schäden in der Verwaltung. Die vielseitigen schlechten Folgen solchen Verhaltens brauchen nicht weiter erörtert zu werden.

Atatürk haßte die Bürokratie, Inönü war dagegen nicht geschickt genug, das Ausmaß dieses Übels richtig zu erkennen. Mit seiner Neigung zur Staatswirtschaft wuchs zusätzlich der Beamtenapparat unverhältnismäßig – und damit das Übel. Zudem hatte Inönü kein Glück bei der Wahl von Menschen. Wenn er jemand für einen Posten auserwählt hatte, behielt er ihn hartnäckig über lange Zeit, obwohl die Inkompetenz des Betreffenden längst klar zu erkennen und erwiesen war. Diese Schwäche Inönüs sollte später seinen langjährigen Leistungen, seinem Ansehen als Staatsmann und als Politiker ebenso wie als Chef der ersten großen, von Atatürk gegründeten republikanischen türkischen Volks-partei (CHP) schaden. Sie kostete ihn die Führung der Par-tei. Der von ihm als sein Nachfolger vorgesehene junge Generalsekretär Bülent Ecevit, schaltete ihn zum Schluß völlig unerwartet und vorzeitig aus und ließ sich vom Par-teikongreß zum Vorsitzenden der CHP wählen. Das war das traurige Ende der Karriere eines solchen bedeutenden Mannes. Er starb enttäuscht und resigniert in hohem Alter.

Inönü war ein typischer, hervorragender »zweiter Mann«. Unter Atatürk hatte er sich zweifelsohne große Verdienste um die neue Türkei erworben. Als erster Mann nach Ata-türk verblaßte er aber im Glanz der Glorie seines genialen Chefs und Vorgängers.

Daß es Inönü jedoch gelang, nach der Beendigung des Zweiten Weltkrieges der Türkei die Tore zur pluralisti-schen freien Demokratie zu öffnen und vor allem das türki-sche Volk trotz fortlaufenden Drängens und Drohens bei-der kriegführenden Parteien aus den Schrecken des Krieges herauszuhalten, wiegt als Verdienst so schwer, daß die über-wiegende Mehrheit der Türken seine Mängel und Fehler übersieht und ihn als einen ihrer großen Söhne verehrt – wie ich auch.

Ende des Zweiten Weltkrieges

Als sich Hitler im Frühjahr 1945 erschoß und das deutsche Reich bedingungslos kapitulierte, war ich mit meiner Frau bereits seit zwei Jahren in Istanbul ansässig. 1943 nahm ich von der Zuckergesellschaft Abschied. Eine neuerliche Ein-

350

berufung zum Militärdienst als Reserveoffizier konnte ich als Vorwand verwenden, die Genehmigung des damaligen Wirtschaftsministers für meinen Austritt zu erhalten.

Die Türkei war kurz vor der Kapitulation Deutschlands auf der Seite der Alliierten in den Krieg eingetreten. Während der berühmten Konferenzen von Kairo in Ägypten und Adana in der Türkei mit Roosevelt und Churchill verlangte Inönü auf die Forderungen der beiden Alliierten als Bedingung für den Eintritt der Türkei in den Krieg immer wieder die Erfüllung folgender Bedingungen:

1. Lieferung von Rüstungsmaterial und Transportmitteln, die der türkischen Armee fehlten.
2. Die Eröffnung einer neuen Front in Südosteuropa durch Landung einer starken Armee in Saloniki im heutigen Griechenland mit dem Ziel, über Belgrad Budapest zu erreichen.

Diese Armee und die Türken hätten dann die Aufgabe, den Sowjetverbänden vom Schwarzen Meer bis zu den Karpaten das Eindringen über die Ostgrenzen von Rumänien und Ungarn in Richtung Westen zu verwehren. Die Türken erwarteten von Roosevelt und Churchill eine deutliche Zusage darüber, daß allgemein am Ende des Krieges Europas Vorkriegsgrenzen zu Sowjetrußland vom Baltikum bis zum Schwarzen Meer respektiert werden. Da beide oben erwähnten Bedingungen von den Alliierten nicht erfüllt werden konnten, hielt sich die Türkei um jeden Preis aus dem Krieg heraus. Erst nachdem die deutsche Ostfront endgültig zusammengebrochen war und die Russen in Polen, in der Tschechoslowakei, in Ungarn und Rumänien einbrachen, erklärte Inönü Hitler-Deutschland den Krieg.

Hätten die Türken früher am Krieg teilgenommen, wäre ihr Land unweigerlich zum Kriegsschauplatz geworden. Da es keine Aussicht für Hitler gab, jemals den Krieg zu gewinnen, hätten die Alliierten und insbesondere die Russen als Sieger auf dem Boden der Türkei gestanden. Dann wäre es der Türkei sicherlich noch viel schlimmer ergangen als den übrigen »befreiten Ländern« in Osteuropa – Polen, Tschechoslowakei, Ungarn, Rumänien und Bulgarien –, von den

351

armen kleinen Ländern am Baltischen Meer, Estland, Litauen, Lettland überhaupt zu schweigen. Die heutige junge deutsche Generation kennt diese Staaten nicht einmal dem Namen nach! Stalin hätte die türkischen Ostprovinzen und die Meerengen besetzt und nie wieder freigegeben. Die Türkei wäre unrettbar unter Sowjetherrschaft geraten. Und damit wäre das Schicksal ganz Südeuropas und des Nahen Ostens besiegelt gewesen. Welche Macht hätte eine solche Entwicklung verhindern können? Das bittere Beispiel des Schicksals von 125 Millionen christlicher Menschen in Osteuropa beweist es. Für die Türken hätte kein Mensch einen Finger gekrümmt...

Es war das Verdienst der Türken und ihrer erfahrenen politischen Führung, daß damals eine solche verhängnisvolle Entwicklung vereitelt worden ist. Die freie Welt ist sich heute dessen nicht bewußt, was sie der Standhaftigkeit der Türken zu verdanken hat.

Stalin hat jedoch den Türken nie verziehen, daß sie seine Chance vereitelten. Als die alliierten Amerikaner und Engländer im Rausch und Taumel ihres totalen Sieges über Deutschland nichts mehr sehen und hören konnten, verlangte 1945 Stalin urplötzlich von der Türkei den sofortigen Abschluß eines Freundschafts- und Beistandspaktes, durch den die drei Ostprovinzen an Rußland abgetreten und die Verteidigung der Meerenge (das heißt auch von Istanbul) von den Türken gemeinsam mit den Russen (also vom Wolf mit dem Lamm) gesichert werden sollten. Hilferufe der Türken bei den Amerikanern und Engländern verflogen im Winde. Man ließ die Türken kalt wissen, sie sollten sich mit ihrem großen Nachbarn im Norden verständigen. Obwohl auf diese Weise völlig verlassen, wagten die Türken, dem siegreichen russischen Koloß kategorisch nein zu sagen! Demonstrativ und drohend zog Stalin daraufhin sein Botschafts- und Konsulatspersonal aus der Türkei zurück. Inönü antwortete in gleicher Weise. Er holte die türkische diplomatische Vertretung komplett aus Moskau zurück nach Ankara, wobei gleichzeitig im stillen die allgemeine Mobilmachung angeordnet wurde. Lange Zeit stan-

352

den die Türken ohne diplomatische Beziehungen zu den Sowjets Gewehr bei Fuß bereit, ihre Heimat gegen den zu allem fähigen Stalin zu verteidigen.

Nach der Kapitulation von Japan und durch das fortwährende aggressive Verhalten der Sowjets in Europa und Berlin erschreckt, gingen den Amerikanern allmählich die Augen auf, und sie fingen an, das Ausmaß des Irrtums und ihrer falschen Strategien gegen die Sowjets zu begreifen. Dadurch änderten sie endlich ihre Haltung, und die Türkei atmete auf.

Der Wechsel in der Präsidentschaft von Amerika nach dem Tod Roosevelts, der Kampf um Berlin durch den Einsatz der Luftbrücke der Amerikaner und der Krieg in Korea wiesen die Sowjets in die von ihnen erreichten maximalen Expansionsgrenzen zurück, aber nur vorläufig.

Unter dem neuen Staatspräsidenten Djelal Bayar beschlossen die Türken, ein Armeekorps nach Korea zu entsenden, um den Amerikanern zu helfen.*

Als unter der Führung der Vereinigten Staaten die freien Staaten des Westens und Kanadas den Nordatlantischen Verteidigungspakt (NATO) gründeten, schloß die Türkei sich ihnen an.

Neben diesen politisch-militärischen Verteidigungsmaßnahmen änderten die Vereinigten Staaten auch ihre wirtschaftliche und sozialpolitische Strategie. Das geteilte Deutschland sowie Frankreich, Italien und England waren durch die Ereignisse und Zerstörungen des Krieges derart materiell geschwächt, daß sie der kommunistischen Agitation, der ideologischen Unterwanderung, in gefährlicher Weise offenstanden. Die Unterstützung der kommunistischen Organisationen in Europa als Gegengift gegen die Nazis und Faschisten während der Dauer des Krieges sowie die jahrelange prosowjetische Propaganda der Alliierten

---

* Das türkische Korps in Korea hat sich in den schweren Kämpfen gegen die Nordkoreaner hervorragend geschlagen. Es hat während einer großen allgemeinen Offensive der kommunistischen Nordkoreaner durch seinen tapferen Widerstand verhindert, daß der panikartige Rückzug der Amerikaner mit einer Katastrophe endete.

hatten in den verarmten Nachkriegsländern Europas eine explosive Atmosphäre geschaffen. Um der gefährlichen Entwicklung entgegenzuwirken, den noch frei gebliebenen Teil Europas (hauptsächlich Westdeutschland und Italien) von innen heraus an den Kommunismus zu verlieren, hatte Amerika weitere grundlegende Maßnahmen ergriffen: Die materielle Plünderung Westdeutschlands und Italiens durch die Sieger und die Demontagen der Industriebetriebe wurden gestoppt. Der ursprüngliche unselige Plan von Morgenthau, aus den besiegten Deutschen ein Millionenvolk von Bauern, Musikern und Sängern zu machen, wurde endgültig aufgegeben. Im Gegenteil, die Bundesrepublik Deutschland wurde als Staat konstituiert, und der Weg zum schnellen Wiederaufbau wurde ihr freigegeben. Als eine der großzügigsten Kredit- und Wirtschaftshilfsaktionen der Geschichte starteten die Amerikaner den Marshallplan, um insbesondere Deutschland, Italien und das übrige Europa schleunigst wieder auf die Beine zu bringen. Unter dem gescheiten Kanzler Konrad Adenauer und seinem tüchtigen Wirtschaftsexperten Professor Erhard vollbrachte das deutsche Volk dann den Wiederaufbau in kurzer Zeit, in Freiheit und Demokratie.

Auch die Türken profitierten vom Marshallplan und der neu beginnenden Aufwärtsentwicklung in Europa in bemerkenswertem Maße. Das Beispiel der Nachkriegsverhältnisse am Ende des Ersten Weltkrieges in Europa sowie die unersättliche, aggressive Haltung Stalins hatten die Amerikaner zur Besinnung gebracht. Für diese historische Tat sollten die Bundesrepublik, Italien, Frankreich und die übrigen Länder Europas, einschließlich der Türkei, den Vereinigten Staaten dankbar sein und nie vergessen, was sie den USA für ihre damalige Haltung schuldig sind.

Demokratie in der Türkei

Unter dem Einfluß der Weltereignisse nach dem Zweiten Weltkrieg und dem Drang, sich den Staatengruppen der westlichen freien Welt fester anzuschließen, hat Inönü als Präsident der Republik auch die notwendigen Voraussetzungen geschaffen, der Türkei eine demokratische freie Verfassung zu geben.

Es wird meistens übersehen, daß bereits Atatürk von Anfang an der türkischen Republik eine freie demokratische Verfassung geben wollte. Zweimal hatte er als Vorbereitung dazu in Abständen versucht, neben der republikanischen Volkspartei CHP eine zweite Partei zu gründen. Beide Male mußte er diese Parteien wieder auflösen. Die tiefgreifenden Reformen waren noch zu jung, und die Gefahr erwies sich damals als zu groß, als daß zusätzlich innenpolitische Komplikationen hätten riskiert werden können.

Inönü wagte nun nach dem Kriege den Sprung in die Demokratie mit mehreren Parteien. 1950 fanden zum erstenmal freie Wahlen statt. Der Präsident war jedoch fest davon überzeugt, daß die CHP aus dem heftigen Wahlkampf als Sieger hervorgehen würde. Es geschah aber das Gegenteil. Djelal Bayar, der Vorsitzende der neu als Opposition gegründeten Demokratischen Partei DP, siegte klar mit großem Vorsprung. Auch bei den neuen Präsidentschaftswahlen fiel Inönü mit seiner alten langjährigen CHP ebenfalls durch, und Djelal Bayar, sein ziviler Rivale, wurde zum Präsidenten der Republik gewählt. Bayar ernannte den jungen Politiker Menderes zum Ministerpräsidenten.

Dieser spontane Wechsel in der Einstellung des türkischen Volkes überraschte Inönü und seine langjährigen Parteigenossen. Durch die Wahlen in die Opposition geschickt, entwickelte die CHP nun sowohl innerhalb als auch außerhalb des Parlamentes gegen die Demokratische Partei einen immer heftiger werdenden Kampf, während die Volkmassen, durch den seit Jahrzehnten herrschenden psychologischen Druck des Ein-Parteien-Systems überdrüssig, sich mit überschwenglicher Begeisterung Djelal Bayar und Menderes anschlossen. Das bisherige enge, geschlossene Regime Inönüs wurde im Inneren wie nach außen von Bayar und Menderes schnell gelockert. Die Marshall-Hilfe, die Kredite des Westens, insbesondere der Bundesrepublik Deutschland, ermöglichten wichtige Investitionen auf dem Gebiete der Infrastruktur, der Energie, der Industrie und Landwirtschaft. Zum erstenmal baute man mit den modernen riesigen amerikanischen Baumaschinen großzügig angelegte, breite Überlandstraßen, Talsperren, moderne Hafenanlagen, Getreidesilos. Es entstanden Stahl- und Düngerwerke, Zementfabriken, Zuckerfabriken, Textil- und Kunststoffwerke und so weiter.

Die Zeit der niedrigen Geburtenquoten wurde überwunden. Zum erstenmal in ihrer Geschichte erlebte die türkische Nation einen so langen Frieden. Die zeugungsfähige junge Generation war seit Gründung der Republik nun herangewachsen. Die von Atatürk eingeführten hygienischen Maßnahmen zeigten ihre Wirkung: Die Malaria, die Tuberkulose waren ausgerottet. Die Säuglingssterblichkeit war weitestgehend zurückgedrängt. Die unheimlichen Zeugungslücken der alten, langen Kriege waren geschlossen, und die Bevölkerungszahl wuchs wieder rapide, hatte bereits die Zwanzig-Millionen-Grenze überschritten.

Die Demokratie und Freiheit revolutionierten in kurzer Zeit explosiv das schicksalsergebene Leben der Türken, in der Stadt und insbesondere auf dem Lande. Massenhaft verließen junge Menschen in arbeitsfähigem Alter ihre entlegenen, verschlafenen Dörfer, um auf den vielen Baustellen der in allen Städten und Ortschaften aus dem Boden gestampften Geschäftshäuser und Wohnbauten zu arbeiten, Geld zu verdienen. Eine flutartige Zuwanderungswelle aus dem Lande ergoß sich in die größeren Städte wie Istanbul, Ankara, Izmir, Adana. Überall entstanden an den Randgebieten der Städte planlose einstöckige primitive Siedlungen, die *Gedje Kondu* (die über Nacht entstandenen Häuser), welche keine Macht verhindern konnte. Niemand wollte die Sympathie des Wählers bei den Kommunalwahlen, bei den Parlamentswahlen beim Volk riskieren. Auf gleiche Weise wuchsen im Wettlauf miteinander die Versprechen der Politiker und der Abgeordneten, in ihren Wahlgebieten mehr zu investieren, den Menschen mehr

Verdienstmöglichkeiten zu bieten, mehr Arbeitsplätze zu schaffen. Es entstand ein allgemeiner blinder Wettlauf, sowohl der Regierungspartei als auch der Opposition, um Wählerstimmen für das Parlament, für die Stadtverwaltungen, für die Parteiorgane in den Städten wie auch in den Provinzen zu gewinnen, ohne Berechnung und Kontrolle. Bis schließlich die schön begonnene Demokratie total aus der Kontrolle geriet.

Die Folge waren soziale Spannungen, hitzige Debatten im Parlament, Demagogie der Politiker, verantwortungsloser Kampf in den Zeitungen, im Radio und Fernsehen. Die in den westlichen Ländern damals Mode gewordenen Demonstrationen griffen auch auf die türkischen Universitäten und Hochschulen über. Von Professoren geführte Studentenmassen marschierten in Ankara, in Istanbul, in Izmir auf. Überall brachen wilde Streiks aus. Krawalle im Parlament, Krawalle auf den Straßen unter den polarisierten Gruppen, die Produktion erlahmte, die Geschäfte und die Arbeit wurden gehemmt. Die Ruhe und Ordnung, die Sicherheit verschwanden, bis 1960 das Militär zum erstenmal eingriff und die Macht an sich riß. Die erste Öffnung zur Demokratie dauerte kaum zehn Jahre. Sie mißlang und endete mit bösen Folgen.

Schuld daran waren zweifelsohne die Führungsschicht, die Elite mit Politikern, Parteileuten, Schriftstellern, Experten, Beamten, Professoren, Lehrern – und nicht das einfache Volk. Wir waren noch nicht für die Demokratie vorbereitet, hatten darin keine Erfahrung. Es fehlte an der Erziehung zur Freiheit. Es mangelte an Disziplin, die Demokratie und Freiheit zu praktizieren.

Obwohl in kurzer Zeit das Militär die Verantwortung wieder den zivilen Politikern übergab, wurde die Demokratie in den darauffolgenden zwanzig Jahren noch zweimal unterbrochen: durch eine kurze Panne 1970 und einen neuerlichen gründlichen Eingriff des Militärs im Herbst 1980. Während jener turbulenten Jahre von Anfang 1960 bis Herbst 1980 nahmen die Unruhen, die Probleme noch größere Dimensionen an. Die Kluft zwischen den politischen

Gegnern wurde tiefer, die Auseinandersetzung zwischen den polarisierten extremen Gruppen von rechts und links noch viel härter als in den fünfziger Jahren. Die Unterwanderung der inzwischen in Gewerkschaften organisierten Arbeitermassen, der Berufsverbände und insbesondere der Lehrerschaft durch linksradikale Agitation und Terrorgruppen rief die Reaktion der rechtsradikalen und der konservativen Gruppen auf die Bühne. Der ständigen und immer gefährlicher werdenden Streitigkeiten und Straßenschlachten, der gegenseitigen Fememorde konnten die zivilen Regierungskräfte nicht mehr Herr werden. Ein Streik löste den anderen ab. Handel und Wirtschaft wurden völlig lahmgelegt. Im Durchschnitt starben zuletzt täglich fünfundzwanzig bis dreißig Menschen. Niemand traute sich mehr auf die Straße.

Andererseits verschwanden Lebensmittel, Tabak, Zement, Eisen, Autoreifen, Baumaterial jeglicher Art, Benzin, Kohle und Heizöl vom Markt. Überall standen die Menschen für ihren notwendigen täglichen Bedarf Schlange. Die Entwertung des türkischen Geldes und die Verteuerung nahmen erschreckende Maße an. Ein offener Bürgerkrieg stand schließlich unmittelbar vor den Toren des Landes. Da kam in letzter Minute der Eingriff der Generäle unter dem damaligen Chef des Generalstabes, des Vier-Sterne-Generals Kenan Evren, als Rettung und Erlösung. Das war der dritte Eingriff der türkischen Armee in etwa dreißig Jahren in die zivile Staatsgewalt.

Am 12. September 1980 wurde das Parlament geschlossen. Alle Parteien wurden aufgelöst, das Kriegsrecht über die ganze Türkei verhängt. Im Zuge der dann einsetzenden Säuberung wurden 700 000 Waffen – Revolver, Maschinenpistolen, Maschinengewehre, Infanteriegewehre, Bazookas, Fliegerabwehr- und Panzerabwehrgeschütze – Millionen Einheiten von Munition, Tonnen von Sprengstoffen, viele Radiosender, Radio- und Feldtelefone und ähnliches überall in den Städten, in Dörfern, in Wäldern und abgelegenen Bergen und Höhlen entdeckt und sichergestellt. Mit wenigen Ausnahmen waren das alles Produkte des Ostens.

Sie wurden eingeschmuggelt über Bulgarien und die Schwarzmeerküsten, die über 1500 Kilometer langen Ost-, Südost- und Südgrenzen der Türkei zum Iran, Irak und zu Syrien. Die Türkei sollte durch die im Ausland ausgebildeten, vom Ausland dirigierten und finanzierten, bis an die Zähne bewaffneten Terroristengruppen innerlich zersetzt und reif für einen kommunistischen Staatsstreich gemacht werden. Es war fünf Minuten vor zwölf, als die Armee endlich eingriff.* Fünfunddreißig- bis vierzigtausend meist junge Leute wurden verhaftet und den Militärgerichten zugeführt. Davon gehörten etwa ein Drittel den rechts-, zwei Drittel den linksradikalen Terrororganisationen an.

Am 6. November 1983 fanden nach drei Jahren Unterbrechung wieder Wahlen statt, an denen drei Parteien teilnahmen. Sie gingen, wie allgemein bestätigt wird, unter geordneten und legalen Bedingungen vor sich, mit fast 92prozentiger Wahlbeteiligung. Es gab nur 1,5 Prozent ungültige und leere Wahlzettel. Vor den Wahlen wurden eine neue Verfassung und die Wahl des Generals Evren zum Präsidenten der Republik mit ebenfalls rund 92prozentiger Mehrheit vom ganzen türkischen Volk gutgeheißen. Der bekannte Wirtschaftsexperte Turgut Özal wurde, als Führer der siegreichen Partei, zum Ministerpräsidenten ernannt, und am 13. Dezember 1983 wurde das neue Kabinett von Staatspräsident Evren bestätigt. Damit hat in der Türkei der Übergang zur Demokratie effektiv wieder begonnen, und General Evren hat zusammen mit seinen vier Generälen der türkischen Streitkräfte das bei der Machtergreifung gegebene Wort gehalten. Entgegen allen Zweifeln, allen Voraussagen, aller Art von Miesmacherei von außen ging die türkische Armee in ihre Kasernen zurück. Es ist zu erwarten und zu hoffen, daß die neue Demokratie mit der neuen Verfassung, dem neuen Wahlsystem und den nach den bitteren Erfahrungen der letzten dreißig Jahre revidier-

---

* Diese Aktionen in der Türkei liefen parallel zu den Ereignissen in Afghanistan, wo schließlich ein Zögling der Sowjets namens Babrak an die Macht kam und die Sowjetrussen zur Besetzung des Landes einlud.

ten, verbesserten Gesetzen den türkischen Verhältnissen besser angepaßt ist, besser funktionieren wird, als es bisher der Fall war.

Ja, ja, der Kümmeltürke!

Nach dem Abschied von der Zuckergesellschaft mußte ich in Istanbul eine neue Existenz gründen. Während der zehn Jahre meiner Tätigkeit in den Zuckerfabriken hatte ich nicht nur nichts sparen können, sondern meine erheblichen Ersparnisse fast gänzlich verbraucht, obwohl ich mit meiner Frau ein einfaches, eher zurückgezogenes Leben führte. Meine Bezüge an Gehalt und Gratifikationen, besonders nach den Kürzungen gemäß eines Ministerratsbeschlusses von 1938, reichten nicht für unseren normalen Unterhalt. Wir mußten die fehlenden Beträge, um einen einigermaßen standesgemäßen Lebensstandard halten zu können, aus unseren früher ersparten Reserven ergänzen. Dieser Reservefonds war am Ende meiner Dienstjahre in der Zuckergesellschaft so gut wie erschöpft.

Die Zeit von 1943 bis zum Ende des Krieges konnte ich durch einen Auftrag für den Bau einer Speiseölfabrik in Adana, im südtürkischen Hinterland von Mersin, überbrücken. Die Unternehmergruppe bestand aus vier Personen. Alle vier Männer stammten aus Kayseri in Zentralanatolien. Sie waren bäuerlicher Herkunft. Der größte Teil der Maschinen und Apparate war kurz vor dem Krieg eingeführt worden. Der Krieg verhinderte jedoch den Bezug noch weiterer fehlender Maschinen und Apparate und die anschließende Montage der Anlage. Ich baute das Werk fertig, setzte es noch im Krieg in Betrieb, überwachte die Produktion ein weiteres Jahr. Mit dem dabei verdienten Geld konnte ich aufatmen. Dann begann nach Beendigung des Krieges eine recht intensive und vielseitige Beschäftigung für mich. Noch 1944 verließ auch der Generaldirektor Taschkent die Zuckergesellschaft, und wir arbeiteten wieder zusammen bei der Gründung einer privaten türkischen Bank*, einer Versicherungsgesellschaft, einer Baufirma sowie einer Handelsfirma. Als einer der Gründer trat ich in die Verwaltungsräte der Bank und ihrer Gründungen ein und übernahm in ihnen Führungsaufgaben. Nebenbei wirkte ich als Ingenieur und Berater für Industriegründungen.

Mit dem Beginn der liberalen Ära und der Demokratie unter Djelal Bayar Anfang 1950 setzte eine starke und schnelle wirtschaftliche Entwicklung ein, in deren Folge die Bank und ihre Beteiligungen sprunghafte Erfolge verzeichneten. Dank meinem Freundeskreis in der Bundesrepublik gelang es mir, ausgezeichnete Beziehungen mit namhaften deutschen Industrie- und Wirtschaftsgremien anzuknüpfen und mit ihnen umfangreiche Geschäfte abzuwickeln. Ich arbeitete zusammen mit dem Salzgitter-Konzern, und es gelang uns in den Jahren zwischen 1952 und 1958, große Aufträge für die Errichtung von vier kompletten Zuckerfabriken sowie einer modernen Hochofenanlage erfolgreich auszuführen. 1952 trat ich aus dem Verwaltungsrat der Bank aus, behielt jedoch die Verantwortung für die Führung ihrer Industriebeteiligungen mit ausländischem Kapital weiter. Es vergingen zehn Jahre mannigfacher, ruheloser, wechselvoller, schwerer Aufbauarbeit, die meinen vollen Einsatz erforderten. Trotz vielseitiger Schwierigkeiten war das Ergebnis immer positiv, und der Erfolg gab die moralische Kraft, um auszuhalten und die damit verknüpften psychischen als auch physischen Beanspruchungen zu überwinden.

Meinen ursprünglichen Plan, mit dem Erreichen des Alters von 65 Jahren, also von 1965 an, nicht mehr aktiv zu arbeiten, konnte ich nicht ganz verwirklichen. Mir gelang es, mich von allen meinen geschäftlichen Verantwortungen zu lösen, bis auf die eine in dem Verwaltungsrat der Firma Turyag, einer Industriegesellschaft zur Herstellung von Speiseölen, Margarine und Waschmittelprodukten in

* Die Yapi Ve Kredi Bankasi. Sie wurde in wenigen Jahren die stärkste private türkische Bank des Landes.

Izmir. Im Verwaltungsrat dieses Unternehmens, dem ich in Vertretung der Aktien der Yapi Ve Kredi Bankasi seit 1957 angehörte, wurden die ursprünglichen englischen Aktien auf unser Betreiben 1965 von der multinationalen Henkel-Gruppe in der Bundesrepublik übernommen. Bei dieser Transaktion erhielt die Henkel-Gruppe die Mehrheit der Aktien, während das restliche große Aktienpaket in den Händen der Yapi Ve Kredi Bankasi verblieb. Diese Umstellungsarbeiten sowie die erforderlichen neuen Investitionen nahmen viel Zeit in Anspruch, so daß ich mich erst 1980 endgültig vom Präsidium des Verwaltungsrates der Turyag zurückziehen konnte. Damit endete mein Berufsleben.

In mustergültiger deutsch-türkischer Zusammenarbeit entwickelte sich die Turyag hervorragend und gehört heute zu den führenden, angesehensten Industrieunternehmen der Türkei.

Auf mein wechselvolles bewegtes Berufsleben von fünfzig Jahren zurückblickend, kann ich sagen, daß von allen Aufgaben und Arbeiten, die ich bewältigt habe, diejenigen für die Zuckerfabrik Turhal in meinen jungen Jahren und später im gereiften (bis greisen!) Alter die für die Turyag mich am meisten gefesselt und befriedigt haben. Auf die mir von den beiden Partnern der Turyag verliehene Ehrenpräsidentschaft des Verwaltungsrates bin ich stolz.

Aus dem Zehn-Millionen-Volk der neu geschaffenen Republik der zwanziger Jahre ist heute ein potentes Land mit fünfzig Millionen Einwohnern entstanden. Die armen mittellosen Söhne der Bauern und Schäfer, Beamten und Soldaten jener Zeit sind fortschrittliche Bauern, Gewerbetreibende, Händler, Kaufleute, Importeure, Exporteure, Techniker, Ingenieure, Chemiker, Wissenschaftler, Industrielle, Bauunternehmer, Bankiers geworden. Noch Mitte der dreißiger Jahre konnten wir keine ordentlichen Pflüge für unsere Bauern herstellen. Heute werden in der Türkei nicht nur Pflüge, sondern fast alle landwirtschaftlichen Geräte und Maschinen, einschließlich der Traktoren, der Lastkraftwagen und Personenwagen, Pumpen, Motoren, Rohrleitungen, Elektrokabel und Transformatorenanlagen, Ra-

dio- und Fernsehapparate und auch Videogeräte hergestellt. Der große Inönü konnte es noch erleben, daß unsere
Schüler und jungen Nachfolger in der Zuckergesellschaft
vierzehn weitere neue Zuckerfabriken über das ganze Land
verteilt bauten und in Betrieb setzen konnten.

Das Handelsvolumen von damals kaum 100 Millionen
Dollar stieg bis heute auf 14 Milliarden Dollar. Der Wandel
der wirtschaftlichen Struktur der Türkei vom Agrar- zum
Industriestaat ist daran deutlich sichtbar, daß im Gesamt-
export der Anteil der Industrieprodukte bereits 1983
vierzig Prozent überschritten hat. Türkische Ingenieure,
Techniker, Meister und Arbeiter führen bedeutende Bauaufträge in den Ländern der islamischen Welt aus. Die
Bauaufträge aus Nordafrika, Arabien und dem Irak haben
bereits einen Wert von 15 Milliarden Dollar erreicht.

Noch zu Beginn des Jahres 1950 mußte man alles, was zu
einem modernen Hausbau gehörte (außer Stein und Holz),
wie Zement, Baueisen, Dachziegel, Fensterglas, elektrische
Kabel, Fliesen, Badeeinrichtungen, Wandplatten, Kacheln,
Klosetts, Wasserrohre, Heizkessel und so weiter, aus dem
Ausland einführen. Heute werden alle diese Artikel nicht
nur bestens im eigenen Lande hergestellt, sondern in immer weiter steigendem Maße ausgeführt. Die Türkei besitzt
drei Eisen- und Stahlwerke, Petroleumraffinierien und eine
bedeutende petrochemische Industrie.

Diese erstaunliche Leistung hat ein Volk vollbracht, dem
man vor fünfzig Jahren nicht einmal fünf Jahre Überlebens-
chancen gab! Natürlich ist dieser Erfolg den Türken nicht
leichtgefallen. Viele Krisen, Enttäuschungen mußten überwunden, mehrfache Rückschläge mußten wiedergutge-
macht werden. Wer kann annehmen, daß 250 Jahre verpaß-
ter Anschluß an die neue Entwicklung in der Welt leicht
und reibungslos nachgeholt werden konnten? Die Türken
haben entgegen allen Voraussagen durch ihr zähes aushar-
rendes Schaffen, durch ihren unbändigen Lebenswillen
während der kurzen Jahrzehnte des Friedens bewiesen, was
für Fortschritte sie in kultureller, sozialer und wirtschaftlicher Entwicklung erzielen konnten. Ihnen gelang der

Durchbruch gründlich. Unbeirrt werden sie sich weiter für Frieden und die Stabilität einsetzen und ihren begonnenen Weg für Freiheit, Unabhängigkeit und Wohlstand weitergehen.

Während der vergangenen fünfzig Jahre des Aufbaus war Deutschland wirtschaftlich der Partner Nummer eins der Türkei. Die Türkei bezog ihren Bedarf an industrieller und wirtschaftlicher Ausrüstung, an Maschinen und Apparaten, chemischen Produkten, Roh- und Hilfsstoffen fast ausschließlich aus Deutschland. Deutsche Experten, Fachleute, Ingenieure arbeiteten mit den Türken zusammen. Zehntausende junge türkische Menschen studierten in Deutschland und nahmen mit ihrem erworbenen Wissen teil an den Aufbauarbeiten ihrer Heimat. Ich bin einer der ältesten von ihnen.

Wenn ich nun zurückblicke und nachrechne, auf welchen materiellen Wert sich die an deutsche Firmen erteilten Lieferungsaufträge allein derjenigen Unternehmen und Gesellschaften, an deren Gründung und Betrieb ich maßgeblich Verantwortung trug, sowohl mit als auch nach mir belaufen, komme ich schätzungsweise auf ein Geschäftsvolumen von über einer Milliarde D-Mark zugunsten der deutschen Wirtschaft.

Ja, ja, der Kümmeltürke! Der war doch nicht der schlechteste...

Oder?

IV. Teil
Erkenntnisse – Gedanken

Wer sind die Türken?

Das riesige Gebiet in Zentralasien zwischen der Bergkette des Ural an der Ostgrenze Europas im Westen und der Mongolei mit den Altaibergen im Osten ist die Heimat jener Völkergruppe, die man als die Völker der uralaltaischen Sprache zusammenfaßt. Diese setzten sich zusammen aus den bedeutend größeren östlichen Türkvölkern und den westlichen finnougrischen.

Die finnougrische Gruppe ist historisch wenig hervorgetreten. Zu ihr gehören die Finnen, die Esten am Baltischen Meer sowie die Magyaren im Ural und die Ungarn. Die heutigen Ungarn entstammen der Vermischung von in der Hauptsache magyarisierten Türkstämmen mit den Magyaren, denen sie unterlegen waren.* Nach dem Zusammenbruch des westhunnischen Reiches in Europa sind hunnische Volksteile** in dem heutigen ungarischen Gebiet zurückgeblieben. Dazu kamen neue Türkstämme wie die Avaren, Komanen, Onguren und Bulgaren. Diese wurden dann von aus dem Ural eingewanderten Magyaren besiegt, zusammengefaßt und schließlich magyarisiert. Zum Christentum übergetreten, vermischten sie sich in dem neuen Lebensraum auch mit slawischen und germanisch-gotischen Volksteilen.

Als die osmanischen Türken erst spät im 15./16. Jahrhundert vom Balkan kommend Ungarn eroberten, staun-

---

* Ein ungarischer Historiker sagt: Der Vater des Ungarn ist Magyare, seine Mutter Türkin.
** Hunnen sind ein Türkvolk.

ten sie darüber, wie die Sprache der Ungarn dem Türkischen ähnelte und wie es im Ungarischen von türkischen Wörtern wimmelte. Da Magyarisch und Türkisch philologisch verwandt sind, lernen Türken und Ungarn mit Leichtigkeit die Sprache des anderen.

Die viel zahlreichere Gruppe der Türkvölker, man kann sie auch die Altaivölker nennen, war welthistorisch im höchsten Maße aktiv und ist auf der Bühne der Geschichte lange in Erscheinung getreten. Von ihrer Urheimat in den oberen Altaibergen und der Mongolei aus haben diese Völkerstämme in verschiedenen Epochen oft unter einem hervorragenden Führer die Stämme stramm zusammngefügt, Staaten und föderative Reiche gebildet, riesige Gebiete beherrscht, gegen China Eroberungszüge geführt. Daher stammen die ersten Berichte über sie von den Chinesen. Sie berichten aus dem 2. Jahrhundert vor Christus über Hiugnu (das ist die chinesische Schreib- und Aussprachsform für Hun). Die berühmte chinesische Mauer ist als Schutzwall gegen die unaufhörlichen Invasionen dieser hunnischen Völker von den Chinesen in mühevoller, langwährender Arbeit gebaut worden.

Es gab Zeiten, in denen die Hunnenvölker siegten, und Zeiten, in denen sie gegen die Chinesen unterlagen und von ihnen lange verfolgt wurden. Das Wort »Türk« (Törek – Turek – Turuk – Torok) ist wohl von einem Eigennamen zum Stammesnamen geworden, wie es so oft bei den Türken der Fall war, und heißt stark, sittlich, ordnungsliebend (Töre = Sitte, Gesetz). Schließlich wurde Türk die Bezeichnung für eine große Völkergruppe, die Türkisch als Muttersprache hat und heute ein Gebiet von der äußeren Mongolei, Westchina (Osttürkistan) über Gesamtzentralasien von Sowjetrußland (Türkistan) bis zur Wolga und vom Iran, Kaukasus und Kaspischen Meer bis zum Balkan besiedelt. Ihre Zahl wird auf nicht weniger als 125 Millionen geschätzt.

Die in der Geschichte bekanntgewordenen sechzehn Türkstaaten beziehungsweise Reiche sind folgende: Das Großhunnische Reich (204 v. Chr.–216 n. Chr.), das Westhunnische Reich (48 n. Chr.–216 n. Chr.), das Europäisch-Hunnische Reich (315–454), das Weißhunnische Reich (420–562), das Gök-Türkische Reich (552–743), das Awarische Reich (565–803), das Hasarische Reich (651–983), das Uygurische Reich (744–1335), das Reich der Karahanen (940–1040), das Reich der Gaznewiden (963–1183), das Großseltschukische Reich (1040–1157), das Hwarzimische Reich (1157–1231), das Reich Altinordu = Goldene Horde (1236–1502), das große Temuren-Reich (1368–1501), dann das Reich der Baburen (1526–1856) in Indien. Das letzte ist die Türkei als der sechzehnte der Staaten, die von Türkvölkern gegründet worden sind.

Die kreisförmig angebrachten sechzehn Sterne in der oberen inneren Ecke der Standarte des Präsidenten der türkischen Republik (von Mustafa Kemal Atatürk entworfen) symbolisieren die vergangenen fünfzehn Türkreiche und die Türkei.

Bei den von sowjetischen Wissenschaftlern in den Kurganen (Grabhügeln) von Passyryk im hohen Altai in neuerer Zeit vorgenommenen Ausgrabungen konnten wertvolle Funde zu Tage gefördert werden. Man fand einen Stammesführer vom hellhäutigen mongoloiden Typ mit seiner Frau. Die Leichen waren hervorragend erhalten. Zu den Grabbeigaben gehörten unter vielen anderen üblichen Sachen: ein Filzteppich mit einem applizierten farbigen Bild aus Filz, das den Kampf eines Elches mit einem Raubtier darstellt, und ein Knüpfteppich, auf dem Nachbildungen von Pferden zu sehen sind. Außerdem fand man im Grab Elchschädel mit Geweih, Opferpferde mit Geschirr, verschiedene Rüstungen, Waffen und so weiter.

Es ist erwiesen, daß die Türkvölker das Wildpferd (und vielleicht auch das Kamel) domestiziert und gezüchtet haben. Heute nimmt man an, daß diese Menschen ganz ursprünglich, dem Rückzug des Eises folgend, nordwärts gezogen sind und Rentiere züchteten, auf Rentieren ritten. Durch diese Erfahrung kamen sie dazu, das Wildpferd zu domestizieren und es ebenfalls zum erstenmal in der Menschheitsgeschichte zum Reiten zu benutzen. Dadurch wurden sie Reiterhirten, danach Reiternomaden und zum Schluß reitende Kämpfer. Diese Entwicklung führte dazu, daß die Altaimenschen die ersten großen berittenen Heere aufstellen konnten, mit ihnen riesige Strecken zurücklegten und mit schnellen, alles zermalmenden Reiterformationen ihre Gegner besiegten.*

Entweder durch auf klimatischen Veränderungen beruhende Dürrezeiten oder durch großangelegte, anhaltende Angriffe der Chinesen kam es zu riesigen Wanderzügen unter starken Führerpersönlichkeiten, die sich in der Not oder im Kampf die absolute Autorität erkämpft hatten. Diesen schlossen sich erst die nahen Verwandten und Nachbarn, dann die weiterliegenden Türkstämme meistens freiwillig an.

So kamen in der Zeit zwischen dem Altertum und dem Ausgang des Mittelalters die großen Eroberungszüge zustande, und es entstanden die ausgedehntesten Reiche der Geschichte: das alte Reich der Hunnen (unter Mete = chinesisch Maote) und viel später das der europäischen Hunnen (unter Attila), der Seldschuken, des Mongolen Dschingis Khan, des Aksak Temürs (Timurlenk, Tamarlan).

Mit der im 8./9. Jahrhundert begonnenen Islamisierung der Türkvölker in Zentralasien gelang den Türken endgültig die Überwindung der Barriere des Persischen Reiches. Der uralte, schon in den persischen Sagen farbig geschilderte, ewige Kampf zwischen Iran (Persien) und Turan (Türkistan) endete mit dem Sieg von Turan. Damit wurde den Türkvölkern der Weg nach Süden und Südwesten geöffnet. Afghanistan, Nordwestindien, der ganze Iran, die Gebiete des Kaspischen Meeres, Irak, Syrien, Palästina und Ägypten kamen unter die Herrschaft von Türkdynastien.

Mit dem denkwürdigen totalen Sieg des Seldschuken Alp Arslan (des tapferen Löwen) 1071 in Malazgirt (Manzigert)

* Außer Reit- und Zaumzeug ist auch der Steigbügel eine Entdeckung der Türkvölker. Über die Westhunnen wurde der Gebrauch von Steigbügeln in Europa bekannt.

über den byzantinischen Kaiser Romanos in Ostanatolien wurde in kurzer Zeit Anatolien türkisch. Bereits nach fünfzig Jahren wurde Nicäa, kaum hundert Kilometer östlich von Konstantinopolis (Istanbul), die erste Hauptstadt der Rum-Seldschuken (Seldschuken über den Römerlanden). Bald darauf setzten die großen Kreuzzüge ein. Die Seldschuken mußten Nicäa aufgeben.

Mit Konya (Ikonium) in Zentralanatolien als Hauptstadt begannen dann die Seldschuken in Anatolien eine turbulente Aufbauarbeit auf kulturellem, sozialem und wirtschaftlichem Gebiet. In Anatolien wurden Moscheen, Schulen, Bibliotheken, Karawansereien, Landstraßen, Brücken, Krankenhäuser, Irrenanstalten, Armenküchen und Bäder aus dem Boden gestampft. Das vernachlässigte, ausgebeutete, verarmte und entvölkerte Anatolien wurde von den hereinströmenden Türkstämmen neu besiedelt. Die Reiterhirten und Nomaden wurden seßhaft. Die bisherigen Medizinmänner, die Schamanen, wurden Lehrer des Islam, gründeten ordenartige Brüderschaften, in denen den Reiterhirten Landwirtschaft, Handwerk und Gewerbe gelehrt wurden. Im Verlauf von kaum zweihundert Jahren vollbrachten die Seldschuken einen erstaunlichen, ungewohnt hohen kulturellen, wirtschaftlichen und sozialen Aufschwung in Anatolien. Diese Leistung ist um so höher zu bewerten, wenn man bedenkt, daß den Seldschuken dieser Erfolg gelang, obwohl sie sich mehreren, in Intervallen aufeinanderfolgenden Kreuzzügen entgegenstellen und im 13. Jahrhundert auch noch gegen mongolische Einfälle kämpfen mußten. Schließlich erlagen sie auch der Übermacht der Mongolen.

Dschingis Khan hat ein Reich geschaffen, das vom Gelben Meer über ganz Asien bis Polen und zum Baltischen Meer reichte. Dschingis Khan gelang diese einmalige Leistung nur dadurch, daß sich die großen türkischen Stämme, an der Spitze die Uyguren, Uzbeken und Kasaken, auf seine Seite geschlagen hatten. Ihnen gelang auch die Unterwerfung der zahlreichen anderen Türkstämme. Insbesondere die kulturell hochstehenden Uyguren und Uzbeken übernahmen im Mongolenreich die höchsten Stellen der Verwaltung, der Finanzen und der Organisation der Heere. Die Briefe, Befehle und Verträge Dschingis Khans wurden in uygurischer Schrift* von uygurischen Beamten verfaßt. Mit dem Übertritt zum Islam wurde diese Schrift bei den Uyguren durch die arabische ersetzt. Aber bei den Mongolen blieb sie als die offizielle Schrift bis heute erhalten.

Die stürmische Epoche Dschingis Khans und seiner Nachfolger wirbelte die Völker Zentralasiens durcheinander. Hunderttausende, Millionen von Menschen gerieten wiederum in Bewegung; nach Osten, Süden und Westen; teils mitstürmend, teils als Gegner unterlegen, fliehend. Und so kam eine Gruppe des Stammes der Kayi-Turkmenen unter Suleyman Schah Beg von ihrem Sitz im westlichen Türkistan über Iran nach Ostanatolien, ritten südostwärts die Gegend von Aleppo im Norden des heutigen Syrien, wo ihr Anführer starb.** Sein Sohn, Ertugrul (männlicher Adler, Tugrul, von schamanischen Türken als ein Fetisch verehrt), ersuchte den seldschukischen Sultan in Konya um Siedlungsrecht in Anatolien. Ertugrul bekam auch vom seldschukischen Sultan ein Gebiet im nordwestlichen Teil seines Reiches an der Grenze des zusammengeschrumpften Byzanz zugewiesen. Ertugrul ließ sich mit seinen Familien – überliefert sind etwa vierhundert – dort nieder.

Dieses Ereignis in der zweiten Hälfte des 13. Jahrhunderts ist denkwürdig und sollte bald welthistorische Bedeutung erlangen. Denn der junge Sohn Ertugruls, Osman, machte sich zum selbständigen Fürsten (Beg = Bey) und wurde der Vater der Osmanischen Dynastie, damit der Begründer eines Weltreiches, welches an Ausdehnung und

---

* Eine Buchstaben- und Silbenschrift, die die Uyguren entwickelt hatten. Die vom uygurischen Gök-Türken Khaan Kultekin Anfang des 8. Jahrhunderts errichteten berühmten Säulen im heutigen Osttürkistan (chinesisch: Provinz Sinkiang) tragen sein Vermächtnis an sein Volk in uygurischer Schrift.

** Sein Grab gilt als exterritorial für Syrien und wird mit einer türkischen Fahne bis heute respektiert.

Macht seine Vorgänger, die west- und oströmischen Reiche, weit übertraf und genau 623 Jahre unter der Herrschaft ein und derselben Dynastie bestehen sollte. Nach seinem endgültigen Zusammenbruch entstand dann 1922/23 als Nachfolgestaat aus den restlichen Trümmern die heutige türkische Republik. Die Türken von heute sind die Erben und Nachkommen der Seldschuken und Osmanen.

Die Jahrtausende dauernden Wanderungen, Kämpfe und Eroberungszüge der Türkvölker sind im Grunde der Ausdruck eines uralten Traumes, einer unstillbaren Sehnsucht nach einer friedlichen gesicherten Heimat, in der sie glücklich leben und gedeihen könnten. Die alten Sagen erzählen darüber, die den Türken eigenen umherziehenden Volkssänger rezitierten und sangen in ihren Liedern davon. Die trotz ungeheurer Ausdehnung im Inneren eines endlosen Kontinents abgeschlossene, klimatisch extrem harte, von Natur aus karge, unfruchtbare, aus Bergen, Steppen und Wüsten bestehende Heimat ist unwirtlich. Bei Zunahme der Bevölkerung und der Tiere reicht sie für die Existenz nicht aus. Im Norden ist das kalte Eisland Sibirien, im Osten, im Süden, im Südwesten und Westen, wohin sich die Türkvölker auf der Suche nach einer neuen Heimat wandten, fanden sie alles von fremden Völkern und Kulturen besetzt. Entweder wurden sie von den Gegnern nach harten Kämpfen abgewiesen oder, falls sie als Sieger die Länder eroberten, meistens in der Überzahl der Besiegten aufgesogen.* In Anatolien gelang es einem Teil von ihnen, das ersehnte, erträumte neue Land zu finden, es zu einer neuen Heimat, zu ihrem Mutterland zu gestalten.

Daß die Seldschuken bei ihrem Vormarsch in Zentralanatolien überraschend auf türkisch sprechende Bevölkerung trafen, erleichterte es ihnen, dort schnell Fuß zu fassen. Es war den Byzantinern im Verlauf des 9. und 10. Jahrhunderts gelungen, aus Bessarabien in den nördlichen Gebieten des Donaudeltas Stämme, die zu den Türkvöl-

---

* Wie es den germanischen Stämmen zum Beispiel in Spanien, Frankreich und Italien seinerzeit ergangen ist.

kern gehörten (den Petschenegen und Kumanen), in die entvölkerten Provinzen von Zentralanatolien umzusiedeln und sie zu Christen zu bekehren. Für diese Türkvolksgruppen sind Gebetsbücher in griechischer Schrift (aber türkischer Sprache) sowie türkische Übersetzungen der Bibel verfaßt worden. Sie besiedelten die Gebiete von Karamanien, Nigde, Kayseri, Ürgüb, welche heute mit ihren bizarren Tufflandschaften, den zauberhaften Höhlenwohnungen, Kirchen und Klöstern touristisch bekannt sind. Diese Menschen haben ihre Muttersprache behalten, obwohl sie vor über tausend Jahren griechisch-orthodox getauft wurden. Man nannte sie bei den Türken *Karamanli* – »die von Karamanien«. Gleich nach dem Sieg von Alp Arslan über den byzantinischen Kaiser Romanus 1071 sind bedeutende Familien der Petschenegen und Kumanen (Karamanlis) zum Islam übergetreten und haben dazu beigetragen, daß Zentralanatolien schnell eine dichte islamische türkische Bevölkerung aufweisen konnte.

Während der Wanderungen und den Kämpfen nahmen die Türken im Verlauf von Jahrhunderten fremdes Blut auf. Dieses geschah überwiegend durch die Heirat mit Frauen der besiegten Völker: mit Indoeuropäern wie den Saken, Alanen, Sogden, Germanen und Slawen, später auch mit Kaukasiern, Armeniern, Griechen und auf dem Balkan mit Südslawen und Albanern.

Generell gesprochen bekehrten die Türken ihre Untertanen nicht zwangsweise zum Islam. Dagegen sind oft freiwillige Massenübertritte zum Islam, damit zum Türkentum, vorgekommen. Durch diese Vermischungen, insbesondere der Stadtbevölkerung, sind im Aussehen zwischen den Westtürken (Türkei-Türken) und den zentralasiatischen Türkvölkern Verschiedenheiten entstanden. Dennoch haben die meisten Türken in der Türkei die ursprünglichen Grundelemente ihrer genetischen Erbmasse im Charakter und Wesen erstaunlich erhalten: ihren nationalen Stolz, ihr Ehrgefühl, ihre Vaterlandsliebe, ihre Opferbereitschaft, ihre Ausdauer und Tapferkeit, ihre Gastfreundschaft, Großzügigkeit und Hilfsbereitschaft sowie ihren ausgeprägten Sinn für Gerechtigkeit und ihre politische Begabung. Allgemein ist auch bekannt, daß die Türken nicht rachsüchtig sind und am Ende des Kampfes dem Feind leicht verzeihen. Sie können sich lange gedulden, über viele Sticheleien des Gegners hinwegsehen, aber wenn einmal der Geduldsfaden reißt, dann schlagen sie heftig zu.

Natürlich haben die Türken, wie andere Menschen auch, ihre Fehler: Sie sind empfindlich, lieben die Unterhaltung und das gute Leben zu sehr und feiern gerne; sie sind verschwenderisch, lieben das Wirtschaften und das Pflegen nicht und leben meistens über ihre Verhältnisse. Sie sind in guten Zeiten bequem, um nicht zu sagen: faul. Diese Bewertung gilt für den großen Durchschnitt der Bevölkerung. Ausnahmen und lokale Abweichungen kommen selbstverständlich vor. Die moderne Entwicklung und die fortschreitende Verstädterung verursachen mit der Zeit auch zwangsläufig Veränderungen in den Sitten, Gebräuchen und den Verhaltensweisen der Menschen. Ich glaube aber nicht, daß der oben geschilderte Charakter des Türken grundlegende und wesentliche Umwandlungen erfahren hat. Es ist zu hoffen, daß es auch in Zukunft so bleibt.

Die Türken waren einst durch den fortwährenden Zwang des Lebensraumes und der Lebensbedingungen gefürchtete Krieger. Heute sind sie ein friedfertiges Volk. Der Türke liebt und bewahrt den Frieden und die Ordnung. Er ist jedoch bereit zu kämpfen, wenn seine Heimat, seine Freiheit, seine Selbständigkeit bedroht werden. Er hat das Vermächtnis des großen Atatürk gründlich beherzigt: Frieden in der Heimat – Frieden in der Welt!

Das Osmanische Reich

Der Einbruch der Türken im Jahr 1071 in Anatolien und der Beginn der Osmanischen Dynastie gegen Ende des 13. Jahrhunderts fallen in die Zeit des Hochmittelalters in Europa. Trotz der schweren Verluste, die die Kreuzzüge verursachten, und dem Mongolensturm hat Anatolien eine ungeahnte wirtschaftliche und kulturelle Aufwärtsentwicklung unter der Herrschaft der Seldschuken zu verzeichnen. Die imposanten, herrlichen Denkmäler der Seldschuken sind Zeugen ihrer Leistungen. Zu jener Zeit hatte die islamische Welt bereits ihren politischen und kulturellen Höhepunkt erreicht. Ganz Arabien, Ägypten, Nordafrika und Spanien waren kultivierte islamische Länder geworden, die Arabisierung Nordafrikas von Ägypten über Marokko bis einschließlich Spanien war vollzogen. Iran und Türkistan waren ebenfalls islamische Länder geworden, aber diese letzteren bewahrten ihre nationalen Identitäten: Sie blieben Perser und Türken.

In schwindelerregender Geschwindigkeit vollzog sich seit der Mitte des 7. Jahrhunderts die Ausbreitung des Islam. Hand in Hand damit bahnte sich in islamischen Ländern eine kulturelle und geistige Entwicklung an, die ein erstaunliches Niveau erreichte: Die gegen Ende des Altertums und mit dem Aufkommen des Christentums zerfallenen, untergegangenen, vergessenen Kulturleistungen der Sumerer (Assur, Babylon), der Phönizier, der Ägypter, der alten Griechen, der Perser und Römer wurden nun von Forschern und Wissenschaftlern der islamischen Länder in Spanien, Nordafrika, Ägypten, Palästina, Syrien, im Irak, in Persien und Türkistan neu aufgegriffen. Die Werke und Schriften des Altertums wurden aus den klassischen Sprachen ins Arabische übersetzt. In den Medressen (Schulen, Universitäten) wurden Plato, Sokrates, Aristoteles, Archimedes, Ptolemäus gelehrt. Neben Theologie, Recht und Philosophie wurden die Natur- und exakten Wissenschaften wie Chemie*, Mathematik, Astronomie, Geographie, Medizin und Chirurgie sowie die Arzneikunde als Lehr- und Forschungsgebiete neu aufgegriffen, weiter ausgebaut, in bedeutendem Maße weiterentwickelt und neu gestaltet.

* Alkohol, Salpetersäure, Ammoniak, Ammoniumchlorid, Schwefelsäure, das Gemisch der Salpeter- und der Salzsäuren zum Zweck, Gold in Lösung zu bringen, Silbernitrat, Kaliumkarbonat sowie die Methode, Quecksilber herzustellen, wurden von islamischen Forschern entdeckt. Der bekannteste Name: Abu Musa al Djaber.

In den Zentren der jungen islamischen Gelehrsamkeit von Córdoba, Sevilla und Granada in Spanien, in Hayruan und Meknes in Afrika, in Kairo, Damaskus, Bagdad sowie in Buchara, Taschkent, Samarkand, in Chiwa in Türkistan, in Gazne in Afghanistan, in Schiraz und Isfahan in Persien, in Konya, Siwas und Amasya in Anatolien – überall arbeiteten, lehrten, schrieben islamische Gelehrte in der Sprache und Schrift der neuen Religion des Islam, in Arabisch (nicht in den nationalen Sprachen wie Persisch, Türkisch). Genau dieselbe Erscheinung gab es im Westen: Man schrieb Lateinisch, gleichgültig, ob man ein Deutscher, Franzose, Engländer oder Pole war. Ibni Sina (Avisenna), Farabi, Ibn al Ruschd (Averroes), Alchawarzemi (nach seinem Buch »Kitab al Djebr« ist die Algebra in der Mathematik benannt) und andere sind weltberühmte Namen jener Epoche, deren Werke später ins Lateinische übersetzt wurden. Diese Werke bildeten dann die Basis der Bildung der nach islamischem Muster in Neapel und in Padua gegründeten ersten Universitäten des christlichen, noch im Mittelalter steckenden Abendlandes. Unter vielen anderen war einer der bedeutendsten, umwälzendsten Fortschritte jener Zeit die Einführung der arabischen Ziffern und des Dezimalsystems mit dem Wert 0 in der Mathematik anstelle der im Westen bis dahin geltenden, rückständigen römischen Ziffern. Ohne diese bahnbrechende Neuerung wären die späteren Fortschritte und Entwicklungen in der Mathematik, Physik und Astronomie, die Fundamente der modernen wissenschaftlich-technischen Entwicklung in der Welt, undenkbar gewesen.

Jene Epoche einer glanzvollen Vorwärtsentwicklung der Menschheit ging teils durch inneren Zwist der islamischen Machthaber untereinander, besonders aber durch die Angriffe von außen in Spanien gegen die Mauren und vor allen Dingen durch die großen, Jahrhunderte andauernden Kreuzzüge im Osten über Anatolien nach Palästina zu Ende. Die Zerstörungen der Invasion Dschingis Khans und seiner Nachfolger taten ihr übriges. In der Folge hörten die Forschung, die Gelehrsamkeit auf. Die Toleranz wurde vom Fanatismus verdrängt. Haß und Verachtung beherrschten die Weltarena, in der sich Ost und West, Christen und Moslems gegenseitig zu vernichten trachteten.

Mitten in jener chaotischen Ära setzte die steile Aufwärtsentwicklung eines ursprünglich bescheidenen kleinen türkischen Reiternomaden-Fürsten ein. Dieser gründete einen Staat, der sich blitzartig vergrößerte, sich zu einem Reich formierte, aus dem ein pracht- und machtvolles Weltreich entstand, das sich für ein halbes Jahrtausend über drei Kontinente, Europa, Asien und Afrika, erstreckte, ein junges Weltreich, bis dahin ohne seinesgleichen in diesem Kulturkreis. Dieses türkische Reich übernimmt die Führung der islamischen Welt und trägt seine siegreiche Fahne bis in die Kernlande Zentraleuropas. Wie ist dieses Phänomen zustande gekommen?

Man sagt, die Geschichte sei eine Wissenschaft. Sie ist es vielleicht auch. Bedauernswerterweise ist aber nirgends, auf keinem Gebiet, soviel verfälscht, soviel gelogen worden wie gerade in der Geschichtsschreibung. Erst neuere Historiker wie Arnold Toynbee, Runciman und andere haben angefangen, mit dem Schutt und Müll der subjektiven einseitigen Betrachtungen, den Verfälschungen, den Verheimlichungen von Wahrheiten in der Geschichte aufzuräumen. Wenn einmal die auf Millionen sich beziffernden, in den Archiven des Osmanischen Reiches aufbewahrten und nicht einmal ganz geordneten und sortierten, geschweige denn wissenschaftlich untersuchten historischen Dokumente ins Tageslicht kommen, wird man sicherlich zu ganz neuen Erkenntnissen gelangen. Jahrhunderte hindurch sind jedoch durch subjektive Berichte im Westen heillose Vorurteile entstanden.

Eines kann man jedoch jetzt schon sagen: daß es unmöglich ist, daß erstens »wilde Barbarenhorden« plötzlich eine solche Leistung vollbringen können, und zweitens, daß, gestützt ausschließlich auf physische Kraft und überlegene Waffengewalt, ein solches Reich wie das Osmanische sich in jenen kulturell entwickelten Gebieten nicht ein halbes Jahrtausend erhalten kann. Aber gerade hier hapert es.

Man müßte nämlich die menschlichen Leistungen des betreffenden Volkes, seine geistigen Fähigkeiten, seine Tüchtigkeit, sein überlegenes Staatssystem, seine entwikkelten sozialen Einrichtungen, seine gerechtere, schnellere Rechtsprechung und vor allen Dingen seine unvergleichliche Toleranz gegenüber den Andersgläubigen, den Christen und den Juden, sowie gegenüber Menschen anderer Nationalitäten, Farben und Sprachen zugeben. Und ach – das fällt eben leider so schwer, weil Generation über Generation eine so gründliche Hirnwäsche erhielten, daß es nicht leicht ist, sich aus deren Wirkungskreis herauszuretten.

Während der Herrschaft der ersten zehn türkischen Sultane bis Mitte des 16. Jahrhunderts, von Osman über Mehmed II. bis Suleyman dem Prächtigen*, wuchs der Staat der Osmanen systematisch wie bei einem großangelegten langfristigen modernen Bauprojekt innerhalb von 250 Jahren zu einem Weltreich und erreichte den Höhepunkt, auf dessen Klimaxer sich weitere 150 Jahre behauptete. Ein tüchtigerer, weitsichtigerer Sultan folgte dem anderen. Jeder führte die begonnene Arbeit seines Vorgängers planmäßig weiter vorwärts. Schon im Jahr 1453 wurde Konstantinopel von Mehmed II. erobert, das Byzantinische Reich gänzlich liquidiert. Vorher waren bereits der ganze Balkan, ganz Griechenland und die meisten Ägäischen Inseln türkisch geworden. Während dies im Westen geschah, gelang es, die benachbarten und entfernteren Blutsverwandten, seldschukische Fürstentümer in Anatolien, eines nach dem anderen, teils kriegerisch, teils politisch friedlich, dem Zentralreich einzufügen, das kleine Königreich von Trapezunt einzuverleiben, den Widerstand des letzten seldschukischen Fürsten von Karaman zu brechen und schließlich ganz Anatolien osmanisch zu machen.

Während der Herrschaft des Sultans Yildirim Bayazid (Yildirim = der Blitz)**, eines tüchtigen, siegreichen Sul-

* Suleyman der Prächtige: geb. 1494, Thronbesteigung 1520
** Thronbesteigung 1389 n. Chr.

tans, Urgroßvater Mehmeds II., brach ein Krieg zwischen dem noch jungen Osmanenreich und dem mächtigen zentralasiatischen türkischen Großkhan, dem berühmten Aksak Temür (Tamarlan), um die Vorherrschaft aus. Yildirim Bayazid verlor die blutige Schlacht*, die unweit von Ankara stattfand, und fiel in die Hände seines Gegners. Er starb in Gefangenschaft. Mit diesem schweren Schlag schien das Ende des jungen Osmanischen Reiches gekommen zu sein. Das dadurch entstandene, äußerst kritische Machtvakuum in Anatolien und dem Balkan konnte erst nach elf Jahren blutiger Wirren und innerer Kämpfe durch den Prinzen Mehmed I. beseitigt werden. Er konnte alle Kräfte um sich sammen, die Einheit des Staates wiederherstellen. Eine zweite Gefahr aus dem Osten durch den Einfall des Königs, des in Westiran (Azerbaydjan) und im Kaukasus herrschenden Uzun Hasan (Stammführer der Akkoyunlu-Turkmenen – die von den weißen Schafen), konnte Mehmed II., Enkel des ersten Mehmed, in einer Entscheidungsschlacht beseitigen.

Mehmed II. machte aus Konstantinopel Istanbul und erklärte die Stadt zur Hauptstadt seines Reiches. Durch Umsiedlungsaktionen von Türken sowie von Griechen aus den Gebieten am Schwarzen Meer und vom Balkan wurde die leere Stadt neu bevölkert. Die große Kirche Hagia Sophia (Aya Sofya) wurde zur Moschee umgewandelt. Neue herrliche Moscheen, Paläste, Basare, Schulen und eine Hochschule (die Vorgängerin der heutigen Universität von Istanbul), Karawansereien, Wasserleitungen, zahlreiche Trinkwasserbrunnen, Bäder, Armenküchen, Krankenhäuser, Irrenanstalten, Fremdenherbergen, Handelshäuser und Gewerbezentren wurden errichtet, wie es vorher bereits in Bursa und Edirne (Adrianopel) geschehen war. Istanbul als Hauptstadt des Reiches wuchs schnell zur wohl bedeutendsten, größten und wohlhabendsten Metropole Europas jener Jahrhunderte empor. Die früheren Reiter und Infanteri-

---

* 1402 n. Chr.

sten bauten moderne schnellere Kriegsflotten, schlugen damit die Venezianer, Genuesen und die Spanier sowie die Kreuzritter. Überall vertrieben sie sie aus den im Ostmittelmeer liegenden Hafenstädten und von den Agäischen Inseln, von Rhodos, Zypern und Kreta, die im Verlauf der Kreuzzüge in ihren Besitz geraten waren.

Nordafrika, Ägypten, Libyen, Tunis und Algier wurden türkisch. Die türkische Flotte beherrschte das Mittelmeer fast zweihundert Jahre lang. Großadmirale wie Turgut Reis (im Westen bekannt als Dragut), Barbaros Khayreddin Pascha und Kilitsch Ali Pascha zeigten ihre Flaggen überall im Ost- und Westmittelmeer, auf den Balearen, vor Marseille, Cannes, Nizza, Sizilien, Genua, Neapel, vor Prewesa, vor Korfu, Fiume, bis hinauf vor Venedig im Adriatischen Meer. Der Admiral Piri Reis befehligte eine türkische Flotte im Roten Meer, kreuzte vor Indien und vernichtete eine portugiesische Flotte vor Gudjerat (Indien), wo er dann auch landete. Eine von diesem Admiral Anfang des 16. Jahrhunderts gezeichnete Weltkarte, in der der Nord- und Südatlantik, die Küsten von Grönland, von Nord-, Mittel- und Südamerika sowie von Afrika eingezeichnet sind, hat heute einen Ehrenplatz an der Wand des Hauses der Vereinten Nationen gefunden. Man bedenke, daß in den gleichen Jahren Galilei wegen seiner Behauptung, die Erde sei rund und würde sich drehen, vom Papst geächtet, von den Kardinälen unter Folter gezwungen wurde, seine von Kopernikus übernommene Überzeugung zu widerrufen.

Die Zeitgenossen der Türken von damals im christlichen Abendland wurden wegen angestrebter Reformen in der Religion massenhaft verfolgt, in Inquisitionsgerichten im Namen Christi gefoltert und lebendig verbrannt. Während der Religionskriege wurden Tausende von Menschen getötet, Hunderte von Dörfern, Ortschaften und Städten zerstört. Weil sie Anhänger Luthers, Calvins, Huss' oder Zwinglis waren, flohen damals verfolgte Christen über die Grenzen von Österreich, der Slowakei und aus Kärnten in die türkischen Gebiete in Ungarn, Siebenbürgen und in die Walachei auf den Balkan und kamen nach Istanbul. Sie ließen sich nieder und genossen Schutz – wie alle anderen Christen und Juden –, Gewissens- und Glaubensfreiheit, Freiheit in Arbeit und Beruf. Manche von ihnen bekamen wichtige Funktionen im türkischen Staat, wurden wohlhabend und angesehen. Als während des 16. Jahrhunderts die maurische Herrschaft in Spanien endgültig zusammenbrach und die Mauren massenweise gewaltsam zum Christentum bekehrt, gefoltert oder umgebracht wurden, schickten die türkischen Sultane Hilfsflotten nach Spanien, um Tausende, Abertausende fliehender Moslems und die mit ihnen verfolgten Juden von Andalusien in die Häfen von Marokko, Algier und Tunis zu retten. Tausende von spanischen Juden wurden sogar in die Kerngebiete des Osmanischen Reiches nach Selanik (heute Thessaloniki, Hafenstadt im Südbalkan) und nach Istanbul verschifft, und es wurde ihnen Asyl gewährt, ohne Rücksicht darauf, daß sie keine Moslems waren. Heute noch sprechen die Nachkommen jener Juden in der Türkei ein Spanisch des 16. Jahrhunderts als Muttersprache, das im Spanien von heute nicht mehr gebräuchlich ist.

Das Osmanische Reich vom 14. bis zum 18. Jahrhundert war in seiner Macht- und Blütezeit gewissermaßen ein Vorläufer der Vereinigten Staaten von Amerika unserer Zeit. Denn nicht nur Asylsuchende, sondern auch Erfinder, Techniker, existenz- und arbeitsuchende Christen aus Polen, Österreich, Deutschland, Frankreich und Italien siedelten in die Türkei um. Auch verfolgte Könige, wie König Karl XII. von Schweden und ein ungarischer König, fanden ebenfalls Schutz und Asyl beim Sultan und lebten längere Zeit in der Türkei.

Angesichts dieser Tatsachen las ich 1953, anläßlich der fünfhundertsten Wiederkehr der Eroberung Konstantinopels (Istanbul) durch den Sultan Mehmed II. Fatih (der Eroberer), einen Artikel in einer sehr renommierten deutschen Zeitung, in dem etwa folgender Satz stand: »Die Türken praktizierten eine teuflische Politik gegenüber den Christen, indem sie sich ihnen gegenüber loyal verhielten,

382

sich in ihre religiösen Angelegenheiten nicht einmischten. Dadurch gewannen die Türken Sympathien, und die Christen zogen die Herrschaft der Türken der ihrer christlichen Herren vor.« Nach Ansicht dieses Historikers war also die Toleranz der Türken leider nicht zu verleugnen, nicht aus der Welt zu schaffen, aber dennoch mußte sie wenigstens als »teuflisch« bezeichnet werden. Zu dieser Art von Beurteilung war der Verfasser anscheinend als Christ und Europäer verpflichtet.

Wenn man noch in unseren modernen aufgeklärten Zeiten solche und noch viel schwerere Bewertungen in Artikeln, Büchern, Berichten und Fernsehprogrammen über die Türken zur Kenntnis nimmt, ist es nicht verwunderlich, wenn manche Türken der jüngeren Generationen ihren Vorfahren in bitterster Form vorwerfen, sie hätten falsch gehandelt, sie hätten gesündigt. Sie sollten sich genauso gegenüber den Christen verhalten, wie die Christen sich gegen die Moslems verhalten haben, dann wäre das Osmanische Reich nicht zusammengebrochen, sondern ein islamisches Reich geblieben, wie Spanien heute ein einheitlich christliches Land geworden ist.

In Spanien gibt es nach siebenhundert Jahren islamischer Herrschaft mit hoher Kulturleistung keinen einzigen Moslem mehr. Und was aus der indianischen Bevölkerung von Nordamerika, Mexiko, ja auf dem ganzen Kontinent (Nord- und Südamerika), den Kulturen der Inkas, Tolteken, der Mayas geworden ist, weiß jeder. Die Menschen der Neuen Welt sind ausgerottet, ihre Kulturwerte, ihr Reichtum im Namen Christi geraubt und vernichtet...! Aber nach jahrhundertelanger Herrschaft der Türken sind Ungarn, Kroaten, Serben, Rumänen, Bulgaren und Griechen vollzählig mit ihren Kirchen, Klöstern, Priestern, Schulen und Lehrern nach dem Abzug der Türken wieder da...! Hätten die Großmächte die Armenier und Griechen in den verbliebenen Gebieten des heutigen Nationalstaates der Türkei nicht zu einem blutigen Kampf gegen die Türkei aufgehetzt und verleitet, würden auch diese Menschen sicherlich unversehrt in der Türkei weiterleben können, wie die Juden es tun. Die Türkei ist übrigens eines der wenigen europäischen Länder, in dem die Juden in den vergangenen Jahrhunderten nicht verfolgt wurden. Judenpogrome gab es in der Türkei niemals.

Die Niederlage der türkischen Mittelmeerflotte in der Bucht von Lepanto in der zweiten Hälfte des 16. Jahrhunderts (1571), wo sie von der vereinigten spanisch-venezianischen Flotte überraschend überfallen wurde, war das erste Zeichen dafür, daß die Ära der Unbesiegbarkeit der Türken zu Ende ging. Aber erst hundert Jahre darauf, im Jahr 1683, mit der mißglückten Belagerung Wiens unter dem Oberkommando von Kara Mustafa Pascha, wurde der Niedergang des Osmanischen Reiches eingeleitet. Immerhin wehrten sich die Türken verbissen in unzähligen blutigen Kriegen gegen Rußland, Österreich, Venedig, Frankreich, Italien und zum Schluß gegen die Vereinigten Balkanstaaten, die Bulgaren, Serben, kämpften gegen Griechenland und später auch gegen die Engländer und Araber 239 Jahre lang um jeden Quadratmeter ihres Reiches. Ein heroischer Kampf im Niedergang gegen die stärksten Mächte Europas, die die Türkei längst wirtschaftlich und technisch weit überholt hatten. Ein beispielloser Todeskampf eines Reichsvolkes in der Geschichte.* Gibt es einen klareren Beweis für den unbeugsamen Lebenswillen, für die Zähigkeit in der opfervollen Verteidigung der Existenz und der Freiheit einer Nation? Ist es nicht ebenso ein Beweis für das moralische, geistige und kulturelle Potential der Türken?

---

* Wenn man die mächtigen späteren Kolonialreiche Englands und Frankreichs zum Vergleich nimmt, die innerhalb von einigen Jahrzehnten zusammenfielen, ist die vollbrachte Leistung der Türken besser zu bewerten. Dabei hatten England und Frankreich, gemessen an ihren Möglichkeiten, nackte wehrlose Menschen als Gegner.

Die unsichtbare Kraft

Im Osmanischen Reich hatten die Türken einen Staat, ein Reich, aufgebaut, das den Europäern in wesentlichen Punkten deutlich überlegen war: 1. im Kriegswesen; 2. in der Staatsverwaltung; 3. im Rechtswesen; 4. in der Behandlung von nichttürkischen, nichtislamischen Völkern; 5. in den kulturellen und sozialen Einrichtungen.

Diese Überlegenheit dauerte bis zur Mitte des 17. Jahrhunderts an. Dann holten die europäischen Mächte auf, während die Türken nach einem Verharren auf der Höhe ihrer politischen und kulturellen Stärke die Entwicklung der neuen Zeit und die Veränderungen, die die Reformation und die Renaissance verursachten, verpaßten. Europa überholte die Türkei weitgehend im wissenschaftlichen Fortschritt, kulturell, technisch und wirtschaftlich. Folgerichtig kamen die endlosen Kriege mit den Niederlagen dazu. Damit verfielen auch die guten Einrichtungen der osmanischen Türken. Die Volkskraft der Türken als führendes Staatsvolk ihres Reiches erschöpfte sich schließlich.

Woher kam die innere Kraft, die die Türken bei ihren phänomenalen Leistungen, sei es während ihrer Aufbau- und Blütezeit, sei es erst recht in den Epochen des Verfalls und des Zusammenbruchs, aufbringen konnten? Ich glaube, diese Frage wie folgt beantworten zu können: Die innere Kraft lag erstens im türkischen Menschen selbst, in seinem Charakter, in seinen komplexen Fähigkeiten. Denn seine ganze Vergangenheit von Urzeiten her ist eine ununterbrochene Kette von Kämpfen um das Bestehen, um Sein oder Nicht-Sein, sowohl gegen eigene Artgenossen als auch gegen zahllose Fremde einerseits, andererseits aber auch im Kampf mit den harten, erbarmungslosen Bedingungen des Klimas und der Natur des ursprünglichen Lebensraumes. Der Türke gewann daher eine seltene Fülle von Erfahrungen im Meistern der Schwierigkeiten, in der Anpassung an die Umstände, im Behandeln von Menschen und in ihrer Führung und Beherrschung. Er war ebenso bereit, nach Tausende von Kilometern entfernten Zielen, über Steppen,

Wüsten und hohe vereiste Berge zu reiten oder zu wandern, sich in völlig fremden Ländern unter ihm unbekannten Völkern zurechtzufinden. Dabei, und das ist das wesentliche, war er immer bestrebt und fähig, trotz allem frei zu leben, seine Identität nicht zu verlieren, nicht zu versklaven. Ja, im Gegenteil, wie es so oft der Fall war, sogar wieder zu herrschen. Das sind Eigenschaften von wohl unschätzbarem Wert, welche weder nachahmbar noch leicht erlernbar sind für die meisten Menschen.

Ein zweiter Grund liegt in der eigenen Begabung, aus den positiven geistigen, moralischen Begriffen und Werten, denen er in einem neuen Kulturkreis begegnet, dem Türken, seinem Wesen und Charakter entsprechende neue Formen, Systeme ihrer praktischen Anwendung zu entwickeln. Der Türke ist ein Pragmatiker par excellence.

Seit Beginn unserer Zeitrechnung sind die Türken von Hochasien südwärts gezogen und haben das heutige Ost- und Westtürkistan allmählich besiedelt, von da weiter süd- und westwärts ihre Züge fortgeführt. Vom 8./9. Jahrhundert an sind sie allmählich und zum größten Teil zum Islam übergetreten.* Als eine Lehre von einem Gott bedeutet der Islam mit seinen Vorschriften für die Frömmigkeit eine praktikable Lebensweise. Die islamische zentrale Anschauung des einen einzigen allmächtigen Gottes, des Allerschaffers und des Allvernichters zugleich, entsprach der Gedankenwelt des heidnischen Türkentums. Es erkannte in Allah eine Weiterentwicklung der Interpretation seiner alten Anschauung vom *Gök Tan(g)ri* (Himmelsgott) der

---

* Die nationale vorislamische Religion der alten Türkvölker war der Schamanismus, der Naturglaube. Der bedeutendste türkische Stamm der Uyguren ging zunächst zum Buddhismus über. Sie hatten im Buddhismus eine bemerkenswerte Entwicklungsstufe erreicht. Rest ihrer Denkmäler sind bis heute erhalten. Während des 8./9. bis 11. Jahrhunderts sind Teile der türkischen Bulgaren, Kumanen, Petschenegen, Awaren und Khazaren orthodoxe Christen geworden. Teilweise sind diese Türkvölker mit den slawischen Stämmen vermischt. Ebenso Splittergruppen der Khazaren, Kumanen und sogar der Tataren Anhänger der mosaischen Religion geworden. Ein bemerkenswerter Anteil der osteuropäischen Juden ist daher türkischen Ursprungs.

Schamanen und verschrieb sich dem Allah nun als Mohammedaner mit Leib und Seele. Viele der Vorschriften des Islam kamen ihm schon von der Veranlagung gelegen: Hilfsbereitschaft, Hingabe, Freigiebigkeit, Opferbereitschaft, Mut, Ehrlichkeit, Aufrichtigkeit, Vertragstreue, Gerechtigkeit. Alle diese Forderungen des Islam waren bei den Türken durch ihre bisherigen Moral- und Sittenbegriffe bekannt und geschätzt. Sie gehörten zu seinen charakterlichen Neigungen. Daher entwickelte der Türke als Moslem, wohin er kam, eine ungewöhnlich hohe kulturelle und soziale Vitalität. In Türkistan, im Iran, in Indien (und im heutigen Pakistan), in Ägypten, in den arabischen Ländern und insbesondere in Anatolien und in den südosteuropäischen Ländern hat das türkische Volk mit seiner Tatkraft, mit seinem Schaffenswillen, unzählige Werke und Denkmäler der sozialen, kulturellen, der Allgemeinheit dienenden Einrichtungen gebaut und geschaffen, wie kein anderes unter den Islamvölkern, um gottgefällige Taten zu vollbringen, Gott zu dienen. Der Türke war weniger Anhänger des täglichen Gebetes (weniger fromm im kirchlichen Sinne), er suchte vielmehr seine Gläubigkeit durch aktive gute Taten praktisch an den Mitmenschen zu erweisen.

Schon ganz früh, als die Osmanen gegen Ende des 13. Jahrhunderts an die Macht kamen und die Nachfolge ihrer großen Verwandten, der Seldschuken, antraten, begannen sie in jedem neu gewonnenen Gebiet, in Burssa, Iznik und Edirne (Adrianopel), mit dem fieberhaften Bau von beachtlichen, sozialen, für die Allgemeinheit nützlichen Einrichtungen. Mit der Eroberung von Konstantinopel (Istanbul) und der Erhebung der Stadt zur neuen Hauptstadt des bereits achtunggebietenden türkischen Reiches nahmen die sozialen und kulturellen Investitionen enorme Dimensionen an. Durch die überall entfaltete Bautätigkeit veränderten sie in kürzester Zeit das Gesicht, das Bild der Ortschaften und Städte. Sie wurden in kurzer Zeit türkisch: mit Moscheen, Minaretten, Bädern, Grabmälern, Karawansereien, bedeckten Basaren, Handels- und Kaufhäusern,

Gewerbeanstalten, Schulen und Hochschulen, Armenküchen, Armenherbergen, Krankenhäusern, und so fort –
nach ihrem Geschmack und Stil sowie in ihrer typischen
Architektur.

Die aus islamischem Wohltätigkeitsdenken von den türkischen Gesetzgebern entwickelte Institution der »Ewkaf«
(Plural von Wakif = Stiftung) hat innerhalb der übrigen
islamischen Länder nirgends ihresgleichen, natürlich erst
recht nicht in den zeitgenössischen christlichen Ländern
jener Jahrhunderte im Westen.

Der Islam kennt bekanntlich keine kirchliche Institutio-
nen wie das Christentum. Einen Zwang zum Gebet in den
Moscheen gibt es im Islam nicht. Aus dem gleichen
Grunde wurde auch der Kirchenfunktionär, der Priester
mit seinen Vorrechten, abgeschafft. Daher kennt der Islam
weder Ablaßgeld noch die Exkommunikation. Moscheen
sind nur Orte, in denen die Gläubigen gemeinsam beten
können, wenn sie es wünschen. Ursprünglich waren die
Moscheen für lange Jahrhunderte gleichzeitig Versamm-
lungsorte der Gemeinde, in denen die Ereignisse, Gesetze,
Bekanntmachungen und die Allgemeinheit angehenden
Probleme besprochen, diskutiert und beschlossen wurden.
Sie wurden auch für die Volksbildung, für Vorträge,
Rechtsprechung der Kadis, für Schlichtung von Streitigkeiten und so weiter benutzt. Wenn die Gebetszeit kam, betete
man eben dort gemeinsam. Der Vorbeter (Imam) ist kein
Priester im christlichen Sinne, sondern ein Mann, der die
Vorschriften des Islam und die Durchführungsformen des
Rituals des Gebetes kennt, ein Religionslehrer, ein Mann
des religiösen Berufes. Er kann nebenbei auch jedem anderen Beruf nachgehen. Der Imam kann den Laien nur belehren und hat keinerlei Sonderrechte. Im Islam kennt man
auch die Beichte nicht.

Aus all den Gründen sind kleine oder große Moscheen
reine private Gründungen der Moslems. Das dazu nötige
Geld wird entweder freiwillig von einer Gruppe von Menschen eines Dorfes, einer Ortschaft, eines Stadtbezirkes
aufgebracht oder von einzelnen Personen zur Verfügung

gestellt. Für die Unterhaltung der Moscheen im allgemeinen und speziell bei größeren Moscheen und den ihr angeschlossenen kulturellen und sozialen Einrichtungen wurden Vermögen sowie Einkünfte aus Immobilien, Bergwerksbetrieben, Karawansereien oder Gewerben gestiftet. So entwickelten sich die größeren Moscheen mit ihren im Stil harmonischen, imposanten, schönen Baukomplexen zu städtischen Zentren der Kultur, der Kunst, der sozialen sanitären Bauten und Einrichtungen. Zu einem von einem Sultan als dem Mächtigsten der damaligen sozialen Struktur gestifteten Moscheenkomplex, beispielsweise wie dem von Sultan Suleyman oder von Sultan Ahmed und Sultan Bayazid in Istanbul oder von Sultan Selim und Sultan Murad in Edirne gegründeten, gehörten: Dampfbäder für Männer und Frauen, Brunnenanlagen für die Waschungen vor den Gebeten, Trinkwasserbrunnen, theologische und allgemeine Lehranstalten, Hochschulen, Bibliotheken, chirurgische Anstalten, Geburts- und Waisenhäuser, Irren-und Krankenheilanstalten, Volksspeiseanstalten, Armenherbergen für Wanderer und Obdachlose sowie öffentliche Toilettenanlagen. Bis auf die Dampfbäder war die Benutzung aller übrigen Einrichtungen kostenlos. Die Dampfbäder standen den Unbemittelten an bestimmten Tagen der Woche unentgeltlich zur Verfügung. An Vortagen von religiösen Feiertagen bekamen die armen Badegäste beim Verlassen des Bades sogar Frottiertücher und dicke weiße Olivenseifenblöcke als Geschenk dazu.

Zur guten Sitte gehörte – wenn nicht aus Gottgefälligkeit, so doch um des Ansehens willen – für jeden (Mann oder Frau), der Ansehen genoß, nach seinen Möglichkeiten für die Wohltätigkeit irgendwelche Einrichtungen zu bauen und zu stiften: in seinem Wohnsitz, in der Provinz, in Armengebieten oder in seinem Amtssitz als Staatsbeamter oder Funktionär innerhalb des riesigen Reiches.

Auch besonders fortschrittliche und politisch weitsichtige Gesetze der Sultane Mehmed II. und Suleyman des Prächtigen (sein türkischer Titel ist Kanuni = der Gesetzge-

ber) förderten die sozialen Tätigkeiten zusätzlich in beacht-
lichem Maße: Das Aufkommen eines erblichen Adels-
standes wurde unterbunden.* Die Beyler Beys (Oberst-
kommandierende oder oberste Verwalter von Provinzen),
die Beys, Paschas, die Heeresrichter (eine solche Einrichtung in den christlichen westlichen Ländern kannte man
jahrhundertelang bis zur modernen Zeit überhaupt nicht)
und andere hohe Reichsfunktionäre erhielten sehr beträchtliche Einkünfte, solange sie im Amt Verantwortung
trugen. Wenn sie wegen Unfähigkeit abgesetzt wurden
oder wenn sie verstarben, blieb den Erben von ihrem
angesammelten Vermögen ein Bruchteil zurück, mit dem
sie hinlänglich auskamen. Der große Rest des Vermögens
und der Einkünfte floß wieder in die Staatskasse zurück;
ausgenommen waren Einnahmen, die während der Amts-
tätigkeit für fromme und soziale oder kulturelle Wohl-
tätigkeitszwecke gestiftet worden waren. Selbst gestiftete
Vermögen von zu Tode Verurteilten waren vom Zugriff
der Staatskasse verschont. Dadurch entstand mit der Zeit
ein Wettlauf unter den Machthabern des Reiches, möglichst viel für den Nutzen der Allgemeinheit zu stiften,
um seinem Namen für Jahrhunderte Geltung und Achtung
zu verschaffen sowie sich gleichzeitig zeitlebens Sympathie und Ansehen beim Volk und der höchsten Obrigkeit
zu erwerben. Wahrlich ein geniales System und seiner
Zeit weit, weit voraus!

Vor etwa vierzig Jahren las ich einmal eine kleine Untersuchung: Am Anfang des 20. Jahrhunderts waren sieben
Neuntel des osmanisch-türkischen Nationalvermögens für
fromme, kulturelle und soziale Zwecke gestiftet. Der Armut und dem Hunger wurden hier Schranken gesetzt. Dem
Kranken, dem Verlassenen, dem Hilfesuchenden wurde
die Hand gereicht, überall dort, wo die Souveränität des
türkischen Sultans galt, von Budapest bis Bagdad, von Süd-
rußland und dem Kaukasus bis Tunis und Algier.

---

* Das Landvolk, die Bauern waren frei. Leibeigene gab es nicht, außer
Sklaven, die man kaufte.

In den Jahrhunderten, in denen in Europa geisteskranke Männer, alte arme Frauen als vom Teufel Besessene oder als Hexen öffentlich und offiziell verbrannt wurden, behandelte man solche Menschen in den im 15. Jahrhundert gebauten, von Sultanen gestifteten Heilanstalten in Edirne mit Musik, Gesang und dem sanften Geräusch des Geplätschers von kleinen Wasserkaskaden. Heute kann man den herrlichen Bau in Edirne besichtigen und bewundern.

Wenn man noch dazu an die Einrichtung der Heirat von Witwen, der Aufnahme von Waisenkindern an Kindes Statt, an die selbstverständliche Bestellung der Felder, der Betriebe, der Höfe von Frauen, deren Männer an der Front oder im Feld gefallen waren, die Betreuung der alten, einsamen, kinderlosen Menschen durch die Nachbarn denkt, kann man sich eine Vorstellung darüber machen, wie gesund und stark das soziale Fundament des türkischen Volkes – verglichen mit den Verhältnissen im Westen zur gleichen Zeit – war, das das Reich und seine schweren Lasten während der Jahrhunderte des Verfalls allein tragen mußte.

Die Türken trugen ihre Verpflichtungen gegenüber der Gemeinschaft mit einer Selbstverständlichkeit, die wir heute mit Achtung bewundern müssen. Ohne diese inneren Kräfte der Nation wäre das Reich in kurzer Zeit zusammengebrochen. Es hätte, so glaube ich, das 18. Jahrhundert kaum überdauert.

Das Osmanische Reich glänzte 350 Jahre lang von der Mitte des 15. bis zum Ende des 18. Jahrhunderts in der von ihm geschaffenen glanzvollen islamisch-türkischen Hochkultur. Die stolzen Moscheen mit ihren zahlreichen Inbauten für kulturelle und soziale Zwecke zeugen heute in den türkischen Städten und in den Ländern, die einmal dem Türkenreich gehörten – in Ungarn, auf dem Balkan (insbesondere in Bosnien, wo sie gut erhalten und zahlreich vertreten sind), in Syrien (Aleppo, Damaskus), in Palästina und Jerusalem, in Libyen, Algier und Tunis –, von der hohen Entwicklungsstufe der Architektur, ihrer Schönheit, Zweckmäßigkeit sowie ihrer soliden, haltbaren Bauweise.

Die charakteristischen großartigen Leistungen in der dekorativen Kunst*, die in der Steinbearbeitung, bei der Holzschnitzerei, der Keramik, dem Glas, insbesondere in der Verwendung der Schrift in der Ausschmückung von Bauflächen, in herrlichen Textilien (Brokat, Seidenvelours), in wundervollen gestickten Decken, in der Buchbindekunst und in Miniaturen, sind Zeugnisse eines phantasievollen Kunst- und eines erlesenen Schönheitssinnes.

Von der Liebe zur Schönheit und dem feinen Geschmack zeugen auch die bis heute erhaltenen zahllosen Gegenstände des einfachen, täglichen Gebrauchs, wie das Eßgeschirr, die Töpfe, Tassen, Teller, Löffel, Servier- und Speisetabletts.

Die Türken verzierten erlesen und künstlerisch die Sättel, die Schabracken, das Reitgeschirr ihrer Pferde, insbesondere aber ihre Waffen: Bögen, Köcher, Dolche, Schwerter, später auch die Gewehre und Pistolen. Die überaus reichen Sammlungen der türkischen Museen und des Topkapi-Serails geben ein überzeugendes Bild vom hohen Stand der schöpferischen Künste, vom Reichtum der Osmanen in ihrer Blütezeit.*

Auch in der Musik, Literatur und der Poesie haben sie Hervorragendes geleistet. Dichter wie Fuzuli, Baki und Nedim sind die bekanntesten Namen der türkischen klassischen Dichtkunst. Selbst viele Sultane waren, außer hervorragenden Politikern und Heerführern, vielseitig gebildete Literaten und glänzende Dichter und Kalligraphen. Berühmt sind zum Beispiel die Diwane (Gedichtsammlungen) von Mehmed II., der außer der arabischen und persischen Sprache auch Griechisch und Latein beherrschte,

---

* Da der Islam die Darstellung von Menschen nicht gestattete, drückte der Künstler sich aus, indem er Blumen, Pflanzen, Tiere, geometrische Formen sowie Schrift weitgehend stilisiert verwendete.
** Die Mussen von Wien, München, Berlin, in den badischen Schlössern sowie in Genua und Rom, Paris und London stellen eine große Menge von hervorragenden Exemplaren dieser künstlerischen Gegenstände aus, welche bei den Türkenkriegen erbeutet oder als Geschenke des Sultans, der Großwesire an die europäischen Höfe gelangten.

sowie die von Selim I. und Suleyman dem Prächtigen. Von Selim III. wissen wir, daß er dichtete und komponierte (die klassische türkische Hofmusik). Mit der Lebensweise, dem Benehmen und dem Zeremoniell, dem Sprachgebrauch bei Unterhaltungen wie im schriftlichen Verkehr hatten die Türken damals in der islamischen Welt eine erlesene Feinheit erreicht. Dies fiel auch in eine Epoche, in der die Türkvölker in Türkistan, in Indien und im Iran herrschten und die arabische Welt in der Führung des Islam längst abgelöst und übertroffen hatten.*

Bei dieser Gelegenheit möchte ich ein Gespräch erwähnen, das ich im Sommer 1935 mit dem deutschen Architekten Professor Fritz August Breuhaus de Groot führte. Er machte mit mir eine Reise in Anatolien und besichtigte in Amassya, Tokad, Siwas, Konya die einmaligen Moscheen, Grabmäler, Karawansereien, Heilanstalten, Medressen (Schulen, Hochschulen, Lehranstalten) der Seldschuken, dann in Burse, Edirne und Istanbul die osmanischen architektonisch hervorragenden Bauwerke und Denkmäler, zum Schluß den alten Topkapi-Serail, die Wohn- und Arbeitsräume, die Ausstattung, die Festtrachten, die kostbaren Sammlungen an Kunstwerken, Büchern, Miniaturen, ornamentalen Schriften, Rüstungen und Waffen. Als wir den alten Palast verließen, sagte er:»Was ich in den letzten Wochen gesehen habe, hat mich völlig überrascht und begeistert. Gleichzeitig bin ich beschämt über meine bisherigen falschen Vorstellungen über die Türken. Ich bin aber auch erschüttert. Wie kann eine so hohe Kulturnation derart verarmen, derart herunterkommen? Können Sie mir das erklären?«

Ich erwiderte ihm:»Lieber Professor, denken Sie allein an

---

* Hier seien erwähnt die Dynastien der Türk-Mogul-Herrscher Baburschah, Akbar, Schah Djehan und ihre Nachfolger in Indien mit den berühmten herrlichen Bauten und astronomischen Anlagen in Delhi, in Agra (Tadjmahal), an die Werke und Leistungen der Dynastie des Aksak Temur in Türkistan (Taschkent, Samarkand, Bukhara, Khiwa) sowie der Türkdynastien der Safwiden im Iran (Schiraz, Isfahan, Täbriz in Azarbaydjan).

den letzten Krieg*, der nur vier Jahre dauerte, ohne daß der eigentliche deutsche Boden davon direkt betroffen wurde. Sie haben es erlebt, zu welchen Folgen er führte, welches Elend und Leid für das deutsche Volk er verursachte. Projizieren Sie diese Folgen auf die türkische Vergangenheit von mindestens 250 Jahren, von denen die Hälfte mit echten verlustreichen, verlorenen Kriegen oder schweren Aufständen und innenpolitischen Auseinandersetzungen ausgefüllt waren. Dann werden Sie nicht nur die Gründe der Verarmung, der Rückständigkeit verstehen, sondern sich darüber wundern, daß eine türkische Nation überhaupt noch existiert, noch am Leben ist.«

Am nächsten Tag holte ich Professor Breuhaus vom Pera-Palas-Hotel ab und führte ihn zum Passagierdampfer der italienischen Schiffahrtslinie Adriatika, mit dem er über Venedig nach Deutschland zurückfahren wollte. Als ich ihm zum Abschied auf dem Deck des Schiffes die Hand reichte, sagte er mir: »Auf Ihre gestrige Antwort hin konnte ich die ganze Nacht vor lauter Nachdenken nicht schlafen. Hoffentlich kann ich in der Kabine des Dampfers heute nacht den versäumten Schlaf nachholen.«

Islam und Christentum

Der Islam begegnete am Anfang dem Christentum in der Hauptsache im Norden Arabiens, in Palästina (Jerusalem), in Syrien (Damaskus) und Ägypten (Alexandrien). In diesen Gebieten lebten außer den Juden vorwiegend griechisch-orthodoxe, altsyrische, nestorianische und koptische Christen. Es war die Zeit der Bilderstürmerei, der Ikonenverbrennung. Das Römische Reich war zerstört, an dessen Stelle herrschte, so gut es ging, das byzantinische Oströmische Reich von Konstantinopel. Das ganze Gebiet war erfüllt von politischen und religiösen Wirren der verschiedenen Glaubensrichtungen des Christentums unter-

* Den Ersten Weltkrieg

einander. Mitten in diese Auseinandersetzungen brach plötzlich die neue Religion, der Islam. Ende des 7., Anfang des 8. Jahrhunderts waren nicht nur Palästina und Syrien, sondern auch Nordafrika islamisch, und der Übergang auf die Iberische Halbinsel über Gibraltar (Gebel Al Tarik = Berg des Tarik, der Name des arabischen Feldherrn, der den Übergang über die Meerenge von Gibraltar durchgesetzt hatte) war vollzogen. Die Gegner Tariks waren hauptsächlich heidnische Goten und keine Christen. Das Land war noch nicht christianisiert. Außer einigen kleinen Christengemeinden gab es nichts, was die Behauptung gerechtfertigt hätte, in Spanien hätten die Moslems die »christlichen Abendländer« angegriffen. In Europa herrschten noch die letzten Nachwirkungen des Autoritätsvakuums nach dem Verfall und der Zerstörung des Römischen Reiches. Gotische und germanische Stämme durchquerten unter verwegenen Führern je nach Lust oder Zwang die Gebiete der heutigen Länder Deutschland, Frankreich und England, überfielen mehrfach über die Alpenpässe Italien, Sizilien, über die Pyrenäen die Iberische Halbinsel, gingen sogar nach Nordafrika hinüber. Die Alemannen, die Franken, die Langobarden, die Normannen, die Vandalen, die Ost- und Westgoten hatten ihre Zug- und Beutewanderungen fast abgeschlossen. Die Merowinger-Dynastie erlosch, die Karolinger sollten die Führung übernehmen. Als ein arabisches Kontingent 732 n. Chr. nördlich der Pyrenäen bis Tours-Poitier im heutigen Frankreich vorstieß, wurde es von Karl Martell aufgehalten. Der islamischen Ausbreitung wurde hier eine Grenze gesetzt, und in den folgenden sieben Jahrhunderten blieb der Islam südlich der Pyrenäen. Ob Karl Martell, der als Held gefeierte Franke, ein Christ war, ist fraglich. Wenn man von Mittel- und Süditalien absieht, befanden sich die Länder nördlich der Alpen (Deutschland, Frankreich, England, von den Skandinaviern gar nicht zu reden) damals zum größten Teil noch im Stadium der Missionierung durch Klostergründungen. Ebensowenig konnte man von Mittel- und Ostdeutschland, Polen, der Tschechoslowakei, Österreich, Ungarn oder vom europäischen Rußland als christlichen Ländern sprechen. Erst mit dem Frankenkönig Karl dem Großen, der sich 800 n. Chr. in Rom zum Kaiser krönen ließ, begann die eigentliche intensive Christianisierung Europas. Der Franke Karl ging mit frischem Mut und Eifer gegen seine alten Stammesgegner, die Westfalen und Sachsen, vor und ließ Zehntausende von Köpfen seiner Blutsbrüder rollen, um den Rest zum christlichen Glauben bekehren zu lassen. So habe ich es in Geschichte gelernt. Wenn das stimmen sollte, dann wären die ersten blutigen Zwangsbekehrungen im Herzen des Abendlandes nicht von den Moslems, sondern von den Abendländern selber vorgenommen worden.

Die Ausbreitung des Islam in den alten Kulturländern nach Ost und West wäre in so kurzer Zeit nicht möglich gewesen, wenn nicht die Zeit, in die eine solche Glaubensbewegung hineinstieß, für deren Aufnahme reif gewesen wäre. Es ist auch ganz ausgeschlossen, daß die zahlenmäßig wenigen, dazu damals völlig unterentwickelten Araber derart ausgedehnte Länder mit einer mehrfachen Bevölkerungszahl sowie technisch-kulturell bedeutend höherem Niveau lawinenartig hätten unterwerfen können.

In der damaligen Welt war nicht nur im Westen durch den Zerfall Roms, sondern auch im Osten durch den Niedergang und das Auseinanderbrechen des alten persischen Sassaniden-Reiches ein Macht- und Autoritätsvakuum entstanden. Daher fand der Islam überall Gehör. Er erschien den Massen als Rettung willkommen, die der ewigen Auseinandersetzungen der mannigfachen Anhänger der früheren älteren Religionen und heidnischen Glaubensrichtungen, der Religionen Ägyptens, Persiens, Anatoliens, Griechenlands und Israels einerseits, andererseits des Zwistes der verschiedenen christlichen Konfessionen überdrüssig waren. Die Übertritte zum Islam sind in der Hauptsache ohne Zwang, ohne Gewaltanwendung geschehen. Der Sturmlauf der Araber nach Norden, Osten und Westen ist wohl ideell vom neuen Glauben getragen worden, aber er war der Vorwand. Die eigentlichen Gründe der Expansion waren politisch und wirtschaftlich.

Genau wie die Kaiserkrönung Karls des Großen durch den Papst seinen politischen Plänen und Ambitionen entsprach, entsprach auch der Massenbeitritt der Türkvölker zum Islam der politischen Zweckmäßigkeit. Beiden, den frisch zum Islam eingetretenen Türkvölkern im Osten und den zur christlichen Religion bekehrten germanischen und gotischen Stämmen im Westen, boten ihre neuen Religionen den Vorwand und den Anlaß für ihre politisch und militärisch expansiven Pläne.

Geschichtlich gesehen ging auf diese Weise zum erstenmal die geistige und politische Führung aus den Händen der klassischen alten Völker des Nahen Ostens und des Mittelmeerraumes in die der jungen Völker außerhalb des herkömmlichen Kulturkreises über: Im Westen waren es die nördlich der Alpen lebenden Völker, im Osten die aus den Gebieten nördlich des iranischen Hochlandes. Beide Völkergruppen waren in den Augen der Kulturvölker des Mittelmeerraums Barbaren gewesen. Beide wurden über die Religion zu Kulturvölkern. Dieser historisch bedeutsame Wechsel fand in Ost und West fast in der gleichen Epoche statt.

In dieser Konstellation mußte das vom Papst wegen des Schismas mit dem Bannspruch belegte griechisch-orthodoxe Oströmische Reich mit Byzanz (Konstantinopel) als Hauptstadt zwischen den beiden immer mächtiger werdenden Blöcken des »katholischen Westens« und des »islamischen Ostens« im Verlauf der geschichtlichen Entwicklung zugrunde gehen. Obwohl es beachtliche kulturelle Leistungen vollbracht hatte, besaß es keine Chance mehr. Damit war auch letzten Endes der Kampf der beiden christlichen Kirchen um die Hegemonie zugunsten der Katholischen mit dem Papst in Rom entschieden. Die vor einigen Jahren erfolgte Versöhnung des griechisch-orthodoxen Patriarchen von Konstantinopel mit dem Papst, die Aufhebung des Schismas, hat mehr einen symbolhaften Wert. In Wirklichkeit hat der Papst in Rom den Patriarchen in Konstantinopel (Istanbul) unter seinen Schutz genommen.

Mitte des 12. Jahrhunderts eröffnete der Papst die großen,

langwährenden, in mehreren Intervallen aufeinanderfolgenden Kreuzzüge, die unvorhergesehene Folgen haben sollten. Die relativ spät christianisierten Menschenmassen Mittel- und Westeuropas ergossen sich unter der Führung ihrer Kaiser, Könige, Herzöge, Ritter sowie kämpferischen Bischöfe und Priester über Byzanz und Anatolien ins Heilige Land und nach Jerusalem, um dort das Heilige Grab von Christus den Händen der moslemischen Heiden zu entreißen. Schon im Herzen Europas, in Frankreich und Deutschland, überfielen, beraubten und plünderten sie die blühenden jüdischen Siedlungen und töteten die Juden. Auf dem Wege über Österreich, Ungarn und den Balkan ging es ähnlich weiter. Auf dem Gebiet des Byzantinischen Reiches wandten sie sich nun gegen die griechisch-orthodoxen Kirchen, Klöster, Priester und die Bevölkerung. Plünderung, Raub, Totschlag und Gewalt gegen die Griechisch-Orthodoxen hörten während ihres Vormarsches über Konstantinopel und Anatolien bis Palästina nicht auf.

In Anatolien warfen sich ihnen jedesmal die türkischen Seldschuken entgegen. In schweren blutigen Kämpfen entstanden auf beiden Seiten große Verluste.

Insbesondere während der langen Latiner-Herrschaft in Konstantinopel gab es keine Kirche in Stadt und Land, die nicht ausgeplündert worden wäre. Die Kirchenschätze der berühmten alten Dome, der Münster Deutschlands und Frankreichs, bewahren einen Teil der damals geraubten Kostbarkeiten noch heute auf. Der äußere Grund war, daß sich die Griechen weigerten, das Primat, die priesterliche Obrigkeit, des katholischen Papstes in Rom zu akzeptieren, wobei sich beide gegenseitig mit dem Bann belegten.

Die Kreuzfahrer zogen aus, um die Moslems zu schlagen. Sie überfielen aber zuerst mit Greueltaten die Juden und, was noch viel unverständlicher war, die Christen selbst, denen sie eigentlich helfen sollten. Die Griechen haben der katholischen Welt jene Greuel nicht verziehen – bis heute nicht. Und als später Mehmed II. Konstantinopel belagerte, riefen die Griechen aus: »Lieber den Turban des Sultans als die Tiara des Papstes«, weil der Papst gegenüber dem letzten Kaiser Konstantin von Byzanz hartnäckig die Unterwerfung des Patriarchen von Istanbul unter das Primat der katholischen Kirche zur ersten Bedingung seiner Hilfeleistung machte. Konstantin zwang in seiner Not den damaligen Patriarchen von Konstantinopel zum Abdanken und ließ einen Rom gefügigen Patriarchen an seiner Stelle ernennen, der sich dann notgedrungen den Forderungen des Papstes unterwarf. Nach der Eroberung von Konstantinopel im Jahr 1453 n. Chr. verjagte Sultan Mehmed II. diesen »Abtrünnigen« und setzte den alten rechtmäßigen Patriarchen mit Ehren wieder auf seinen Stuhl.

Mehmed II. gewährte der griechisch-orthodoxen Kirche in Istanbul und im ganzen Reich nach der Eroberung Schutz und Freiheit. Die freie Religionsausübung in Kirchen, Klöstern, Schulen, die Freiheit für Sprache, Gewerbe und Handel sowie, was sehr ausschlaggebend ist, die Schlichtung von Rechtsstreitigkeiten innerhalb der griechischen Gemeinde wurden dem griechisch-orthodoxen Patriarchen durch feierliches Ferman (Sultansdekret) zugesichert und verbrieft. Es ist hervorzuheben, daß diese weitgehenden Konzessionen freiwillig, aus Großzügigkeit des Siegers gewährt worden sind und nicht unter dem Zwang der Umstände. Ähnliche Konzessionen sind später den übrigen nichtislamischen Religionsgemeinschaften ebenfalls gewährt worden. Diese Rechte hatten ihre Gültigkeit bis zum Ende des Reiches 1922. Damit wurde der türkische Sultan als oberster Herrscher nicht nur der Beschützer des Islam, sondern auch der seiner christlichen und jüdischen Untertanen sowie ihrer religiösen und kulturellen Einrichtungen.

Angesichts dieser historischen Tatsachen empfehle ich meinen Lesern, sich in analogen Fällen jener Epochen, ja sogar Jahrhunderte später, die Praxis der christlich-abendländischen Machthaber gegenüber Andersgläubigen, gegenüber Moslems, Mauren in Spanien, Rothäuten in Amerika, Schwarzafrikanern und anderen Kolonialvölkern ins Gedächtnis zu rufen. Was Toleranz und Großzügigkeit anbelangt, waren die osmanischen Türken einmalig und unvergleichlich. Sie brauchen wahrlich von niemanden darüber belehrt zu werden, erst recht nicht von ihren christlichen Zeitgenossen in Europa. Wenn jahrhundertelang bis heute den Türken die Verfolgung der Christen, der religiöse Fanatismus vorgeworfen werden, ist dies völlig unberechtigt und unwahr. Wenn einzelne seltene Fälle von Härte vorkamen, handelte es sich entweder um Fälle der Verschwörung gegen Ordnung, Sicherheit und Gesetz oder um lokale unerlaubte Auswüchse, welche auch unter den Moslems und Türken selbst vorkommen konnten.

Der Verstoß des Osmanischen Reiches über den Balkan gegen Europa ist die Folge der vorausgegangenen Kreuzzüge. Sie sind als Gegenschlag und Verfolgung des besiegten und vertriebenen Gegners nun auf seinem eigenen Boden aufzufassen, also eine rein politisch-militärische Machtangelegenheit. Die Religion war in Wirklichkeit nicht Ursache oder Zweck, sondern willkommener Vorwand für das machtstrategische Ziel.

Nicht viel anders war es auch in Wirklichkeit bei den Kreuzzügen: Hinter der eigentlichen religiösen Begründung jener kostspieligen, blutig-abenteuerlichen Unternehmen lagen rein wirtschaftliche Interessen: Die Nachfolger der Römer, die inzwischen katholisch gewordenen Italiener, lebten gut von den sehr lukrativen Einkünften des Seehandels im Mittelmeer, und zwar in Konkurrenz mit den byzantinisch gewordenen Griechen. Sie kauften und transportierten die schönen und teuren Seidenstoffe, die kostbaren Sandel- und Ebenhölzer, die teuren Farbstoffe, die begehrten Gewürze, den noch teureren Duftstoff Moschus und verkauften sie in Venedig, Neapel, Genua und den südfranzösischen Häfen für die europäischen Märkte. Das Aufkommen des Islam engte zunächst diesen Handel in Palästina, im Libanon und in Ägypten beträchtlich ein. Als die Seldschuken sich in Anatolien niederließen, wurden die Häfen Anatoliens im Mittelmeer sowie Palästinas, Syriens und Ägyptens in Nordafrika blockiert. Die islamischen Mächte kontrollierten nunmehr fast den Hauptanteil des Ostgeschäftes. Nur ein Rest dieses Handels konnte über die Schwarzmeerhäfen abgewickelt werden, wo aber die Byzantiner als Konkurrenten am längeren Arm des Hebels saßen. Das wertvolle Geschäft mit den Waren Asiens und Indiens, wovon die Italiener lebten, ging ihnen fast völlig verloren. Das war ein tödlicher Schlag für sie. Dieser gefährlichen Entwicklung mußte um jeden Preis Einhalt geboten werden. Da dies nur mit dem größten Aufwand an Menschen, Material und Geld verwirklicht werden konnte, mußten die Massen an ihren religiösen Überzeugungen und Empfindungen angepackt und aufgestachelt werden. Eine religiöse Propagandaaktion größten Ausmaßes, organisiert vom Papst über die zahllosen Kirchen in den europäischen Ländern, mobilisierte dann Millionen von Menschen für die Befreiung des Grabes Christi aus den Händen der heidnischen Türken und Moslems. Dabei sollten mit einem Streich zwei Fliegen getroffen werden: Das zweite Ziel war nämlich Byzanz und der griechische Rivale mit dem orthodoxen Patriarchen in Istanbul.

Der Islam und die Türken haben sich nach Jahrhunderte währenden Kämpfen vom Ansturm von Hunderttausenden Kreuzfahrern erholt und die Angreifer schließlich geschlagen und vertrieben. Aber das Byzantinische Reich ist daran zugrunde gegangen. Die Kreuzzüge haben das Byzantinische Reich und das Griechentum so hart getroffen und geschwächt, daß es am Ende den neuen frischen Kräften der Türken erliegen mußte.

Die Italiener allein, hauptsächlich Venedig, dann mit Abstand Genua, sind aus dem größten, teuersten Abenteuer der Geschichte der damaligen Kulturwelt als Gewinner hervorgegangen. Sie haben an den lang anhaltenden Massentransporten von Kreuzfahrern, von Waffen und Munition, von Proviant, Ausrüstung sowie von Beute auf den Hin- und Rückwegen während der langen Kriegsjahre außerordentlich viel Geld verdient, sich wirtschaftlich saniert. Sie wurden dadurch wohlhabend und mächtig. Andererseits wurde die Konkurrenz der Griechen gründlich gebrochen. Sämtliche byzantischen, adriatischen, ägäischen Häfen, die Inseln Griechenlands sowie Kreta und Zypern wurden besetzt. Bevor die Türken kamen, waren große Teile des byzantinischen Griechenlands längst italienisch (katholisch) geworden.

Ich bin der Auffassung, daß ohne die türkische Herrschaft heute keine griechisch-orthodoxe Kirche mehr existieren würde. Diese Ostkirche hätte vielleicht nur noch in Rußland sich erhalten können. Manche deutsche Autoren vertreten sogar neuerdings die Ansicht, daß es ohne die osmanisch-türkische Schutzherrschaft sogar niemanden mehr gäbe, der griechisch sprechen würde. Die Bevölkerung Griechenlands wäre »latinisiert« worden.

Was ist aus den vielen deutschen, fränkischen, burgundischen, flämischen, lothringischen und englischen Karls, Friedrichs, Wilhelms, Konrads und Heinrichs geworden? Nach blutigen verlustreichen Kämpfen schlugen sie sich mit ihren dezimierten Rittern, bewaffneten Priestern, allerlei gemischtem Fußvolk aus Frankreich, England, Flandern, Lothringen, Schwaben oder Bayern schließlich bis Jerusalem durch. In den besetzten Gebieten in Palästina, Syrien, im Libanon, südlich des Taurus im Bereich der heutigen Städte Ayntap, Urfa, Adana und Antakya (Antiochien) gründeten sie neue Königreiche und Herzogtümer, bauten Schlösser und Burgen, wo es ihnen gefiel, und lebten in den eroberten Ländern, unter den ihnen sprachlich und kulturell völlig fremden Völkern: moslemischen, jüdischen, palästinischen, libanesischen, griechisch-orthodoxen, altsyrischen, armenischen, maronitischen Menschen ... Menschen, die in vielerlei Glaubensrichtungen und Sekten gespalten waren und trotzdem miteinander lebten, so gut es ging. Während ständig die Kämpfe um den Besitz von Jerusalem und Palästina zwischen den Moslems und den neuen christlichen Herrschern, den Kreuzrittern, hin- und herbrandeten, setzte überall die Verfolgung der Griechisch-Orthodoxen, der Altsyrer und Armenisch-Orthodoxen ein, mit dem Ziel, sie katholisch zu machen. Im Norden von Syrien, südlich von Anatolien, gründete man sogar ein Königreich Armenien von Kreuzritter-Gnaden, um die Bewohner als Verbündete zu gewinnen. Während die Bekehrungen zum Katholizismus fortschritten und das bestehende Gleichgewicht unter den zahllosen Volksgruppen, Sekten und Glaubensrichtungen zerstört wurde, nahmen die Niederlagen gegen die Moslems im Kampf und in Guerillakriegen zu. Dadurch wurde die Lage der Kreuzritter immer unsicherer, zum Schluß unhaltbar.

Eine Geheimorganisation der Zunft der Ledergewerbetreibenden, arabisch *Sarradjin**, versetzte die schwerfälligen Ritter und ihre Krieger in Furcht und Schrecken. In den engen Gassen der Städte und Ortschaften, im Gewühl der Basare, wurden die Ritter einfach niedergestochen, ohne daß man die Täter erwischen konnte. Die schwersten Repressalien, Massenhinrichtungen und Folterungen grausamster Art, nützten nichts. Das waren im wahrsten Sinne des Wortes die »PLO-Terroristen« jener Epoche, die Vorgänger der Leute von Jassir Arafat beziehungsweise des Drusenführers Walid Dschumblat (Dschunbulat) von heute!

Auch die einheimische Bevölkerung geriet in erbarmungslose Kämpfe gegeneinander. Es kam zu Konflikten zwischen denen, die mit den fremden Kreuzrittern sympathisierten, und ihren Gegnern. Überall tobten Mord, Totschlag, Anarchie. Damals also gelang es den frommen Herren des Westens, den Keim des Unheils von heute in Palästina, im Libanon und in Syrien zu legen.

Als schließlich die Ritter aus Jerusalem, Palästina und dem Libanon vertrieben wurden, verschanzten sie sich in Zypern (Richard I., 1191), wo sie auch ein katholisches Fürstentum errichtet hatten, sowie auf der Insel Rhodos und im südtürkischen Bodrum als Johanniter-Orden. Auch hier konnten sie sich nicht halten. Sie mußten die mächtige Ritterburg von Bodrum ebenfalls räumen, für deren Bau sie die kostbaren marmornen Säulen, die beschrifteten, mit

---

* Aus dem Wort »Sarradjin« wurde italienisch »Sarracino«. Daraus entwickelte sich das Wort Sarazene, eine Bezeichnung für alle moslemischen Kämpfer gegen die Kreuzritter und ihre Nachfahren in den nachfolgenden Jahrhunderten. Man bezeichnete auch die Türken zum Schluß als Sarazenen.

künstlerischen Skulpturen geschmückten Blöcke des Mausoleums des Maosolos, des antiken Weltwunders, mitverwendet hatten. Von da flohen sie nach Rhodos, wo sie 1522 vom türkischen Sultan Suleyman dem Prächtigen vertrieben wurden. Sie ließen sich dann auf der Insel Malta als Malteser-Ordensritter nieder. Wie Rhodos fiel auch Zypern dann an den osmanischen Sultan. Das traurige Ende eines beispiellosen Großunternehmens der Geschichte...!

Die Johanniter zuvor und die Malteser danach fristeten ihr Dasein als Korsaren (Raubritter des Mittelmeeres) einige Zeit lang im Kampf gegen die Moslems, die ihrerseits gegen die Korsaren Flotten aufstellten. Daraus entwickelte sich die osmanische Mittelmeerarmada. Ein Versuch der Osmanen, auch die Inselfestung von Malta zu Fall zu bringen, scheiterte. Die Malteser-Ritter wagten später in der Verfallsepoche des Osmanischen Reiches lukrative Raubüberfälle auf die nordafrikanischen Häfen und auf die Warentransporte im Mittelmeer. Sie wurden vermögende fromme Herren.

Die Zeiten der Kreuzzüge und Religionskriege liegen hinter uns. Sie haben Millionen von Menschen beider Parteien viel Blut gekostet, viel Unglück, Schmerz und Verderben gebracht. Die Verluste an Hab und Gut durch Raub, Plünderung, Brand und Zerstörung sind unermeßlich. Die damals gelegten bösen Keime sind bis heute nicht getilgt.

Niemand kann ernstlich leugnen, daß die drei im Grunde auf dem Glauben an einen Gott beruhenden Religionen, die mosaische, die christliche und die islamische, geistig-moralische Schöpfungen des Mittelmeerkulturkreises sind. Sie sind Variationen, Folgeerscheinungen eines einzigen fundamentalen Begriffes des einen Gottes, welcher sich aus der Anschauung von Vielgötterei und dem Tempelsystem ein und desselben Kulturkreises herausgebildet hat. Diese drei Religionen haben die gleichen ethischen und moralischen Prinzipien, mit denen sie die Menschen ansprechen. In den meisten Grundvorstellungen haben sie Gemeinsamkeiten: den einen Gott, das Jenseits, Wiederauferstehung nach dem Tode, Verantwortung im Jenseits, Hölle und Paradies, Sünde und gottgefällige Tat. Die dogmatischen Auslegungen und die rituellen Verschiedenheiten sind gegenüber den schwerwiegenden Glaubensgrundsätzen von sekundärer Bedeutung. An dem europäischen geistigen, zivilisatorischen Kulturgut haben diese drei Religionen ihren potentiellen Anteil. Sie haben die Menschen verformt. Die äußeren Unterschiede gleichen den Verschiedenheiten der Mitglieder einer großen Familie. Zudem ist zu berücksichtigen, daß der Islam sich als die letzte Stufe einer Glaubensentwicklung betrachtet, die mit Moses begonnen und über Jesus Christus mit Mohammed ihr Ende gefunden hat. Nach dem Islam wird Mohammed als letzter der Propheten bezeichnet, die mit Adam beginnen. Wie schon erwähnt, verehrt der Islam Moses und Jesus Christus einschließlich der Mutter Maria. Diese grundsätzliche Einstellung des Islam sollte die existierenden Barrieren, die Gegensätzlichkeiten zwischen Christen, Juden und Moslems, überwinden helfen.

Die noch aus der Zeit der Kreuzzüge und der darauffolgenden Türkenkriege herrührenden Vorurteile und Verunglimpfungen müssen aufhören. Die verantwortlichen Kreise der drei Religionen sollten daran arbeiten, daß ihre Anhänger einander verstehen, mit Toleranz zueinander halten, um dadurch auch der großen Gefahr der Unfreiheit und der Despotie, die der Menschheit droht, gemeinsam begegnen zu können.

Trotz allem haben die Kreuzzüge zu zwei wichtigen Ergebnissen geführt: Das eine ist die Reformation, das andere ist als Folgeerscheinung die Entdeckung Amerikas.

Ohne die Berührung des Christentums mit dem Islam bei den Kreuzzügen wäre die Reformation kaum möglich gewesen. Zumindest wäre sie vielleicht viel, viel später erfolgt. Das Vorbild der erlebten islamischen Welt und die Bekanntschaft mit den Grundsätzen des Islam haben die noch relativ jungen Christen des Nordens Europas, die an den Kreuzzügen teilnahmen, beeindruckt. Der Abbau der übermenschlichen Funktion des Papstes als Stellvertreter Gottes auf Erden, seiner Unfehlbarkeit, damit der Abbau der entsprechenden Autorität der Priester, die Vereinfachung der Ausstattung der Kirche und des Altars, die Abschaffung von Beichte, von Ablaß und der Institution der Exkommunikation sind deutliche Merkmale des Einflusses des Islam auf die Reformationsbewegung.

Natürlich waren die herrschenden unerfreulichen sozialen und politischen Umstände seinerzeit in Mitteleuropa die äußeren zwingenden Ursachen für die Suche nach einem Ausweg aus der Bedrängnis der Menschen. Die Reformation ihrerseits befreite den menschlichen Geist von der Einengung durch die Kirche und öffnete den Weg zur wissenschaftlichen Entwicklung, den Weg in die moderne Zeit.

Andererseits gaben die mißglückten Kreuzzüge und die inzwischen gewonnenen neuen Erkenntnisse über die Beschaffenheit der Erde – daß sie rund ist und sich um die Sonne dreht – dem alten Drang nach der Öffnung des durch den Islam und das türkische Reich versperrten Weges zum großen Geschäft mit den Kostbarkeiten des Fernen Ostens neuen Antrieb. Die europäische Großmacht Habsburg organisierte in Konkurrenz mit Venedig und Genua von Spanien aus die Expedition des Kolumbus nach »Indien«. Dieser Weg sollte in westlicher Richtung über den Ozean gefunden werden, weil alle Versuche des Durchbruchs im Osten endgültig gescheitert waren. Auf der Grundlage der neuen wissenschaftlichen Erkenntnisse wollte man jetzt westwärts segeln, um nach Indien zu gelangen. Statt dessen entdeckte man Amerika.

Diese Entdeckung hatte umwälzende Folgen. Die ungeheuren, ungeahnt wertvollen Gold- und Silberschätze der Indianer wurden erbeutet, die Tempel und Paläste geplündert und die Schätze nach Europa verschifft. Erstens konnte Europa dadurch die Kriege gegen die Türken zu Land und auf dem Wasser mit mächtigeren Flotten, mit besser ausgerüsteten Armeen finanzieren. Zweitens konnten mit neuen Expeditionen Afrika umsegelt, der Pazifik, Australien und schließlich das wirkliche Indien entdeckt werden. Gold, Silber und unermeßliche Rohstoffe aller Art flossen nach

Europa. Die Kolonialreiche der Spanier, Portugiesen, Holländer, Engländer und Franzosen blühten. Mit der Mechanisierung begann das Zeitalter des Kapitals und der Industrie in Europa, dann auch in Amerika. Diese technisch-wirtschaftliche Entwicklung führte auch zum Einsturz des wirtschaftlichen Gefüges der islamischen Führungsmacht, des türkischen Reiches. Damit wurde die Ära eingeleitet, in der das Osmanische Reich immer mehr in die wirtschaftliche Abhängigkeit von Europa geriet. Hand in Hand damit geriet es sowohl in militärischer, staatlicher und politischer Stärke als auch in der geistigen Entwicklung ins Hintertreffen. Das Osmanische Reich verlor den Anschluß an die neue Entwicklung in der Welt. Es blieb immer weiter zurück, während Europa sich immer schneller entwickelte und stärker wurde.

Während das Christentum, Europa und der Westen das finstere Mittelalter überwanden, verharrte der Islam bis heute als Religion in seinem Mittelalter. Allein die türkische Republik hat in der islamischenWelt nach zweihundert Jahren mannigfacher Versuche die Trennung von Religion und Staat endgültig durch die Reformen von Atatürk durchgesetzt und den Weg für den Fortschritt geöffnet.

Dennoch muß auch der Islam als Religion sein Mittelalter noch überwinden. Man kann den Menschen von heute nicht zumuten, nach dem Recht und den Gesetzen der Zeiten von vor 1400 Jahren zu leben. Die Entwicklung in der Türkei bleibt nicht ohne Ausstrahlung auf die übrigen islamischen Länder.

Der Islam ist zur Zeit in Bewegung geraten. Man spricht im Westen von der »Re-Islamisierung« in der Türkei. Das ist eine falsche Beurteilung. Die Türken waren und sind immer Moslems gewesen. Nur die in den ersten Jahren der Atatürk-Reformen praktizierten unvermeidlichen Einschränkungen sind gelockert worden. Im Rahmen der demokratischen Freiheiten kann man niemandem Vorschriften in den Gewissens- und Glaubensangelegenheiten machen. Daß die Menschen durch freiwillige Geldsammlungen und Stiftungen wie früher Moscheen bauen, ist eine Privatangelegenheit, deswegen sind die Türken nicht »wieder Moslems geworden«. Sie respektieren die Reformen. Sie haben den Nutzen und die Vorteile, die die Reformen gebracht haben, erkannt. In den türkischen Schulen ist neuerdings der Religionsunterricht wieder eingeführt, um die Jugend vor den unkontrollierten, unverantwortlichen, rückständigen Koranschulen und den Einflüssen des Iran und anderer arabischer Länder, in die sie leicht geraten können, zu bewahren.

Im Islam als Religion sind Reformen fällig. Im Christentum hat es 1500 Jahre gedauert, bis die Reformen begannen. Der Islam ist jetzt 1400 Jahre alt, damit ist er reif für die Reformen. In Pakistan, Ägypten und Nordafrika sucht man nach Lösungen. Den islamischen Völkern wird sicherlich das 21. Jahrhundert die Erneuerung bringen. Wahrscheinlich wird die Türkei darin das Vorbild, der Wegweiser, sein.

Die im Iran ausgelöste fundamentalistische Bewegung, die den Sturz des nicht gerade sehr gescheiten Schah Pahlewi herbeiführte, ist eine rein persisch-schiitische Angelegenheit. Sie ist kein Fortschritt, sondern ein Rückfall in die düstersten Epochen des schiitischen Mittelalters. Innerhalb der auf eine Dreiviertel Milliarde angewachsenen Islamanhänger bilden die Schiiten eine Minderheit von etwa sieben bis zehn Prozent, wobei die von Ajatollah Khomeini geführten Schiiten im Iran mit 36 Millionen Einwohnern (davon etwa achtzig Prozent Schiiten) die Hauptgruppe darstellen. Die anderen der schiitischen Richtung nahestehenden Gruppen verteilen sich auf Pakistan, Bangladesh, Irak, Libanon, Syrien und Ägypten.

Die Khomeini-Bewegung ist an die Person von Khomeini gebunden und mehr politische und spezifisch persische Gruppierung. Niemand weiß, was nach dem Tod von Khomeini aus dieser Bewegung wird. Daß sie jedoch innerhalb des Islam zu einer umfassenden Bedeutung anwachsen kann, ist nach meiner Meinung ausgeschlossen, obwohl sie, gestützt auf die Macht des aus dem Erdöl gewonnenen

Geldes, für die umliegenden islamischen Länder zweifelsohne zur Zeit gefährlich ist.*

Türken und Griechen

Vor fast tausend Jahren besiegten die Türken unter der
Führung ihres Stammes der Seldschuken in Ostanatolien
den byzantinischen Kaiser. Mit diesem Ereignis sollte Anatolien (Kleinasien) türkisch gemacht werden. Die Seldschu-
ken herrschten unter wechselvollen Umständen in Anatolien als Herrscher in »Rum« (in den Römerlanden). Sie
führten in ihrem Wappen den Doppeladler. Als Symbol der
Macht tauchte der Doppeladler bereits in den Wappen der
Hethiter in Anatolien mehr als 1500 Jahre vor Christi Geburt, also bereits vor 3500 Jahren, auf. Das Byzantinische
Reich übernahm dann dieses Symbol als Zeichen seiner
Macht in Anatolien von den viel früheren Herrschern
Anatoliens.**
In allen orthodoxen Kirchen Griechenlands sowie bei
den Metropoliten und den Patriarchen hängen die byzanti-
nischen Fahnen seit 554 Jahren, nachdem der letzte byzan-
tinische Kaiser am Tage der Eroberung von Byzanz, der
Hauptstadt des Oströmischen Reiches, gefallen war. Der
Traum von einem von dem Römer Konstantin gegründeten
Oströmischen Reich in Byzanz wird durch die orthodoxe

* Es sei ausdrücklich vermerkt, daß mit den obigen Ausführungen nicht
im geringsten beabsichtigt ist, die christliche Religion, die katholische
Kirche oder gar das Papsttum zu diskriminieren. Es ging nur darum, die
geschichtlichen Ereignisse der Vergangenheit vom Standpunkt der anderen Seite darzulegen, um damit der Wahrheit sowie der gerechten
Urteilsbildung zu dienen. Wie allen Glaubensrichtungen und Religionen gilt mein Respekt besonders auch der christlichen Religion und
ihren Konfessionen.
** Österreich-Ungarn und das kaiserliche Rußland führten in ihren Wappen und Reichsfahnen ebenfalls den Doppeladler, Rußland in Anleh-
nung an seinen Anspruch auf den Besitz von Konstantinopel (Istanbul)
als orthodoxer christlicher Staat, der die Erbschaft von Byzanz anzutreten beabsichtigte.

Kirche bis heute wachgehalten. Obwohl das heutige Griechenland erst vor 150 Jahren, mit Hilfe der europäischen Mächte vom Osmanischen Reich befreit, mit der Hauptstadt Athen gegründet worden ist, hat es seit jenen Jahren sechsmal seinen Landbesitz vergrößert. Mit der letzten Gebietserweiterung am Ende des Zweiten Weltkrieges 1945, als die Alliierten ihm als »Geschenk« die Inselgruppe mit Rhodos überließen, erreichte es die äußersten Grenzen der Expansion. Immer wieder stürzte sich Griechenland auf die Türkei, sobald diese anderweitig in Schwierigkeiten geraten war. Niemals geschah dies im Alleingang, immer mit aktiver Hilfe und Unterstützung der Großmächte, an der Spitze England oder einmal gemeinsam mit seinen Verbündeten wie im Balkankrieg 1912/13.[*]

Der Expansionshunger dieses Staates im Südosten Europas ist immer noch nicht gestillt, obwohl er auf dem Festland von den ehemals türkischen Ländern im Norden Teile der von den Bulgaren und Jugoslawen beanspruchten Gebiete in Makedonien, die Häfen Thessaloniki, Cawalla und Dedeagatsch (Alexandropol) sowie das mehrheitlich türkisch besiedelte Westthrazien eingeheimst hatte. Heute sind die adriatischen Inseln Korfu und Kephalonia, sämtliche Inseln der West-, Mittel- und Ostägäis sowie Kreta griechisch, einschließlich der ihnen zuletzt zugefallenen Inselgruppe mit Rhodos.

Durch die Kirche, gefolgt von den Politikern des rechten wie auch merkwürdigerweise des linken Flügels, wird das griechische Volk immer weiter gegen die Türken gehetzt, mit dem Ziel, die immer noch nicht gestillte *Megali Idea* (das große Ideal), das Erbe des alten Byzantinischen Reiches mit Istanbul und den westanatolischen Provinzen, anzutreten. Dabei leben allein in Istanbul zur Zeit sechs Millionen Türken, mehr als sechzig Prozent der gesam-

---

[*] Natürlich hatten die verbündeten Staaten des Balkankrieges ihrerseits ein jeder von außen die Unterstützung einer Großmacht gegen die Türken: Rußland unterstützte die Bulgaren, Frankreich die Serben, England die Griechen.

ten Bevölkerungszahl des heutigen »Groß-Griechenlands«.

Die großmütig und ehrlich unter Atatürk den Griechen zur Versöhnung gereichte Hand nach dem blutigen Fehlschlag ihres Überfalls auf die Türkei am Ende des verlorenen Weltkrieges hat den Griechen viele Vorteile gebracht. Zehntausende Griechen aus Griechenland kamen in die Türkei, machten Geschäfte und verdienten schönes Geld. Die in Istanbul verbliebenen Tausende von Griechen atmeten auf. Die Türken haben, wie so oft vorher, den Griechen verziehen, sich mit ihnen versöhnt und verbrüdert. Man ging in der Türkei daran, hoffnungsvollere Pläne für die Zukunft zu machen: Die Türkei und Griechenland sollten sich mehr und enger freundschaftlich aneinander binden. Aber das paßte den stets politisierenden Popen ebensowenig wie den ehrgeizigen, verantwortungslosen, aus dem ewigen Haß auf die Türken Kapital schlagenden Politikern Griechenlands.

Schließlich inszenierten sie die Bewegung des Anschlusses – *Enosis* – Zyperns an Griechenland, einer Insel, die 800 Kilometer entfernt von Griechenland liegt und fast nie in der Geschichte eine politische Einheit mit dem Griechenland des Festlandes kannte.

Vor Jahrhunderten – 1581 – war diese Insel türkisch geworden. Das Osmanische Reich eroberte Zypern nicht von den Griechen, sondern von den Venezianern. Die Kreuzfahrer hatten auf der Insel eine katholische Herrschaft errichtet und den griechisch-orthodoxen Patriarchen fortgejagt. Das von den Kreuzrittern errichtete gotische Münster steht, zur Moschee umgewandelt, heute noch inmitten der Hauptstadt Zyperns als Zeuge der damaligen Herrschaft. Seitdem lebten die orthodoxen Patriarchen Zyperns im Asyl bei den Türken, nur 40 Meilen entfernt auf dem Festland Anatoliens in der Stadt Alanya, wo man ihnen Schutz und Freiheit gewährt hatte.

Als die Insel dem Osmanischen Reich einverleibt wurde und die katholischen Beherrscher die Insel verlassen mußten, ließ der türkische Sultan den rechtmäßigen griechisch-orthodoxen Patriarchen, also den damaligen Vorgänger des berühmt-berüchtigten Makarios unserer Tage, nach Zypern kommen, setzte ihn feierlich in sein altes religiöses Amt wieder ein. Einige Jahrzehnte lang stellte ihm der türkische Sultan sogar eine Leibwache, damit der Mann nicht ermordet wurde.

Da Zypern durch die Kreuzfürsten von der griechisch-orthodoxen und islamisch-arabischen Bevölkerung entvölkert worden war, befahl der türkische Sultan eine Umsiedlungsaktion, derzufolge nicht nur Türken aus dem anatolischen Festland, sondern auch Fischer, Handwerker und Bauern aus den armen Gebieten des südgriechischen Festlandes, aus dem Peloponnes, nach Zypern gebracht wurden. Auf diese Weise wurde die Insel wieder bevölkert und wirtschaftlich belebt. Die heutigen Türken Zyperns wohnen dort seit Jahrhunderten; es sind Nachkommen der einstigen Herren der Insel, deren Souveränitätsrechte die Türkei erst vor fünfzig Jahren auf die Engländer übertragen hat, welche ihrerseits Zypern seit 1880, also heute vor hundert Jahren, »vorübergehend« besetzt hielten. Die Verträge von London und Zürich von 1960, die zwischen der Türkei, England und Griechenland sowie dem Patriarchen Makarios als dem Führer der Zypern-Griechen ausgehandelt wurden, sahen einen unabhängigen Inselstaat Zypern vor, welcher aus zwei Volksgruppen besteht: den Griechen und den Türken, beide also als Mitbesitzer der Insel, beide als Staatsvolk, wobei England, Griechenland und die Türkei als Garantiemächte die Unabhängigkeit der Zypernrepublik, deren Verfassung sowie Integrität schützen sollten.

Die Verträge von London und Zürich sahen einen selbständigen Staat Zypern vor, in dem die Türken mit den Griechen in einem bestimmten Zahlenverhältnis den Staat mitregieren sollten, aber nicht als eine türkische Minderheit in einem ausschließlich griechischen Inselstaat als Untertanen der Griechen. Die Garantiemächte hatten die Pflicht, im Falle der Bedrohung obiger Rechte und der Verfassung von außen oder innen einzeln oder gemeinsam einzuschreiten.

Kaum waren die vertraglichen Vereinbarungen unterzeichnet, begannen die Griechen sowohl auf dem Festland als auch auf Zypern, mit dem gleichen Makarios an der Spitze, die zugesicherten Rechte der Türken im Staate Zypern außer Kraft zu setzen. Aktiv wurde auch die Terrororganisation EOK, die bis dahin gegen die Engländer Terrorakte verübt hatte und nun mit Anschlägen gegen türkische Dörfer, Höfe, Geschäfte, Häuser und sonstige Einrichtungen begann. Die Türken sollten dadurch gezwungen werden, von ihrer Inselheimat zu fliehen. Das gleiche Verfahren hatten die Griechen vor sechzig Jahren gegen die 150 000 Kretatürken angewendet, und zwar mit Erfolg, weil damals das ohnmächtige Osmanische Reich in den Balkankrieg verwickelt war. Nun wollten sie auf Zypern diese Methode wiederholen.

Die Terrorakte wurden immer häufiger, immer blutiger. Da die Türken jahrhundertelang auf der Insel mit den Griechen zusammengelebt hatten, waren die einsameren türkischen Gemeinden am meisten gefährdet und wurden von den Terroranschlägen am schwersten getroffen. Die Türken flohen in die dichteren türkischen Bezirke der Ortschaften und verließen ihre Höfe, Häuser und Felder. In der Not entstand der bewaffnete Widerstand der verfolgten zyprischen Türken gegen die Griechen. Interventionen und Proteste der Türken und der Türkei blieben ungehört. An Weihnachten 1962/63 führten die zyprischen Griechen, während die ganze christliche Welt und die Staatsmänner über die Festtage in Urlaub waren, großangelegte Überfälle auf ihre türkischen Landsleute aus und veranstalteten Massaker, ohne Rücksicht auf Frauen und Kinder. Die entsetzte türkische Bevölkerung war den griechischen Terroristen schutzlos ausgeliefert. England und natürlich erst recht Griechenland als Garantiemächte rührten sich auf die Proteste der Türkei nicht. Auch die Medien in den westlichen befreundeten Ländern schwiegen, schreckliche Fotos der Massaker wurden nicht veröffentlicht. Die Türkei begnügte sich mit Drohflügen der türkischen Luftwaffe über der Insel, weil der Präsident der Vereinigten Staaten den türkischen Präsidenten »gebeten« hatte, nicht einzugreifen.

Die türkische Inselbevölkerung formierte sich nun zur Selbstverteidigung mit der Waffe in der Hand. Die Kämpfe wurden immer heftiger – aber die Türken flohen nicht aus Zypern und hielten aus. Da griffen die Griechen schließlich gemeinsam mit der Obristenregierung in Athen zu einem endgültigen Schlag: 1974 putschte der berühmte Terrorist und notorische »Menschenschlächter« Sampson in Zypern, verjagte den schlauen Intriganten und Präsidenten der Republik Zypern, Makarios, der dem Mordanschlag von Sampson verkleidet durch eine Flucht bei Nacht und Nebel entkommen und sich nach Amerika absetzen konnte. Sampson ließ griechische Flaggen hissen, die Verfassung Zyperns vollends außer Kraft setzen und die Enosis de facto vollziehen. Dabei stürzten sich die Griechen auf die Türken, töteten, steckten Höfe und Dörfer in Brand.

Hilfe- und Warnrufe der Türkei wurden wieder nicht erhört. Die Medien im Westen verschwiegen die Tatsachen. Die dringliche Aufforderung der Türkei zur gemeinsamen Intervention als Garantiemächte gemäß der Verträge lehnten England wie auch Griechenland ab, das ja selber hinter dem vertragswidrigen Überfall steckte. Mit der Geduld und Friedensliebe der Türkei war es endgültig vorbei. Es blieb ihr nichts anderes übrig, als zur Rettung der Inseltürken von ihrem vertraglichen Recht allein Gebrauch zu machen und auf der Insel zu landen. Die Türken besetzten in zwei aufeinanderfolgenden Operationen die heutige Linie im Norden auf der Insel Zypern. Die türkische Bevölkerung im Süden der Insel rettete sich vor den Massakern nach Norden, und die Griechen aus dem Norden flohen nach Süden.

Wer hatte die Verträge gebrochen? Wer hatte diese Katastrophe auf der blühenden Insel verursacht? Sollte, konnte die Türkei einen derartigen Rechtsbruch und Terroranschlag auf ihre Landsleute auf Zypern, vor seiner Küste, teilnahmslos hinnehmen?*

414

Dennoch gab es einen Sturm der Entrüstung gegen die Türkei. Der gesamte Westen war empört. Das bitterste daran war, daß die Freunde der Türkei mit Vorwürfen und Klagen nicht sparten: Die Griechen auf Zypern seien von den Türken überfallen worden. Die Türkei habe Zypern mit ihrer Invasionsarmee erobert. Aber dieselben Kreise schwiegen fünfzehn Jahre lang über das auf Zypern tagtägliche Unrecht und die heimtückischen Machenschaften. Jetzt fuhren auf einmal alle öffentlichen Meinungsmacher von ihren Sitzen hoch, um den legalen Eingriff der Türkei auf Zypern zu verdammen. In keinem Bericht der westlichen Medien stand auch nur eine Zeile oder ein Wort über die tatsächlichen Ursachen der Gegenaktion der Türkei nach jahrelanger Geduld.

Was auch immer alles geschehen ist, in der Türkei haßt niemand die Griechen, im Gegenteil: Man hat in gewisser Hinsicht immer noch Sympathien für sie.

Die Türken haben Erfahrung aus ihrem Leben und ihrer Geschichte gesammelt. Sie wissen, daß sie mit den griechischen Nachbarn auskommen und mit ihnen zusammenleben müssen. Die Griechen müssen lernen, daß die Zeiten des niedergehenden Osmanischen Reichs vorüber sind. Daß ihre Expansionsgelüste, ihre Träumerei vom »Groß-Hellenentum«, die der sozialistische Parteiführer und Ministerpräsident Papandreu verkündet, zu nichts Gutem führen. Auch sein Ruf nach einem neuen »Kreuzzug gegen die Türken«, zu dem er anläßlich seines Besuches im Frühjahr 1983 auf Zypern die Welt feierlich aufforderte, ist eine gefährliche Demagogie, ein verantwortungsloses Spiel mit dem Feuer.

Das Ägäische Meer zwischen Griechenland und der Türkei sollte die beiden Nationen gut nachbarlich miteinander verbinden und nicht trennen. Die Türkei hat ebenso lange

* Zum Vergleich sei hier erinnert an die riesigen militärischen Eingriffe der USA in Vietnam, in den mittelamerikanischen Staaten und in Grenada (einer Insel in der Karibik) sowie des Eingriffs Englands auf den mehrere tausend Kilometer entfernten Falklandinseln.

Küsten an diesem Meer wie Griechenland. Daher hat sie Interessen und Rechte, auf die sie nicht verzichten kann. Die Ägäis ist nicht ein griechisches geschlossenes Binnenmeer und stellt international rechtlich einen Sonderfall dar.

Die Türkei wird niemals zulassen, daß sie an den engen Küstenstreifen jenes Meeres eingesperrt wird, so daß für die Fahrt von einer türkischen Hafenstadt zur anderen die türkischen Boote und Schiffe durch Griechenlands Hoheitsgewässer fahren müssen.*

Was Zypern anbetrifft: Diese große Insel, die den Eingang zum Golf von Iskenderun im Süden der Türkei blockiert, ist strategisch und aus Sicherheitsgründen von allerhöchster Bedeutung für die Freihaltung des letzten Verbindungsweges der Türkei zur freien Welt. Die Türkei kann nicht zulassen, daß diese Insel in die unberechenbare Hand Griechenlands gerät, das heute unverblümt erklärt, von Sowjetrußland käme keine Gefahr, und jeden Tag den Verbündeten der Nato mit dem Austritt aus dem Bündnis droht.

Es stehen viel wichtigere, hochernste Fragen auf der Tagesordnung.

Es ist höchste Zeit, daß Griechen und Türken sich gemeinsam an den Tisch setzen und ihre mit Vernunft und gerechtem Denken leicht lösbaren Streitigkeiten aus der Welt schaffen. Die Türken sind immer dazu bereit. Sie warten jahrzehntelang auf die einsichtige Bereitwilligkeit zum Dialog des Nachbarn Griechenland, bevor es eines Tages zu spät sein wird. Unsere Freunde im Westen und die Vereinigten Staaten sollten dabei in objektiver Einschätzung der Lage behilflich sein.

---

* Griechenland versucht und droht, die bestehenden Grenzen der Hoheitsgewässer vor den Inseln von 6 Meilen auf 12 Meilen zu erhöhen. Die Türkei hat Griechenland und alle Verbündeten eindeutig verständigt und gewarnt, daß eine solche Änderung des Status quo einen Casus belli (= Kriegsgrund) bedeutet.

Europa, Deutschland und die Türkei

Ein bekannter deutscher Forscher der Hunnengeschichte, Professor Altheim in Münster, schrieb mir vor etwa zwanzig Jahren: »Die Türken haben bei der Entstehung und der Entwicklung der europäischen Völkergemeinschaft einen ebenso wichtigen Anteil wie die Goten und Germanen.« Heute ist man zu der Ansicht gelangt, daß Türkvölker schon am Anfang der Neuzeit die Gebiete im Norden und Osten des Kaspischen Meeres besiedelten, daß sie mit indoeuropäischen Stämmen längst in wechselhaften Beziehungen standen, nebeneinander, miteinander, nachbarlich lebten oder sich gegenseitig in Stammesauseinandersetzungen bekämpften. Mit der von den späten europäischen Hunnen unter ihrem Führer Attila (Etzel = türkisch: Etil, der türkische Name für den Fluß Wolga) ausgelösten große Völkerwanderung gerieten die germanischen Nachbarvölker der Hunnen westwärts in Bewegung. Bedeutende Teile der Goten schlossen sich Attila an als Verbündete und als dessen Vasallen, kämpften gemeinsam gegen die Kräfte des Römischen Reiches. Der Vormarsch Attilas ging damals bis Mittelfrankreich. In der historisch denkwürdigen, unentschieden abgebrochenen, schweren Schlacht auf den Katalaunischen Feldern zwischen Attila, dem Hunnen-Khan (Kaiser), und dem römischen Feldherrn und Kaiser Aetius standen Goten, sarmatische, sakische Stämme auf der Seite der Hunnen, während im Zentrum des römischen Heeres sich der Kaiser Aetius mit einer starken hunnischen Formation als seinem persönlichen Garderegiment* gegen Attila verteidigte. Nach Abzug von Attila sind die Hunnen von Aetius an den nordwestlichen Abhängen von Savoyen angesiedelt worden, im heutigen Ostfrankreich. Vom 5. bis zum 10. Jahrhundert wanderten die Stämme der Germanen und der Goten dann in Europa fortlaufend nach Norden, Westen, Süden, Südwesten, in einer fließenden Wechsel-

---

* Diese hunnischen Gruppen waren vorher wegen Stammesstreitigkeiten von Attila abgefallen und als Söldner in den Dienst der Römer getreten.

haftigkeit der Ereignisse, sich zusammenschließend, gegeneinander kämpfend, sich mit den früher ansässigen Völkern, den Kelten und den Slawen, sowie untereinander sich mischend. Das Weströmische Reich ging dabei zugrunde, und Europa bekam allmählich ein neues geographisch-politisches Gesicht.

In dieser Epoche begann das heutige Europa sich allmählich abzuzeichnen. Als sich das Hauptheer der Hunnen von Mitteleuropa und Italien zurückzog, müssen Splittergruppen in Zentraleuropa geblieben sein, während andere hunnische Stämme tief herunterzogen auf den Balkan bis nach Nordgriechenland. Andere wiederum ließen sich in der ungarischen Tiefebene, Bulgarien und Südpolen, in der Ukraine, dem großen Gebiet zwischen den Karpaten und der Wolga und dem Don nieder. Seit dem 6. Jahrhundert folgten andere Türkstämme den Hunnen nach. Sie zogen westwärts über die Wolga und den Don und ließen sich in den Gebieten, in denen die Hunnenstämme zerstreut saßen, nieder: die Avaren, die Komanen, die Petschenegen, die Khasaren und andere.

Ortsnamen im heutigen Deutschland und der Nordschweiz erinnern an die Zeit der Anwesenheit der Hunnen im Herzen Europas: Hunsrück, Hunzig, Hunsschwiel. Häufig vorkommende Ortsnamen in der Nordschweiz, die mit dem Wort *Kon* enden, wie Örlikon, Pfäffikon und so weiter, weisen die Schweizer mit Verlegenheit auf ihren Ursprung in der keltischen Sprache. Ich vermute jedoch, daß diese Wörter türkischen (hunnischen, avarischen) Ursprungs sein könnten. Das Wort *Kon* bedeutet im Alt- und Neutürkischen siedeln, niederlassen, setzen, wohnen: Konak = Haus, Konuk = Gast, Konschu = Nachbar. Außerdem ist in der alttürkischen Mythologie die Rede von einem verheißenen und ersehnten Ort *Ergene Kon* im hochasiatischen Altairaum.

Vieles deutet darauf hin, daß Gruppen von Türkvölkern in Mitteleuropa aus jenen Zeiten hängengeblieben sind. Sie haben sich mit den Germanen und Goten vermischt. Entweder gingen sie in die Söldnerdienste jener Stämme, oder

418

sie wurden als Gefangene, soweit sie nicht erschlagen worden waren, als willkommene Arbeitssklaven oder Knechte assimiliert. Die christliche Taufe ließ keine Namenshinweise zurück.

Erst vor drei Jahrzehnten gab es die Tausendjahrfeier des Sieges Kaiser Ottos im Jahre 955 über die Magyaren auf dem Lechfeld bei Augsburg. Das Heer der Magyaren bestand zum großen Teil aus Türkstämmen. Erst viel später müssen ebenfalls eine Menge Türken aus den Türkenkriegen als Gefangene und Sklaven bei den Deutschen in Bayern, Württemberg, Baden und Lothringen geblieben sein. Da die Osmanen meistens keinen Gefangenen loskauften, müßte der Großteil der Zehntausenden von gefangenen türkischen Kriegern sowie der verschleppten Zivilbevölkerung, Männer wie Frauen, christlich getauft, als Knechte mit den Deutschen verschmolzen sein. Einige von ihnen dienten auch als hohe Offiziere und sollen sogar geadelt worden sein. Vor Jahren las ich Berichte über Heiraten von gefangenen Türkinnen mit fürstlichen, adligen Deutschen. Durch die Taufe und Christianisierung erhielten diese zahllosen Türken neue Namen, und sämtliche Hinweise auf ihren türkischen Ursprung verschwanden.

Auf vorosmanische ältere Beziehungen in der deutschen Sprache weisen uralte Worte wie zum Beispiel Kaz (Gans, altdeutsch: Gus), Ketschi (Giz, Ziege), Kargha (Krähe), Öküz (Ochse), Orta (Horte), Ordu (Horde, das Heer). In den relativ jüngeren Jahrhunderten sind folgende türkische Worte in die deutsche Sprache aufgenommen worden: Köschk (Kiosk), Tülband (Turban), Tül (Tüll), Barhand (Barchent, Baumwollstoff, dessen linke Seite aufgerauht ist), Dewetüyü (Duvetine = Kamelhaar, Baumwollstoff, dessen rechte Seite aufgerauht ist). Ein besonderer Seidenstoff trägt sogar den Namen Ottoman-Seide.

Der Flieder und die Tulpen sind im 16. Jahrhundert von Istanbul in die europäischen Höfe gelangt und haben sich von dort in Europa ausgebreitet. Als das Osmanische Reich durch Niederlagen im 18. Jahrhundert für den Westen an Gefährlichkeit verloren hatte und man viele schöne Dinge bei den Türken sah (und Bewunderung dafür in der Gesellschaft nicht mehr verpönt war), setzte sich in Deutschland, Frankreich und Italien, mit Verzögerung auch in England, die türkische Mode durch: in der Musik (Entführung aus dem Serail und Türkische Märsche von Mozart und Beethoven); in der Porzellankunst (Türkenfiguren, Männer und Frauen in türkischen Trachten), Tassen und Vasen nach türkischem Muster geformt und dekoriert. Die europäischen Militärkapellen wurden nach türkischem Vorbild eingerichtet und führten den türkischen Schellenbaum mit Halbmond, Schellen und den beiden Siegesemblemen, den Roßschweifen der Türken. Auch in der Literatur und Poesie ist über die Türken der Einfluß orientalischer Themen in Frankreich und Deutschland deutlich geworden: Lessing (Saladin), Goethe (Westöstlicher Diwan), die Übersetzungen von persischen Dichtungen (Hafiz) seien hier nur als Beispiel erwähnt. Manche deutsche Städte tragen türkische Namen: Untertürkheim, Obertürkheim, vielleicht auch Dürkheim in der Pfalz. Es könnte auf die Türkenkriege zurückweisen. Vielleicht sind auch in den Gebieten türkische Gefangene zunächst einmal untergebracht worden, bevor sie getauft und christianisiert wurden? Viele deutsche Familiennamen – Türk, Törek, Turek, Soliman, Sollman, Hussin oder Hassan – deuten auf den türkischen Ursprung ihrer Träger, wobei, wie oben erwähnt, die obligatorische Taufe in die christliche Religion bei den meisten in Deutschland verbliebenen Menschen vorosmanischer sowie osmanisch-türkischer Herkunft jede Spur verwischte.

Meine lieben deutschen Freunde können sich winden und wenden, wie sie wollen, gäbe es eine Methode, Rassen wissenschaftlich (zum Beispiel durch Blutuntersuchungen) voneinander zu unterscheiden, würde – dessen bin ich sicher – der Prozentsatz des Türkenblutes in dem deutschen Blutcocktail gar nicht gering ausfallen.

Ein halbes Jahrtausend spielte das Osmanische Reich eine bedeutende aktive Rolle in Europa. Mehrere Jahrhunderte dauerte die beherrschende Position der Türken in der europäischen Politik. Fast zweihundert Jahre saßen sie an den nördlichen und östlichen adriatischen Küsten, in Teilen des heutigen Österreich und in Ungarn im östlichen Mitteleuropa. Das 18. und 19. Jahrhundert hindurch bildete das Türkenreich das Hauptthema der europäischen Politik. Anfang des 20. Jahrhunderts bis zur Liquidierung des Osmanischen Reiches drehten sich die politischen Auseinandersetzungen um Probleme der Niederringung des hegemonialen Machtanspruchs Deutschlands sowie der Verteilung der vom Osmanischen Reich abzutrennenden Gebiete in Südosteuropa und in den Balkanländern, im Nahen Osten und in Nordafrika.

Seit dem 19. Jahrhundert nahmen die Türken intensive, enge kulturelle und militärische Beziehungen zu Europa auf. Die mit großen Opfern durchgesetzten Reformen des alten Reiches im 19. Jahrhundert galten der Anpassung an die europäische Zivilisation, bis 1923 unter Mustafa Kemal Atatürk die neue nationale türkische Republik durch die radikalen Reformen die Voraussetzungen für den endgültigen Anschluß der Türkei an die europäische Zivilisationsgemeinschaft schaffte.

Die Türkei und das türkische Volk wollen zu Europa gehören. Das ist ihre freie Entscheidung. Sie sind entschlossen, den von Atatürk vorgezeichneten Weg weiter zu beschreiten, um unter den zivilisierten freiheitlichen Völkern Europas den ihnen von der Geschichte und ihrer Entwicklung her gebührenden Platz einzunehmen. Wer kann und aus welchem Grunde sollte man den Türken diesen eingeschlagenen Weg versperren?

Europa ist nicht nur ein geographischer Begriff, sondern vielmehr eine Bezeichnung für einen Kulturkreis, in dem eine Gemeinschaft von Völkern in Freiheit zu leben entschlossen ist. Geographisch gesehen ist im Osten das Uralgebirge die Grenze Europas. Ist Sowjetrußland deswegen als zur europäischen Gemeinschaft gehörig aufzufassen? Oder hält man nur die Religion der Türken, den Islam, für ein Hindernis? Ich dachte, die Sprachunterschiede, Hautfarbe, Verschiedenheit der Rassenzugehörigkeit und die Verschiedenheiten der Religion seien in unserer Epoche der Menschenrechte abgeschafft? Können heute, in der zweiten Hälfte des 20. Jahrhunderts, sich die Völker Europas erlauben, die Religion noch als Voraussetzung für die Zugehörigkeit zu ihrer Gemeinschaft zu erklären? Ist es heute noch berechtigt und haltbar, eine solche Forderung zu stellen, nachdem Millionen Menschen inmitten von Europa aus ihren Kirchen austreten, die sozialistische Bewegung die Kirche, die Religion verpönt, zumindest als überholt, als rückständig betrachtet? Sind die in Europa lebenden Millionen Juden immer noch nicht als Europäer zu betrachten?

In ihrem Bestreben, sich westlich-europäisch zu orientieren, wandten sich die osmanischen Türken Anfang des 19. Jahrhunderts dem nachnapoleonischen Frankreich zu. Mit dem Erstarken Preußens und dem Zusammenschluß der deutschen Länder zum deutschen Kaiserreich unter Kaiser Wilhelm I. neigten die Türken mehr und mehr Deutschland zu, und ihre Beziehung zu Deutschland wuchs immer mehr und nahm an Intensität zu. Politisch, militärisch, wirtschaftlich und insbesondere kulturell wurde Deutschland der Partner Nummer eins der Türken.

Der gemeinsam geführte und verlorene Erste Weltkrieg verband Massen von einfachen Türken auch auf dem Lande mit den Kriegskameraden, den »Alamans«. Tausende junger Türken holten sich ihre Ausbildung in Deutschland. Die überwiegende Mehrheit der im Ausland ausgebildeten Türken kam aus Deutschland zurück in die Heimat und übernahm in der Verwaltung, in den freien Berufen, in den Schulen und in der Wirtschaft Aufgaben für den Aufbau und die Modernisierung ihrer Heimat.

Die eigentlichen Lehrer der Türken in der europäischen Zivilisation sind die Deutschen. Deutschland und die Deutschen wurden zum Vorbild für die Türken in ihrem Europäisierungsprozeß. Irgendeine »Seelenverwandtschaft« verband die Türken mit den Deutschen.

Als das nationalsozialistische Regime hereinbrach, bot die Türkei den verfolgten Deutschen und Deutsch-Juden Zuflucht. Die Türkei nahm eine große Zahl aus Deutschland fliehender Gelehrter, Professoren, Künstler und Architekten auf, gab ihnen Asyl und machte sie zu Lehrern ihrer Jugend in den Universitäten von Istanbul und Ankara.* Zehntausende junger Türken wurden bis in die fünfziger Jahre Schüler dieser Gelehrten und arbeiteten als ihre Assistenten, später als ihre Nachfolger an den Universitäten und Hochschulen. Die Schüler dieser Gelehrten wirkten als Politiker, Ärzte, Richter, Verwaltungsbeamte, Landwirte, Kaufleute, Bankiers und Industrielle in mannigfachen Berufen. Sie trugen zur weiteren Modernisierung und Entwicklung ihrer Heimat bei. Aus all jenen Gründen verbindet die Türken ein Gefühl der Dankbarkeit mit den Deutschen wie das eines Schülers gegenüber seinem Lehrer. Es ist nicht übertrieben, wenn ich sage, daß, sollte es in Europa eine Nation geben, die in geschlossener Mehrheit für die Deutschen echte, ehrliche Sympathie empfindet und zum Beispiel die Teilung Deutschlands wirklich innerlich bedauert, dies allein die türkische ist.

Trotz aller Schwierigkeiten ist die Türkei auch wirtschaftlich gewachsen, hat sich vielleicht zu schnell entwickelt. Sie hat Probleme, die sie meistern muß. Es sind aber Entwicklungs- und Wachstumsprobleme wirtschaftlicher, kultureller und sozialer Art und keine echten Krankheiten. Fünfzig Millionen Türken wollen in Demokratie und Freiheit arbeiten, verdienen, besser leben, in ihrer Heimat glücklich sein. Zweieinhalb Millionen Türken leben heute im Ausland: in Frankreich, Belgien, England, Dänemark, in den skandinavischen und arabischen Ländern sowie in der Bundesrepublik. Anderthalb Millionen Türken beherbergt allein die Bundesrepublik. Das starke Bevölkerungswachstum und die damit verbundene Arbeitslosigkeit bilden das Hauptproblem der Türken.

Dennoch ist die Türkei inzwischen ein wirtschaftlich potentes Land geworden. Sie unterhält für teures Geld die nach der Zahl größten Streitkräfte unter den Nato-Staaten

---

* »Zuflucht am Bosporus«, ein Buch von Herrn Professor Fritz Neumark, berichtet darüber ausführlich.

nach den Vereinigten Staaten von Amerika und trägt dieses Opfer für die eigene und ihrer Verbündeten Freiheit und Selbständigkeit. Wie oben ausgeführt, hat die Türkei sich freiwillig für Europa entschieden, für die freie westliche Welt. Sie braucht die Hilfe Deutschlands und Europas sowie der Vereinigten Staaten. Sie braucht Verständnis für ihre Sorgen.

Seit Ende des Zweiten Weltkrieges leben wir alle in einem Scheinfrieden. Der Zustand gleicht mehr dem eines Waffenstillstandes als dem eines echten Friedens. Denn ein unsichtbarer, unerklärter Großkrieg in bisher unbekannter Form wird weitergeführt, heimtückisch, gnadenlos, gefährlich, um die freiheitlichen demokratischen Staaten innerlich zu schwächen, zu zerstören. Neben harmlos erscheinenden sozialpolitischen, psychologischen, moralischen Mitteln der Zersetzung werden durch den Einsatz von organisierten grausamen Terroranschlägen verschiedenster Art die Ordnung und die Sicherheit zerstört, wird das Vertrauen der Völker an das freiheitliche System ins Wanken gebracht. Der Verteidigungswille der Völker gegen die Aggressoren wird gebrochen. Sie werden innerlich reif gemacht, als leichte Beute unter die Herrschaft des unfreien modernen Sklavensystems zu geraten.

Die Türkei hat eine im höchsten Maße bedeutende geostrategische Lage. Man braucht nur einen Blick auf die Landkarte zu werfen: Sie bildet einen kritischen großen Bogen, der von Südosteuropa im Westen den gesamten Nahen Osten bis zum Iran und Sowjetkaukasus im Osten überspannt und den schweren Druck des riesigen Blocks darüber trägt. Wenn dieser Bogen, der wie eine Talsperre die Wassermassen aufhält, einmal zu Fall gebracht werden könnte, dann werden ungeheure Kräfte der darüber lastenden Massen frei und der gesamte Südosten Europas sowie die Länder des Nahen Ostens sintflutartig überschwemmt. Das käme einem gigantischen Bergrutsch gleich, in dessen Folge gesamt Südeuropa, der Nahe Osten sowie Nordafrika verloren wären!

Daß die Feinde der freien Welt alles daransetzen, diesen

Bogen, diese Talsperre, die Türkei, mit allen erdenklichen Mitteln zu Fall zu bringen, steht außer Zweifel. Daß sie unter anderem die inneren Entwicklungsschwierigkeiten der Türkei für ihre Zwecke auf mannigfache Weise ausnützen, ist ebenso klar! Und wenn die junge demokratische zivile Macht in der Türkei aus Unerfahrenheit und Schwäche mit den gefährlichen blutigen Folgen solcher Umtriebe nicht fertig wird und deswegen das türkische Militär als die letzte Möglichkeit eingreifen muß, um die Ruhe, Ordnung und die Sicherheit der Menschen sowie des Staates wiederherzustellen, wird dieser Eingriff zum Anlaß genommen, gegen die Türkei und alles Türkische Sturm zu laufen. Vom Europarat angefangen über die Parlamente, Fernsehprogramme bis zu den Zeitungen und Zeitschriften ... Sie alle schwiegen aber, als durch den Terror und die Anarchie jahrelang fünfundzwanzig bis dreißig Menschen täglich ermordet wurden, quer durch das ganze Land, als kein Mensch es mehr wagte, auf die Straße zu gehen.

Die Türkei war vor drei Jahren fast daran, ein zweites Afghanistan zu werden – natürlich mit unvergleichlich größeren und unmittelbareren Folgen für Europa und die Welt. Das türkische Militär hat den Plan vereitelt und das vom ersten Tag an gegebene Wort gehalten. Die Soldaten kehrten in ihre Kasernen zurück. Heute hat die Türkei nach freien Wahlen ein demokratisches Parlament und eine neue zivile demokratische Regierung, wenn auch nicht unter so offenen Verhältnissen wie früher.

Die schlimmen Ereignisse der letzten dreißig Jahre will man nicht noch einmal erleben, deswegen braucht die Türkei noch etwas Zeit. Für den Übergang zu noch freieren Verhältnissen muß sich das Land erst einmal erholen.

Es steht außer Zweifel, daß das türkische Volk und sein Militär als Staatssystem die freie Demokratie wollen. Die türkische Armee hat einen anderen Charakter als diejenigen in Mittel- und Südamerika oder in den kommunistischen Ländern. Sie ist eine echte nationale Volksarmee. Unparteiisch, im Sinne der Grundsätze von Atatürk erzogen, betraut mit der Aufgabe, die türkische Republik gegen

425

äußere wie auch innere Gefahren zu verteidigen. Die türkische Armee mit der heutigen polnischen Armee zu vergleichen ist ein Irrtum, eine Irreführung. Dort herrscht die Armee, um die Freiheit zu unterdrücken, hier in der Türkei, um die praktisch aufgehobene Freiheit wieder einzuführen.

Die Demokratie ist nicht an sich das Ziel und der Zweck, sondern ein System, eine Regierungsform, wonach ein Volk in einem freiheitlichen Staat zusammenleben kann. Die Demokratien in den verschiedenen Ländern weisen Variationen untereinander auf, gleichen einander nicht: In den USA, in Frankreich, in der BRD, in England oder in der Schweiz werden verschiedene Formen der Demokratie angewandt, die sich aus den Bedürfnissen, Notwendigkeiten und Besonderheiten der Verhältnisse in den betreffenden Ländern entwickelt haben. Man denke ebenso an die Erfahrungen mit den Demokratien der Weimarer Republik, der von Italien vor Mussolini, von Spanien vor Franco und von Portugal, ja, der Demokratie vor de Gaulle in Frankreich.

Wir Türken sind nicht demokratisch erfahrener, entwickelter, fortschrittlicher geboren als jene Völker, welche ihre Demokratien mehrfach geändert haben. Wir müssen auch unsere eigene Erfahrung damit machen und aus den Fehlern lernen. Es gibt keinen Zweifel darüber, ob Zivilist oder Soldat, daß das türkische Volk in Demokratie und Freiheit leben will, nicht weil es die anderen wünschen, sondern aus eigener Überzeugung, aus eigenem Willen. Sie kennen ihre Verhältnisse, Notwendigkeiten und Möglichkeiten selber am besten. Sie haben bittere Jahre erlebt, für die sie teuer zahlen mußten und welche sie nicht wieder erleben wollen. Sie werden daher ihre Demokratie, die ihnen paßt, am besten selbst entwickeln müssen.

Die geopolitische Lage der Türkei zwingt sie zur höchsten Wachsamkeit. Im Nordwesten und Norden des Landes sowie im Kaukasus sitzen die Sowjets, im Osten liegt der Iran von Khomeini, im Südosten die Diktatur des Irak, im Süden das sowjethörige Syrien und der Libanon mit Ausbildungszentren internationaler terroristischer Organisationen, dazu im Westen in der Ägäis und auf Zypern

426

die Griechen, deren Regierung sich mit Hilfe der kommunistischen Partei an der Macht hält und sich täglich die unmöglichsten politischen Eskapaden erlaubt.

Mehrere tausend Kilometer türkischer Grenzen sind von Gefahren und Unruhen umgeben und bedroht. Die Türkei kann sich keine gutgläubigen theoretischen Leichtfertigkeiten mehr erlauben. Daher verbietet die neue Verfassung alle radikalen Parteigründungen und politischen Bewegungen, die Diktaturen sowohl von links (Kommunismus) als auch von rechts (Nationalsozialismus, Faschismus) aufrichten wollen, sowie solche reaktionären Regimes, die den religiös-islamischen Staat zum Ziel haben – gleichgültig, ob schiitisch à la Khomeini oder arabisch à la Saudi oder libysch à la Ghaddafi ...!

Diese besonderen Sorgen der Türkei sollte man im Westen, auch gerade in der Bundesrepublik, ernstlich bedenken und den Türken Verständnis entgegenbringen.

Die Türkei hat sich wieder einmal gerettet, und darüber sollten ihre westlichen Freunde froh sein, denn damit hat die Türkei auch der allgemeinen Sicherheit des Westens einen großen Dienst erwiesen. Sämtliche negativen Urteile, die düsteren Prognosen, die man tagtäglich in den europäischen westlichen Medien las, sind wieder einmal nicht eingetroffen.

Es ist nicht verständlich, warum man jede Gelegenheit dazu benutzt, um den Nato-Verbündeten, den wirtschaftlichen Partner, die in Schwierigkeiten geratene Türkei, ununterbrochen in falschem Licht zu präsentieren und zu diskriminieren. Will man den Türken Deutschland und Europa sowie umgekehrt den Deutschen und Europäern die Türken und die Türkei gegenseitig verekeln? Wem und zu was kann das nutzen? Welche Kreise können daran Interesse haben?

Es erweist sich immer von neuem, daß trotz allem die Türkei ein Staat ist, dessen erfahrenes Volk für Sicherheit, Frieden, Freiheit und Stabilität steht. Die Türkei genießt aus ihrer Geschichte und ihrer Leistung in der Entwicklung Respekt und Autorität. Nicht wenige Menschen im Nahen

427

Osten fangen an zu denken, daß während der vierhundert Jahre Herrschaft der Türken nicht so viel Blut geflossen, so viel Leid und Elend über die Millionen Menschen gekommen, so viel zerstört worden ist wie während der letzten fünfzig Jahre in den vom Osmanischen Reich abgetretenen Gebieten Syrien, Palästina und Libanon.

Es ist doch augenscheinlich, daß die Diffamierung der Türkei und die einseitige negative Beurteilung der Ereignisse nur den Kräften dient, die die Freiheit und Demokratie vernichten und an deren Stelle die Despotie, die Diktatur und Sklaverei einsetzen wollen.

Gewisse sehr gescheite Kreise sollen seit geraumer Zeit folgenden Plan diskutieren:»Den Sowjets lassen wir doch freie Hand in der Türkei, an den Dardanellen. Das ist doch eines ihrer Hauptziele seit Jahrhunderten.« Wer ernstlich denkt, daß er dadurch im Westen sein gewohntes komfortables Leben im Wohlstand aushandeln und für die Zukunft sichern könne, irrt sich gewaltig! Deutschland und Europa wären in einem solchen Falle mit Sicherheit gänzlich verloren!

Wir wissen, daß man Sympathie oder Liebe nicht erzwingen kann. Das will auch niemand. Ich glaube aber, daß die Türken von ihren Freunden erwarten dürfen, daß sie in der Beurteilung der Türken und ihrer Probleme nicht zweierlei Maß anlegen, zumindest objektiv und gerecht handeln. Denn auch der geduldigste unverbesserliche Liebhaber wird eines Tages der schönsten Mätresse überdrüssig, wenn sie nicht aufhört, ihn ständig zu kränken.

Die Türkei ist heute das kommende Land in Europa. Sie hat Europa durch eigenen Willen um 1500 Kilometer verlängert, bis zum Kaukasus, bis zum Nahen Osten. Im Angesicht der jüngsten traurigen Ereignisse im Nahen Osten ist es wiederum erwiesen, daß dieses Land der einzige ruhende Pol der Ordnung, der Beständigkeit, des Friedens und der Freiheit im südosteuropäischen Raum, an der Grenze des brodelnden Nahen Ostens ist. Trotz der Krisen, die sie meisterhaft überwunden hat, steht die Türkei felsenfest da, zum Ärger und zur Enttäuschung ihrer Gegner, die gleichzeitig auch die Gegner ihrer Freunde und Verbündeten in der freiheitlichen westlichen Welt sind.

Es gilt, der Türkei und den Türken Verständnis entgegenzubringen und von alten, überholten Vorurteilen sowie neueren, zweckgebundenen, ideologischen oder billigen, oberflächlichen Interpretationen, zumindest im eigenen Interesse als Deutscher und Europäer Abstand zu nehmen.

Die Türken sind von Natur aus – soweit sie, gottlob, noch nicht wesentlich von den verfälschten modernen Begriffen infiziert sind – geschichtsbewußt und haben einen angeborenen Sinn für Gefahren. Sie sind Kummer und Leid gewohnt. Sie sind hart im Nehmen, in Geduld, im Ausharren. Sie sind stolz, obwohl sie zurückhaltend und bescheiden sind. Sie sind fähig, Enttäuschungen und Niederlagen zu überwinden, wie es erwiesenermaßen selten ein anderes Volk zu vollbringen mag. Sie fühlen sich als Freunde der Deutschen und Deutschlands, damit Europas.

Die Türken sind das kommende alt-junge Volk in Europa. Wenn der Friede nicht gestört wird, werden sie in absehbarer Zeit die Türkei zu einer wirtschaftlichen und kulturellen Drehscheibe zwischen Ost und West gestalten. Sie werden Ost und West im Tiegel ihrer Heimat verschmelzen und aus den geistigen, moralischen, kulturellen Werten der beiden Pole eine Synthese schaffen, die vielleicht unserer müde gewordenen Kulturgemeinschaft in der freien Welt neue Impulse geben kann. Dieser Prozeß, so sehe ich es, ist bereits angelaufen. Reichen Sie den Türken die Hand! Arbeiten Sie mit ihnen zusammen, Freunde ... Es wird sich lohnen.

Was das akute Problem der türkischen Gastarbeiter in Deutschland betrifft, habe ich – wie viele andere Türken auch – volles Verständnis für die Schwierigkeiten und die Probleme, denen man in den letzten Jahren begegnet.

Etwa 1,5 Millionen Türken in der relativ kleinen, dichtbesiedelten Bundesrepublik Deutschland schaffen zweifelsohne Schwierigkeiten. Etwa 550000 von ihnen sind Arbeiter. Der große Rest sind Frauen und Kinder. Aber sie sind einmal da, sie leben in Deutschland. Sie sind vor Jahren aufgefordert worden, zu kommen, und sie haben ihre entlegenen armen Hütten in den Bergen und Hochtälern Anatoliens verlassen und sind gekommen. Andere sind ihnen nachgezogen. Jetzt, da die Arbeitslosigkeit wächst, bilden diese Menschen eine Belastung. Sie fallen auf einmal auf. Sie stören. Viele meinen, wenn sie weg wären, wäre den Arbeitslosen geholfen.

Manche wenige (noch wenige!) meinen, sie störten die Struktur des deutschen Volkes. Häßliche Zurufe, Wandschmierereien sind an der Tagesordnung. Die Politiker, die Funktionäre der Regierungen diskutieren, reden, erlassen Verordnungen, Gesetze. Für die Deutschen sind die Ausländer (gemeint sind in der Hauptsache die Türken, weil sie am meisten vertreten sind) ein wichtiges Problem geworden, und für die betroffenen Türken ist das Leben in der Fremde ein Drama. Man hat seinerzeit eine Großaktion gestartet, ohne an die späteren Folgen zu denken. Man hat nicht daran gedacht, daß man mit Menschen zu tun haben wird, die man nicht wie eine Ware behandeln kann und darf.

Ohne auf die vielschichtigen Fragen der Sache einzugehen, ist zu wünschen und zu raten, das sehr heikle Problem auch unter Berücksichtigung der gemachten Fehler menschlich, gerecht und ohne Ausübung von Zwang zu lösen, wobei auf die Verständigung und Mitarbeit der türkischen Seite unbedingt Wert zu legen ist. Bekanntlich leidet die Türkei unter einer Arbeitslosigkeit von über zwanzig Prozent, was eine schwere Belastung für das Land ist. Ich bin dessen sicher, daß mit gutem Willen, Vernunft und ernstem Einsatz gerechte Lösungen gefunden werden können.

Ebenso bin ich davon überzeugt, daß man alles daransetzen muß, um zu vermeiden, daß die Türken in Deutschland sowie ihre Landsleute in der Türkei, die echte wahre Freunde der Deutschen sind, sich nun als Enttäuschte oder gar Verratene fühlen. Das wäre ein schlechtes Ergebnis von unabsehbarer Tragweite, sowohl für die Türkei und die Türken als auch für die Bundesrepublik Deutschland. Das gekränkte Volksempfinden der Türken könnte zu sehr unerwünschten Folgen führen, die der Einstellung der Türkei zu Deutschland, ja zu Europa, Schaden zufügen würden, eine Entwicklung, die niemandem nützen kann, außer wenigen reaktionären und radikal links orientierten Gruppen. Ich bin ebenso davon überzeugt, daß kein verantwortlicher und gutmeinender Mensch in der Bundesrepublik eine solche Entwicklung wünschen kann.

Die Anwesenheit der Türken in so großer Zahl in der Bundesrepublik betrachte ich als eine wohl nicht geplante, eine unverhofft eingetretene Vorleistung, Vorinvestition größten Ausmaßes der Deutschen. Es ist außer Zweifel, daß der größte Teil der Türken in die Heimat zurückkehren wird, um so mehr, als sich die Verhältnisse in der Türkei bessern und für die Rückkehrer gesicherte Möglichkeiten für ihre Existenz, ihr Weiterleben gegeben sind. Diese sowie ihre Kinder und ihre Bekannten werden ihre Beziehungen, ihre Verbindungen, zu Deutschland für ihre Geschäfte und Berufsbedürfnisse in der Zukunft verwerten. Die von den türkischen Gastarbeitern erdachten und realisierten Gemeinschaftsgründungen von Werkstätten und Fabriken in der Türkei sind eine phänomenale Erscheinung, die trotz mancher Fehlschläge mit deutscher technischer Hilfeleistung und Beratung positiv weiterentwickelt werden könnte. Die Tatsache, daß die Bundesrepublik Deutschland so viele Türken beherbergt, ist eine höchst wertvolle Investition, die man nicht unbedacht verschleudern, sondern über die man nachdenken sollte. Sicher lassen sich Mittel und Wege finden, sie fruchtbar für die Zukunft zu gestalten, zum Nutzen der deutschen Wirtschaft und der Türken.

Ich weiß, daß sich viele verantwortliche deutsche Kreise um all diese Probleme ernstlich bemühen. Ebenso weiß ich, daß viele deutsche Frauen und Männer sich der schwierigen Probleme der Türken annehmen. Ebenso steht es außer Zweifel, daß die große Mehrheit der deutschen Bevölkerung sich gegenüber den Türken loyal verhält. Allen jenen gutmeinenden Freunden sei hier allerherzlichst gedankt.

431

Mit zwei Sprichwörtern aus dem großen alten Weisheitsschatz der Türken möchte ich mein Buch schließen:

Dost adji söyler = Freund redet bitter.*

It ürür kerwan yürür = Der Hund bellt – die Karawane zieht weiter.*

Und wie die Kamelkarawane des Sprichworts wird das türkische Volk seinen seit Atatürk vorgezeichneten Weg unbeirrt weitergehen. In Frieden und Freiheit, für Fortschritt und Wohlstand.

Inschallah (so Gott will)!

---

* Der wahre Freund sagt die Wahrheit, schmeichelt nicht. Und die Wahrheit ist meistens bitter.

** Das Sprichwort muß man sich bildlich vorstellen. Eine Kette von Kamelen marschiert hintereinander als Karawane, rhythmisch wiegend. Da bellt und kläfft sie vom Straßenrand ein Hund an. Kein Kamel nimmt jedoch irgendeine Notiz von dem Gekläff, und die Karawane setzt ihren Weg mit ihren hochbeinigen, wie in Gedanken versunkenen Kamelen fort.

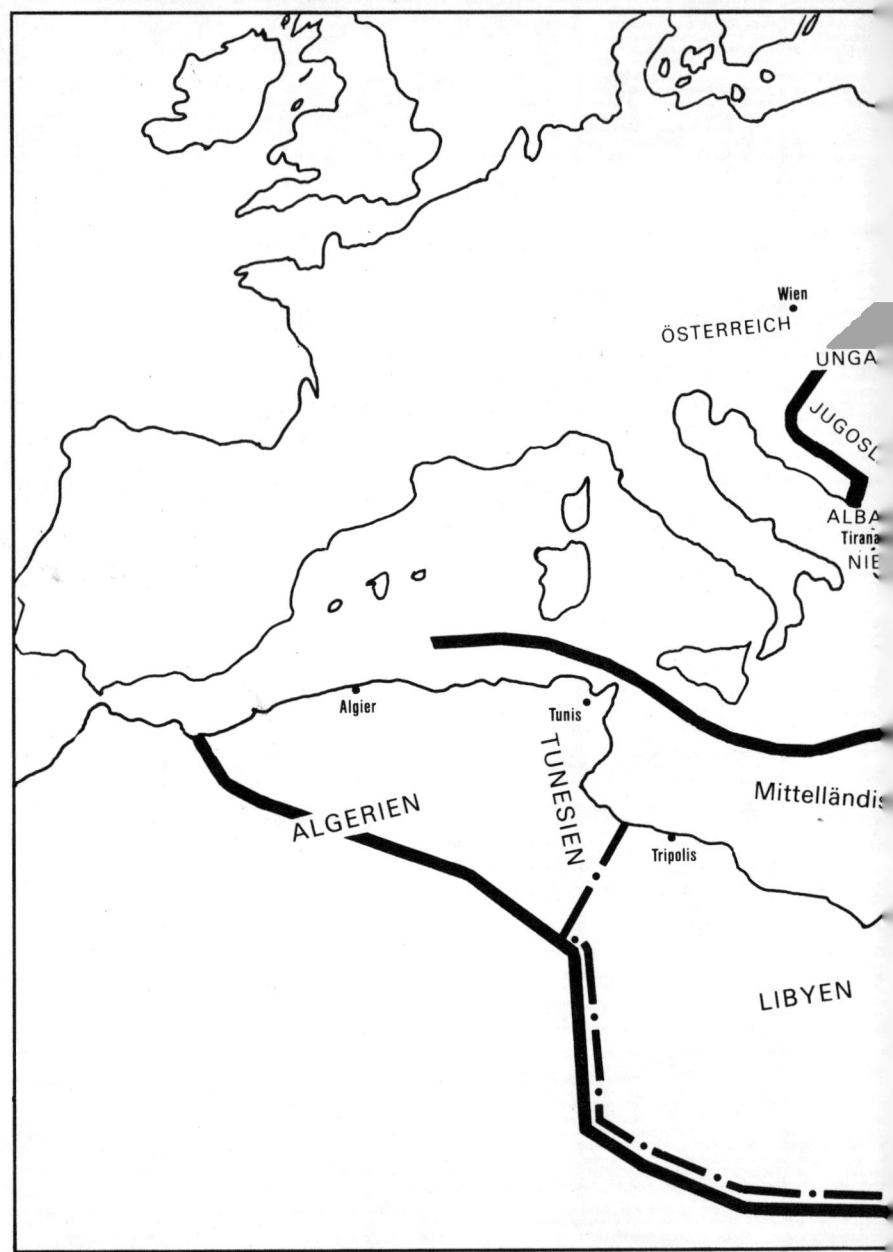

Reichsgrenzen des Osmanischen Reiches vom Ende 17. Jahrh. bis 1923.

▬▬▬▬	Osmanisches Reich bis 1683
· ▬ · ▬ ·	Osmanisches Reich bis 1911/13
●●●●●●●	Die neue Republik Türkei
///////	Autonome Gebiete bzw. engl. Besatzung

Österreich
Wien
UNGA
JUGOSL
ALBA
Tirana
NIE
Algier
Tunis
TUNESIEN
Mittelländis
ALGERIEN
Tripolis
LIBYEN